영가천도법문
2

석성우 엮음

영가천도법문
2

『영가천도법어 2』를 엮으면서

'친지의 죽음은 곧 우리들 자신의 한 부분의 죽음을 뜻한다. 그리고 우리들 차례에 대한 예행연습이며 현재의 삶에 대한 반성이다. 삶은 불확실한 인생의 과정이지만 죽음만은 틀림없는 인생의 매듭이기 때문에 보다 엄숙할 수밖에 없다.

삶에는 한두 차례의 시행착오가 용납될 수 있다. 그러나 죽음에는 그럴만한 시간적인 여유가 없다. 그러니 잘 죽는 일은 바로 잘 사는 일과 직결되어 있다.'

『본생경』에 나오는 말이다.

『잡아함경』〈모경(母經)〉에도
'죽음을 지나치게 두려워하거나 슬퍼하지 말라.'는 부처님의 가르침이 나온다.

죽음은 누구에게나 찾아오는 것이며 피할 수가 없다. 누구나, 언젠가는 맞이하는 것이 죽음이다.

살아있을 때 선업이나 악업을 지으면 각기 지은바 업(業)대로 다시 태어나게 된다. 지금도 세상에는 수없는 사람들이 태어나고 죽지만 죽은 뒤의 세계에는 그다지 관심을 두지 않는다.

사람의 다섯 감각(眼·耳·鼻·舌·身)중 영가가 되어도 가장 마지막까지 남아있는 의식이 귀로 듣는 감각이라고 한다. 즉 영가에게 하는 천도 법문은 영가가 다 알아듣고 있다는 것이다. 이 법문을 듣고 영가가 다시는 생사윤회를 반복하지 않고 업의 구속으로부터 자유로워지게 하는 것이 천도법문이다.

이런 천도법문은 비단 영가에게만 해당되는 것이 아니라 살아 있는 우리들에게도 많은 깨우침을 준다. 헤매는 수많은 영혼들이 제 갈 길을 잘 찾아가도록 안내해 주는 천도 의식(儀式)은 살아있는 사람들이 마땅히 해야 할 일이기도 하다.

『영가천혼법어』를 펴낸 지 26년이 흘렀다. 그간 여러 번의 재판(再版)을 거듭해 오면서 많은 사람들로부터 "'죽음, 그 이후의 세계'에 대해 다시 한 번 생각해 보는 기회가 되었다"는 말을 들었다. 나름대로 자료들을 모으다 보니 다시 한 권의 분량이 되어 『영가천혼법문 2』를 펴내게 되었다.
이 책에 실린 내용에 대해서는 일일이 양해를 구해야 마땅하나 미처 사뢰지 못한 점 송구스럽게 생각한다. 다시 한 번 머리 숙여 감사의 마음을 전한다.

2021년 6월
無縫性愚 합장

영가천도법문 2

- 『영가천도법문 2』를 엮으면서 / 4

1. 해안봉수(海眼鳳秀) 스님
    1. 정일광 영가천도법문 —— 14
    2. 영가천도법문 —— 21
    3. 보은불사(報恩佛事) 제문 —— 27
    4. 수륙재(水陸齋) 제문 —— 34
    5. 경천정산각령(敬薦鼎山覺靈) 법문 —— 37
    6. 천태고심(薦太古心) 영가천도법문 —— 38

2. 경봉정석(鏡峰靖錫) 스님
    1. 한암(漢岩)스님 추도문 —— 41
    2. 영가천도법문 —— 42

3. 혜암현문(惠菴玄門) 스님
    1. 열반상(涅槃相) —— 45
    2. 육씨 대덕화(陸氏 大德華)영가 사십구재 —— 47

4. 향봉향눌(香峰香訥) 스님
    1. 추도사 —— 50
    2. 우송청와대 행제소향단하(郵送靑瓦臺行齋所香壇下)
       —— 52

5. 구산수연(九山水蓮) 스님
    1. 이장업 영가천도법문 —— 54
    2. 영가천도법문 —— 56

3. 영가천도법문 —— 57
     4. 화봉(華峰)·계봉(溪峰) 화상 칠재 법문 —— 60
     5. 위령제 천도법문 —— 62
     6. 성도절 및 천도제 법문 —— 64
     7. 영가천도법문 —— 66

 6. 석암혜수(昔岩慧秀) 스님
     운허(耘虛)스님 영결식 법어 —— 68

 7. 고암상언(古庵祥彦) 스님
     1. 경산대종사(京山大宗師) 영결식 법문 —— 71
     2. 청담대종사(靑潭大宗師) 탑비 제막 법문 —— 72
     3. 경봉대종사(鏡峰大宗師) 영결식 법문 —— 73
     4. 영가천도법문 —— 76

 8. 대은(大隱) 스님
     사십구재와 천도 —— 79

 9. 퇴옹성철(退翁性徹) 스님
     1. 향곡(香谷) 형을 곡하며 —— 89
     2. 고암(古庵) 대종사 영전에 —— 90
     3. 자운(慈雲) 노사(老師) 영전에 —— 92

10. 동곡일타(東谷―陀) 스님
     1. 자력의 천도 타력의 천도 —— 95
     2. 영가천도 기도법 —— 99
     3. 영가도 중생이다 —— 102

4. 영가와 통하는 것은 마음과 마음 —— 104

11. 서옹석호(西翁石虎) 스님
   1. 용하스님 영결 법어 —— 107
   2. 영가천도에 대하여 —— 108
   3. 영가천도에 대하여 —— 111

12. 서암홍근(西庵鴻根) 스님
   1. 청담스님 4주기에 —— 116
   2. 자운(慈雲)스님 영결사 —— 118
   3. 생사가 없는 도리 —— 120

13. 청화(靑華) 스님
   1. 정해당 추월선사 49재 천도법문 —— 124
   2. 해인사 영가천도법문 —— 126
   3. 덕원암 영가천도법문 —— 139
   4. 정중선원 영가천도법문 —— 155
   5. 백양사 천진암 영가천도법문 —— 164
   6. 생명평화 민족화해 지리산 위령제 영가천도법문 —— 183
   7. 대명사 영가천도법문 —— 186
   8. 삼풍백화점 영가천도법문 —— 194
   9. 미타회 영가천도법문 —— 200
   10. 제자를 보내는 49재 영가천도법문 —— 217
   11. OOO거사 49재 영가천도법문 —— 223
   12. OOO 거사와 유가족을 위한 영가천도법문 —— 231
   13. OOO 거사 49재 영가천도법문 —— 237

14. OO 스님 모친 49재 영가천도법문 —— 242
15. 금륜회 영가천도법문 —— 250

14. 숭산행원(崇山行願) 스님
　　1. 춘성(春城) 사숙님 영전에 —— 265
　　2. 고암 대종사를 추모하면서 —— 266

15. 남산정일(南山正一) 스님
　　천도재의 이해 —— 268

16. 원담진성(圓潭眞性) 스님
　　영가천도법문 —— 271

17. 광덕(光德) 스님
　　1. 영가천도법에 대하여 —— 276
　　2. 영가를 위한 독경법 —— 281

18. 법정(法頂) 스님
　　길상화보살 49재 법문 —— 290

19. 활산성수(活山性壽) 스님
　　1. 사십구재와 제사 —— 294
　　2. 수륙재 영가천도법문 —— 296
　　3. 영가천도법문 —— 299

20. 무진장(無盡藏) 스님
　　왜 재를 지내는가? —— 303

21. 법전(法傳) 스님
  1. 월하스님 영결사 —— 316
  2. 서옹스님 영결사 —— 317
  3. 서암스님 영결사 —— 318
  4. 정대스님 영결사 —— 320
  5. 법장스님 영결사 —— 322
  6. 원담스님 영결사 —— 324
  7. 도원스님 영결사 —— 326
  8. 천운스님 영결사 —— 327
  9. 도천스님 영결사 —— 328
  10. 혜정스님 영결사 —— 330
  11. 묘엄스님 영결사 —— 331

22. 고산혜원(杲山慧元) 스님
  광덕(光德)스님 영결사 —— 333

23. 송담(松潭) 스님
  1. 49재 영가천도법문 —— 336
  2. 영가천도법문 —— 339
  3. 영가천도법문 —— 342
  4. 영가천도법문 —— 347
  5. 비구니스님의 영가천도법문 —— 352
  6. 21살 청년 ㅇㅇㅇ49재 천도법문 —— 358
  7. 민대법화 영가천도법문 —— 363

24. 우롱 스님
  1. 무주고혼과 수륙재 —— 370

2. 죽음과 영가천도 —— 373
3. 영가천도는 어떻게 하는 것인가? —— 381

25. 법원진제(法遠眞際) 스님
   1. 범룡(梵龍)스님 영결사 —— 385
   2. 서옹(西翁)스님 영결사 —— 388
   3. 법전(法傳)스님 영결사 —— 390

26. 무여 스님
   1. 영가천도법문 —— 393
   2. 죽음은 마지막이 아니다 —— 403

27. 묘허(妙虛) 스님
   1. 우리의 전생 업을 닦는 것이 천도재 —— 410
   2. 49재와 천도재 —— 416
   3. 해인사 영가천도법문 —— 421
   4. 생전예수재 —— 428

28. 무비 스님
   1. 49재 영가천도법문 —— 434
   2. ㅇㅇ영가천도법문 —— 439
   3. 성ㅇㅇ영가천도법문 —— 444
   4. 영가천도법문 —— 448
   5. 윤ㅇㅇ영가49재 법문 —— 451

29. 종범 스님
   1. 석담거사 이건희영가 천도법문(초재) —— 460
   2. 석담거사 이건희영가 천도법문(3재) —— 465

3. 석담거사 이건희영가 천도법문(5재) —— 477
   4. 석담거사 이건희영가 천도법문(백일재) —— 490

30. 원행 스님
    석담거사 이건희영가 천도법문(49재) —— 499

해안봉수(海眼鳳秀) 스님

전북 부안군에서 출생(1901~1974).
법명은 봉수(鳳秀), 해안은 법호.
내소사에서 한학자 고찬 선생을 만나 수학하던 중, 1914년
내소사에서 만허선사에 의해 득도했다.
금강경을 외우지 못하면 제자로 받아들이지 않을 정도로
금강경 독송을 권했다. 하루의 시작과 끝을
금강경 염송으로 소중히 했다.
1974년 3월 9일 새벽 서울 성북동 전등사에서 입적을 앞두고
"생사 없는 곳에 따로이 한 세계 있도다. 때 묻은 옷을 벗으면 바로
이 달 밝은 때이니라(生死不到處 別有一世界 垢衣方落盡
正是月明時)"라는 열반송을 남겼다.

1. 정일광 영가천도법문

　금번 2·7일 정진 중 내일 성도일을 앞두고 오늘 정일광 영가의 사십구재를 대중과 더불어 한 자리에 모여서 영가의 왕생극락을 위한 천도식을 하게 되어 대중이 함께 금강경을 지송하고 따라서 법좌에 올라 영가를 위한 법문을 하게 되었습니다.
　고인(古人)이 이르기를 '중조(衆鳥)가 동지숙(同支宿)타가 천명(天命)에 각자비(各自飛)라.' 즉, 많은 새가 한 가지에 와서 자다가도 날이 새면 각각 저 갈 데로 다 날아간다. 그런 말이지요. '인생도 역여차(亦如此)하니 하필루점의(何必淚沾衣)랴.' 우리 사람도 또한 이와 같으니 무엇 때문에 눈물을 흘려서 옷을 적실 일이 있으랴. 하는 고인의 글이 있습니다.

　과연 우리가 이 세상에 와서 모여 사는 것이 석양에 뭇 새가 같은 나무에 모여서 밤을 새는 것과 다름이 없습니다. 새는 날이 새면 각각 저 갈 데로 가는 것과 마찬가지로, 사람도 필경에는 한 사람 한 사람씩 이 세상에서 떠나가게 되는 것이 새와 다를 것이 없다는 말입니다. 그러니 먼저 떠났다고 해서 울지 마라 그런 말이지요.
　그렇지만 사람이란 다른 동물과 달라서 지혜도 있지만 또한 정(情)도 있는 동물인지라 작별에 있어서는 한 가닥 애석한 정을 어찌할 수 없는 것이 사실입니다. 수도하는 사람은 그런 정을 끊기 위해서 노력을 많이 하지만 이 산승도 역시 숙연한 마음을 금할 길 없습니다.

　금일 영가는 생전에 부처님을 향한 신심도 장하셨고 또 염불과 좌선도 많이 해서 한량없는 선을 닦은 것으로 알고 있습니다. 그러므로 그 자제들이나 권속들 역시 영가의 본을 받아서 굳은 신앙심을 가지고 어머니의 뒤를 이어 더욱 더 불심을 증장하고 선업을 닦게 되리라고 믿습니다.

우리나라의 진묵대사(震默大師) 하면 아마 모르는 사람이 거의 없을 만큼 유명한 대 도인입니다. 그래서 그 분을 가리켜 석가의 후신이라고까지 추앙하는 분입니다. 그런 도인도 당신 어머니의 사십구재를 당해 제문을 손수 지어 읽은 것을 보면 자식 된 마음으로써 슬픔이 매우 극진했다는 것을 알 수 있습니다.

'태중에서 열 달 동안 나를 잉태하여 고생하시던 그 은혜를 어떻게 하여 갚을 수가 있으며, 슬하에서 삼 년 동안을 진자리 마른자리 가려 길러주신 공을 능히 잊지 못하겠사옵니다.

어머니께서 만 살 위에 만 살을 더 사신다 하더라도 갈 때에 당해서는 자식 된 마음은 슬픈 생각이 없지 않겠거늘, 하물며 사람이 백 년이라 하지만 백 년도 다 못 살고 가는 인생! 어찌 그리 어머니의 수명은 짧기만 합니까.

표주박 하나 가지고, 이 늙은 중은 이미 그렇지마는 아직도 규중에서 출가하지 못한 여동생은 어찌 슬프지 않겠습니까! 재를 지내고 상단(上壇)을 다 마친 뒤 영단(靈壇)까지 다 마치고 스님네는 각기 각 방으로 돌아갔는데 산은 첩첩하고 물은 중중(重重)한데 어머니의 영은 어디로 돌아가십니까?' 하고 애통해 하는 제문이 있습니다. 그걸로 보면 도인에게도 그와 같은 눈물과 정이 있다는 것을 우리가 미뤄 알 수 있습니다.

도인도 그렇거늘 항차 도인이 되지 못한 일반 사람으로서야 부모의 재일을 당해서 어찌 그 지극한 애정을 금할 수가 있겠는가?
이것은 영가를 천도하는 자리에서 영가의 왕림을 청하는 법문입니다.
부처님의 몸이 법계에 가득해서

널리 일체 중생의 앞에 나타나도다
인연 따라 어디나 두루하지 않음이 없으니
이 보리좌에 향하여 앉으라.

佛身充滿於法界　普現一切衆生前
隨緣赴感靡不周　而向處此菩提座

이것은 영가를 천도하는 자리에서 영가의 왕림을 청하는 법문입니다.

부처님의 몸은 법계에 충만하다 했는데 법계라 하면 온 시방 세계가 전부 법계에 속한 것입니다. 그와 같이 부처님의 몸이 법계에 가득 차 있으므로 널리 일체 중생의 낯 앞에 나타나게 됩니다.

일체 중생의 낯 앞이라면 비록 사람의 면전에만 나타나는 것이 아니라 산에도 나타나고 들에도 나타나고 물에도 나타나고 나무에도 나타나고 꽃에도 나타나고 지금 여기 있는 촛대에도 나타나고 저기 있는 화분에도 나타난다 그런 말입니다. 그와 같이 일체 모든 장소 모든 물건 앞에 나타나지 않는 곳이 없습니다.

그러므로 인연 따라서 어디나 두루하지 않는 데가 없습니다. 그러니 이 보리좌에 와서 향해 앉으시라. 하고 영가에게 하는 법문입니다.

사십구 일 전 영가가 이 세상에 있을 때는 색신, 즉 몸뚱이가 있어서 눈도 있고 코도 있고 귀도 있고 혀도 있고 몸도 있고 생각도 있어서 그런 여섯 가지 육근이 갖추어져 있으므로 해서 색(色)·성(聲)·향(香)·미(味)·촉(觸)·법(法)이 다 갖추어지게 되므로, 눈으로는 색을 보고 귀로는 소리를 듣고 코로는 냄새를 맡고, 혀로는 맛을 보고 몸으로는 촉감을 통하여 알고 생각으로는 분별해서 아는, 이와 같이 육진경계(六塵境界)가 있어서 알거니와 지금 영가는 그런 것이 다 탈락되어서 눈도 귀도 코도 혀도 몸도 뜻도 육진경계도 다 없어져 버렸습니다.

그랬거니 영가를 천도한다, 영가를 제도한다, 영가를 극락세계로 가기 위해서 재를 모신다 하는 이게 무슨 소린가. 그것은 우리가 가진 몸이 하나가 아니고 둘이 있습니다.

하나는 법으로 된 법신이요 하나는 색으로 된 색신(色身)이 있는 것입니다. 그래서 법신이라는 것은 눈도 없고 귀도 없고 내지 코 · 혀 · 몸이 하나도 없기 때문에 눈으로 볼래야 볼 수 없는 것입니다.

색신이라는 것은 지금 우리가 가지고 있는 몸이니 눈으로 보아서 알 수가 있습니다. 색신은 생멸이 있지만 법신은 생멸이 없습니다. 그러면 법신을 보려면 어떻게 해야 할 것인가?

금일 영가의 법신을 보고자 하면 그 마음을 비우기를 허공과 같이 하고 고요히 할지니라. 그리하여 산승의 법문을 들으라.

만약 어떤 사람이나 잠깐이라도 고요히 앉았으면 이 고요히 앉아 있는 공덕이 항하사 모래수와 같이 많은 일곱 가지 보배(금·은·유리·자거·마노·진주·산호)로 탑을 쌓아 올린 공덕보다 승(勝)하리라.

우리가 길게 앉아 있으면 말할 것 없이 더 크겠지만, 잠깐 찰나간이라도 고요히 앉아 있는 그것이(若人靜坐一須臾) 항하의 모래수와 같이 많은 보배로 탑을 쌓은 공덕(勝造恒沙七寶塔) 보다 더 크다 그런 말입니다.

어째서 고요히 앉아 있는 공덕이 그렇게 큰 것인가 하면 고요해야 법신을 보게 되기 때문입니다. 금일 영가도 영가의 법신을 보게 되고 시회 대중(時會大衆)도 또한 자기의 법신을 보게 되는 것입니다. 법신은 곧 자기의 본래면목·천진자성(天眞自性)·원각성품(圓覺性品), 이것이 고요히 앉아 있어야만 보는 것이기 때문에 그렇습니다.

보배로 만든 탑은 필경에 다 먼지(寶塔畢竟化爲塵)로 화하고 맙니다. 금으로 만들었건 은으로 만들었건 어떤 보배로 만들었든지 달이 가고 해가 가면 필경엔 그것은 다 부서져서 먼지로 되고 맙니다. 그러나 한 생각 깨끗한 마음은 정각을 이루기(一念淨心成正覺) 때문에, 다시 말해서 부처를 이루기 때문에 고요히 앉아 있는 공덕이 그와 같이 수승하다는 것입니다.

고요히 앉아 있는 그 때가 곧 한 생각 깨끗한 마음이요, 한 생각 깨끗한 마음이라는 것은 곧 부처를 이룬다는 것입니다. 그러므로 우리의 색신이라는 것은 무상한 것이니 사람의 몸뚱이뿐만 아니라 산하대지 일체 삼라만상까지라도 모두가 다 허망한 것입니다.

땅도 필경은 무너지고 마는 것이니 이까짓 몸뚱이야 말할 것 있겠습니까. 그러므로 낳는 것은 반드시 죽고야 마는 것이니 있는 것은 없어지게 마련이요, 흥하는 것은 반드시 망하고 성하는 것은 쇠하고 마는 것이요, 오는 것은 가고야 마는 것이요, 그러므로 무상한 것입니다.

금강경에도 '범소유상(凡所有相)이 개시허망(皆是虛妄)'이라 했듯이 있는 것은 다 허망한 것입니다.

여기에 모여 있는 대중 여러분의 색신도 허망하고 우리가 지금 앉아 있는 이 집도 허망하고 우리가 살고 있는 이 세상도 다 허망하기 짝이 없는 것입니다. 그렇지만 오직 법신, 즉 법으로 된 몸은 영원히 부서지지 않고 영원히 멸하지 않습니다. 그러므로 산 사람이나 죽은 사람이나 모두 이 법신을 증득해야 하는 것입니다.

그러므로 영가를 대해서 하는 법문에는 반드시 돈오 무생(頓悟無生)이라고 하는 법문을 늘 하지 않습니까. 시식(施食)할 때에도 돈오 무생, 즉 몰록 무생을 깨쳐라 그러지요.

무생(無生)이란 무슨 뜻이냐 하면 나[生]는 것이 없는 것이 무생인데 본래 남[生]이 없는 고로 불멸하는 것입니다. 법신이란 남도 없고 죽음도 없어서 불생불멸하는 것입니다. 법신이란 몸뚱이 생겨날 때 같이 생겨나는 것도 아니요, 이 몸이 쓰러질 때 같이 따라서 죽는 것도 아닙니다.

그러면 오늘 정일광 영가도 이미 색신은 무상해서 이 세상에서 볼 수가 없지만 정일광의 법신은 지금 이 자리에서 대중과 같이 경을 외우며 염불을 하며 법문을 듣고 있다는 말입니다.

영가여, 이 말을 분명히 듣고 의심하지 말라. 법신을 증득한 자라야 자유 자재해서 극락과 천국을 임의로 왕래하느니라. 법신은 음과 양으로 된 몸이 아닌 것을 알아야 할 것이니, 색신은 음양으로 된 것이지만 법신은 모든 인연을 따르지 않으므로 음양을 받지 않느니라.

이 법신을 알려면 고요해야 하나니 고요하다는 것은 시끄럽지 않다는 말이요, 시끄럽지 않으면 편안한 것이요 편안하면 촌보를 옮기지 않고 바로 극락이니라.

이 법은 밝고 어두움이 없는 것이 이 법이요, 좋고 나쁜 것이 없는 것이 이 법이요, 기쁨과 슬픔이 없는 것이 이 법이요, 극락과 지옥이 없는 것이 이 법이요, 생사와 열반이 없는 것이 이 법이요, 보리와 번뇌가 없는 것이 이 법이요, 너와 내가 없는 것이 이 법이요, 필경 부처와 중생이 없는 것이 이 법임을 알라. 이것이 불법이요, 이것이 법신이니라.

어째서 그렇게 아무 것도 없는 것이 불법이란 말인가? 불법은 통한 법이지 걸리는 법이 아닌 것이다. 있으면 있는데 걸리고, 없으면 없는데 걸리고, 크면 큰데 걸리고, 적으면 적은데 걸리고, 보면 보는데 걸리고, 들으면 듣는데 걸리는 것은 속법(俗法)이요 세상법인지라 모두가 다 걸리는 법이요, 걸림이 없는 법이 불법임을 알라.

허공과 같이 텅 비어 있기 때문에 자타가 평등한 것이요 필경에는 자타가 없는 것이 불법이니라. 극락세계는 그와 같이 일체에 걸림이 없느니라.

만약 부처의 경계를 알고자 하면(若人欲識佛境界) 마땅히 그 생각을 허공과 같이 깨끗이 하라(當淨其意如虛空). 멀리 망상과 모든 의취를 여의면(遠離妄想及諸趣) 마음으로 하여금 행하는 바가 다 걸림이 없을 것이다(令心所向皆無碍).

한 생각만 일어나면 천지가 시끄러운 것이나 마음을 텅 비워 고요히 하면 동에 가도 걸림이 없고 서쪽에 가도 걸림이 없고, 물에 가도 걸림이 없고 산에 가도 걸림이 없고, 불에 가도 걸림이 없고 극락에 가도 걸림이 없고 지옥에 가도 걸림이 없이 자유자재하니라.

지금 이 공덕이 일체에 보급되어 나와 모든 중생들이 불도 이루기를 바랍시다.

願以此功德　普及於一切
我等與衆生　皆共成佛道

주장자를 세 번 치고 법좌에서 내려오시다.

2. 영가천도법문

하늘과 땅도 능히 장구하지 못하거늘
하물며 천지 안에 생긴 사람이겠는가.
당당히 음양을 받지 않는 자라야
역겁 다생에 자재한 몸이니라.

天地不能長久在　況且所生天地間
當當不受陰陽者　歷劫多生自在身

이것은 금일 영가의 색신과 법신을 두고 한 법문이다.
　영가여 자세히 들으라. 색신은 무상한 것이다. 있는 것은 반드시 없어지고 말 것이니 나는 것은 반드시 죽고야 마느니라. 색신은 형상이 있는 것이니 형상이 있는 것은 반드시 부서지고 마느니라.
　색신은 땅[地]과 물[水]과 불[火]과 바람[風]과 네 가지의 인연으로 화합하여 이루어진 것이니 인연이 다하면 네 몸은 없어지느니라.
　보라, 가죽이며 살이며 힘줄이며 뼈며 뇌수[腦髓]며 때[垢]는 다 땅으로 돌아가고 침[唾]이며 고름이며 피며 진액이며 대소변은 다 물로 돌아가고 움직이는 것은 바람으로 돌아가고 더운 기운은 불로 돌아가서 사대가 각각 흩어지면 이제 영가의 몸이 어디 있는고?
　마치 허공에 한 조각의 구름이 일어났다가 꺼짐과 같이 허망하기 짝이 없느니라. 뜬 구름 자체가 본래 실상이 아니요, 인연으로 모였다가 인연으로 흩어지는 소이(所以)니라. 인생을 백 년이라 하지만 백 년을 산다 해도 잠깐인데 하물며 백 년을 못다 살고 가는 인생! 얼마나 허망한가. '예술은 길고 인생은 짧다'고 하는 말이 이래서 하는 말이니라.

　부설거사(浮雪居士)는 죽음에 대해서 '뜰 부(浮)자'를 사운(四韻)으로 달아서 네 가지 허망하다는 시를 읊은 바 있거니와 영가를 위하여 다시 한 번 설할 터인 즉 자세히 들으라.

　첫째는 처자 권속이 삼대와 같이 많고 금이며 옥이며 비단이 산더미와 같이 많이 쌓였더라도 임종에는 고혼만 홀로 가니 생각하면 다 허망해서 뜨고 뜬 것이다.

　둘째로는 날마다 분주하게 출세 길에 바쁘다가 벼슬이 겨우 높아지면 이미 인생이 늙었더라. 그래서 황혼 길이 가까운데 염라대왕이 사람의 벼슬 높은 것을 두려워하지 않으니 생각하면 다 허망해서 뜨고 뜬 것이다.

　셋째로는 마음씨가 곱고 말을 잘 하기를 우레와 같은 사자후를 하고 글을 잘 해서 조리에 정연하고 감정이 풍부한 시와 문장으로 천하 사람을 울리고 웃겨서 가볍게 보더라도 다생을 두고 '나다' 하는 아만심만 더할 뿐, 자기의 생명을 자유로이 못하니 생각하면 허망해서 뜨고 뜬 것이다.

　넷째로는 설사 설법을 잘 해서 구름과 비와 같이 막힘이 없고 거룩해서 하늘에서는 꽃을 흩고 돌이 머리를 조아리더라도[1] 마른 지혜[乾慧]로는 능히 생사를 면치 못하나니 생각하면 모두 허망해서 뜨고 뜬 것이다.

　이것이 부설 거사의 사부시(四浮詩)인데 부귀나 세도나 문장이나 지식으로는 생사를 면치 못하느니라. 그러면 사람이 죽은 뒤에는 어찌 되는가.

---

1) 돌이 머리를 점친다는 말이 있는데, 어떤 법사가 어찌나 법문을 잘 하는지 그 법사가 법문을 하면 하늘에서는 꽃비를 내리고 돌이 법문을 듣고 머리를 끄덕였다는 고사가 있음.

나면 죽음이 반드시 있듯이 죽으면 또 생(生)이 있는 것이 인과의 법칙이니 색신은 물질로 된 것이라 죽으면 썩고 말지만 영(靈)은 본래로 형체를 가진 물건이 아니요, 금일 영가의 주인공이라. 마치 주인이 살고 있는 집이 오래 되어 무너지면 주인은 다른 집으로 이사를 하는 것이요, 그 집이 무너진다고 해서 주인까지 같이 무너지는 것은 아니니라. 그러면 금일 영가의 집이 무너지고 없으니 영가의 주인공은 어디로 이사를 할 것인고.

영가여 자세히 들으라. 이사 갈 집은 여섯 군데가 있으니 천도(天道)요 인도(人道)요 지옥이요 아귀요 축생이요 수라(修羅)의 육도(六道)가 있느니라.
이것은 영가가 이 세상에 살아 있는 동안에 일체 지은 바 업에 따라서 가게 되는 것이니 천도에 갈 업을 지었으면 천상에 태어나고, 사람으로 태어날 업을 지었으면 인간에 태어나고, 지옥에 갈 업을 지었으면 지옥에 떨어지고, 아귀도에 빠질 업을 지었으면 아귀가 되고, 수라도에 갈 업을 지었으면 아수라가 되고, 축생에 갈 업을 지었으면 짐승이 되는 것이니 천도와 인도는 선업을 지은 과보로서 낳게 되고 지옥·아귀·축생·수라의 네 가지 길은 악업을 지은 과보로서 받게 되나니 여섯 가지가 우열은 다를지언정 모두 생사윤회를 면치 못하느니라.
이것을 일러 업신(業身), 즉 업으로 된 몸이라는 말이다. 업이란 무엇이냐 하면 살아서 일생을 두고 지은 바 행하는 모든 일이 업이 되어 죽을 때는 아무것도 가지고 가지 못하나 오직 업만은 따라가는 것이니라.

전세(前世)에서 지은 바 업은 현세에서 받게 되고 이 세상에서 지은 바 업을 보는 세상에서 받게 되는 것이 인과인 것이다. 일체 만물이 종자를 심어서 열매를 거두는 것이 인과의 법칙이니 사람도 이와 같아서 자기의 전생 일을 알고자 하면 이 세상에서 받는 것이 그것이요, 내생의 일을 알고자 하면 이 세상에서 짓는 것을 보면 알게 되는 것이니라.

이와 같이 선인선과(善因善果) 악인악과(惡因惡果)는 업에 구속을 받아 아무런 자유가 없이 몇 천만 년이고 생사의 고해에 마치 개미 쳇바퀴 돌듯이 윤회를 면치 못하는 것이다. 그러면 재(齋)는 무엇 하러 지내는 것인가.

선한 업을 지은 사람은 천당이나 극락으로 갈 것이요, 악한 업을 지은 사람은 지옥이나 아귀도에 빠지고 축생이나 수라의 보를 받을 것이 그 사람의 생전에 지은 바 업에 의해서 결정되는 것이 법칙인데 무엇 때문에 재를 모셔서 고혼을 천도한다는 것인가.

영가여 자세히 들으라. 업으로 된 색신은 생사 거래가 있으되 업에 구속을 받지 않는 남[生]이 없는 무생 법신(無生法身)은 생사 거래가 없느니라. 남[生]이 없는지라 죽음도 없고 온 데가 없는지라 가는 곳도 없나니 이것은 영원히 죽지 않는 것이요, 이것은 영원히 나지 않는 것이니라.

이것은 있는 것도 아니요, 없는 것도 아니며 이것은 거짓도 아니요, 참도 아니며 이것은 실다운 것도 아니요, 허한 것도 아니며 이것은 밝은 것도 아니요, 어두운 것도 아니며 이것은 선한 것도 아니요, 악한 것도 아니며 이것은 큰 것도 아니요, 작은 것도 아니며 이것은 모난 것도 아니요, 둥근 것도 아니며 이것은 긴 것도 아니요, 짧은 것도 아니며 이것은 음도 아니요, 양도 아니며 이것은 성현도 아니요, 범부도 아니며 이것은 부처도 아니요, 중생도 아닌 것이나 인연을 따라서는 모두를 능히 만들고 능히 파하는 것이니 이것이 이름이 무생 법신(無生法身)이니라.

재를 모시는 것은 오늘 영가로 하여금 무생 법신의 진리를 깨쳐 생사 고를 초탈하고 천상이나 극락세계에 자유 자재하게 하는데 그 목적이 있는 것이니라. 또 남의 자녀가 되어 가지고 효도를 하자면 생전에는 부모의 뜻을 순종하여 어기지 않는 것이 효도요, 죽은 뒤에는 부모의 고혼을 천도하여 극락세계나 천상, 인간에 태어나 편안히 주(住)하도록 하는 것이 효도이니, 이리하여 재를 모시려면 법사를 청하여 경을 외우고 법을 설하고 염불을 하는 것이니라.

우리가 나무아미타불 염불을 하는데 '나무아미타불(南無阿彌陀佛)'은 아무나 다 아는 염불이지만 그 뜻이 매우 깊고 미묘하니라.

나무라는 말은 돌아가 의지한다는 뜻이요, 아미타는 무량수(無量壽), 즉 한량없는 수명을 뜻하는 것이요, 불(佛)은 깨친 이라는 뜻이니라. 그러므로 한량이 없는 수명을 가지신 각(覺)의 진리에 돌아가 의지한다는 뜻이 되느니라.

영가여 자세히 들으라. 사람은 돌아가 의지할 곳을 알아야 하는 것이니 어디로 돌아가며 누구를 의지하며 누구를 믿어야 할 것인가.

다시 말하면 하늘을 믿어야 할 것이냐 조상을 믿어야 할 것이냐, 아니면 산신을 믿어야 하나, 칠성을 믿어야 하나, 일월성신을 믿어야 하나, 성황당을 믿어야 하나, 무당을 믿어야 하나, 점쟁이를 믿어야 하나, 사주팔자를 믿어야 하나, 관상을 믿어야 하나, 아니면 지신을 믿어야 하나, 풍신을 믿어야 하나, 수신을 믿어야 하나, 화신을 믿어야 하나, 성현을 믿어야 할 것이냐.

그러나 모두가 아니니 환(幻)이요 거짓이니라. 그것은 모두 바른 귀의처가 못 되는 것이니라. 오직 천상천하를 통하여 시방 세계에 가득 차고, 과거·현재·미래, 삼세 고금(三世古今)이 다한 무량수의 영원불멸의 진리가 있으니 이것이 원각(圓覺)이니라.

 이 원각에 귀의하여야 하고 원각을 믿어야 하나니 이것이 금일 영가의 무생 법신이니라. 이 어찌 먼 데서 구하리오. 지금 여기 영가의 면전에 정체 당당(正體當當)하도다.

 아느냐!

향내는 향로를 둘러서 어리고
밤은 촛불 빛을 나누어서 밝히도다.

煙繞香爐暎이요
夜分燭光明이라.

주장자를 세 번 구르고 하단하시다.

3. 보은불사(報恩佛事) 제문

아버지! 어머니! 감사합니다.

그 은혜 높기 어찌 산에 비하며 그 은혜 깊기 어찌 물에 비하오리까. 이 자식을 열 달이나 태중에서 기르실 때 오실오실 추운 적은 얼마였으며, 자시고 싶은 입덧은 그 얼마나 있었습니까.

벗어 놓은 신발을 되돌아보시고 산실로 들어가실 때 걱정스러운 그 모습이며 애기가 겨우 짚자리에 떨어지자 '으앙!' 소리를 듣고 사지가 찢어지는 듯한 고통 속에서도 '아들'이라는 소리를 듣고서야 겨우 안심을 하시던 그 모습! 이것은 한국 여성의 공통된 비애이기도 합니다.

여기까지는 태중에서 낳기까지의 열 달 동안의 고통이었지만 낳으신 후에도 삼 년 쯤은 단잠을 못 자고 진자리 마른자리 가려 키워 주신 은공 무엇으로써 보답하오리까. 그러나 이것은 오히려 어떤 어머니라도 다 같은 은공이라 하겠지만 이 자식은 다른 어머니에게는 받을 수 없는 독특한 은혜를 어머니에게 입은 줄로 아옵니다.

지금으로부터 육십여 년 전이라면 아주 옛날이라고 할 만한 그때 중[僧]이라고 하면 아주 천한 것으로 알고 어린 아이들까지도 "중중 까까중"하고 놀리던 그 때, 내가 절에 가서 맹자를 배우느라고 고평 선생에게 있다가 집에 돌아오면 조용조용히 타이르시며 "어서 가서 귀한 사람이 되어야 한다."하시던 그 말씀! 이제야 어머님의 뜻을 알았습니다.

이 자식이 태어날 때 가사를 두르고 나왔고 나온 지 삼일 되던 날 어떤 스님 한 분이 시주를 오셨다던 말씀도 들려 주셨습니다. 이리하여 어머니께서는 친구들에게 어쩌면 자식을 보내고도 보싶은 생각을 않고 사느냐고 독한 사람이라는 말까지 들으신 줄로 압니다.

만일 그 때 어머니께서 이 자식을 귀엽다고 어머니 품안에 안고만 계셨다면 이 자식이 어찌 백 천 만 겁에 얻기 어려운 이 거룩한 불법을 얻을 수 있었사오리까. 그것은 이 자식을 낳고 기르신 그 은공보다 실로 이 은혜 감사해야 하옵니다.

그리고 아버지!
이 자식을 낳아 어린 아이를 무릎에 앉히고 날이면 날마다 아침부터 밤까지 '신축년 삼월 초일생 김성봉이 그저 귀하게 되기를 천만 축수합니다.' 이것이 아버지께서 돌아가시던 날까지 기원하시던 염불이요 참선이요 독경이요 기도이었음을 이 자식이 어찌 하루인들 잊고 지내오리까.

그리고 격포에서 전남 백양사까지 이백 리가 넘는 험한 길을 짚신에 죽장을 짚고 또박또박 걸어서 발이 부르터 헝겊으로 매듭을 지어 가면서 이 자식을 찾아오시던 그 모습이 지금도 어제인 양 눈앞에 선합니다.

부모가 자식을 사랑하는 정이란 그렇게도 지독한가 하옵니다. 그 은혜 어찌 몸을 부수어 가루를 만들어 부모님께 공양한들 만의 일인들 보답한다 하오리까.

아버지! 어머니!
이제는 아버지 어머니의 소원대로 이 자식이 천상천하에 가장 귀한 사람이 되었습니다. 가장 높고 가장 부(富)한 사람이 되었소이다. 그것은 이 자식이 무슨 지위가 높다거나 명예가 높다거나 권세가 있고 재산이 많아서 크게 되고 높게 되고 귀하게 되고 부하게 된 것은 아닙니다. 그 보다도 천지를 한 입에 삼킬만한 큰 도를 얻었기 때문이로소이다.

고금에 하나 밖에 없는 무엇으로도 짝할 수 없는 천상천하에 가장 존귀하고 가장 부한 그리고 둘이 없는 도를 얻었기 때문이로소이다. 떨어진 옷을 입고 나물밥을 먹을지라도 백만장자가 부럽지 않고 역대 제왕이 부럽지 않고 석순이의 금고가 탐나지 않게 되었습니다.

아버지 어머니시여!
이번 보은불사에 대중들이 큰 소리로 염불하는 '내 살림' 그것이 바로 이 자식의 살림살이로소이다. 이만 하면 아버지 어머니 안심하실 줄 믿사옵니다. 다만 한 되는 것은 부모님 생전에 이 노래를 들려 드리지 못하고 영전에서 부르게 됨이 눈물겨울 뿐이로소이다.
학은 천 년을 살고 거북은 만 년을 산다는데 사람의 수명도 좀 길었으면 하는 마음 간절하옵니다.

그리고 스님! 또 학명(鶴鳴) 스님!
두 스님에 대하여 감사드립니다.
사람 하나 만들기 위해 제가 아직 나이 어릴 때 집에 가서 오래도록 아니 오면 마을로 저를 찾아오시고 백양사에서 소위 학문을 하고 있을 때는 백양사로 저를 찾아주시고 멀리 타국 객지에 가서 있을 때는 그 곳으로 감개 깊은 격려의 서신을 보내 주신 그 은혜 실로 감사 감사하였습니다.
그러나 그보다 더 큰 은혜 세세생생에 잊지 못할 그 은혜! 그것은 제가 백양사에 있을 때 일이었습니다. 납월 팔일 성도절 칠일 정진을 하던 때였습니다.
생사 대사를 결정하는 짧막한 기간을 두고 은산철벽을 뚫기에 아무 여념이 없이 싸우면서 날마다 한 번씩 조실 방에 들어갔을 때 대갈일성으로 나를 쫓아내고 문을 걸고는 다시 '봉수야!' 하고 불러서 문을 열려한 즉, 문은 꼭 잠기어서 나로 하여금 크게 분심(憤心)을 돈발(頓發)케 하여 주신 그 은혜!

이 몸이 죽고 죽어 열백 번 고쳐 죽어 불타서 가루마저 다 없어지고 말지라도 임 향한 깊은 은혜 어찌 잊을 수가 있사오리까.

정진법회가 있을 때마다 달마 대사 방불하신 스님의 얼굴을 그려 보며 소리 없이 눈물짓습니다. 그 때 스님께서 주신 그 보배 그것으로 지금도 대중을 지도하고 있습니다. 그리하여 제가 지도하는 불자 중에 법은(法恩)을 느끼고 발심한 선자(禪子)가 해를 거듭하여 늘고 있습니다.

지금 보은불사를 하고 있는 이 자리에도 부처님의 은혜 스님의 은혜에 감격하여 눈물짓고 있습니다.

스님! 이것으로 이제는 제 살림을 할 만 하오니 부디 안심하시옵소서. 그러나 스님, 제게 한 가지 소원이 남아 있습니다. 마지막으로 이 원을 성취하는 날에는 또 한 번 스님 앞에 환희의 눈물로써 엎드려 고하겠사오니 통촉하시옵고 가호하여 주시옵소서.

다음으로는 극락행·안락행·계진 비구니·청련화 보살 전에 감사드립니다. 산을 보면 산에 빌고 바위를 보면 바위에다 빌고 칠성·독성·나한까지라도 나를 위하여 빌어 주신 그 은혜 어찌 일 년 삼백 육십 오 일에 하루인들 잊으오리까.

그리고 지금 당신들이 지으신 이 지장암(地藏庵)에서 이 보은불사를 하고 있으며, 수십 명의 신남신녀(信男信女) 대중들이 모여서 염불과 송경(誦經) 설법과 좌선을 하고 있습니다.

이 종소리 염불 소리 들으시고 왕생극락하옵소서.

다음으로는 바라밀 보살 앞에 감사드립니다.

아마 십오 년 전인가 합니다. 내가 정혜사(定慧寺)에서 하안거를 하고 있을 때 나의 설법을 듣고 발심하여 그 뒤로 줄곧 정진하여 여의주를 얻고 법은에 감사하여 서래선림(西來禪林)을 선(禪)도량으로 만들어 많은 사람을 제도코자 바람과 비, 서리와 눈을 무릅쓰고 왕래하면서 도반을 모으고 금강경을 두 번이나 간행하여 법공양으로써 많은 불자들이 발심하였습니다.

이 인연으로 금강경을 지송하고 암송하는 불자들이 많이 나왔고 보살의 딸이며 도반인 법왕자(法王子)·금강자(金剛子), 그리고 여러 불자들이 날마다 아침이면 금강경을 외운 뒤에 다른 일을 시작할 만큼 불퇴전의 신심을 확립하였으며 보살의 원력으로 반야심경을 간행하여 많은 사람에게 법공양을 하였소이다.

지금 보은불사를 하고 있는 이 자리에도 보살로 인하여 발심한 불자들이 참례하여 금강경을 외우며 '내 살림'으로 아미타불 장엄염불을 하고 있으니 이 노래 들으시고 왕생극락하옵소서.

지금 여기 모인 대중은 전등회원(傳燈會員)들이올시다. 지난 해 뜻있는 불자들이 모여서 글자 그대로 등불을 밝혀 전하자는 뜻으로 전등회를 창립하였소이다.

'보살이 조금만 더 있다가 가셨더라면 전등회 사업이 보다 더 많은 발전을 할 수 있었을 것인데…' 하는 아쉬운 생각을 금할 길이 없습니다.

다음으로는 이번 보은불사로 인하여 이 영단에 모시게 된 신남신녀 여러 영가들이여! 그리고 이 절을 창건한 이래 공이 있고 인연이 있는 영가들이여!

그리고 시회(時會) 대중을 아시거나 인연 있는 영가들이며 나라를 위하여 비명에 가신 영가들이며 수륙 공계(水陸空界) 각처에서 슬픈 원한을 품고 가신 영가들이여!

여기는 영가들의 아들이며 딸, 아내며 친속들이 모여서 영가들을 위하여 날마다 금강경과 원각경을 외우고 지장보살 십만 념과 화엄경 십현담 설법이며 십악(十惡)을 참회하는 관음예참과 삼십삼 조사(祖師)들 및 선지식들의 깨치신 게송을 아침마다 종성(鐘聲)으로 하옵고 내 살림을 아미타불 장엄염불로 모시고 있습니다.

이 법문 고요히 들으시고 극락세계 구품 연대에 왕생하옵소서.

재(齋)라는 것이 울긋불긋한 것이 재가 아닌 것은 물론이요, 영가들의 그 마음을 고요히 하여 편안히 쉬도록 하는 것이 재의 뜻이올시다. 짤막한 기간이나마 칠 일간을 보은불사 대중은 몸과 마음이 하나가 되어 일념정심(一念淨心)으로 영가들을 천도하고 있습니다.

이만하면 영가들의 전세(前世) 업장(業障)이 두껍다 할지라도 이번 칠일 정진불사로 인하여 업장이 소멸되고 도피안이 되어 질 줄 믿습니다.

시방 법계 일체 유주 무주 고혼들이여,
똑바로 들으라!
앞뒤에도 걸림 없고 좌로 우로 통하였고 위 아래로 비어 있고 동서 사방 막힘없거니 뉘라서 가지 못하게 붙잡으며 뉘라서 오지 말라 막겠는가.
서방 극락세계며 팔만 사천 지옥이 이런 소이니 일체 선악, 일체 시비, 일체 언설, 일체 문자, 일체 분별을 여읜 것이 촌보(寸步)를 여의지 않고 바로 극락세계요, 하나에라도 걸림이 있으면 그것이 곧 지옥임을 삼세제불이 증명하시고 진묵 대사를 이번 보은불사의 증명으로 모신 이 자리에서 명백히 일러주노니 다시는 의심하지 말고 방하착(放下着)하라!

마음 밖에 부처 없고 마음 밖에 극락 없다.

영가여! 이 마음 밝으면 삼세제불이 방광을 하고 삼천 대천 세계가 극락세계로 장엄하느니라. 영가여! 거듭 말하노라.

하나에 통하면 삼천 대천 세계가 모두 극락세계요, 하나에라도 걸리면 삼천 대천 세계가 모두 지옥으로 변하느니라.

영가여! 의심하지 말고 속지 말고 내 말을 분명히 살펴 들으라. 나는 참말을 하는 자요, 실다운 말을 하는 자요, 여여한 말이요, 속이는 말이 아니요, 다른 말을 아니 하였노라.

4. 수륙재(水陸齋) 제문

나무불 나무법 나무승(南無佛 南無法 南無僧)!

전 세계 인류가 열뇌(熱惱)의 고해에서 허우적이며 구원의 길을 얻지 못하고 있고 살기등등한 원한의 귀곡성(鬼哭聲)이 수륙 방방곡곡에서 들려오니 이 어찌 우연한 일이라 하리오.
사람이나 물건이나 귀신이나 불편하면 우는 법이라, 이 뜻을 저으기 짐작하는 사람으로서 어찌 이를 무심히 간과하리오. 이에 간곡한 정성으로써 수륙재를 베풀어 해탈을 얻지 못한 일체 수륙 고혼을 천도하는 대 법회를 가지노니 모두 함께 발심하여 이 무차대회(無遮大會)에 참예하여 무상을 깨치고 해탈을 얻으라.

천계(天界)에서 오쇠고(五衰苦)를 걱정하는 모든 중생들아, 인간에서 팔만 사천 오뇌(奧惱) 속에 바른 길을 찾지 못하고 헤매는 모든 중생들아, 지옥에서 일일 일야 만사 만생(一日一夜萬死萬生)의 고를 받는 모든 중생들아, 아귀도에서 기한(飢寒)에 못 견디어 울며 떠는 모든 중생들아, 축생도에서 만박 학대를 받는 모든 중생들아, 수라도(修羅道)에서 분노의 불을 토하는 모든 중생들아, 만고내금(萬古來今)에 나라를 위하여 옥쇄한 모든 중생들아, 수륙 공계 각처에서 무시로 참사한 유주무주의 고혼들아, 다 같이 이리 와서 이 법을 들으라.

이 법은 동서남북이 없이 확 터져 있고 사유상하(四維上下)가 없으니 문을 따로 찾을 것 없으니 아무데라도 들어오라. 이 법은 존비귀천(尊卑貴賤)이 없고 남녀노소의 차별이 없으니 들을 줄만 알고 볼 줄만 알면 다 얻게 되느니라.
이 법은 산하석벽(山下石壁)이 막지 못하고 천상천하에 걸림이 없으니 크게 자유 자재하나니라.

　이 법은 비롯함도 없고 마침도 없어 과거·현재·미래가 한 때이므로 고금이 없느니라. 이 법은 본래 생겨난 법이 없으므로 죽음도 없나니, 그러므로 불생불멸하느니라. 이 법은 천삼라지만상(天森羅地萬像)이 없는 것 없이 모두 구비하므로 천상천하에 가장 부(富)한 것이 되느니라.

　이 법은 천상천하에 나를 짝할 자가 없으니 오직 홀로 존귀하니라. 이 법은 영원무궁토록 즐겁기만 한 것이니 본래 고가 없는 소이니라. 이 법은 산산수수 화화초초(山山水水花花草草)가 모두 불 세계이니 극락세계를 따로 찾을 것이 없느니라. 이 법은 두려움이 없나니 내가 본래 없는 소이니라.
　이 법은 태생(胎生)·난생(卵生)·습생(濕生)·화생(化生), 유색(有色)·무색(無色), 유상(有想)·무상(無想), 비유상(非有想)·비무상(非無想), 일체 중생이 나의 부모요 형제이니 누구를 원망하고 누구를 미워할 자가 없느니라.
　이 법은 허공과 같아 한 점의 때가 없으니 일체 시비와 물욕에 물들지 않느니라. 이 법은 삼세제불의 어머니요 일체 중생의 아버지요, 오늘 수륙법회에 참여하신 여러분의 주인공이니 마음이 있는 자나 가죽 밑에 피가 있는 자는 살펴볼지니라.

　이 법은 가장 평범한 것이니 눈썹 아래 눈이요, 코 아래 입이니라. 그리고 또 설탕은 달고 소금은 짜니라. 이 법은 가장 비밀한 것이니 나타날 때에는 천지가 모두 그것이로되 숨을 때에는 이를 찾은 자가 고금에 한 사람도 없느니라.
　이 법은 부사의한 것이니 삼천 대천 세계를 한 털끝 속에 감추기도 하고 한 몸으로 천 백억 화신을 나투기도 하느니라. 이 법은 광대하기 한량없나니 가없는 허공이 이 속에서 생겨남이 마치 바다 가운데 한 거품이 일어남과 같느니라.
　이 법은 크게 자비한 것이니 일체 중생을 나의 친 자매와 같이 보느니라.

　내 지금까지 수륙 일체 고혼등중(孤魂等衆)을 위하여 법을 설하였노니, 아느냐 마느냐! 만약 무상을 증득하였거든 모든 부처들로 더불어 보리좌에 앉아 편안히 쉬고 혹 그렇지 못하였거든 산승의 말후일구(末後一句)를 들으라.
　일락서산(日落西山)하고 월출동령(月出東嶺)이로다.

5. 경천정산각령(敬薦鼎山覺靈) 법문

낳되 남이 없고 죽되 죽음이 없기에
무생이면서 낳고 무사이면서 죽습니다
그러니 음양의 몸이 참입니까?
음양을 받지 않는 몸이 참입니까?

흰 구름은 푸른 산에 걸리지 아니하고
푸른 산도 흰 구름에 걸리지 않아서
산이 스스로 그러하고 구름도 그러하듯
낳고 죽고 가고 옴이 이와 같고
거래가 없는 것도 또한 그러하지요.

生而無生死而無　死無生而生無死
而死陰陽身是眞　耶不受陰陽身是

眞耶白雲不碍於　靑山靑山無放白
雲山自然雲自然　生死去來亦如是
無去無來亦如是

6. 천태고심(薦太古心) 영가천도법문

오늘은 태고심(太古心)이 이 세상을 떠난 지 사십 구 일, 몇 천 만겁을 두고 산으로 들로 촌락으로 돌고 돌다가 어찌 다행히 영암(映庵) 비구니와 모녀의 인연이 되어 늦게나마 부처님의 품안에 들어와서 때로는 변산(邊山)에서 때로는 내장산(內藏山)에서 '이 무엇고'하는 선(禪)을 하다가 마침내 인연이 다하여 백 세에 가까운 고령으로 이 세상을 떠난 지 사십 구 일에 해당한다.

나 또한 늙은 몸이라 달려가 향을 사르지 못하고 붓을 들어 법문에 대하노라.

슬프다 태고심 영가여!
나매 어느 곳으로 쫓아왔으며 죽으매 어느 곳으로 쫓아가는고? 천만인 가운데 아는 이 하나 없으니 어렵고 어려운 이 문제가 아닐 수 없다.

그러나 영가여!
낳아도 이것이요 죽어도 이것이라, 정체 분명히 당처를 여의지 않고 항상 드러나 있으니, 화화초초(花花草草)가 모두 다 영가의 면목이로다.

영가야!
안(眼)·이(耳)·비(鼻)·설(舌)·신(身)이 태고심의 참 얼굴이냐? 무명 무상 일체(無明無想一切)가 태고심의 진면목이냐? 다시 말하여 생사가 있는 것이 태고심의 참 얼굴이냐, 생사가 없는 놈이 태고심의 진면목이냐?

자세히 들으라, 지(地)·수(水)·화(火)·풍(風)으로 이루어진 영가의 몸은 생로병사가 있거니와 음양으로 성립된 것이 아닌 영가의 법신이야 어찌 생사가 있을까 보냐.

슬프다, 어리석은 중생들이 나 아닌 나를 참 나로 알고 일생을 두고 애지중지하여 갖은 종노릇을 하다가 급기야 최종에 가서는 풀잎에 이슬과 같이 사라지는 자가 그 얼마나 많은가!

영가야!
태고심의 진법신(眞法身)은 천지 전에나 천지 후에나 천 겁 만 겁을 가도 변하지 않고 일여(一如)하니라.
일여하다는 것은 낳고 죽는 것이 없고 있고 없는 것을 뛰어넘어 시(時)와 공(空)이 다한 것이니라.
그러므로 금강경에 이르기를 '무릇 있는 바 상은 다 허망한 것이나 만약에 모든 상 그대로가 상 아닌 것을 보면 곧 여래를 본다.' 하시었고, 또 이르기를 '만약에 색으로써 나를 보려 하고 소리로써 나를 찾으면 이 사람은 사도(邪道)를 행하는 사람이라 능히 여래를 보지 못한다.' 하였느니라.
영가여!
내 태고심을 위하여 한 곡조 부르노니 고요히 들을지어다.

살았느냐 죽었느냐 그 얼굴 볼 수 없구나
왔느냐 갔느냐 그 소리 듣지 못하네
일향이 소리와 빛이 없다고 이르지 말라
가을바람이 소소히 낙엽을 쓸어가네.

生也死也不見色　來也去也不聞聲
莫謂一向無聲色　秋風蕭蕭吹落葉

경봉정석(鏡峰靖錫) 스님

경남 밀양에서 태어남(1892~1982).
호는 경봉(鏡峰), 시호(諡號)는 원광(圓光). 15세에 어머니를
여의고 난 뒤 1907년 6월에 출가하여 양산 통도사
성해(聖海)스님을 은사로 득도.
세수 91, 법랍 72세로 입적.
저서로는 법문집 『법해(法海)』, 『속법해(續法海)』와
시조집 『원광한화(圓光閒話)』. 유묵집 『선문묵일점(禪門墨一點)』.
서간집 『화중연화소식(火中蓮花消息)』 등이 있다.

1. 한암(漢岩)스님 추도문

    오호라 봄이 오니 풀은 스스로 푸르고
    칠칠은 원래로 사십구로다.
    선사여! 선사여! 왔나이까 갔나이까.
    꽃은 붉고 버들은 푸르도다.
    오대산에 나뭇잎은 나부껴 떨고 있고
    동구에 맑은 물도 목 메인 듯 잔잔히 흘러가누나.

  오늘 모이신 교도 여러분이여! 눈물을 머금고 추도하시니 선사의 오십팔 년간 수행하고 교화하신 그 도(道) 높고 그 큰 공(功) 알 뿐이요, 밝은 해가 동천에 올라와서 세계를 두루 비춤도 만물을 위함이요, 서산으로 넘어가서 광명을 감춤도 만물을 위한 진리로다. 선사(先師)의 몸이 세상에 나타남도 중생을 위함이요 열반에 드심도 결국 중생에게 무상(無常)의 법을 가르치고 대각의 길을 인도하신 암시이로다.
  아 —, 이 열반의 참된 소식은 천지도 말이 없고 귀신도 모르나니라. 저 탁자에 벌려 놓은 흰밥과 둥근 떡은 앙산(仰山)과 운문(雲門)종사의 가풍이리다. 차를 달이고 향을 태움은 옛 길 통했음이니 몇 사람이나 이 소식을 알았던고.

    눈빛을 거두는 곳에 오대산이 서늘해
    꽃과 새들도 슬피 울고 달까지 향 연기 어리는 듯
    격식 밖의 현담(玄談)을 누가 아는가
    만산(萬山)엔 의구히 물이 흐르네.

    眼光收處五臺凉   花鳥念悲月送香
    格外玄談誰得去   萬山依舊水流長

2. 영가천도법문

　오늘은 영가천도 49재중 ㅇㅇ재일입니다. 금일은 선망영가를 위하여 공양을 마련하고 염불과 법문으로 부처님의 말씀을 전하고 불보살님의 위신력을 빌어 영가를 천도하는 날입니다.
　모두 잠시 입정하도록 하겠습니다. 이 입정시간에는 무엇을 관하느냐 하면 평소에 우리처럼 보고 듣고 말하던 영가의 눈앞에 역력히 나타난 외로이 밝은 일점영명(一點靈明)이 지금 어디에 있는가, 그것을 관하여 줍니다. 이것은 영가를 위해 무엇보다 소중한 일입니다.

　금일 소천 영가여,
　이 한 가지 맑은 향(此日炷淸香)은 삼세 모든 부처님의 법인(法印)이며, 역대 모든 조사의 안목이며, 금일 영가의 본래 모습이며. 일체 중생의 목숨이라. 특히 오늘 영가가 깨달아가는 길을 장엄하기 위하여 향로 중에 꽂노라(揷香爐中).

　　生也一片浮雲起　死也一片浮雲滅
　　浮雲自體本無實　生死去來亦如然
　　獨有一物常獨露　湛然不隨於生死

　　삶이란 한조각 구름이 일어남이요
　　죽음은 한 조각 뜬구름이 사라져 가는 것이다
　　뜬구름 그 자체가 본래 실체가 없는 것이니
　　태어나고 죽어가는 생사거래도 역시 이와 같도다
　　오직 한 물건만이 항상 홀로 드러나
　　맑고 고요하여 생사를 따르지 않도다

생사라고 하는 것은 인연 따라 모였다가 흩어지고, 흩어졌다가 모이기를 번복하는 것으로 본래 그 실체가 없는 것입니다. 오직 한 물건만이 항상 홀로 존재하여 담연하여 생사를 따르지 않는데, 이것은 부처님이 설산에서 6년 고행 끝에 깨치신 것이고, 모든 수행자들이 깨치고자 하는 그것입니다.

이러하니 영가도 이제는 생에 대한 집착을 버리고 생사를 따르지 않는 이 한 물건으로 생각을 바꾸어 위없는 무생법인을 증득하기 바랍니다. 또한 오늘 법공양을 받으시고 거기 부처님의 광명이 비치는 그 빛을 따라서 극락왕생하시기를 바랍니다.
또한 더 좋은 곳에서 더 좋은 몸으로 태어나서 불법의 인연으로 끝내 성불하시기를 바랍니다. 이것은 영가만을 위한 법문이 아니라 살아있는 여러분들을 위한 법문이기도 합니다.

하늘에 가득한 비바람이 허공에 흩어지니
달은 일천강의 물 위에 떠있고
산악은 높고 낮아 허공에 꽂혔는데
차 달이고 향 사루는 곳에 옛길을 통했네.

滿天風雨散虛空　月在千江水面中
山岳高低揷空連　茶煎香蓺古途通

옛길이란 어떤 길인가? 옛날에 사람들이 다니던 길인가? 부처도 가고 조사도 가고 오늘 영가도 그 길을 가는구나.

혜암현문(惠菴玄門) 스님

황해도 백천에서 출생(1885~1985).
법명은 玄門, 법호는 惠菴.
1897년(12세)에 수락산 흥국사에 이보암(李保庵)스님을
은사로 출가. 1927년 만공선사로부터 전법게 받음.
수덕사 조실을 지냄. 101세로 입적.
저서 『선관법요(禪關法要)』 등이 있음.

1. 열반상(涅槃相)

"스님께서 열반하시면 장례 절차를 어떻게 할까요?"
하고 문인이 말씀드리니 스님께서는 말씀하시되,

"내가 도시에서 죽으면 영구차에 실어다가 화장장에 집어넣을 것이고, 또 산중에서 세상을 버린다면 상여도 할 것 없고 마구잡이로 들어다가 석유 한 사발로 불에 태울 것이요. 들어와서는 상단에 향 하나 꽂고 삼정례하고 영단에도 향 하나 꽂고 심경 한 편 외울 뿐이지 물질을 소비하지 말아라.

또 나는 부처님 사리도 숭배하지 않기 때문에 사리가 나지 않을 것이다. 또 사리가 난다 하더라도 부처님 같은 사리가 나지 않을 것이다. 혹시 난다 하더라도 땅속에 파묻든지 아무데나 버릴 것이지, 만일 돌 한 덩어리라도 탑을 해서 쌓는다고 하면 나하고는 대천지원수가 될 것이다.

사리(舍利)라는 것은 본래 정법을 갖춘 대선지식이 택(擇)사리를 할 때에 사리를 손바닥에 놓고 법력으로 관(觀)을 하면, 음(陰) 사리는 피고름으로 화하고, 탐(貪) 사리는 구렁이 배암으로 화하고, 치(癡) 사리는 도깨비로 화한다고 하였다.
그러므로 사리라는 것은 방금 말한 바와 같이 명안종사(明眼宗師)가 택사리를 해야 사리로 인정하는 것이지, 택사리 하기 전에는 인정을 하지 못하는 것이다. 또한 부처님 사리에도 공경심을 예배한다면 그것은 다 지옥으로 갈 것이다.
왜 그러냐 하면 그것은 상법(相法)에 집착하기 때문에 저절로 그렇게 되는 것이다." 하셨다.
"그런고로 경에 말씀하시기를 '범소유상(凡所有相)이 개시허망

(皆是虛妄)이라' 무릇 있는 바 상이 다 이렇게 허망하다" 하시고 또 "'도무정상(都無定相)이요, 환무정상(幻無定相)이라' 도무지 실로 정한 상이 없고 환으로도 정한 상이 없다" 하신 후 "그런고로 다만 상만 취하지 않을 것 같으면 모든 성인의 뜻과 내 뜻이 서로 화합한다."하셨다.

"그러므로 앞으로 불심종의 나의 문인들은 밝게 밝게 오로지 공부에만 정진하고 이 몸이 다하도록 무량중생을 위하여 행원을 철저히 하여주기를 바라는 바이니라."

2. 육씨 대덕화(陸氏大德華) 영가 사십구재

법상에 올라 주장자를 치시고 한참 있다가 말씀하시기를,

병인생(丙寅生) 육씨 대덕화 영가, 병인생 육씨 대덕화 영가, 육씨 대덕화 영가.

날 때는 한 가닥 맑은 바람 일어난 것 같고
멸해 가매 맑은 못에 달그림자 잠긴 것 같아
나고 멸하고 가고 오는 데에 걸림이 없도다.

生時一陣淸風起 하고
滅去淨潭月影沈 하여
生滅去來無障碍 로다.

하시고, 향을 사룬 뒤에 예배하고는

한 조각 향 연기가 손끝에서 일어나니
이 소식을 몇 사람이나 아는고?

一片香烟隨手起 하니
個中消息幾人知오.

영부인 육씨 영가께서는 인간에 나와 사십여 년을 인간 세계에 유희하시다, 지금에 이르러 사대는 비록 각각 흩어졌으나, 영가의 일점영명(一點靈明)은 신령스럽게 홀로 비추어 밝게 드러났도다.
성인에 있어서도 더하지 않고, 범부에 있어서도 덜하지 아니하나니, 그것은 해탈하여 아무데에도 의지하는 데가 없도다. 활발발

지(活潑潑地)하여 막히고 걸리는 바가 없으며, 비록 형상이 없고 처소가 없더라도, 능히 시방 세계를 꿰뚫고 모든 부처님 세계에 들어가 노닐 수 있을 것이다.

머리 머리에 해와 달과 같이 밝고, 물건 물건마다 나타나되, 취하려 해도 얻을 수 없고 버리려 해도 항상 있음이로다.

헤아릴 수 없는 광겁으로부터, 날 때에도 나는 데에 따르지 아니하고, 죽을 때에도 죽는 데에 따르지 않으며, 저 세계 이 세계로 돌아가고 돌아오되 자취 또한 없도다. 그러나 눈에 있어서는 보고, 귀에 있어서 듣나니, 육근(六根)에 서로 나타나 요요하고 분명하도다.

그렇다면 시방 세계가 안팎이 없을 것이니, 이것은 이른바 조촐하고 묘한 불국토 세계이며, 이것은 짝이 없는 불국토 세계이며, 이것은 무량한 불국토 세계이며, 이것은 헤아릴 수 없는 불국토 세계이며, 이것은 생각할 수 없는 불국토 세계이며, 이것은 말할 수 없는 불국토 세계이다. 이러한 불국토 세계가 이미 갖추어져 있을진대, 지금 영부인 육씨 영가께서는 어느 불국토 세계에 계시나이까?

위로는 모든 부처님 근원에 합하였고, 아래로는 모든 중생들의 마음 땅에 합했나니, 그러므로 이르되

'곳곳이 참되고 곳곳이 참되며, 티끌 티끌 본래 사람이며, 진실을 말할 때에 소리는 앞에 나타나지 않으나, 본체는 당당하여 오직 눈앞에 있다.' 하는 것이니, 영가는 아는가?

행장(行狀)은 꿈과 같고 뜬 구름 같아, 전혀 살아날 수는 없고, 육친(六親)은 모두 끊어졌도다.

그러나 일척(一隻)의 청백안(淸白眼)을 얻어, 웃으면서 남북으로 왕래하는 사람을 본다.

하고, 주장자를 세 번 치고 내려오시다.

향봉향눌(香峰香訥) 스님

전남 보성에서 태어났다(1901~1983).
어려서 유교를 배우고 일본대학에서 수학.
1940년 송광사에서 석두스님을 의지하여 출가.
선과 교를 겸비하였고, 오직 참선수행 정진으로
일생을 마쳤음.
서울 법련사에서 세수 83, 법랍 44세로 입적.
「운수산고」라는 문집이 있음.

1. 추도사

　신원적후(新圓寂後) 백일대재(百日大齋)를 당하와 백운동(白雲洞) 병침(病枕)에서 조계사문 향봉(香峰) 계수돈수전고우법왕사예향단전(稽首頓首傳告于法王寺藝香壇前)하옵노니,

　청우당대화상 각령(聽雨堂大和尙 覺靈)이시여!
　이날 위수(爲數)의 백일 전에 세간을 버리시었다는 경보(警報)가 과연(果然)인지요.
　진여(眞歟)아 몽여(夢歟)아를 미분간인 아울심신(訐鬱心神)의 무심중에도 지난날의 추억은 역력히 떠오르는 거년 봄 미륵산 용화도량(彌勒山 龍華道場)에서 아쉬운 석별 그것이 고작일 줄이야. 불시청행(不時請行)이 천필유난(天必有難)이로다.
　차라리 두륜산(頭輪山) 동행하자는 부촉에 수반하여 고락동상(苦樂同嘗)타가 차행(此行)을 자아대신(自我代身)하였던들 그게 지당한 노릇이 아니겠는가.
　너무나도 허무하니 어불성설의 장탄식 금할 길이 없나이다. 고인을 사모하는 흉해막막(胸海漠漠)이 비단 우정에서만이 아니오라 한국불교종단에서 이금엔 잃어버린 크나큰 재목을 어느 세상에서 다시 찾아보랴 하는 슬픔 부지중 흐르는 백발루수(白髮淚水)가 병침을 적시는군요.

　오호라! 세상사 어찌하여 모두다 선후도착으로 어서 가야할 병침(病塾)의 낡은 인생은 이렇게 남아있고 오래오래 계셔야 할 대화상은 앞에 가시는고. 무주공당(無主空堂)처럼 한심하오이다.
　청우당대화상 각령이시여, 천상락이 아무리 쾌락이라 하나 저 많은 고해 중생을 제도하시는 보살화현으로 사바에 돌아오시와 재명대사(再明大事)하시고 퇴폐한 종단을 구호하시던 미진한 불사

계속하여 주셨으면 하는 희망에 감응 있으실런지요.
 금일 대재장(大齋場)의 상족제자이신 제현들 평소에 정중한 우의로서 넉넉히 짐작코도 남음이 있거니와 그 사부를 섬기는 도리의 성효를 다하여 올리는 향등(香燈)·다과·미화(米花)의 정성어린 영단에 주인 오시는 광명 바라오니,
 청우스님 위주(爲主) 상세선서다생사장부모열위영가(上世先逝多生師長父母列位靈駕) 승불신력가지(承佛神力加持) 동점법공(同霑法供)의 선열법희(禪悅法喜) 계시리라 민나이다.
 이곳 불민(不敏)한 망팔쇠경(望八衰境)의 무력한 달필 보잘 것 없는 일 편 제문 형자 없이 그려 단전분향(檀前焚香) 대독 비는 만월 산승(山僧) 계수례(稽首禮).

2. 우송청와대 행제소향단하(郵送靑瓦臺行齊所香壇下)

　오호라 영령이시여, 일주년 기원 회향일이구려. 여름 안거 해제날 우란분제 겹친 이날 향단 아래 통절하는 행효 공자와 두 공주 삼남매 분 및 오천만민 모두가 일시에 국모를 잃은 추억의 날, 이를 비추어 보건대 일념으로 정진하시어 생사고해를 벗어나 정토로 나아가게 하여지이다.

　오늘 자당이신 모후 영가를 천도함에 원만 회향이리다. 영가의 일생 깊은 염원이시던 발원의 첫머리 네 글자 '남북통일'이 깨끗이 씻어질 날이 멀지 않았나이다.
　거듭 일념으로 원하옵건대 근역 삼천리를 영도하옵시는 각하의 만수무강을 빕니다.

구산수련(九山水蓮) 스님

스님은 전북 남원에서 태어났다(1909~1983).
법명은 수련(水蓮), 법호는 구산(九山). 별호는 석사자, 미소불,
별명은 '한국의 우바리 존자'였다.
27세 때 남원읍에서 이발관을 운영하던 이발사였으나 폐병을
얻어 고생하던 중 안각천(安覺天) 거사의 권유에 따라
지리산 영원사에 들어가 천수기도, 백일 만에 병을 고치자
이에 발심, 29세(1937년)에 효봉 스님을 은사로 송광사에서 출가.
송광사 방장을 지냈다.
법문집 『구산선문』이 있다.

1. 이장업 영가 천도법문

법상에 올라 말씀하셨다.

오늘 천도하는 모 영가여!
창혼(唱魂)하시며 주장자를 들어 법상을 한 번 치고 이르시되,
이와 같이 일체중생의 무량한 업장을 타파하고, 이와 같이 불조의 새로 익힌 둥지[窠臼]를 타파하고, 이와 같이 오늘 영가의 본래면목을 드러내니, 이 도리를 알겠는가?

잠시 있다가 이르시되,

금을 녹여 그릇을 만드니 모양이 갖가지나 금의 성품은 변함이 없도다. 대중들에게 묻노니, 오늘 영가의 열반에 이르는 길이 어디에 있는가?

법해(法海)의 밝은 달이 항하사 세계를 널리 비추느니라.
알겠는가? 애닯도다!

게송을 읊으시되

옛 해 가고 새해 와도 나귀해를 지나가니
늘거나 줄지 않고 사시절(四時節)이 바뀌네
무명이 사라지면 삼지겁(三祗劫)을 넘어서니
적적하고 함이 없는 열반을 증득하네.

모 영가여! 만일 태어났다 하더라도 물거품이 물 위에 떠 있는 것이요, 죽었다고 하더라도 연기나 저녁노을이 산을 지나간 것이

니라. 여기 모인 대중은 영가를 위하여 한 마디 일러 보아라. 물 거품이 없어지고 연기가 사라진 때는 어떠한가?

대중이 말이 없자 이르시기를,

대중이 이르지 못하면 내가 대신 말하리라.
한 줄기 가는 빛이 세로로는 삼세에 걸쳐 있고 가로로는 시방에 두루하며, 연꽃은 진흙 속에 나더라도 더러운 곳에 물들지 않도다.
모 영가여! 이 환신(幻身)은 습관이므로 나고 죽음이 있는 듯하나 거울에 나타난 그림자와 같아서 있지 않으면서 있고 나타나지 않으면서 나타나지만 진성의 묘체는 본래 스스로 청정(本自淸淨)하기 때문에 인연 따라 빛을 놓는 것이 그대로 얼음 속에서 불꽃이 일어나는 것과 같아서 끝없는 광겁(曠劫)에 분명히 밝으니 어찌 나고 죽음이 있겠는가?
오더라도 오는 바가 없고 가더라도 가는 바가 없어서 언제나 스스로 여여(常自如如)하니라.
이것이 모든 부처님이 열반에 이른 길이요, 오늘 영가의 천진 면목이며, 여기 모인 대중의 안심입명 할 곳이니라. 천당과 부처님 세계에 마음대로 소요하니 쾌활하고 쾌활하도다.

법상에서 내려오시다.

2. 영가천도 법문

법상에 올라 영가를 부르며,

모(某) 영가여!
이와 같이 중생의 미혹한 업장을 타파하고, 이와 같이 불조(佛祖)가 새로 세운 둥지[碼臼]를 타파하고, 이와 같이 영가의 본래면목을 드러내나니. 오늘 영가와 여기 모인 대중들은 이 도리를 알겠는가? 이와 같이 역력하게 듣고, 이와 같이 성성하게 보았으니, 이것이 무엇인가?

한 물건이 신령하여 묘용이 많으니
본래부터 생사가 없는 줄을 알겠는가
근진(根塵)을 벗어나서 전체가 드러나니
산하와 대지가 이대로 내 집일세.

이 한 점의 공적영지(空寂靈知)는 고금에 걸쳐 뚜렷하고 범부와 성인을 초월하여 밝았으니 칼날 끝이 비로자나의 정수리를 드러내고 사상(四相)이 청천(靑天) 밖에 멀리 떨어졌도다. 시불(十佛)이 이 가운데 언제나 자재하니 이것이 일을 마친 장부가 아니겠는가?

어디에나 금색(金色) 세계 아닌 곳이 없으며
사물마다 그대로가 비로자나 법신 일세
토끼 뿔 지팡이에 밝은 달이 걸려있고
처마 밑의 제비들은 진리를 노래하네.

법상에서 내려오시다.

3. 영가천도 법문

법상에 올라 말씀하셨다.

본래 스스로 태어남[本自無生]이 없으니 어찌 죽음이 있다고 할 수 있겠는가? 다만 이 신령하고 미묘한 것이 비로자나의 스승이로다. 오늘 영가와 여기 모인 대중은 이 신령하고 미묘한 일구를 알았는가?

잠시 있다가 "할"을 한 번 하고 이르시되,

"구름이 흩어진 만 리에는 외로운 달이 홀로 비치는구나."

경에 이르기를 '일심이 청정하면 다심(多心)이 청정하고 다심이 청정하면 법계가 청정하다'고 하였으니, 영가와 대중은 일러 보아라! 어떤 것이 일심인가?
잠시 있다가 주장자를 들어 한 번 울리고 이르시되,

이와 같이 성성하게 듣고, 이와 같이 역력하게 보았으니, 이 보고 듣는 것을 여의었는가? 이 보고 듣는 것을 즉(卽)하였는가?
만일 누가 나에게 묻는다면 '남산에 구름이 일어나니 북산에 비가 내린다.'고 대답하리라. 알겠는가?
게송을 읊으시되,

색(色)도 공(空)도 아니며 공 아님도 아님이여!
안과 밖에 있지 않고 중간에도 있지 않네
장대 끝의 붉은 해가 항사(恒沙)세계 두루하니
돌말[石馬]은 고개 돌려 진흙 그물 벗어나네.

사족을 말하리라.

공부를 지어갈 때에는 오르락내리락 하는 그런 시절이 있으니, 어떤 때 얼음 위에 배를 밀고 가듯 수월하더라도 기뻐하는 생각을 내지 말아라. 기쁜 생각을 내게 되면 희열마(喜悅魔)에 빠지게 된다.

어떤 때에는 소를 끌고 우물 속으로 들어가듯 힘이 들더라도 비열한 생각을 내지 말아라. 비열한 생각을 내게 되면 비열마(悲劣魔)에 빠지게 된다.

어떤 때에는 머리가 아프고 눈앞이 아찔하며 이빨이 빠질 듯 하고, 다닐 때에 어지럼증이 나더라도 공포심을 내어 화두를 방일하게 하지 말라. 이것은 육단심(肉團心)이 움직이는 것이다.

또한 상기(上氣)가 일어나는 때를 당하더라도 뜻을 태산과 같이 세우고 마음을 바다와 같이 편안히 하여 포단 위에 단정히 앉아서 심안(心眼)으로 단전(丹田)을 관하여 단전 위에서 천천히 의심을 일으키면, 모르는 가운데 화두가 순일하게 익어지고 몸이 허공과 같아져서 있는 듯 없는 듯 하여 몸과 마음이 경쾌하게 되어 점차로 좋은 경지에 들어가 쇳덩이를 다루어 황금을 만들게 될 것이니, 간절히 생각에 두고 부지런히 부지런히 애쓸지어다.

게송을 읊으시되,

청산(青山)은 옮겨가도 밝은 달은 안 옮기니
간 곳마다 어디에나 보리(菩提)의 자리로다
바람 따라 물결 따라 치는 대로 노니는데
길거리의 돌장승은 끄덕이며 절을 하네.

알겠는가? 대중은 진중하라.
법상에서 내려오시다.
법상에 다시 올라 혼을 부르며 말씀하셨다.

아무개 영가여! 나에게 한 권의 경전[一經卷]이 있으니 종이 위에 먹으로 써 놓은 것 아니다. 펼쳐보면 한 글자도 찾을 수가 없지만 언제나 큰 광명이 비치고 있으니, 오늘 영가와 여기 모인 대중은 이 한 권의 경전을 읽었는가?

해는 서산에 지고 달은 동산에 떠오르니, 깨끗한 광명이 항하사 법계에 가득하도다. 알겠는가?
원각경 보안보살장에 이르되 '일심이 청정하면 다심이 청정하고 다심이 청정하면 법계가 청정하다'고 하였으니, 영가와 여기 모인 대중은 청정함을 얻었는가? 얻지 못했는가?

게송을 읊으시되,

오온이 모두 공(空)해 괴로움이 사라지고
육진경계 알음알이 그것도 그러하다
마음 쓰는 곳을 따라 묘용을 얻게 되니
좋고 궂은 온갖 경계 모두가 은은하네.

4. 화봉(華峰)·계봉(溪峰)화상 칠재법문

법상에 올라 주장자를 들어 세 번 울리고 말씀하셨다.

오늘은 납월(臘月) 팔일인 동시에 화봉(華峰) 선사와 계봉(溪峰) 선사 두 화상의 재일(齋日)이다. 과연 생사가 있는가, 없는가? 만일 생사가 있다고 한다면 이는 씨를 뿌릴 곳이 아니니, 곧바로 근본을 요달하여 꿈을 꺾어야만 좋으리라.

게송을 읊으시되,

원각(圓覺)의 도량이 어느 곳에 있겠는가?
눈앞의 생사가 이것일 뿐이로다
달이 뜨는 갈대밭에 금빛 파도 너울대고
바람 치는 큰 바다에 젓대 소리 출렁이네.

오늘 영가와 여기 모인 대중은 일러 보아라. 이 낙처(落處)를 알겠는가?
밝은 달과 부는 바람은 이 누구 집의 묘용인가? 애닯다!
영산회상으로부터 오늘에 이르기까지 모두가 말하기를 '세존께서 납월 팔일에 밝은 별을 보시고 도를 깨달았다'고 하니, 과연 그렇다면 여러분도 밤마다 별을 보는데 어찌하여 깨닫지 못하는가?
삼세의 불조와 역대의 조사들과 시방의 선지식도 다만 본분의 일[本分底事]을 밝힘이요, 지금 이 대중도 또한 그러하니 일러 보아라. 어떤 것이 본분의 일인가?
천지를 차서 없고 손으로 해와 달을 어루만져야만 하리라. 여기에 이르러서는 불조도 얻을 수 없고, 중생도 얻을 수 없으며,

남녀나 생사나 고금이나 선악시비도 또한 얻을 수 없고, 얻을 수 없다는 것마저도 얻을 수 없으니 이 도리를 알겠는가?

　구름이 눈이 되고 또 다시 얼음되며
　얼음 녹아 물이 되고 다시 구름 일어난다
　기틀 따라 쓰게 되는 물에 잠긴 달이여
　곳곳마다 비치지만 묘하게도 자취 없네.

대중은 일러 보아라. 석가를 친견하였는가, 못했는가? 만일 이 가운데서 활연히 의심이 없게 되면 그대로 불조와 더불어 인연 따라 빛을 비추지만, 그렇지 못하면 판대기를 짊어진 사람[擔板漢]이니 진중(珍重)할지어다.

법상에서 내려오시다.

5. 위령제 천도법문

한 물건[一物]이 길이 신령스러워 불생불멸하고 무거무래(無去無來)하니, 오늘의 영가들은 이 불생불멸하는 일구를 알겠는가?

발로는 하늘과 땅[乾坤]을 차서 엎어버리고, 손으로는 해와 달[日月]을 어루만져야만 비로소 알게 되리라.
알겠는가?

게송을 읊으시되,

오끼나와[沖繩] 이곳은 함곡관(函谷關)이 아니건만
제압(制壓)하다 어찌하여 원혼이 되었는가
여러 해를 고도(孤雁)에서 끝없이 한탄하며
자유를 속박하니 오랑캐가 아니겠나.

그렇지만 오늘은 위령탑을 세웠으니
나의 법을 듣고서 선연을 맺으시라
은근히 권하노니 무위도(無爲道)를 깨달아
모든 인연 내던지고 고국으로 돌아오라.

덧없는 사대는 참 나가 아니니
자기 마음 깨달으면 이것이 본래 고향
나고 죽고 가고 옴[生死去來]이 모두가 고통이니
증감이 없어지면[不增不減] 그대로가 금강이네.

바다 밑에 달 비쳐도 물에는 자국 없고
진흙 속에 자란 연꽃 더러움에 물 안 드네

청산이 어디인들 진경(珍境)이 아니런가
꽃이 피고 새가 우니 묘법을 드날리네.

　　　대한(大韓) 59년(1977년) 정사(丁巳) 2월 26일
　　　조계총림 방장 구산(九山)은 삼가 근도(謹悼)하다.

6. 성도절 및 천도재 법문

법상에 올라 말씀하셨다.

대중이 다 알다시피 오늘은 여래께서 성도하신 재일(齋日)이며 모 영가를 천도하는 재일이다. 만일 여래께서 성도하였다고 말하면 부처님을 비방하는 것이며 성도하지 않았다고 하더라도 비방하는 것이요, 모 영가가 태어났다 말해도 구름이 일어나서 하늘을 가리는 것이며 죽었다고 말하더라도 헛꽃이 어지럽게 떨어지는 것이니, 양쪽에 떨어지지 말고 일러 보아라!

산은 옮겨도 달은 옮기지 않으니 곳곳마다 보리의 자리로다.
게송을 읊으시되,

삼천대천세계가 본래부터 진신이니
팔만사천 세행(細行)이 법륜을 굴리도다
나고 죽음 본래 비어 한 길로 통했으니
갖가지 차별됨이 그대로 열반이네.

오늘 영가여! 다시 한 마디를 들어 보라.
이와 같이 역력하게 바라보고, 이와 같이 성성(惺惺)하게 들었으니, 이것이 무엇인가?

잠시 있다가 말씀하시기를,
얼음 속에서 불꽃이 일어나니 돌소[石牛]가 울부짖도다.
마음을 등지고 티끌경계에 합하면 사바세계라 하지만 그렇다고 부처는 본래 가는 것이 없으며, 티끌경계를 등지고 마음에 합하면 낙원이라 말하지만 부처는 본래 오는 것도 없으니, 가고 오는 것이 본래 공[去來本空]하고 나고 죽음이 둘이 아니며 둘이 아닌

법[不二法]이 바로 불법이니라.

그러므로 알아라! 나는 것이란 구름이 일어나는 것과 같고 죽는 것이란 구름이 사라지는 것과 같다. 구름이 일어났다 사라지면 차별이 있는 듯 하지만 허공은 변함이 없듯이 실상은 동요함이 없는 것이다.

헛되이 이루어진 사대(四大)를 망령되이 '나(我)'라고 여기다가 사대가 흩어지고 나면 신령스런 마음이 홀로 드러나게 되니, 구름 걷힌 만 리에 외로운 달이 홀로 비침과 같으니라. 가더라도 가는 것이 없고 오더라도 오는 것이 없어서 시방법계에 마음대로 소요하며 천당이나 부처님 세계에 마음대로 자재하게 되니 쾌활하고 쾌활하리라.

게송을 읊으시되,

    수명이 길고 짧음 차이난다 하지 말라
    참 성품은 여여하여 스스로 소요하네
    고금에 청정하여 참으로 미묘하니
    무영수(無影樹) 가지에는 꽃이 지지 않느니라.

주장자를 세 번 울리고 법상에서 내려오시다.

7. 영가천도 법문

법상에 올라 주장자를 들어 한 번 울리고 말씀하셨다.

이와 같이 일체 중생의 무량한 업장을 타파하고, 이와 같이 불조의 새로 익힌 과구(碼臼)와 불견(佛見)과 법견(法見)과 중생견(衆生見)과 일체 모든 견해를 타파하고, 이와 같이 영가의 본래면목을 드러내니, 오늘 영가와 여기 있는 대중은 이 도리를 알겠는가?

구름이 흩어진 만 리에 외로운 달만이 홀로 밝도다.

알겠는가?
태어나도 늘어나지 않고 죽더라도 줄어들지 않으며 생멸이 본래 비어 실상이 언제나 머무르니 낱낱이 비로자나요 사물마다 화장세계로다.
게송을 읊으시되,

온갖 냇물 모여들어 짠 맛을 이루나니
그 한 맛이 공(空)해 지면 참맛에 이르리라
물속에 달 비치듯 사물 따라 나타내니
한량없는 법계가 자비로움 한 맛이네.

법상에서 내려오시다.

석암혜수(昔巖慧秀) 스님

경기도 포천 출생(1911~1987).
1930년 황해도 구월산 월정사에서 한공완허(漢公玩虛) 스님을
은사로 출가하여, 수덕사 만공(滿空) 선사 회상에서 참선
수행하였다. 석호(昔湖) 선사로부터 전법을 받았다.
만하(萬下)·용성(龍城)·동산(東山) 스님으로 이어지는
해동의 보살계맥을 전수받아 범어사 금강계단의
전계대화상 등을 역임했다.

운허(耘虛)스님 영결식 법어

영겁에 침륜생사(沈淪生死)언정 불모제성해탈(不慕諸聖解脫)이라. '차라리 영겁 동안 지옥에 빠져 있을지언정 여러 성인들의 해탈을 흠모하지 않는다.' 하였으니, 이것은 금일의 주인공이신 운허 스승님의 사상이요, 안목일 것입니다.

불언타인과비(不言他人過非)하고 단견자기건우(但見自己愆尤)라. '남의 허물은 보지 않고 자기의 잘못만을 본다.' 하였으니, 이는 금일 대종사님의 발이요, 행동지침이셨습니다.
이런 분을 우리 불가에서는 구안구족(具眼具足)하고 각근하점지(脚跟下點地)라. '바른 눈과 바른 발을 갖추었고, 발꿈치가 땅에 꽉 닿은 이'라 이렇게 부르는 것입니다.

스님께서는 이 험악한 사바세계의 오탁악세(汚濁惡世)에 태어나셔서 팔십구 세를 사시는 동안 마실에 계실 때에는 국가와 민족을 위해 헌신하시는 길로 매진하셨습니다.
종단에 들어오셔서는 국가와 민족을 위해 통일을 염원하시고 역경사업에 매진하셨습니다.
그렇다고 본다면 스님의 공덕은 석범제천이 찬탄해 미치지 못하는 바이시고 천마외도가 허물을 엿볼 수 없는 그러한 공덕과 원력을 갖추신 분이라 해야 할 것입니다. 그런데 우리 사부대중의 복연이 박한 탓으로 요 닷새 전에 팔십구 세를 일기로 좌화(坐化)하셨습니다.
그러면 오늘의 이 스님께서는 어디로 가셨겠습니까? 가신 곳을 아무도 못 봅니다. 그렇다면 가셨다고 하는 것은 중생의 말이지 본래 거래(去來)가 없는 것입니다. 천수천안대비안으로도 능히 볼 수가 없는 자리입니다. 그러면 어떻게 했습니까?

수풍환우과청산(隨風喚雨過靑山)이라.

'바람을 따르고 비를 부르면서 앞산으로 가셨다.'고 중생들은 이렇게 생각하는 것입니다.

그러면 금일 스님께서는 이 사부대중의 바램을 저버리지 마시고 다시 사바세계로 돌아오셔서 대사를 밝히시어 항상 불멸의 법신이 되시고 여래의 장자가 되어 주시며 널리 인천(人天)의 모든 대중을 제도해 주시면 더없는 다행으로 여기겠습니다.

나무마하반야바라밀.

고암상언(古庵祥彦) 스님

경기도 파주에서 출생(1899~1988).
1917년 해인사에서 제산스님을 은사로 득도.
1938년 용성스님 전법 받음.
조계종 3·4·6대 종정에 추대되었다. 평생 무소유를 몸소 실천했으며, 자비의 화신으로 불린다.
1988년 10월 25일 해인사 용탑선원에서 입적.
세수 90, 법랍 71세.

1. 경산대종사(京山大宗師) 영결식 법문

新圓寂 京山堂 大宗師 각령이시여
竪起柱杖云 還見麽니까
柱杖打一云 旣聞麽니까
旣了了見하시고 旣曆曆聞하신댄
畢竟에는 是箇甚麽닛고
古佛也伊麽去하시고
今佛也 伊麽去하시고
大宗師 覺靈이시여 伊麽去하시니
何物不敢壞하며 誰爲長竪固리요.

靈面猶如淨滿月하시여
亦如太陽放光明이니다.

大宗師 覺靈이시여
曹溪宗門之下에 永作人天眼目하시와
速還娑婆再明大事 廣度群迷하소서.

2. 청담대종사 탑비제막 법문(靑潭大宗師塔碑除幕法語)

　大宗師　靑潭禪師　俗緣이　己盡하사　示寂歸化하신지　於焉二歲라. 物性은　無常하야　遷流變易이나　靈識은　獨露하야　無有生死하니　雖謂師去나　去者는　假物菩提自性은　無來無去니　何有去來며　何有喜悲리오. 是以로　思之컨대　本來面目이　何有古今가　是故로　禪師는　去而不去니　何以　是麽오. 하면　師本無處나　自來　能去로　消遙　自在하사　有緣卽住하고　無緣卽去를　一住淸風하야　送如自雲하니　雲集大衆은　如是面目의　其義를　能知아? 今天吉辰으로　目擇　時選하여　琢磨燕石으로　刻記功績하고　法身舍利로　奉安浮屠하여　永世遺跡케　함은　在世敎訓의　不啻其香이오. 今諸佛子로　當此塔碑에　應當　供養하여　來世種福으로　須以解脫하고　皆得　菩提케　하노라.
　圓成無量　阿耨多羅　三藐三菩提

3. 경봉대종사(鏡峰大宗師) 영결식 법문

拈此一炷淸香은 三世諸佛의 法印이며 歷代祖師의 眼目이며 今日 覺靈이신 鏡峰 大宗師의 本來面目이며 一切衆生의 命根이라, 特爲 莊嚴覺路하야 揷香爐中하노라.

예전에 조주 스님은 백 이십 살을 살다 돌아가셨는데, 사십년 간을 행각 수행하시고 사십년간을 보림하시고 사십년간을 중생교 화 하셨습니다. 참으로 멋진 한평생이셨습니다.

금일 경봉 대종사님은 사십년간 수행하시고, 오십년간 중생교 화하시다가 금일에 중생들을 위하여 열반상을 보이셨습니다.

宗師一去還憶眞인댄
夜半三更撫關棖하라.

무슨 말이냐 하면 시자가 스님께서 가신 후 스님의 모습이 뵙 고 싶을 땐 어떻게 해야 하겠습니까? 어떤 것이 스님의 참 모습 입니까? 하니까 대종사님의 말씀이 야반삼경에 대문 빗장을 만져 보거라 하셨습니다. 이 말씀은 격식 밖의 말씀이요. 일초직입여래 지(一超直入如來地)의 법문입니다.

영산당시세존(靈山當時世尊)께서 사라쌍수간(沙羅雙樹間)에 대열 반(大涅槃)에 드셨습니다. 그 때에 대가섭 존자는 모든 제자들과 함께 기사산굴산중(耆闍山崛山中)에서 선정에 드셨을 때였습니다.

천지가 혼암(昏暗)하고 명(明)이 무광(無光)하고 조수(鳥獸)가 슬 피 울거늘 세존께서 열반하심을 알고 신통으로 오면 일순지간에 오겠지만, 세존을 공경하는 의미로 도보로 빨리 행함에 칠 일이

경과되었는지라 세존의 곽을 세 번 돌고 합장하여 말씀하시기를,
"세존께서 열반에 드셨으니 어떤 곳에 경례하오리까? 원컨대 보여주시기를 바라나이다."

이때에 세존이 곽 밖으로 두 발을 내보이사 천폭륜상(千幅輪相)으로, 대광명을 놓으시니 광명이 시방세계에 사무치다가 다시 두 발이 관 속으로 들어가시더라.

제불자들은 들어 보시오.
참으로 죽어 혼비백산했으면 어찌 능히 곽 밖으로 두 발을 들어 내보여 광명을 놓으리오. 이것이 무슨 도리인가.
고금(古今)도 생사도 전부 초월한다는 의지인가. 또한 옛 부처의 열반과 금일 대종사의 열반과 동별(同別)이 어떠한가.
고암(古庵)이 대중 앞에 증명하리라.

함박꽃이 피니 보살 얼굴이요.
종려 잎이 흩어지니 야차 머리 같도다.

芍藥花開菩薩顔이요
棕櫚葉散夜叉頭로다.

這一物이여
물에도 젖지 않고 불에도 타지 않으니
이것이 무슨 물건인가.

주장자를 내려놓고 말씀하시기를

능히 삼라만상의 주인이 되고
사계절의 핍박을 받지 않도다.

지금 내가 법을 설하고 여러분은 듣습니다. 그리고 이 법사는 여러분을 보고 여러분은 이 법사를 보는데 여러분이 보고 듣고 내가 여러분을 보고 듣는 역력히 외로이 밝은 형단 없는 이것이 어찌 일물(一物)이 아니겠는가.

조계 육조는 본래면목이라 하셨고, 임제는 무위진인(無位眞人)이라 하셨고, 석두(石頭)는 암중(庵中)에 불사인(不死人)이라 하셨고 동산(洞山)은 가중(家中)에 불노자(不老者)라 하셨으니, 이것이 다 일물의 다른 이름이로다.

이 일물이여!
구하려도 구할 수 없고 버리려도 버릴 수 없으며 한 생각 일어나면 어긋나고 머뭇거려 생각해서 알려 하면 잃어버리고 겨우 퇴보하여 실됨을 지키면 상응하는데 다만 퇴보하려 하지 않을 뿐이며 겨우 놓아버리면 안락한데 다만 놓아버리지 못할 뿐이로다. 그래서 취부득(取不得) 사부득(捨不得) 불가득중(不可得中)에 다만 이러할 뿐이로다.

순풍(順風)이 불어오고 순풍이 불어옴이여.
천기(天機)가 이미 누설 됨이라.
청풍(淸風)이 담담한 곳에 조사(祖師)의 뜻이 전부 드러났도다.
다만 시절을 관할 뿐 별로히 사량할 게 없도다.
이제 다시 대종사의 진면목을 들어 보이리라.

五月江深草閣寒이로다.
오월 달 강물이 깊으니 초가집이 춥도다. 악!

4. 영가천도 법문

　삼계 육도를 쳇바퀴 돌 듯 윤회하는 도정에서 미혹한 중생의 옷을 벗어버린 영가는 그 육신을 떠나 해탈의 경지로 들어섰습니다. 다시 말하면 안·이·비·설·신·의의 육근을 다 버렸기 때문에 본래 있던 그 청정한 곳으로 돌아갔다는 것입니다.
　영가는 그동안 이생에 있으면서 꾸던 꿈을 다 훌훌 털어 버리고 오늘에야 비로소 극락세계로 간 것입니다.

　육도를 윤회하는 사이에 그중 하나인 인간도에 머물다가 한때 꿈을 꾸다가 갔습니다. 좋은 꿈은 좋은 삶을 살다가 가는 것과 같고, 나쁜 꿈을 꾸는 것은 나쁜 삶을 살다가 가는 것과 같은 것입니다. 그래서 사람이 오래 산다고 하는 것은 꿈을 오래 꾸는 것이고, 짧게 사는 것은 잠깐 꿈꾸는 것과 같은 것으로써 윤회의 시간이 길고 짧은 것을 나타낸다고 말할 수 있습니다.

　꿈의 주인공인 청정 본래의 마음자리, 이 영가는 그 어떤 어둠에도 가리어지지 않는 빛을 찾았다는 말입니다. 자, 여기에 아주 좋은 구슬, 투명한 구슬이 있다고 칩시다. 그리고 이 구슬을 백 년 뒤에 꺼내서 닦았다고 칩시다. 이 구슬이 본래처럼 투명하고 깨끗하게 윤이 나겠습니까, 윤이 나지 않겠습니까? 그대로 윤이 날 것입니다.

　따라서 이 영가는 본래의 청정한 마음자리에서부터 그 참 성품을 찾아 극락왕생하든가 아니면 다시 언젠가 인간의 모습으로 윤회의 법칙에 따라 환생할 것입니다. 본래부터 영명한 마음자리를 가지고 있었기 때문입니다. 그러므로 여기 모이신 친지나 신도님들도 자신의 참 성품을 찾기를 바랍니다.

부처님께서는 『지세경(持世經)』에 다음과 같이 말씀하십니다.

"깨치지 못한 사람들은 모두 중생이다."

이 말씀은 태양과 같은 본래 청정한 마음자리 참 성품을 중생들이 가지고 있으면서도 모든 분별, 망상이 검은 그림자처럼 가려 있어서 그것을 찾지 못하고 있다는 말입니다. 그러므로 우리는 본래부터 가지고 있는 부처의 성품을 확인할 필요가 있습니다. 남이 참 성품은 이렇다 저렇다 하고 일러주어 보았자 될 수 없는 일이므로 스스로 마음자리를 찾아 깨쳐야 할 것입니다.

나지도 않고 죽지도 않는 불생불멸의 마음자리, 그 불성으로 다시 돌아간 이 영가는 살아있는 사람에게는 인연으로 맺어진 질긴 끈 때문에 잠시 동안 슬픈 일일지 모르지만, 이 영가에게는 깨끗한 본래의 자성자리로 돌아가기 때문에 기쁨을 향유할 수 있을 것입니다.

49일 동안 중유(中有), 곧 영혼의 세계로 돌아가지 못한 중음신의 자리에 머물다가 불성의 근원 자리로 향했기 때문입니다. 그러나 이 영가에 비해 여기 있는 친지나 신도님들은 이 영가가 일찍 가게 되어서 조금은 섭섭하게 생각이 들 것입니다. 그렇다고 하더라도 '꿈을 짧게 꾸었구나' 하고 생각하면 될 일입니다.

중생이라면 누구나 한 번은 껍데기인 육신을 벗어놓고 그 본래의 마음자리로 돌아간다는 법리만 생각하면 편할 것입니다.

대은(大隱) 스님

강화도에서 출생(1894~1989).
1901년 철원 심원사로 출가. 일본대학 종교과 졸업.
응봉, 우운(雨雲)스님으로부터 범패 및 어산작법을 이수.
법주사·대승사 강사 역임. 불법 포교 일선에서
일생을 바쳤음.
『신앙의 등불』을 비롯 논문, 수필, 희곡, 소설 등 수많은 글을
남김. 서울 상도동 사자암에서
세수 96, 법랍 89세로 입적

사십구재와 천도

사람이 지니고 있는 그 청정한 본심 자리에 대해 이런 법구가 있다.

'밝기가 일월보다 진하고 그 덕이 건곤, 즉 천지보다 승하고 그 공적이 천지조화보다 우월하고 그 도량이 허공보다 더 크다(明透日月 德乾勝坤 功超造化 量越太虛).'

각 개인이 지닌 본심 자리는 죄도 없고 복도 없는 것이다. 그러므로 누구든지 일생을 통하여 그 청정한 본심만 지킨다면 사후라도 천도를 받을 자도 없고 천도할 것도 없는 것이다. 그러나 그 청정한 마음속에서 육신의 집착과 환경의 지배를 받고 생활의 경쟁이 생긴다. 그러나 다음과 같은 법구도 있다.

'저절로 욕심과 악심(惡心)이 생겨 그 청정한 본마음을 흐리게 하고 무너뜨리게 하며 마치 깨끗하던 쇠가 풍화작용으로 녹이 슬고 때가 생겨서 그 쇠를 좀먹는 것과 같다(惡生於心 還自壞形 如鐵生垢 反食其身).'

그러므로 부처님께 재공을 올려서 복을 짓고 설법을 들어서 육신이 허망한 것을 영가가 깨닫게 되면 본래 청정한 마음으로 돌아가기 때문에 이것을 천도라고 하는 것이다. 그러므로 고인(古人)이 말하기를

'만약 사람이 중죄를 지었더라도 참회하고 선한 복을 닦아 그 죄업을 멸하고 그 사람이 곧 착해져서 세상을 정화하면 마치 밝은 달이 구름 속에서 나와 비춰주는 것과 같으니라.' 하였고, 『반야경』에도 이르시기를,

'일체의 모든 존재와 법이 꿈과 같고 허수아비와 같고 거품과 같고 그림자와 같고 이슬과 같고 번갯불과 같으니 마땅히 이와 같이 관할지니라.' 하였다.

『열반경』에서도 이렇게 말씀하셨다.
'모든 현상경계가 다 무상하여 생하고 멸하는 것이니 이 생멸계(生滅界)를 뛰어나면 고요한 세계로 돌아갈지니 이것이 낙이 되느니라.'
인간계는 이와 같이 본래 허망한 것이니 이 허망한 것을 깨닫고 허망하지 아니한 정신계로 돌아가라는 것이다. 그러므로 경전에 보면 이러한 구절이 있다.

한 번 본래 청정한 본심왕(本心王)을 어김으로부터
몇 번이나 지옥·아귀·축생의 삼도에 드나들며 사생(胎·卵·濕·化)에 들락거렸는가
오늘날에 번뇌의 때를 씻어버리고 선연(善緣)을 따라
옛길을 의지하여 스스로 본심의 고향으로 돌아가라.

一從違背本心王　幾入三道歷四生
今日洗滌煩惱染　隨緣依舊自還鄉

나고 죽고 이루어지고 무너지는 것이 허공에 맺은 꽃과 같으니
미워하고 고와하던 숙업이 어디 있겠는가
이제 이미 없어서 찾아도 자취가 없으니
평탄하고 걸림이 없어서 허공과 같으니라.

生死成壞等空華　冤親宿業今何在
今旣不在覓無蹤　坦然無碍若虛空

이러한 법구는 모두 선종의 설법으로 말한 것이지만, 교종(敎宗)에 의하면 이 천도 설법에 대하여 여러 가지의 설화가 있다.
『지장경』의 「도리천궁 신통품(忉利天宮 神通品)」에 이러한 이야

기가 있다.

아득한 옛날에 부처님이 계시었으니, 이름이 각화정자재왕여래(覺華定自在王如來)였다. 그 부처님이 돌아가신 말세에 한 바라문의 딸이 있었는데, 그는 삼보를 존중하고 마음이 착해서 선심공덕을 많이 지었으므로 모든 사람이 공경하고 흠모하였다. 그러나 그의 어머니는 마음이 요사스러워서 미신을 좋아하고 삼보를 비방하였다.
 그의 딸은 이것을 민망하게 여기고 그 어머니를 신도로 이끌려고 하였으나 듣지 않고 자기의 고집대로 하더니 오래지 아니하여 목숨을 마쳐 혼신이 '무간아비지옥'으로 떨어지고 말았다.

이 때 그 딸은 비통한 마음으로 시체를 거두어 장사를 지내고 어머니가 살아생전 죄만 짓고 선행을 닦지 못하였으므로 반드시 지옥에 떨어졌으리라고 믿고, 그 어머니를 천도하기 위하여 어머니가 생전에 쓰던 가재도구와 집을 팔아서 돈을 장만하였다.
 그리하여 사십구 일 되는 날에 '각화정자재왕여래'를 모신 절을 찾아가서 널리 공양구를 차려 올리고 재를 모시었다. 그리고 무수백배로 절하고 축원하였다. 그러다가 문득 등상불(等像佛)을 쳐다보고 생각하되
 '부처님의 이름이 '각화정자재'라는 대각이시니 만약 살아계신 부처님이시라면 내가 어머니의 간 곳을 물으면 자세히 가르쳐 주실 것인데 내가 박복하여 생존 시는 뵈옵지 못하고 돌아가신 뒤에 와서 공양을 올리게 되니 물을 수가 없구나.'
 하고 슬피 울면서 한참 엎드려 있었더니 문득 허공에서 소리가 들려오되
 "울고 있는 신녀(信女)야, 너무 슬퍼하지 말라. 내가 너의 어머니 간 곳을 알려 주리라." 한다.

바라문 신녀가 합장하고 허공을 향하여 말하되

"어떤 부처님이시며, 어떤 신선이신데 이렇게 저를 위로하여 주십니까. 저는 어미가 죽은 뒤로 그 혼신이 어느 곳으로 가서 태어났는지 알 길이 없어 답답한 마음을 달랠 길이 없나이다."

하였더니, 다시 공중에서 말하되

"나는 네가 재공을 올리는 과거 '각화정자재왕여래'인데 너의 신심이 하도 장하매 이에 감동되어 너의 어머니의 간 곳을 일러 주려 하노라." 한다. 바라문 신녀가 다시 고하되

"이렇게 고마울 데가 어디 있사오리까? 속히 일러 주시옵소서!" 하였더니

"네가 오늘 나에게 재공을 마치고 너의 집에 돌아가서 단정하게 꿇어앉아서 나의 이름을 부르고 기도하면 너의 어머니가 가서 난 곳을 알지니라." 라고 하는 것이다. 그래서 신녀는 재를 마치고 집에 돌아가 어머니의 난 곳을 알기 위하여 '각화정자재왕여래'의 이름을 부르고 일일 일야(一日一夜)를 가만히 앉아서 기도하였다. 그랬더니 비몽사몽간에 신녀가 한 바닷가를 갔는데 바라다보니 바닷물이 끓어오르는 것이었다.

그 물속에서 고통을 받는 자가 백 만이나 되는 것 같았다. 그리고 무수한 지옥이 바닷가에 연달아 있는 것이었다. 신녀가 망연하게 바라보고 있자하니, 그 여러 지옥을 통솔하고 있던 무독귀왕(無毒鬼王)이라는 이가 와서 친절하게 묻되

"성녀(聖女)는 무슨 인연으로 이곳을 오셨습니까."라고 묻는다.

"대관절 이곳이 어떠한 곳입니까?"

"여기는 대철위산서면제일중(大鐵圍山西面第一重) 바다입니다."

"내가 일찍이 듣건대 철위산 주변에는 지옥이 많다더니 그렇습니까?"

"사실로 그러하옵니다."

"그렇다면 내가 왜 이곳을 왔을까요?"

"중생을 건지시려는 위신력이 아니면 죄를 받으러 온 업력일 것이라고 생각됩니다."

"이 바닷물이 왜 이렇게 끓어오르고 저토록 고통을 받는 자가 많습니까?"

"여기에 온 중생들은 남염부제(南閻浮提) 사바세계에서 죄를 많이 지은 자들인데 새로 죽어서 사십구 일이 지나도록 친척 간에 누가 부처님께 사십구재를 지내고 천도하여 주는 자가 없어서 이와 같이 와서 고통을 받나이다."

"이곳에 지옥은 얼마나 있습니까?"

"큰 지옥이 십팔이요, 중간 지옥이 오백이요, 작은 지옥은 무량무수합니다."

"내가 이곳에 온 것은 죽은 어머니를 위하여 '각화정자재왕여래' 부처님께 사십구재를 올리고 그 부처님의 신력으로 어머니 있는 곳을 알기 위하여 왔는데 알 수가 있겠습니까?"

"성녀의 어머니께서는 생존 시에 무슨 선업을 지으셨습니까?"

"우리 어머니는 생존 시에 선업을 짓지 못하고 삼보를 비방하고 살생을 좋아하셨으니 반드시 이곳 지옥으로 와서 고를 받고 있을 것으로 믿고 있습니다."

"성녀의 어머님의 이름이 무엇이십니까?"

"우리 양친 부모가 다 바라문 족속인데 아버지의 이름은 시라선견(尸羅善見)이요, 어머니의 이름은 열제리(悅帝利)라고 합니다."

"열제리 죄녀 같으면 물을 것도 없이 집으로 편안히 돌아가십시오. 그는 벌써 천상락(天上樂)을 받으러 간지가 삼일이나 지났으니, 이유는 당신과 같은 효녀를 두어서 '각화정자재왕여래'에 가서 49재를 올려드린 공덕으로 죄가 풀려서 천상으로 가시었습니다. 열제리 죄녀 뿐만 아니라, 같이 고통을 받고 있던 친구들까지도 모두 죄가 풀려서 천상으로 같이 갔나이다."

무독귀왕이 이렇게 말한다. 그래서 신녀는 이 말을 듣고 환희 용약하여 다짐하되 '내가 미래가 다하도록 죄 받는 중생을 위하여 널리 방편을 베풀어서 모두 다 해탈케 하겠다.'고 서원을 세웠으니, 곧 지장보살의 전신이었다.

지장보살은 전생에 이러한 원력을 세웠기 때문에 이승에 와서 지장보살이 된 것이라고 한다.

『지장경』의 「염부중생 업감품(閻浮衆生 業感品)」에 보면, 과거 아득한 옛날에 부처님이 계시었으니 이름이 청정연화목여래(淸淨蓮華目如來)시었다. 그 부처님은 일찍이 돌아가시고 말세 가운데 한 나한(羅漢)이 있어서 중생을 교화하였다.

그는 한 여자를 만났는데 이름이 광목(光目)이었다. 그 여자가 나한에게 공양을 올리거늘 나한이 묻되

"네가 무슨 소원으로 나에게 공양을 올리느냐?" 하였더니

"제가 죽은 어머니를 위하여 재물을 아끼지 아니하고 방생하여 죽을 고기의 생명을 건져주고 빈민을 구제하여 굶주린 사람을 많이 배부르게 하였는데 저의 어머니가 어떤 곳에 가서 출생하였는지 그것을 알기가 소원이올시다."

이 때 나한이 광목의 어머니가 난 곳을 관찰하였더니 악도에 떨어져서 무한한 큰 고통을 받고 있으므로 다시 광목에게 묻되

"너의 어머니가 살아생전에 무슨 죄업을 지었길래 지금 악도에 나서 큰 고통을 받고 있느냐. 내가 혜안으로 관찰하니 악취(惡趣)에 떨어져서 큰 고통을 받고 있구나." 하였더니 광목이 답해 말하되

"나의 어머니가 존생(尊生) 중에 죄를 지은 것이 무량하오니 원컨대 존자께서는 대자대비를 베푸사 나의 어머니를 구해 주소서." 라고 호소한다.

"그렇다면 네가 지극지성으로 청정연화목 여래를 불러 생각하고 그의 형상을 그려 모시고 극진하게 공양을 올려라. 그리하면 산 사람이나 죽은 사람이나 다 같이 선보를 받으리라."

하였더니 광목 여인은 나한이 시키는 대로 '청정연화목 여래'의 이름을 부르고 생각하고 부처님의 화상을 그려 모시고 지극하게 공양을 올렸더니 꿈 가운데 부처님이 나타나서 말씀하시되

"너의 어머니가 오래지 않아서 너의 집 종의 자식으로 탄생하여 삼일 만에 모든 일을 말해 주리라."한다. 그 뒤에 과연 광목 여인의 집에 하녀(下女) 천비(賤婢)가 아들 하나를 낳더니 삼일도 지나지 않아서 광목 여인에게 말하되

"사람이란 생사업연(生死業緣)으로 지은 과보를 스스로 받는 것이라 나는 너의 어미였지만 너와 헤어진 뒤로 악도에 떨어져서 무수한 고통을 받다가 네가 공 들여 준 복력에 의하여 너의 집에 탄생하였으나 종의 아들이 되었구나. 그러나 내가 열세 살이 되면 다시 악도에 떨어질 터이니 네가 힘써 건져주기 바란다."고 한다. 광목이 묻되

"당신이 나의 어머니였다면 본 죄를 알 터이니 무슨 죄를 짓고 악도에 떨어졌습니까?"

하였더니 비자(婢子)가 말하되

"나는 삼보를 비방하고 또 살생을 좋아하고 다른 사람을 헐뜯어 말하기를 좋아한 죄로 이와 같은 업보를 받았으니 만약 성인의 가피력이 아니면 해탈할 가망이 없을 것으로 아노라."한다. 광목이 다시 묻되

"지옥의 죄보고통이 어떠하였습니까?"

"말도 마라. 지옥의 죄보 고통은 이루 다 말할 수가 없으니 백천만 년을 두고 말해도 다할 길이 없나니라."라고 말한다. 듣고 있던 광목은 이에 슬피 울면서 허공을 향하여 말하되

"시방제불께 고하나이다. 우리 어머니가 열세 살을 살고 죽어

서 다른 지옥에 또 다시 들어가지 않게 하소서. 그렇게 하여 주신다면 제가 자금(自今) 이후로 일체 수고(受苦) 중생의 고통을 대신 받고 건져 주겠나이다." 하고 서원을 발하였다. 그리고 '청정연화목 여래'에게 고하되

"여래께서 저의 어머니가 열세 살을 지내고 죽어서 다시 악도에 떨어지지 않게 하여 주소서. 그리하신다면 이 뒤 백천만겁 중에 지옥중생과 삼악도의 모든 중생을 제가 서원코 다 건져서 모두 성불시킨 뒤에 제가 성불을 할 것이오니 부처님께서는 굽어 살펴 주시옵소서." 하고 원을 세웠다.

그리하였더니 '청정연화목여래'께서 광목 여인에게 말씀하시되

"네가 대자대비로 어머니를 잘 위하여 그러한 대원을 발하니 내가 너를 위하여 설하리라. 내가 관찰하니 너의 어머니가 열세 살을 마친 뒤에는 다시 지옥에 들어가지 않고 내생에 훌륭한 바라문이 되어서 백세를 살고 그 뒤에는 근심 없는 무우(無憂) 세계에 나서 수명이 불가수겁(不可數劫)을 누리고 불과(佛果)를 이루어서 널리 인천(人天)을 제도하되 그 수가 항하(恒河)의 모래수와 같으니라."

이 광목 여인은 곧 지장보살의 전생 몸이니 지장보살의 원력이 이렇게 무량무변하였다. 『지장경』의 「이익존망품(利益存亡品)」에 보면,

"만약 선남자 선여인이 생업에 얽매여 살아가다가 무상살귀(無常殺鬼)가 기약하지 않고 잡아가면 어둠 속에서 헤매는 신이 죄와 복을 알지 못하여 칠·칠일 내에 장님 같고 귀머거리와 같으며 혹 명부사자의 손에 있어서, 죄업을 변론하고 살펴 정한 뒤에 업을 따라 수생(受生)하나니, 판결이 되지 못한 사이는 천만가지로 근심하고 괴로워 하나니라.

하물며 모든 악도에 떨어져서 고통을 받는 것일까 보냐. 또 목숨을 마친 사람이 아직 아무 곳이나 수생하지 못하고, 칠·칠 일 내에 있어서 염념(念念)의 사이에 모든 골육 권속에게 천도구원을 기다리다가 사십구 일이 지난 뒤에는 업을 따라서 보(報)를 받나니, 만약 중죄이면 무간아비지옥에 떨어져서 백천만겁에 죄고를 받으리니, 얼마나 가슴 아픈 일이 아니겠느냐. 그러므로 사십구재를 올려서 천도하여 주어야 하나니라."고 하였다.

사람이 죽으면 본유(本有)·사유(死有)·중유(中有)·생유(生有)가 있으니, 죽기 전에는 본유요, 죽으면 사유요, 다른 곳으로 미처 수생하지 못한 기간은 중유요, 다른 곳에 나게 되면 생유라 하는데, 중유에 있는 것을 사십구 일간이라고 한다. 그래서 이 중음신(中陰神)이 사십구 일간을 무척 괴로워함으로 반드시 사십구재를 올려서 이고득락(離苦得樂)케 해 주어야 한다는 것이다.

퇴옹성철(退翁性徹) 스님

경남 산청에서 출생(1912~1993).
호는 퇴옹(退翁)이다.
1935년 해인사에서 하동산 스님을 은사로 출가 득도.
봉암사(鳳巖寺)에서 청담(靑潭)스님과 함께 수행하면서
불타(佛陀)답게 살자고 결사(結社)하는 등, 새로운 선풍(禪風)을
고양(高揚)시켰다.
1967년 해인총림(海印叢林) 초대 방장(方丈)이 되었고,
1981년 대한불교조계종 제7·8대 종정(宗正)에 추대되었다.
평생을 세속에 거의 모습을 나타내지 않았다.

1. 향곡(香谷) 형을 곡하며

　　슬프다 이 종문에 악한 도적아
　　천상 천하에 너 같은 놈 몇일런가
　　업연이 벌써 다해 훨훨 털고 떠났으니
　　동쪽 집에 말이 되든 서쪽 집에 소가 되든
　　돌 돌.
　　갑·을·병·정·무·기·경.

　　哀哀宗門大惡賊아
　　天上天下能幾人고
　　業緣已盡撒手去하니
　　東家作馬西舍牛라
　　咄咄 甲乙丙丁戊己庚.

2. 고암(古庵)대종사 영전에

가야에 달이 밝고 홍류에 물결치니
진기한 새는 어지러이 울고 이상한 짐승은 활보하는도다
자비가 한없으니 교화가 구주를 덮고
계율이 청정하니 삼한에 뛰어나도다.

거듭 종정을 맡으니 사부대중이 우러러 보고
일생토록 계율을 전하니 만인이 받들어 행하는도다
별들은 하늘 위에서 날고 빛은 대천세계를 삼키니
옛날이나 이제나 누가 감히 따르리오.

홀연히 왔다가 홀연히 감이여 수미산 높고 높으며
한 번 찡그리고 한 번 웃음이여 푸른 바다 넓고 넓도다
손을 들고 발을 옮김이여 하늘은 높고 땅은 두터우며
입을 열어 말을 토함이여 뇌성이 빠르고 번개치는도다.

어허
이는 어떠한 사람인가?
곤륜산 정상에서 외발로 섰으니
상서로운 구름이 하늘에 가득 차 오색 빛을 놓는도다.

伽倻에 月白하고 紅流에 水激하니
珍禽은 亂鳴하고 異獸는 闊步로다.
慈悲無限하니 化被九州하고
持戒淸淨하니 卓出三韓이로다.

重任宗正에 四衆이 瞻仰하고

一生傳戒에 萬人이 奉行이로다.
星飛斗牛하고 光呑大千하니
古之今之에 誰敢追隨리오.

忽來忽去兮여 須彌卓卓이요
一嚬一笑兮여 蒼海茫茫이로다
擧手投足兮여 天高地厚하고
開口吐辭兮여 雷奔電擊이로다.

咦
是何人斯오.
崑崙頂上에 獨是立하니
瑞雲이 滿空放五色이로다.

3. 자운(慈雲)노사(老師) 영전에

　　가야산은 높고 높고 낙동강은 깊고 깊은데
　　청산은 구름 속에 걸어가고 강물은 흘러가지 않는도다.
　　정(正)과 편(偏)이 서로 돕고 현(玄)과 현(玄)이 어긋나니
　　향상 일구에 족집게요, 말후 법문에 자물쇠로다.

　　상송(霜松)같이 맑은 지조와 수월(水月)같이 텅 빈 마음이여
　　달그림자 잡기 어렵고 이슬방울 붙들 수 없도다.
　　밝은 광명 환하니 가없는 세계를 비추이시고
　　움직임도 고요함도 아님이라 앞과 뒤가 본래 없도다.

　　일편의 마음 거울이여
　　삼몽(三夢)에서 진리를 깨치었고
　　계행은 달과 같고 자비는 꽃과 같아
　　삼공(三空)이 줄지어 빛남이로다.

　　몸과 마음 단련하고 닦으심이여
　　맑고 맑고 깨끗하고 깨끗하도다
　　만법을 거두시고 선정에 드심이여
　　사바와 극락이 두 가지가 아니로다.

　　허허!
　　만 리 길이 황금의 나라요
　　천 층의 백옥누각이로다.
　　온통 천지가 노래 소리 춤이요
　　전 세계가 풍류일 뿐이로다.

伽倻는 屹屹하고 洛東은 深深한데
靑山은 雲步하고 長江은 不流로다
正偏이 相助하고 玄玄이 參差하니
向上의 平爪요 末後牢關이로다

霜松潔操와 水月虛襟이여
月影은 難掬이요 露珠는 莫穿이로다
光明이 有赫하니 照耀無邊하고
非動非靜하니 何後何先이리요

一片心鏡兮여 三夢悟眞하고
戒月悲花兮여 三空이 列耀로다
鍊得其神兮여 永壺濯魄이요
萬灰入定兮여 染淨이 不二로다

噓噓!
萬里黃金國이요
千層白玉樓로다
混天地歌舞하고
盡世界風流로다.

동곡일타(東谷日陀) 스님

충남 공주군에서 출생(1929~1997).
법명은 일타(日陀), 법호는 동곡(東谷), 삼여자(三餘子).
양산 통도사에서 윤고경 스님을 은사로 출가(1942년).
범어사에서 자운스님을 계사로 비구계 수지.
오대산 적멸보궁에서 7일간 3천배 후, 연지연향 발원(1955년).
해인사 해인총림 율주(1965년)역임 및 해인사 주지(1984년),
은해사 조실(1996년).
1993년 이후 대한불교 조계종 단일계단 전계대화상 역임.

1. 자력의 천도, 타력의 천도

 오늘은 영가 천도에 대한 이야기들을 해보고자 한다.
 죽어서 육체를 이탈한 영(靈)은 업을 좇아 헤매게 되고, 자기의 업과 인연이 있는 곳에 이르면 걷잡을 수 없는 유혹에 빠지게 된다. 비단 개구리가 화려한 옷을 입고 풍악을 울리며 놀고 있는 것이 청춘 남녀로 보인 것이나, 똬리를 튼 뱀이 여여쁜 여인으로 보인 것도 그 한 예이다.

 영혼은 자기가 태어나야 할 인연 처에 이르면 그곳이 이 세상에서 가장 바람직한 낙원처럼 보이게 된다고 한다. 이것이 묘한 점이다. 까마귀로 태어날 영혼에게는 까마귀 둥지가 대궐보다 더 아름답게 보이게 되고, 그래서 그 대궐 같은 까마귀 둥지로 들어가 까마귀 새끼로 태어나고 만다. 스스로 지은 업의 에너지가 맞는 사이클을 찾아 파고드는 것이다.
 이것이 바로 무명업력(無明業力)이다. 있는 그대로를 보지 못하는 어둠이다. 이 업의 장벽에 가리어 까마귀 둥지를 까마귀 둥지로 보지 못하고 뱀의 몸을 뱀으로 보지 못한다. 그렇다면 이렇듯 깜깜한 무명(無明)을 제거하여 있는 그대로를 보게 할 수 있는 방법은 없는가?
 분명히 있다. 그리고 그 방법은 크게 두 가지로 나누어 볼 수 있는데 하나는 살아생전에 스스로 닦아 익힌 수행의 힘이요, 다른 하나는 49재 등의 타력적(他力的)인 천도 의식을 통한 구원이다.

 살아생전에 불경을 공부하고 참선·염불 등의 수행을 많이 한 사람은 죽은 후에도 미혹에 휩싸이지 않는다. 그러므로 모든 것을 있는 그대로 보아 스스로가 꼭 태어나야 할 곳에 태어나게 되는 것이다. 그리고 열심히 수행하지 않았더라도 부처님의 한 말씀이나 가르침, 예를 들어『금강경』사구게(四句偈) 한 구절이라도 마음에 깊이 새겨 좌우명으로 삼는 이라면 나쁜 악도(惡道)에 떨어지지 않게 된다.

옛날, 공부한 것이라고는『금강경』사구게 한 구절밖에 없는 스님이 평생토록 욕심을 부리다가 죽었다. 그 스님의 영혼은 이곳저곳을 헤매 돌아다니다가 대궐보다 더 화려해 보이는 까마귀 둥지가 너무나 좋게 보여 그곳에 들어가서 머물고자 하였다. 그때 허공에서 우레와 같은 소리가 들려 왔다.

무릇 모양 있는 것은
모두가 허망한 것이다.
만약 모든 모양 있는 것이 모양 아닌 줄을 알면
곧바로 부처님을 보리라.

凡所有相　皆是處妄
若見諸相非相　卽見如來

"네가 평소에 이것 하나만을 부지런히 외웠거늘, 어찌 까마귀 둥지를 대궐보다 더 좋게 보고 들어가려 하느냐? 눈을 떠라. 눈을 떠라. 네가 그곳에 빠져들면 영원히 헤어나기 힘드느니라."
　그 소리를 듣고 스님은 까마귀 둥지를 벗어나 새롭게 발심하고 불법을 잘 닦을 수 있는 인연 처를 찾아 태어났다고 한다.
　그리고 우리 불가(佛家)에서 몇 년마다 윤달이 드는 해에 베푸는 예수재(豫修齋)도 같은 의도에서 마련된 의식이다. 사후 세계를 위하여 미리 닦는 예수재. 이 예수재 때 수행을 잘하게 되면 그 공덕이 밑거름이 되어 능히 좋은 인연 처로 나아갈 수 있게 되는 것이다.

하지만 예수재는 이름 그대로 '미리 닦는 것'이다. 단순히 얼마의 돈을 내고 형식적으로 이 절 저 절을 찾아다녀서는 아무런 보탬이 되지 않는다. 참으로 그 이름에 걸맞는 '예수재'가 되게 하기 위해서는 우리의 마음에 선심(善心)을 심고 부처님의 가르침을 담아 내생까지도 구제할 수 있는 불연(佛緣)을 맺어야 하는 것이다.

부처님께서 예수재를 마련한 참 뜻이 우리가 죽음을 생각하고 깨달음의 씨를 심도록 인도하기 위함에 있다는 것을 예수재에 참여하는 우리는 결코 잊지 말아야 한다.

만약에 우리가 부처님의 가르침처럼 참된 원(願)을 심고 깨달음을 이루는 공부를 배워 익힌다면 어찌 죽음을 두려워하고 생사윤회를 두려워하겠느냐? 오히려 죽음을 옷을 갈아입듯이 담담하게 받아들이고 내생을 새로운 희망으로, 정진의 터전으로 받아들일 수 있게 될 것이다. 이러한 마음가짐만 가지고 수행하면 자기 영혼은 능히 스스로 천도할 수 있게 된다. 이것이 바로 자력천도(自力薦度)인 것이다.

또 하나의 방법인 타력천도(他力薦度)는 다른 사람이 죽은 자로 하여금 좋은 인연 처로 나아갈 수 있도록 빛을 비추어 주는 것이다. 그러나 이것은 단순한 의식이 아니다. 바로 망자의 마음을 바꾸는 법문이다.

망자가 살아생전에 탐욕과 성냄과 어리석음 속에서 한 평생을 보냈으니 죽었다 하여 어찌 그 마음이 바뀌겠는가? 자연 그 마음은 어둡지 않을 수가 없다. 바로 그러한 마음을 밝혀 주기 위해 행하는 것이 공양·독경·염불·법문 등으로 구성되어 있는 재의식(齋儀式)인 것이다.

살아 있는 사람이 마음을 고쳐서 새 사람이 되듯이, 영가도 염불과 법문을 듣고 마음을 바꾸어 참회하면 깨달음의 세계로 나아갈 수 있게 되는 것이다. 아울러 우리는 재를 지낼 때 준비하는 음식이나 법공양하는 책에 대해 다시 한 번 생각해 볼 필요가 있다.

일반적으로 재를 지낼 때 충분한 음식을 마련하여 베푸는 것은 망인으로 하여금 재시(財施)의 공덕을 쌓도록 하는 것이고, 각종 불교 서적을 법공양하는 것은 법시(法施)의 공덕을 쌓도록 하는 것이다. 따라서 이때의 법공양은 특히 의미가 있도록 행하여야 한다. 곧 법공양은 망인을 대신하여 법문을 베푸는 것이므로, 그 책을 받아 읽는 사람이 불교의 진리를 잘 이해하여 발심을 할 수 있도록 이끌어 주어야 한다.

최상의 공덕인 발보리심(發菩提心)을 이룰 수 있도록 하는 책을 선정하여 법공양을 하는 것이 가장 바람직한 길인 것이다.

요즘 같은 시대에 어려운 한문 경전이나 난해한 불경을 준다 한들 누가 그것을 이해할 수 있겠는가? 그러므로 법공양 책을 선택하는 스님이나 가족들도 꼭 어려운 불경만을 고집할 것이 아니라 부처님의 가르침을 쉽게 전할 수 있고 인생과 수행에 도움을 줄 수 있는 불서를 채택한다면 그보다 더 좋은 것이 없을 것이다.

내가 이것을 굳이 강조하는 까닭은 법공양한 책을 읽은 이들이 발심할 때라야만 그 공덕이 망인에게 참된 도움을 줄 수 있고 밝음을 가져다 줄 수 있기 때문이다. 부디 법공양을 하는 스님, 가족, 친지들은 이 사실을 잊지 말기 바란다.

'업이 가벼운 자는 명이 짧고, 업이 무거운 자는 명이 기니라. 허무한 것이 진실한 몸이어서 인아상(人我相)이 어디에 있을까 보냐. 망령된 정령을 쉬어 제하지 아니하고 곧바로 반야선을 타리라.'

2. 영가천도 기도법
― 광명진언을 외우며 생활 속의 천도법

우리 불자들이 일상생활을 하면서 쉽게 할 수 있는 천도법에는 여러 가지가 있다. 가장 널리 알려져 있는 방법은 '나무아미타불'을 외우는 일이다.

죽은 이가 무량한 수명과 무량한 빛의 부처님인 아미타불께 의지하여 극락왕생하기를 기원하는 것이다. 또 '지장보살'을 부르는 방법도 있다. 모든 중생을 남김없이 해탈시킨 다음 부처가 되겠다.'고 맹세한 지장보살의 원력에 의지하는 것이다.

실제로 지장보살은 염라대왕을 비롯한 명부의 10대왕이 심판을 할 때 심판을 받는 이의 옆에 서서 해탈법문을 설해 주고, 또 염라대왕에게 좋은 판결을 내려줄 것을 부탁한다고 한다. 이밖에도 『지장경』·『금강경』·『아미타경』등의 불경을 읽어주면서 영가의 극락왕생을 기원하는 방법도 있다.

앞에서도 이야기하였지만 역시 이 경우에도 경을 입으로만 외워서는 안 된다. 스스로 뜻을 해득하여 한 구절 한 구절을 마음으로 새기면서 읽어야 한다.

경을 읽어주는 것은 곧 설법을 하는 것인데, 읽는 사람이 뜻도 모르고 읽는다면 어떻게 죽은 이의 영혼이 알아듣고 이해할 수가 있겠는가?

이밖에도 다라니를 외우거나 사경(寫經)을 하거나 영가에게 보살계(菩薩戒)를 주는 등의 여러 가지 천도 방법이 있지만 나의 경험으로는 사람들에게 일러주어 가장 빨리, 그리고 크게 효험을 본 것으로 광명진언 천도법을 꼽을 수 있다.

광명진언(光明眞言)은 29글자로 이루어진 매우 짧은 진언이다.

'옴 아모카 바이로차나 마하무드라 마니 파드마 즈바라 프라바 를타야 훔'

이 진언은 부처님의 한량없는 자비와 지혜의 힘으로 새로운 태어남을 얻게 하는 신령스러운 힘을 지니고 있다. 아무리 깊은 죄업과 짙은 어두움이 마음을 덮고 있을지라도 부처님의 광명 속에 들어가면 저절로 맑아지고 깨어나게 된다는 것이 이 진언을 외워 영험을 얻는 원리이다.

일찍이 신라의 고승 원효대사는 그의 저서 『유심안락도(遊心安樂道)』에서 이 진언의 공덕을 크게 강조하였다.

만일 중생이 이 진언을 두 번이나 세 번, 또는 일곱 번을 귀로 듣기만 하여도 모든 죄업이 없어지게 된다. 또 중생이 십악(十惡)괴 사역죄(四逆罪)와 사중죄(四重罪)를 지어 죽은 다음 악도에 떨어질지라도 이 진언을 외우면 능히 해탈을 얻을 수 있다.

특히 그릇에 흙이나 모래를 담아놓고 이 진언을 108번 외워 그 모래를 시신 위에 흩거나 묘지 또는 묘탑(墓塔) 위에 흩어주면 비로자나 부처님의 광명이 망인에게 이르러 모든 죄업을 소멸시켜 줄 뿐 아니라 서방 극락세계의 연화대로 인도하게 된다.

비록 남이 지은 공덕을 자기가 받는 이치는 없다고 하지만, 인연만 있으면 생각하기 어려운 힘을 일으킬 수가 있다. 그러므로 진언을 외우고 모래를 뿌려보라. 곧 새로운 인연이 맺어질 것이다.

모래를 묘위에 흩는 것만으로도 극락왕생하거늘, 하물며 진언으로 옷을 지어 입고 소리를 내어 외우면 어떠하겠는가? 모래를 흩는 공덕보다 진언을 외우는 공덕이 더 수승함은 말할 것도 없다. 실제로 원효대사는 항상 가지고 다니던 바가지에 강변의 깨끗한 모래를 담아 광명진언을 108번 외운 다음, 그 모래를 묘지나 시신위에 뿌려 영가를 천도했다고 한다.

우리 불자들도 성묘 또는 묘사를 지내러 갈 때 이러한 모래를 준비하여 조상들의 묘위에 뿌려줌이 좋으리라. 그리고 집안에 상(喪)을 당했을 때, 절에서 49재를 지냄과 동시에 그 49일 동안 집에서 매일 광명진언을 외워주면 매우 좋다.

많은 시간을 할애하지 않아도 좋다. 향 한 자루가 타는 30분이면 족하다. 망인(亡人)의 사진 앞에 앉아 입으로는 광명진언을 외우고 마음으로는 극락왕생을 기원하면 된다.

틀림없이 크나큰 영험이 있을 것이니, 상주가 된 불자들은 적극 실천해 보기를 당부 드린다.

3. 영가도 중생이다

　광명진언의 묘한 힘은 참으로 불가사의한 것이다. 그렇지만 이 진언의 위력 못지않게 우리의 마음가짐 또한 중요하다. 곧 어떠한 경우라도 영가를 쫓아내려고 생각해서는 안 된다.
　서양의 종교나 무속에서는 영가의 장애가 생기면 이를 악마의 장난 또는 삿된 영혼으로 인정하고 무조건 쫓아내려고 한다. 하지만 우리 불교에서는 다르다.
　영가는 추방당해야 할 존재가 아니라 구제를 해주어야 할 또 하나의 중생이다. 도리어 장애를 일으키는 영가일수록 제가 안착해야 할 세계로 가지 못하고 떠돌아다니는 불쌍한 중생인 것이다. 그러므로 절대로 귀신을 추방하겠다는 자세로 천도를 하지 말아야 한다.
　천도(薦度)는 말 그대로 피안(彼岸)으로 나아가도록 인도하는 것이다. 피안의 세계로 인도하는 것과 쫓아내는 것은 그 의미가 너무나 다른 것이다. 영가를 추방의 대상으로 보아서는 제도는커녕 싸움만 일어나게 된다.

　우리는 영가의 세계를 달리 보려고 하지 말아야 한다. 사람과 사람들이 이 세상에서 인정을 나누듯이 영가에게도 정을 쏟고 마음을 주면 되는 것이다. 피안의 세계로 인도하고자 하는 자비심으로 대하면 그릇된 일이 어찌 일어나겠는가? 더욱이 광명진언과 같은 불가사의한 힘이 함께 하고 있으니….
　만약 선대 조상이나 가족, 친족, 친구 중에서 마음에 걸리는 이가 있다면 삼칠일의 기간을 정하여 광명진언을 외우며 기도해 주도록 하자. 그리고 유산, 낙태 등으로 마음에 걸리는 부모가 있다면 '나'와 인연이 닿지 않은 그 영(靈)을 위하여 삼칠일 기도를 해주는 것이 좋다. 부디 명심하라.

귀신의 세계는 인간의 세계와 크게 다를 것이 없다. 이 모두가 마음과 마음으로 통하고 정으로 통할 수 있기 때문에 광명진언이나 부처님의 경전을 읽어 주고 망인의 이름으로 공덕을 쌓도록 해주고 축원을 해주면 반드시 천도, 곧 피안의 세계로 나아갈 수 있게 되는 것이다.

우리 모두 참된 불자답게 천도를 할 일이 있으면 법에 맞게 천도를 하자. 그렇게 할 때 이 세상은 맑아지고 밝아진다. 법다운 천도야말로 영가만이 아니라 우리 모두를 피안의 세계로 나아갈 수 있게 하는 것임을 잊지 말아야 하리라.

4. 영가와 통하는 것은 마음과 마음

　이제 재를 지내거나 독경·염불하는 이의 마음가짐에 대해 이야기해 보자. 영가를 천도할 때는 의식을 집전하는 스님이나 가족할 것 없이 매우 조심할 점이 하나 있다. 그것은 반드시 마음을 하나로 모아 천도를 하라는 것이다. 입으로만 염불을 하고 마음으로는 딴 생각을 품고 있으면 결코 천도가 되지 못한다.
　한 스님은 요령을 흔들면서 『제경행상(諸經行相)』이라는 책을 생각했고, 한 스님은 목탁을 두드리면서 '은행나무 바리때'를 탐하였다. 결국 영혼은 염불 한 마디 듣지 못하고 엉뚱한 소리만 들었던 것이다. 곧 영혼은 우리의 말이나 행동을 읽는 것이 아니라 '마음'을 읽는다. 영혼과는 마음과 마음, 생각과 생각으로 서로 통할뿐이다. 이것을 명심해야 한다.

　'염불보다는 잿밥'이 되어서는 절대로 올바른 천도가 될 수 없다. 오직 마음을 모아 지극히 염불을 할 때 영가에게 참된 깨우침을 줄 수 있는 것이다. 한 가지 사항을 더 부언한다면 영가 천도를 위한 관음시식(觀音施食) 중, 4다라니(四陀羅尼)를 외울 때는 특히 관(觀)을 잘해야 한다는 것이다.
　4다라니는　변식진언(變食眞言)·시감로수진언(施甘露水眞言)·일자수륜관진언(一字水輪觀眞言)·유해진언(乳海眞言)의 넷으로 이루어져 있다.
　먼저 '변식진언'을 세 번 외움에 있어 첫 번째는 밥 한 그릇이 일곱 그릇으로 변하는 것을 관하고, 두 번째는 일곱 그릇이 마흔 아홉 그릇으로 변하는 것을 관해야 하며, 세 번째는 수없이 많은 공양물로 변하는 것을 마음속으로 관해야 한다.
　'감로수진언'을 외울 때도 마찬가지이다. 옛말에 '하늘 사람은 물을 유리 궁전으로 보고, 사람은 물로 본다. 고기는 물속에 살면서도 물을 보지 못하고, 귀신은 물을 불로 본다(天見琉璃人見水 魚不見水鬼見火).'고 하였다. 이와 같이 귀신은 물을 불로 보기 때문에 감로수 주는 것을 생각하면서 감로수진언을 외워 주지 않으면 물을 마실 수가 없다고 한다.

실로 변식을 이루어 내고 감로수를 마실 수 있게 하는 것은 주문의 힘과 관상력(觀想力), 삼보(三寶)의 신력(神力)으로 말미암아 이루어지는 것이다. 그러므로 4다라니를 할 때는 반드시 마음으로 관(觀)해야 한다.

흔히들 기도나 영가 천도는 백 명이 하는 것보다 도력 있는 스님 한 분이 하는 것이 낫다고 말하는 것도 도력 있는 스님의 관상력이 그만큼 뛰어나기 때문이다. 그러므로 도력이 있는 스님은 의식문이나 진언을 외우지 않고 가만히 관을 하고 앉아 영가에게 곧바로 설법을 하는 것이다.

명심하라. 영가는 마음으로 통하는 존재이다. 내 마음을 그릇되게 가질 때 영가는 천도되지 않는다. 잡된 생각을 비우고 마음을 하나로 모으는 것, 이것이 영가 천도의 가장 요긴한 비결이라는 것을 잊어서는 안 된다. 이제 여기까지 읽은 재가 신도들은 이러한 의문을 가질 수도 있을 것이다.

'관을 통한 천도나 49재 등의 전문적이 천도법을 보통 사람이 할 수 있는 것은 아니다. 일반인이 쉽게 할 수 있는 천도법은 없을까?' 그렇다. 복잡하고 전문적인 천도법은 작법(作法)을 제대로 익힌 스님들께 의뢰하면 된다. 그리고 재가인들은 자기의 형편과 능력에 맞는 방법으로 앞서간 부모나 친척·친구 등을 천도해 주면 된다. 오직 내 진실한 마음만이 가까운 이의 영혼을 좋은 세상으로 인도해 줄 수 있다는 것을 명심하면, 천도법은 누구나 쉽게 할 수 있는 것이다.

서옹석호(西翁石虎) 스님

충남 논산에서 출생(1912~2003).
일본 경도 임제대 졸업.
32년 장성 백양사 만암대종사 문하에서 득도.
74년 조계종 5대 종정.
1996년부터 입적시까지 고불총림 백양사 방장으로 주석하심.
평상시 정진하는 입정 그대로 좌탈입망.
저서에 『서옹대종사 법문집』·『절대현재의 참사람』·
『임제록 연의』·『선과 현대문명』 등.

1. 용하스님 영결법문

　대자대비하옵신 아미타 부처님이시여!
　오늘 이 자리에 모인 저희들은 신원적 비구 용하 영가의 왕생극락을 빌고자 부처님의 가르침에 따라 영결의 법요를 거행하옵고 발원하오니 굽어 감응하옵소서.
　아미타 부처님이시여, 오늘의 일로 하여 저희들로 하여금 영가의 큰 뜻이 무엇인지를 알게 하시고, 그 뜻을 따르게 하여 주시옵소서.
　오늘의 영가가 부처님의 법해에 오래 머물게 하지 마시옵고 빨리 저희들의 곁으로 돌아오게 하여 주시옵소서.
　저희들의 기둥인 오늘의 영가는 저희들을 바로 살게 하시고 힘을 준 스승이오니 저희들도 영가의 가르침을 따라 아미타 바다에 들게 하여 주시옵소서.
　지극한 마음 모아 발원하나이다.
　나무아미타불.

2. 영가천도에 대하여

　참선을 해서 그 마음을 밝히고 보면, 한 가지 이치를 꿰뚫어, 그야말로 죽은 사람을 천도하는 것이나 현재 살아 있는 사람을 천도하는 것이나 그 이치가 똑같음을 알 수 있습니다.
　한 컵의 물을 끓여 그 물이 증발해 안개나 구름이 되었다 해도 물을 없어진 것이 아닙니다. 단지 위치만 바뀐 것이지요. 이 몸뚱이도 죽으면 박가의 아들로 태어났다, 김가의 딸로 태어났다, 그러다 어찌 잘못하여 짐승도 되고, 잘하면 천당도 가고, 또 완전히 해탈하면 부처의 세계에서 불생불멸의 자리를 획득 하는 이 것이 바로 물이 순환하는 이치 그대로 입니다.

　우리가 깨달으면 일체 순환을 해도 내내 그 물이라는 것을 알 수 있듯이, 우리 삶의 모습이 천차만별로 일어나지만 내내 부처임을 알 수 있습니다. 이렇게 보면 오늘날 우리들이 하고 있는 영가천도의식 중에는 잘못된 것도 많이 있습니다.
　원시불교에는 없던 것들이 조선시대를 거치면서 불교가 왜곡되다 보니 그런 것이지요. 그런데도 그런 것을 오늘날까지도 고집스럽게 그대로 따라 하니 답답합니다.

　오늘날은 첨단 과학의 발달로 세계는 하나라는 말이 실감날 정도로 어느 구석에서 모슨 일이 일어나는지 안방에서도 알 수 있는 시대입니다. 이렇게 인간은 아주 지혜롭게 발전하고 있습니다.
　그래서 요사이는 젊은이들이 노인보다 몇 배 앞서 있어요. 사실 우리도 늙어 죽으면 새로 태어나 아이가 될 것 아니겠어요. 그러니 다 동갑이지 나이 한 살 더 먹은 사람이 없습니다. 껍데기 옷만 바꾸어 입었지, 그 자리에 변동이 없어요.
　눈이 녹아 물이 되고 이것이 증발하여 구름 되고, 또 눈이 되고 우박이 되어 내려오는 것이지, 어디 그것이 변해졌습니까? 그 물이 돌아오면 다시 물이 되는 것이지요. 알고 보면 이 세상 사람은 전부 동갑이고 절대 평등이지 차별이 없습니다. 그러니까 죽었다고 해서 영가가 있는 곳이 무슨 별 세계가 된 것은 아닙니다. 따라서 우리가 영가 천도한다는 것도 따지고 보면 이 세상 사람 천도하는 것과 똑같습니다.

이 세상 사람도 부처님 말씀만 따라 가면 헤맬 일이 없는데, 옳은 길을 등지고 그저 제 고집대로 살아서 헤매는 것처럼, 영가도 그렇게 미혹한 상태로 헤매고 있는 겁니다.

꿈을 꾸는데, 꿈속에서 우리가 돌아다닐 때 몸뚱이는 놓아두고 마음만 돌아다니는 것이 아니라 몸뚱이 째 돌아다닙니다. 우리 몸의 반은 방안에 두고 돌아다니는 것이 아니라, 전부를 갖고 다닌다는 말입니다. 꿈을 깨고 나니까 마음만 돌아다닌 것이지, 깨기 전에는 100% 인생이 돌아다닌 겁니다.

영가도 그렇습니다. 우리가 볼 때 몸뚱이를 두고 떠났지 영가 자신은 그렇게 생각하지 않습니다. 사람이 죽으면 옆 사람이 송장을 치우고 화장해 버려 없는 줄 알지만, 그 죽은 사람 본인은 자기가 죽은 줄 모릅니다.

꿈에도 잠자고 있는 자기 몸을 모르고 꿈꾸는 것과 똑같아요. 그러니 영가를 천도한다는 것이 무엇인가요? 음식 많이 차려 놓고, 또 일부러 옷을 맞추어 놓고 이것을 불에 태워 영가에게 준다고 하는데, 멀쩡한 옷도 갖기 힘든데 태운 재를 어떻게 붙여 가지고 입고 가겠습니까? 그렇다면 밥도 태워야 먹을 것이 아닙니까?

아무리 생각해 봐도 미련한 짓이며 도무지 판단력이 없는 것이

유치원 불교라고 할까요? 물론 유치원도 있어야 합니다. 그러나 우리가 항상 뒤떨어진 불교에만 매달려서야 어떻게 이 사회를 이끌어 나갈 수 있겠습니까?

불법을 바로 세우고 세상을 바르게 이끌 세상 사람보다 한 발 앞서야 합니다. 같은 대열에 끼여서도 안 되고 앞에서 해야 세상을 제도할 수 있습니다.

3. 영가천도에 대하여

　영가 천도하는 것도 우리가 불법을 공부하는 힘과 밝은 그 마음으로 이심전심하여 제도하는 것입니다. 아무리 확성기로 크게 소리 내어 봤자, 공부해 온 그 마음 없이 형식만으로는 영가 귀에 한 마디도 들어가지 않습니다. 이미 그 사람은 귀도 없어지고 눈도 없어졌으니 무엇으로 천도하겠습니까?
　꿈을 꾸고 있을 때는 잠을 깨지 않는 한, 옆에서 아무리 해도 꿈꾸는 사람의 꿈 세계를 알 수 없습니다. 같은 방안에서 둘이 꿈을 꾸었다고 해서 똑같은 꿈이 꾸어지지도 않습니다. 또 내가 그 사람하고 같이 다니는 꿈을 꾸었다고 하여, 그 사람 꿈에서도 내가 같이 다닌 것은 아닙니다. 절대 독단적인 세계입니다.
　이렇게 세계가 다를진대 영가에게 음식을 많이 차려주고 옷을 태워 입혀 보낸다는 등의 행위가 얼마나 어리석은 것입니까? 불교에는 사실 없는 것이지요.

　『법화경』에 보면, 집에 불이 났는데 놀이에 정신이 팔린 아이들이 위험을 알리는 아버지의 호소도 듣지 못하자 아버지가 한 수단을 사용하는 것이 나옵니다. 아버지는 아이들이 평소에 좋아하는 사슴 수레·소 수레·양 수레를 주겠다고 외쳤고, 그러자 아이들은 서로 앞 다퉈 집 밖으로 나왔습니다.
　이것은 남을 해치는 거짓말이 아니라 바른 길로 이끌고자 임시로 쓴 것으로, 방편이라 합니다.

　우리가 지금 영가천도의 여러 의식들을 그런 방편으로 할 수는 있습니다. 그러나 적어도 이 사회를 바르게 이끌어가는 불법이 그런 잠꼬대만 좇아서는 안 되겠습니다.
　불법을 바로 안다면 영가 천도할 때 가장 중요한 것은 천도 기도하는 우리 마음이 참선 정진하는 맑은 마음이어야 한다는 점입니다. 그 마음으로 영가를 불러 세우는 겁니다. 영가는 밥을 먹고 가는 게 아니라 희열로 밥은 삼는다고 합니다. 그러니까 불법을 전해 주어 미혹의 세계를 떠나게 하는 것이 천도지, 음식을 잔뜩 차린다고 하여 천도되는 것이 아닙니다.

마음 없이 재만 지낸다면 그야말로 아까운 음식, 아까운 시간만 낭비하게 되는 것이지요. 참으로 법안이 있는 이들이 영가를 딱 불러 세워, "네가 그렇게 헤매서 되겠느냐? 꿈을 깨라."라고 할 때 그 마음에 영가의 뜻이 감응하면 영가의 세계가 고쳐지고 천도되는 것입니다.
비행기를 타고 로켓을 타고 극락 가는 것이 아니라, 이렇게 한 생각 돌이키면 바로 그 자리가 극락세계이고 서방 정토입니다.
'한 티끌 가운데 우주가 있는 것이고, 한없는 세계가 바로 한 생각이다.' 라고 했습니다. 진리란 시간과 공간을 초월해서 있는 것인데 중생은 시간과 공간 속에서 헤맵니다.
우리가 이 꿈을 깨면 시간과 공간을 초월해 버립니다. 그러고 보면 온갖 것에 끄달려 온 삶을 일체 후회하게 되지요.

영가가 이러한 법을 얻어 가는 것이 주가 되어야 하는데, 우리는 물질만 많이 갖다 바치는 유치원과 초등학교 수준의 불법만 열심히 합니다. 너도 나도 가져온 쌀로 새로 밥 지어 올리니 식은 밥만 잔뜩 남기게 됩니다.
불공 올린다고 저마다 다기(茶器)에 담겨 있던 물 버리고 또다시 새물을 떠오는 것도 그렇습니다. 부처님이 조갈증 걸린 것도 아닌데 잘못하면 부처님 물배 터지겠어요.
이제 이런 불교에서 탈피하여 귀중한 시간에 우리가 부처님 법에 따라 수행하고 정진할 때 산 사람도 죽은 사람도 다 저절로 천도가 되는 것입니다.

예전에 어느 스님이 신도에게서 재 지낼 시주금 몇 백만 원을 받았는데, 돈을 받고 돌아오는 길에 재 준비 할 물건은 안 사고 아픈 사람에게 약 사 주고, 가난한 사람 동냥에 응하면서 다른데 다 써 버리셨습니다. 그러고는 며칠이 지나도록 별일 없이 지내시는 스님을 보고, 곁에 있던 시봉이 큰일 났다 싶었지요.

내일 모레가 재 지내는 날이니 북 치고 장구 치고 음식도 잔뜩 차려야 할 텐데, 스님은 맹숭맹숭하니 꿈쩍 않고 앉아 있으니 시봉이 걱정되어 여쭈어 보았습니다.

그러자 스님은 "재는 내가 벌써 다 했느니라."라고 말씀하셨습니다. 시봉은 그 사실을 신도님에게 알렸습니다. 그런데 그 신도님도 수준이 높았는지 "그러냐?"고 하며, 당일 다시 돈을 얼마 더 주어 상을 차려 놓고 스님을 청했습니다.

이 때 스님께서 법문하시기를, "부처야, 아무 집 잿밥이다. 실컷 먹어라."라고 하셨답니다.

우리가 불교의 조리 정연한 이치를 외면하고 삿된 데 떨어져 지엽에만 매달려서야 어찌 불교가 사회의 어둠을 밝혀 주겠습니까? 중국에서 불교가 발달했을 때는 불단에 시주물을 갖다 놓아도 누가 갖다 놓았는지 몰랐다고 합니다. 그런데 요즈음 절에서는 종 하나만 해도 시주한 사람의 이름을 깨알같이 써넣어서 종 다 버려 놓습니다.

한 생각 일으킬 때 시방제불이 감응하는 것이지, 가서 얘기해야만 알아듣는 부처를 어디에다 써먹겠습니까. 잠자는 불교는 탈피해야 합니다. 팔만대장경에 얘기한 것도 많은데, 어찌 반찬 만들어 재 지내는 법만 이르느냐 말입니다.

영가가 생전에 좋아하던 음식을 갖다 바치는 마을의 제사에서도 사실 조상이 그 밥 덩어리를 먹고 가는 이치는 없습니다. 먹고 간다고 하면 다만 자손의 성의를 먹고 가는 것이지요. 아무리 밥을 떠 놓아도 한 숟갈 줄어드는 법이 없지 않습니까?

만약 귀신이 맘대로 먹는다고 하면, 안 보이니까 음식점에 들어가 실컷 먹어도 되지 않겠어요? 그런데 영가는 그렇게 먹는 게 아니라, 베푸는 성의에 감응하여 만족하고, 법을 받아 들여 이고득락(離苦得樂)하는 것입니다.

살고 죽는데 관계없이 우리가 모두 마음 하나 밝힐 때 더없이 행복한 극락에 사는 것이고, 미혹한 마음으로 온갖 것에 끄달릴 때 번뇌와 고통이 끊이지 않는 중생계에 사는 것입니다.

우리가 이 이치를 바로 알고 밝은 마음으로 임하지 않는다면 영가천도도 불공기도도 모두 헛짓입니다.

서암홍근(西庵鴻根) 스님

경북 안동에서 출생(1917~2003).
1935년(15세) 예천 서악사에서 화산스님을 은사로 출가.
1942년 김용사 선원을 시작으로 60여 년 넘게 전국 각지
선원에서 수행. 불교계의 '대표수좌'로 불릴 정도였다.
광복 후 성철, 청담스님이 주도한 봉암사 결사(結社)로 유명함.
낙후된 가람(봉암사)을 중창하고 산문을 봉쇄해 수행환경을 정비해
해이해진 승풍을 바로잡는데 공헌.
대한불교조계종 총무원장, 봉암사 조실과
조계종 8대 종정을 지냄.

1. 청담스님 4주기에

　청담 큰스님께서 어리석은 우리 중생을 여의고 대원적(大圓寂)에 드신 지도 어언 사 년이 되었습니다.
　"우리의 참마음이야 말로 우주와 인생의 주인공이고, 우리 마음의 광명이야 말로 무엇에도 비길 수 없는 생명의 본체이기 때문에 중생의 구원도 사회의 극락도 모두 내 마음을 깨끗이 함으로써 이룩될 수 있다."고 늘상 입버릇처럼 말씀하시던 청담 큰스님이 청정무구의 영원한 마음자리에 드신 4주기(불기 2519년)가 막상 눈앞에 다가오고 보니 다시 한 번 큰스님의 유교(遺敎)를 다짐하고 유업(遺業)을 기리는 마음을 가다듬지 않을 수 없습니다.
　더욱이 정화불사의 마무리를 위한 진통이 그 어느 때 보다도 큰 이 시점에서 그 간절한 추모의 정은 이루 말할 수 없이 더한 것입니다.

　돌이켜 청담 큰스님의 거룩한 가르침과 훌륭한 업적을 되새겨 볼 때, 육신은 비록 멸해도 법신은 영원하다는 최후의 유훈(遺訓)처럼 사바세계의 거센 고해(苦海)를 헤치고 오로지 부처님같이 행동함으로써 어지러운 세상을 자나 깨나 정화유신(淨化維新)하자고 외치시던 무피혐(無疲嫌)의 설법삼매(說法三昧) 속에서, 우리는 금생의 성불을 내생에 미루더라도 기어이 모든 중생을 다 건져야겠다는 한량없이 높고 넓고 깊은 인간의 최고 이상(理想)을 거양하셨습니다.
　또한 열반하시는 최후 순간까지 중생의 괴로움이 있는 곳이라면 땅 끝까지라도 달려가서 그들과 고통을 함께 하시던 보살행 속에서 우리는 인간의 최대 원력을 배웠던 것입니다.

　지금 우리 종단에서는 정화불사의 내실화를 위한 최후 시련에

직면하고 있습니다. 이 시점에서 우리 일천만 불자들은 큰스님 앞에 청정한 신심으로 발원합니다.

　일찍이 큰스님께서 뿌려놓은 그 정화의 씨를 우리들이 물려받아 꽃으로 피우고 열매를 맺게 하겠습니다. 큰스님께서 보여주신 그 인욕과 정진을 우리들 몸에 익혀서 큰스님의 천백억 화신(千百億化身)이 될 것을 맹세하오니, 부디 우리들 곁에서 늘 지키시고 보살펴 주시옵소서.

2. 자운(慈雲)스님 영결사

자운스님!

가야(伽倻) 산색(山色)은 흘흘(屹屹)하고 낙동강수(洛東江水)는 심심(深深)한데, 스님은 어디로 돌아가셨습니까?

낱낱이 모든 대치(對待)가 끊어져서 이름도 모양도 붙을 수 없는 곳에 생사원근(生死遠近)이 어디 있는 것입니까?

스님께서는 평생을 하루같이 십원율신(十願律身)으로 법신을 장엄하시고 염불삼매로 정토를 구현하셨습니다. 승단의 정결(淨潔)을 언제나 염려하셨으며, 계해(戒海)의 징청(澄淸)을 위해 항상 힘을 다하셨습니다.

스님에게 수계한 출가제자는 그 수가 얼마입니까? 3,324 명에 이르고 있습니다.

스님에게 수계한 보살계 제자는 얼마입니까? 17,082 명에 달하고 있습니다.

한 중생을 제도하여 불법에 귀의케 하고도 인간 천상에 그 복락이 무량하다 하거든 하물며 수 천 수만이리까.

스님의 계덕(戒德)이야 말로 하늘이 능히 덮지 못하고 땅이 다 싣지 못할 것입니다. 이 복덕의 한량없는 무더기를 중생계에 나누어 베풀어 주십시오.

중생계는 무진하고 중생의 번뇌가 무진하며, 중생의 업장 또한 무진합니다. 이 중생 병을 바루기에는 너무나 길이 멀기만 합니다.

지금 이 나라 이 종단은 아직도 안정되지 못하고 있으며, 스님의 선도(先導)와 따가운 편책(鞭策)이 요구되고 있습니다.

이런 때 스님께서 우리를 모두 버리고 떠나시다니 정말 너무하셨습니다. 스님은 비록 우리를 버리고 떠나시지만, 우리는 스님을 놓지 않을 것입니다. 다만 휴가를 드리겠사오니,

 스님! 어서 다녀오십시오.

 적광(寂光)정토를 두루하시고 어서 사바세계로 돌아오시어 중생을 제도하소서.

 나무아미타불.

3. 생사가 없는 도리

오늘은 영가가 이 몸을 버린 지가 49일이 되는 날입니다. 오늘 이 영가는 불교의 지극한 인연이 깊어서 효성스러운 자손들이 청정한 부처님 도량에서 49재를 베풀게 됐다는 것은 매우 뜻깊은 일입니다.

우리 인간이 이 세상을 살아가는 데 있어서 오래 살고 싶어 하는 것은 모두의 바램입니다. 그러한 본능 속에서 혹은 70, 80년, 백 년 인생을 산다 해도 지극히 짧은 생애입니다. 우리가 이러한 짧은 일생 동안에도 희로애락 속에서 불안과 초조와 갈등으로 살아가고 있습니다.

우리의 생·노·병·사 중에 이 생사의 관계보다 더 큰 일은 없다고 합니다. 우리가 받은 이 생으로는 영원히 생명을 유지하기란 매우 어려운 것입니다. 생은 바로 죽음과 연결되기 때문입니다. 누구나 오래 살고자 합니다만 필경 백 년 안쪽에 사는 삶을 곧 종식시킬 그러한 운명을 가지고 있습니다.

우리 부처님께서 이 사바세계에 출현하셔서 설하신 것은 팔만사천 모든 법문을 한 마디로 표현하면 나고 죽는 문제를 밝혀 놓은 것입니다.

이 세상에 생명을 바꾸는데 있어서도 천차만별입니다. 어떠한 사람은 유족을 모아놓고 호쾌하게 내가 오늘 이 몸을 버리고 어디를 가노라 얘기를 하고 편안하게 조금도 섭섭함이 없이 떠나는 이도 있는가 하면, 삶을 제대로 정돈하지 못하고 헤매고 방황하다 떠나는 그러한 사람도 많이 있습니다.

부처님께서 나고 죽는 그러한 문제를 어떻게 말씀하셨느냐 하면 본시는 죽고 나는 이치가 없음을 밝히신 것입니다. 우리 불교인은 나고 죽음을 초월해서 생사가 없는 이 도리를 보는 것이 부처님의 근본 법문에 드는 길입니다.

우리가 한 생각 미(迷)해서 무한히 헤매고 영원히 생사를 반복하는가 하면 이 한 생각을 돌이켜 깨치면 본래 생사가 없는 도리를 체험하게 됩니다. 생사가 없는 도리를 체험하게 됨으로써 모든 고통과 불안과 일체의 모든 괴로움이 놓아지는 것입니다.

오늘 이 영가도 사십구 일 전에는 보고, 듣고, 냄새를 맡고, 맛을 보는 이러한 안·이·비·설·신·의의 육근을 가지고 이 세상의 현실 속에 희로애락을 감촉하였습니다. 이 자리에 모인 여러분과 꼭 같은 몸을 가지고 있었습니다. 그러나 오늘은 그 몸의 흔적이 없습니다.

땅에 묻어서 땅속에 들어가기도 하고 화장을 해서 연기로 사라지기도 하는 여러 가지 방법이 있습니다만 이렇게 명명하고 분명한 인간이 떠나가면 그대로 시체라. 나무덩어리나 돌덩어리마냥 아무 감각이 없는 물체로 변해 버리고 마는 것입니다.

지금 이 자리에서 이 산승의 이야기를 듣고 있는 빛나는 주인공, 그 판단하고 생각하는 빛나는 주인공은 각자에게 있습니다. 그러한 주인공이 없으면 이 육체는 그대로 송장입니다. 우리의 살과 뼈와 내속의 모든 것은 땅속으로 돌아가고, 따뜻한 몸의 체온은 불기운으로 돌아가고, 부드럽게 동작하는 기운은 바람기운으로 돌아가고, 가래·침·오줌·모든 땀·진액은 물 기운으로 돌아갑니다.

그래서 지·수·화·풍 사대가 이합집산으로 모였다가 흩어지는 과정이 이 주인공이 떠나는 찰나입니다. 오늘 이 영가가 비록 그러한 육체는 갖고 있지 않지만 이 노장의 얘기를 듣고 여러분의 마음과 마음이 서로 이심전심으로 빛나는 그 자리는 없어지지 않는 것입니다.
　그 자리는 분명히 듣고 계실 것입니다. 그러면 우리가 그러한 생명체에 대화하는 것은 혀끝으로 얘기하고 귀로 듣고 하는데 있는 것이 아니고, 형상과 모든 생각이 없는 자리에서 비추고 통하는 게 있습니다.
　오늘 사십구재라는 한 자리를 마련하여 사량심이 끊어진 자리에서 이 영가와 대화가 되는 것입니다.
　여러 유족께서도 일편단심 효성스러운 그러한 마음 내에서 부모의 정신이 서로 이심전심으로 연결되는 것입니다.

청화(淸華) 스님

전남 무안에서 출생(1923~2003).
1947년 백양사 운문암에서 금타스님을 은사로 출가.
출가 이후 50여 년간 금타스님의 가르침을 좇아 토굴에서 묵언과
40년간 하루 한 끼만 먹으며[一種食] 장좌불와로 수행.
1985년 전남 곡성 동리산 태안사에서 3년 결사를 시작으로
회상(會上)을 이루시고 대중교화의 인연을 지으심.

1. 정해당 추월선사 49재 천도법문

　삶은 무엇이고, 죽음이란 무엇인가? 인간은 어디서 와서 어디로 가는 것인가?
　추월스님을 뵌 지가 불과 얼마 되지 않았습니다. 이제 유명(幽冥)을 달리하시고 다만 식(識)만이 우리 앞에 남아 계십니다. 이와 같이 무상(無常)은 신속합니다. 그러나 다만 중생의 안목으로 봐서 무상을 보고 허무를 보고 또는 이별의 슬픔을 볼 수가 있습니다.
　실상에서 바로 본다고 생각하면 '생본무생(生本無生)'이라, 원래 생(生)이라 하더라도 참다운 생이라 할 수 없는 것이고 또는 '멸본무멸(滅本無滅)'이라, 이생에 우리 생명이 다해 돌아간다 하더라도 역시 돌아가는 흔적도 없는 것입니다.
　다만 그와 같이 생이 없고 멸도 없는 생멸을 떠나버린 그 자리, 참다운 불성만 상주하는 참다운 생만 상주하는 그런 실상세계만 있는 것입니다. 그러나 우리 중생은 어리석어서 그러한 실상경계를 보지 못하니까 그냥 생멸을 보고 생겨났으면 났다 하고 인연 따라 사대(四大)가 합해지고 또는 거기에서 사대오온(四大五蘊)이 결합되어서 이것이 하나의 모양을 나투면 생이라고 합니다.

　인연이 다해서 사대가 흩어지고 또는 오온이 각기 소멸되어서 흩어져 버리면 그때는 멸(滅)이라고 합니다. 그러나 바로 보면 생도 없고 멸도 없고 다만 하나의 진여법성, 실상만 있는 것인데 우리 중생은 바로 못 보기 때문에 생멸을 보는 것입니다.

　오늘 태안사를 떠나시는 추월스님이시여!
　스님께서는 인생을 바로 사셨고 또한 여법히 살다 가신 것입니다. 영가가 가시는 길은 오직 한 곳 실상세계, 생멸을 떠나고 시비나 분별을 떠나버린 영원한 실존세계, 이러한 세계에 가신 것입니다. 그 세계는 영가께서 아시는 바와 같이 극락세계인 것입니다.

지금 추월스님께서는 극락세계에서 영접해 오시는 아미타불, 관세음보살, 대세지보살 삼존보살님과 거기에 따르는 무수한 보살들이 내미는 금색 바라의 연화대에 올라 계신 것입니다.

추월스님이시여!

스님이 바라시는 참다운 고향인 극락세계에 가신다 하더라도 스님의 본래 서원은 그냥 극락세계에서 자기 혼자만 영생을 누리는 소승의 마음은 아니십니다. 스님의 대 서원은 설사 우리 사회 속에서 괴롭다 하더라도 사바세계 중생과 더불어서 모든 중생을 제도하시겠다는 대 서원을 가지고 계십니다.

추월스님이시여!

부디 극락세계에서 잠시간만 사바세계의 괴로움을 쉬시다가 다시 사바세계로 돌아오셔서 스님의 본래 서원대로 무량중생을 제도하시기를 간절히 바랍니다.

스님이시여! 안녕히 가십시오.

나무아미타불!
나무관세음보살!
나무마하반야바라밀!

2. 해인사 영가천도법문

　부처님 말씀 중에 '영겁회귀(永劫回歸)'라는 귀중한 금언(金言)이 있습니다. 우리 불자님들이나 또는 오늘 천도를 받는 영가들이나 영겁회귀라 하는 소중한 금언을 잘 기억해 두시기 바랍니다. 어느 것도 그대로 머물러 있는 것은 없습니다. 존재하는 모두가 다 순간 찰나 찰나 변화무상해서 종단에는 어디로 갈 것인가? 종단에는 다 하나의 자리로 돌아갑니다.
　'그 하나의 자리가 무엇인가?' 하나의 자리가 바로 대총상법문(大總相法門) 자리입니다. 그럼 대총상 법문이란 것은 어떠한 것인가? 대총상 법문이란 것은 바로 우리의 자성(自性), 우리 인간의 본성 자리이자 우주의 본성 자리가 대총상 법문 자리입니다. 마명(馬鳴)대사의 『대승기신론(大乘起信論)』에 이런 말씀이 있습니다.
　'심진여시대총상법문체(心眞如是大總相法門體)'하라. '심진여(心眞如)'라. 마음 심(心)'자, '참 진(眞)'자, 같을 여(如)'자. 우리 마음 바탕인 진여, 이것이 바로 모든 만법의 기본적인 본체란 말입니다.

　우리 불자님들이 법(法)을 말할 때 어떤 때는 그때그때 법의 줄거리를 그냥 잊어버리고서 법의 상대유한적인 상(相)을 많이 말씀하는 경우가 있습니다. 이렇게 되면 우리 마음이 더욱 더 혼란스럽단 말입니다. 그래서 꼭 본체를 안 여읜다는, 거기에 초점을 맞추어서 부처님 법을 말해야 됩니다.

　지금 우리는 어려운 시대에 살고 있습니다. 정보가 너무 적으면 장사도 잘 못하고 공부도 암중모색하는 그런 것이 되겠지요. 그러나 현대는 아시는 바와 같이 정보의 홍수시대 아닙니까. 정보의 홍수시대에 우리가 정보를 적당히 처리를 못하면 우리 마음이 항상 산란스럽고 혼란스러워서 스트레스를 도저히 해소시킬 길이 없습니다. 다 아시는 바와 같이 서구적으로 본다고 생각할 때는 200년 동안이나 산업사회가 계속 되어서 물질생활은 상당히 편리하고 풍요롭게 되었습니다. 그러나 그와 더불어서 아까 말씀드린 대로 정보의 홍수라 하는 우리가 바라지 않는 것이 이루어져 있단 말입니다.

우리 부처님 가르침도 정보 가운데 하나입니다. 그런데, 우리 부처님 가르침은 모든 정보를 적당히 소통시키고 정화를 시키는 소중한 역할을 합니다. 부처님 법 같은 법이 없다고 생각할 때는 이 우주에 홍수같이 밀려 내려오는 그런 정보를 정화시킬 수가 없단 말입니다. 왜냐하면 다른 세간적인 가르침들은 아까 말씀드린 바와 같이 상대유한적인 복잡한 가르침입니다. 하나의 상(相)에 불과하단 말입니다. 본체가 아닙니다.

그러나 부처님 가르침은 어디까지나 본체를 여의지 않는단 말입니다. 본체를 여의지 않는 이것이 아까 제가 서두에 말씀드린 바와 같이 대총상 법문입니다. 이른바 진여의 불성이 바로 본체란 말입니다.

『육조단경(六祖壇經)』에 보면 이런 대목이 있습니다. '아소설법(我所說法) 불리자성(不離自性). 내가 지금 설한 법문은 자성을 떠나지 않는다.' 이런 말씀을 하셨습니다.

'아니 불(不)'자, '떠날 리(離)'자, '스스로 자(自)'자, '성품 성(性)'자, 자성을 떠난 것은 상대적인 말씀이란 말입니다. 상대적인 말이란 것은 우리를 더욱 좁게 만듭니다.

'자성'이란 대체 어떤 것인가? 우리가 자성에 대해서 특히 명심을 해야 한다고 생각을 합니다. '자성'이란 말이 얼마나 중요한

지 육조혜능 스님께서는 『육조단경』에서 '자성'이라는 말씀을 백 번도 더 했습니다. 우리 불교인들은 '자성'이라는 말씀을 더러 많이 들으십니다. '자성'이라는 것을 조금 더 구체적으로 말하면 '자성청정심(自性淸淨心)'이라, 바로 우리의 본래면목 자리란 말입니다. 사람뿐만 아니라 다른 동물들도 마찬가지입니다.

다른 동물들도 모두가 본래 성품자리는 자성입니다. 자성을 또 다른 말로 하면 바로 불성(佛性)입니다. '부처 불(佛)'자, '성품 성(性)'자, '불성'이라는 말이나 '스스로 자(自)'자. '성품 성(性)'자, '자성(自性)'이라는 말이나 똑 같습니다. 모두가 다 하나의 성품이라는 말입니다.

우리 중생이 무명(無明) 가운데, 무명의 그 중요한 근원이 무엇인가? 우리 중생이 무지하기 때문에 사물의 본래면목을 보지 못합니다. 그래서 이것이나 저것을 자꾸 분할을 시킨다 말입니다. '진리'라는 것은 오직 하나의 일원적인 진리인데 우리 중생들은 일원적인 진리를 미처 깨닫지 못한단 말입니다. 따라서 둘로 나누어 보고 셋으로 나누어서 보고 이와 같이 구분하고 분할한단 말입니다.

제가 서두에 '영겁회귀'라는 말씀을 했습니다만, 우리 인간은 본래로 자성이라 하는 청정미묘한 진여불성(眞如佛性)을 본래 가지고 있습니다. 따라서 우리 인간이 어디로 갈 것인가? 다른 데로 가지 않고서 바로 자성으로 돌아갑니다. 자성에서 왔다 자성으로 돌아갑니다.

현대 기계문명이라든가 그런 상대적인 가르침과 우리 부처님 가르침과의 차이는 그 모든 존재를 하나의 진리로 보는 그런 원만 무결한 가르침이 부처님 가르침이고, 이렇게 저렇게 구분해서 보는 가르침은 과학이라든가 다른 종교의 가르침입니다. 그러나 다행히도 우리 인간 존재가 미처 깨닫지는 못했다 하더라도 어느 누구나 자성은 본래로 가지고 있기 때문에 그때그때 시대에 따라서 예지(叡智)가 발동합니다.

예(睿)란 '슬기로울 예(睿)'자, '지혜 지(智)'자, 예지란 말입니다. 그래서 어느 누구한테나 미처 계발은 못 되었다 하더라도 예지는 항상 조금도 흠결이 없이 갖추어 있습니다.

사실은 예수 같은 분도 부처님 가르침같이 원대한 말씀을 못했다 하더라도 좋은 말씀은 많이 했습니다. 복음 성서에 '먼저 하늘나라와 하느님의 뜻을 구하라, 그러면 무엇이든 그대에게 갖추어지리라.' 이런 것도 우리 불교에서 "자성을 깨달으면, 본래면목을 깨달으면 모두가 다 부처가 된다."는 말씀이나 흡사한 말씀입니다. 다만 부처님 가르침같이 철저하지 못하다는 차이가 있을 뿐입니다.

우리가 대인관계에서 사람과 사귄다 하더라도 '사람과 화해하는 것이 우주에 맞고 불교에 맞는 도리가 아닌가.' 생각하고 사람과의 관계를 맺는 것과 '우리가 본래로 저 사람이나 나나 모두가 다 똑같은 진여불성을 가지고 있다.' 이렇게 하고서 이웃과 사귀는 것과는 굉장한 차이가 있습니다.

가령 우리가 주위에 별로 마음이 내키지 않는 한 이웃이 있다고 합시다. 이웃을 볼 때에 마음이 내키지 않으니까 그냥 보통 생각에서는 아무리 친하게 사귀려고 해도 사귀고 싶은 생각이 안 든단 말입니다.

그러나 이른바 논리적으로 '저 사람도 부처님 가르침에서 본다고 생각할 때는 나와 똑같은 진여불성을, 그 본래자성을 가지고 있는 사람이 아닌가.' 이렇게 생각하면 결국은 다 뿌리가 똑같단 말입니다. '생명의 뿌리가 똑같다.'고 생각할 때는 저 사람한테 함부로 하면 생명의 뿌리가 똑같기 때문에 나한테도 그냥 해가 온단 말입니다. 그 반대로 저 사람한테 우리가 용납을 하고 관대하다고 생각할 때는 나한테도 그냥 그대로 복덕이 돌아옵니다.

'불립문자(不立文字) 교외별전(敎外別傳)'이라 하면 달마스님께서 '문자를 배격하고서 오직 마음만 깨닫는다.' 이렇게 말씀하셨다고 생각하기가 쉽습니다. 그러나 부처님의 정통 가르침을 받드신 조사님들은 절대로 하나로 치우치지 않습니다.

아까 말씀드린 바와 같이 모든 법이 본래로 원융무애하고 또는 한결같은 자성을 떠나지 않는, 진여불성을 떠나지 않는 그런 법이기 때문에 달마스님께서 말씀하신 법문도 여러 가지 법문이 많이 있으나 보통 『소실육문(少室六門)』에서 여섯 문으로 말씀하신 것이 있어요.

그런 가운데 후대 사람들이 여러 가지 고증을 받아가지고서 '『소실육문』 가운데서 두 가지는 달마스님이 했으나 네 가지는 달마스님 법문이 아니다.' 이렇게도 말씀하신 분이 있습니다. 그런데 달마스님의 두 가지 법문 가운데 어떤 것이 있는가 하면 '안심법문(安心法門)'이라. 우리 마음을 편하게 한단 말입니다. 우리가 종교를 믿을 때 마음이 편하지 않으면 종교를 믿을 아무런 이유가 없습니다.

종교란 것은 우리 마음을 평온히 하고 모든 사람끼리 서로 화해하고 더불어서 영원한, 자성 청정한 진리로 나아가는 것인데, 이것이 부처님 가르침인데, 부처님 가르침을 믿는 사람들이 마음이 편안치 않으면 부처님 가르침을 잘못 믿는 것입니다. 어째서 우리 마음이 편안한 안심법문이 중요한가. 우리 불자님들 깊이 생각하시기 바랍니다.

우리 마음이 바로 부처라고 흔히 말하지 않습니까. 그러나 깊이 느끼시고 명심해서 그렇게 말하는 분들은 많지가 않을 것입니다. 우리 마음이 정말로 바로 부처입니다. 부처를 떠나서 우리 마음을 논할 수가 없고 우리 마음밖에 부처를 구할 수가 없습니다. 우리 마음이 바로 본래 부처입니다. 나 같이 별스럽지 않은 그런 마음이 어떻게 부처라고 할 것인가. 우리 마음이라 하는 것은 우리 범부중생이 생각하는 그런 정도의 마음이 아닙니다.

『육조단경』에서도 또 말씀했습니다만, 우리 마음, 바로 이것이 우리 자성인데, 우리 자성 가운데 우리 마음의 본체가 바로 청정법신(淸淨法身) 비로자나불(毘盧遮那佛)입니다. 우리 마음의 본체가 바로 법신불(法身佛)이란 말입니다.
 우리 마음의 본체에 본래로 포함되어 있는 모든 불성 지혜공덕이 원만보신(圓滿報身) 노사나불(盧舍那佛)입니다. 그 법신과 보신을 근거로 해서 모양을 나투고 또는 변화하는 그러한 차원에서는 천백억화신불(千百億化身佛)입니다. 즉, 우리 마음 가운데에 법신(法身)과 보신(報身)과 화신(化身)의 삼신이 원만히 들어있습니다.

다시 되풀이해서 말씀드리면 우리가 생각하는 그런 마음이 아닙니다. 우리의 본래 마음은 우주와 더불어서 둘이 아닌, 우주생명과 더불어서 둘이 아닌, 법신이 온전히 다 갖추어 있단 말입니다. 또는 그 가운데는 '상락아정(常樂我淨)'이라, 영생하는 생명과 또는 다시없는 행복스러운 극락의 행복과 또는 신통자재 하는 대아(大我)라, 이른바 삼명육통(三明六通)을 다 갖출 수가 있고 만덕을 갖춘 것이 우리 마음과 관계되어 있단 말입니다. 또는 우리 마음의 본체는 번뇌가 조금도 없습니다. 우리는 본래청정이란 말입니다.

'때가 끼었다, 때가 안 끼었다.' 그런 것은 우리 중생이 봐서 그런 것이지 우리 마음은 모양이 없어서 사실은 때가 낄래야 낄 수가 없습니다. 도둑질을 많이 해서 삼악도(三惡道)에 떨어질 만한 그런 죄를 많이 지었다 하더라도 그 마음이 사실은 오염된 것이 아니란 말입니다. 잘못 생각해서 자승자박(自繩自縛)이라, 스스로 자기 어리석음에 묶여서 분노가 되고 내가 나쁜 놈이다 하는 것이지, 우리 마음이라는 것은 아까 말씀 드린바와 같이 모양이 있는 것이 아니기 때문에 시간성, 공간성이 있는 것이 아니기 때문에 오염시킬래야 시킬 수가 없단 말입니다.

　금생에 잘못 살아서 한도 끝도 없이 오랫동안 지옥고를 받는다 하더라도 우리 마음은 조금도 오염이 안 됩니다. 우리 마음은 청정한 그대로입니다. 인간의 마음은 그렇게 소중한 것입니다. 아까 말씀드린 바와 같이 우리 마음 가운데는 부처님의 청정법신이 그대로 우리 마음의 본 성품이라 그 자리는 지혜, 행복, 자비, 능력이 다 들어있습니다.
　'아인슈타인 같은 사람은 대천재라 불렸지만 우리 같은 사람이 어떻게 그렇게 될 것인가?' 이렇게 조금도 의심을 갖지 마십시오.
　여러분도 아시다시피 슈바이처 같은 분은 아프리카 밀림의 성자이지 않습니까. 의사인 동시에 철학자요, 신학자요, 대음악가라고 합니다. '그런 천재는 잘나고 나는 대체로 무엇인가?' 이렇게 비교를 해 볼 때는 한심스럽겠지요. 그러나 아인슈타인이나 슈바이처나 또는 성인이라고 하는 간디나 우리나 마음자리는 똑 같습니다. 조금도 흠결이 없습니다. 석가모니 부처님 마음자리나, 예수 마음이나, 달마스님 마음이나 마음의 본바탕은 똑같습니다.

　그러면 우리가 할 일은 무엇인가? 우리가 할 일은 아까 말씀드린 바와 같이 영겁회귀(永劫回歸)라. 우리는 본래가 부처이기 때문에 다시 부처가 되어야 합니다. 부처가 되어버리면 또 어떨 것인가? 불교의 공겁(空劫)으로부터 다시 우주가 이루어집니다. 이른 바 성겁(成劫)이라, 성겁이 되면 그때는 여러 가지 동물이나 식물이나 존재가 의지해서 산다 말입니다. 이것이 이른바 주겁(住劫)이라, 그럼 차근차근 찌꺼기가 생깁니다.

물질이란 것은 오랫동안 되다보면 불가역 에너지라, 이른바 다시 활용할 수 없는 에너지로 화한단 말입니다. 그 에너지가 찌꺼기가 자꾸만 쌓이면 나중에는 그것이 산화되어서 불이 난단 말입니다. 괴겁(壞劫)이라, 우주가 삼천대천세계가 다 파괴가 됩니다. 파괴가 된 뒤에 물질은 허공무물(虛空無物)이라, 아무것도 없습니다. 아무것도 없다 하더라도 우리 중생의 심식(心識)은 남아 있습니다. 무색계 중생은 그대로 남아 있습니다.

따라서 그 무색계 중생이 텅텅 빈 공겁세계에서 아직은 중생이니까 '좋다, 싫다.' 하는 그런 마음이 있겠지요. '좋다, 싫다.' 하는 그런 마음, 그런 에너지가 상호작용 되어가지고서 다시 우주를 형성합니다. 그럼 다시 텅텅 빈 공겁에서 우주가 성겁이 되고 그럼 또 중생이 살고 또 다시 파괴되고 텅텅 빈 우주가 되겠지요.

이와 같이 우리도 역시 영겁회귀 합니다. 우주 존재가 바로 텅텅 비어 버린 다음 다시 이루어지고 다시 모든 존재가 살고 파괴되는 것입니다. 우리 인간도 역시 본래 부처이기 때문에 꼭 부처가 되고 맙니다. 우리는 지금 부처가 되어가는 하나의 나그네 길에 있습니다.

불자님들! 아까도 말씀드린 바와 같이 이 정보의 홍수 가운데서 부처님 가르침을 안다는 것이 얼마나 행복스러운지를 모릅니다. 부처님 가르침을 모른다 생각할 때는 어떻게 살겠습니까.
이것저것 알기는 많이 알지만 '우리 인간이 어떻게 해야 될 것인가. 인간이 할 일이 뭐가 있느냐'는 말입니다. 다행히 부처님 가르침을 알기에 부처님 가르침에서 본다고 생각할 때는 이 모든 것이 다 허망 무상한 것입니다. 다 환상이나 같단 말입니다. 있다는 것이 사실은 있지가 않은 것이란 말입니다. 분명히 느끼시기 바랍니다. 어째서 있지 않은 것인가? 인연 따라서 잠시간 있는 것 같이 보이는 것이지 사실은 있지 않습니다.

우리 불자님들! 제법공(諸法空) 도리를 몇 십번, 몇 백번 들으셨 겠지요. 오온개공(五蘊皆空)이라, 오온개공도 물질이라는 것은 다 비었다는 것입니다. 인연 따라서 잠시도 변하지 않고서 변화무상한 즉, 다시 어려운 말로 하면 공간성, 시간성이 없단 말입니다. 무엇이 있다는 것은 공간성이 있고 시간성이 있어야 되겠지요. 그러나 인연생의 법은 인연 따라서 이루어지는 것은 사실은 시간성, 공간성이 본래로 없는 것입니다.

오늘 천도를 받는 영가들이여! '생본무생(生本無生)'이라, 우리가 태어났다 하더라도 본래는 태어남도 없습니다. 불생불멸(不生不滅)한데, 본래로 우리 생명의 본바탕인 것이기 때문에 거품 같은 모양으로 해서 이런 사대색신(四大色身)이 있다 하더라도 실제로 이것은 없는 것입니다. 그때그때 변화무상하다는 말입니다. 따라서 멸본무멸(滅本無滅)이라, 이 육신이 없어진다 하더라도 다 없어지지가 않습니다.

아무것도 없는 것이 아닙니다. 생명자체는 영원히 존재합니다. 불생불멸하는 생명의 존재는 과거·현재·미래를 통해서 영원히 존재합니다.

영원히 존재하는 생명자체가 바로 법신불(法身佛)입니다. 영원히 존재하는 생명자체를 인격화시킬 때 아미타불이요, 약사여래불이요, 관세음보살인 것입니다. 불생불멸한 영원한 생명이니까 무생

물이 아니란 말입니다. 인격적인 존재입니다.

아미타불이란 무량수(無量壽) 무량광(無量光)이라, 영원한 생명이란 뜻입니다. 무량수불(無量壽佛)이라, 아미타불에 갖추어져 있는 모든 공덕이 끝도 갓도 없이 많다는 말입니다. 또 광명무량(光明無量)이라, 진리의 광명이란 것이 한도 끝도 없이 많다는 것입니다.

부처님 가르침은 단순한 철학이 아닙니다. 내가 생명이거니 내 생명의 본고향 자리가 바로 법신불입니다. 바로 영원한 부처님이기 때문에 그 자리는 바로 우주생명이란 말입니다. '부처님은 우주생명이니까 훨씬 크고 내 마음자리는 아주 왜소한 것이 아닌가.' 생각하시겠지만, 그렇지가 않습니다.

물질 같으면 비교가 되겠지만 물질이 아닌 순수생명은 비교가 안 됩니다. 하나 가운데 일체가 다 들어가고 일체 가운데 하나가 다 들어가고 모두가 다 연결되어 있어서 오직 하나의 진리입니다.

오늘 천도를 받는 영가들은 참 복덕이 많습니다. 해인사 주지스님은 아주 덕이 높으신 스님이시고 염불도 아주 잘 하십니다. 여러분들도 잘 아시지 않습니까. 아침에 와서 보니까 주지스님 염불소리가 도량에 쩌렁쩌렁 울려서 저도 그냥 환희심이 났습니다. 영가들도 춤을 추면서 극락세계에 가게 될 것을 저는 확신합니다.

우리가 생각할 때는 사람 눈에 안 보이는 것이니까 '영혼이 어디에 있을 것인가?' 이렇게 의심을 품는 분도 있습니다. 그러나 우리 인간존재가 허망 무상하지만 이와 같이 존재의 뜻이, 영혼이 우리 중생의 제한된 육안에는 안 보인다 하더라도 천안(天眼)이라든가 불안(佛眼)이라든가 법안(法眼)으로 본다고 생각할 때는 분명히 인간 모양으로 존재하는 하나의 생명입니다.

생명인데 그 생명이 갈 곳을 잘 모르면 이른바 중음(中陰)에 오랫동안 헤매는 것이고 갈 곳을 안다고 생각할 때는 그냥 천상이나 극락세계에 혼연히 올라가는 것입니다.

극락이라고 하면 눈에 보이는 것만 따지는 사람들은 우리 중생들한테 좋은 일을 많이 하고 좋은 곳에 태어나기를 권유하는 권선징악의 방편이지 극락이 어디 있을 것인가? 천상도 마찬가지 아닌가? 천상도 어디에 있을 것인가? 이렇게 생각하시는 분들이 계십니다만 우리 인간도 본래에서 본다고 생각하면 다 무상이라, 꿈같은 것입니다. 존재하는 것은 모두가 다 그대로 변화무상한 것입니다.

따라서 천상도 천상세계도 다 변화무상한 것입니다. 그러나 극락세계란 것은 생명자체가 본래의 생명에 안주하는 자기 고향에 돌아가는 법이란 말입니다. 따라서 극락세계 중생들은 극락세계에 태어난 분들은 모두가 다 광명의 몸입니다.

'극락이 있는가, 없는가?' 그런 것을 근원적으로 따지는 사람들은 『정토삼부경(淨土三部經)』을 열심히 보시면 부처님께서 어떻게 극락세계를 말씀하셨는가에 대해서 확실한 믿음이 생길 줄로 믿습니다.

극락은 분명히 우리가 생명의 본고향에 돌아가는 곳입니다. 진여불성의 자리에 돌아가는 그러한 성자의 영혼이 안주하는 곳이 극락입니다. 이른바 영생의 고향이나 똑같습니다. 우리가 극락에서 쉬다가 다시 중생세계로 돌아온다고 할 적에 중생들이 불쌍해서 그 자리에서 원력을 세워서 중생계로 태어나기도 하고 천상에 내려오기도 하고 지옥도 가고 그런 것입니다.

진여불성이 되어 온갖 인간고뇌가 없고 오직 행복으로 존재하는 그런 세계가 극락세계입니다. 그것은 하나의 감회에 불과한 그런 허무의 자리가 아니란 말입니다. 광명을 몸으로 하고 우주를 몸으로 한, 그런 자리는 물질세계가 아니라 하나의 순수생명 자리이기 때문에 이것이나 저것이나 모두가 다 우주를 몸으로 합니다.

오늘 인연 따라서 모이신 모든 불자들이여! 저 밖에 계시는 분들께는 대단히 송구스럽게 생각합니다. 부처님 법이 얼마나 수승하면 아직도 싸늘한 날씨인데 추운 곳에 앉아 계신다고 생각할 때 송구스럽고 한편 감사하게 생각합니다.

아까 말씀드린 바와 같이 우리 부처님 법은 대총상 법문이라, 모든 법을 다 포섭해 있습니다. 과학이나 무엇이나 부처님 법안에는 다 들어가 있습니다. 그리고 현대의 과학 자체가 전문 과학이 되어서 우리가 여러모로 편리를 많이 봅니다만 차곡차곡 가면 갈수록 우리 부처님 법을 밝혀내고 있습니다.

우리가 생각할 때 아까 말씀드린 바와 같이 물질의 본바탕, 이것은 다 허무한 것이란 말입니다.

물질이란 것은 존재하지 않는 것입니다. 상(相)으로 존재하는 것이지 상(相) 자체는 그때그때 변화무상한 것입니다. 상으로 존재하지 않는다는 것을 현대물리학이 증명합니다. 어떻게 증명하는가? 하이델베르그의 불확정성 원리라, 이것은 그 어느 존재 어느 미세한 물체에 있어서도 그 위치와 운동을 동시에 측정할 수가 없습니다. 측정이 안 되니까 불확정성의 원리라, 물질이 가장 미세하게 되면 사실은 증명할 수가 없습니다.

그리고 전자나 양자나 그런 것도 항상 그대로 고요한 것이 아니라 그때그때 변화무상하단 말입니다. 상호작용이 되어서 '이것이 되었다, 저것이 되었다' 합니다. 금방금방 그러한 소립자는 그때그때 사라지게 됩니다.

역시 현대과학 자체가 '물질이란 것도 비어 있구나. 본래 허망하구나.' 하는 것을 증명하고 있다는 겁니다. 부처님 법의 제법공(諸法空) 자리를 증명하고 있는 겁니다. 다만 현대 과학이 물질이란 것은 공이 아닌 생명 그 자리, 생명 본래 자리, 진여불성 자리라는 것을 알 턱이 없습니다. 어째서 모르는 것인가 하면 물질이 아니니까 측정을 못하기 때문입니다.

우리 불자님들! 우리 마음이 바로 부처님 자체입니다. 우리 마음이 일체가 바로 청정법신이요, 모든 지혜, 자비, 공덕, 행복 이런 모든 것을 갖춘, 즉 말하자면 원만보신입니다. 모든 행동과 모든 작용과 모든 모양 이런 것이 천백억화신(千百億化身)입니다. 이 삼신(三身)이 우리한테 온전히 다 갖추어 있는 것입니다. 우리는 지금 삼신이 되어 가는 것입니다.

우리는 본래가 부처이기 때문에 부처가 안 될 수가 없다 말입니다. 우리는 지금 부처가 되려는 것입니다. '일체중생(一切衆生) 개유불성(皆有佛性), 일체중생(一切衆生) 개당작불(皆當作佛)'이라, 모두가 다 본래 부처이고 본래 불성이기 때문에 꼭 반드시 단정적으로 부처가 되어간단 말입니다.

영가들이여! 그 어두운 중음세계에 헤매지 마시고 부처님의 무생법인(無生法忍)을 깨달아서 영원히 극락세계에서 안주하시기를 간절히 빌어마지 많습니다.

나무 석가모니불!
나무 시아본사 석가모니불!

3. 덕원암 영가천도법문

이 세상에서 가장 부사의(不思義)하고 알 수 없는 존재가 바로 우리 마음입니다. 우리 마음은 보이지는 않지만 분명히 우리 인간 존재가 실존적으로 있다고 생각할 때 마음도 실재합니다.

그와 똑같이 우리가 숭앙하는 부처님이라는 신앙 대상도 역시 지금 보이지 않습니다. 그렇기 때문에 보이는 것을 중심으로 생각하는 분들은 '우리 마음도 허망한 것이다.' 이렇게 생각 하실 수 밖에는 없습니다. 그러나 우리 마음이 실존적으로 분명히 있다고 생각할 때 부처님도 분명히 계신 것입니다. 그리고 우리 마음과 부처님은 이질적인 존재가 아니라 똑같은 생명의 실상(實相)입니다.

이 세상에서 최고, 최상의 그런 형용사를 붙일 수 있는 것이 바로 우리 마음의 본체입니다. 그런가 하면 또한 이 세상에서 가장 더럽고 가장 비열하고 가장 위선적인 그것도 역시 우리 마음입니다. 그렇기 때문에 마음 잘 쓰면 부처요, 마음 잘 못쓰면 바로 지옥이요, 축생이고, 또는 아수라(阿修羅)인 것입니다.

우리 불자님들! 부처님 가르침을 지금 제대로 공부하고 계십니까? 저는 법회 때마다 가끔 인용을 합니다만 그 마하트마간디 같은 성인(聖人)이 기독교를 평할 때 "나는 예수를 좋아한다. 그러나 나는 크리스천을 싫어한다. 왜 그런가 하면 그네들이 예수를 따르지 않으니까 싫어한다."라고 말했습니다.

이런 점은 우리 불교에도 해당된다고 생각합니다. 과연 우리가 부처님을 제대로 따르고 있는 것인가? 부처님을 제대로 닮고 있는 것인가?

칠순이 될 때까지 부처님을 의지해서 한 50년 세월 동안 지내온 저 같은 사람 역시 '부처님을 제대로 따르고 있는 것인가? 부처님을 닮고 있는 것인가?' 이렇게 생각할 때는 참괴무참(慚愧無慙)합니다. 과거를 생각해 보면 조금씩 애는 썼지만 온전히 부처님을 닮아 보지를 못했습니다.

부처님의 가르침은 무궁무진합니다. 우선은 소승과 대승의 구분을 여러분들이 분명히 아셔서 소승적인 차원을 떠나서 대승적인 차원으로 우리 마음을 열어야 되는 것입니다.
 어떠한 것이 소승이고 어떠한 것이 대승인가? 여러 가지 복잡한 교리체계가 있지만 우선 간단히 한 말씀으로 하면, 소승은 부처님을 석가모니 부처님으로 한정 짓지만 대승은 석가모니 부처님이 나오시고 안 나오시고 상관없이 과거나 현재, 미래 언제나 실존적으로 계시는 부처님을 말합니다. 이른바 법신부처님입니다.
 소승의 가르침은 법신부처님이란 말이 없습니다. 아까도 말씀을 드렸습니다만 우리 마음과 부처님은 온전히 한 몸, 한 생명입니다.
 내 마음, 이것은 물질이 아닙니다. 시간성이나 공간성이 있는 것이 아닙니다. 시간성이나 공간성이 없다고 생각할 때는 마음은 내 몸에 국한되어 있는 것이 아니라, 우주에 끝도 갓도 없는 무량무변(無量無邊)한 생명의 존재입니다.
 마음을 연다는 것도 자비를 좀 베풀고 남한테 봉사도 좀 하고 자기 가족을 훨씬 더 사랑하고, 자기 이웃에게는 우리가 더 관심을 두고 이런 정도로 연다는 것은 참다운 것은 못 됩니다.
 마음을 연다는 것은 이른바 무아(無我)라, 내가 없다는 소식을 알아야 마음을 여는 것입니다. 어째서 내가 없는 것인가? 방금 제가 말씀드린 바와 같이 마음은 모양이 없단 말입니다.
 모양이 없으면서도 분명히 있단 말입니다. 모양이 없다고 생각할 때는 내 것이라고 할 수 있는, 내 소유라고 할 수 있는 것은 아무 것도 없습니다.

우리는 부처님 말씀을 닮아야 합니다. 그래야 부처님의 공덕(功德), 무한 공덕이 우리한테도 미치는 것이지 부처님을 닮지 않고서 부처님 공덕이 우리한테 올 수가 없습니다.

법신부처님, 석가모니 부처님이 나오시고 안 나오시고 상관없이 과거·현재·미래를 통해서 영생불멸하게 나지 않고 죽지 않는 그런 참다운 부처님, 이 부처님은 그냥 영생불멸하는 그런 정도에 그치는 것이 아닙니다. 그런 가운데는 만공덕장(滿功德藏)이라, 헤아릴 수 없는 무수무량의 공덕이 온전히 거기에 다 갖추어 있습니다.

법신부처님이 바로 우리 마음의 본 성품이기 때문에 우리 마음도 역시 그와 같이 한없는 그런 공덕을 다 갖추고 있는 것입니다. 그렇기 때문에 우리가 바로만 믿으면 그런 마음 공덕을 다 실현할 수 있는 것입니다.

기독교 마태복음서에 이런 대목이 있습니다.

예수가 자기 제자들한테 하는 말씀인데 "그대들이 겨자씨만한 신앙심이 있다고 하면 앞에 보이는 산을 보고 저쪽으로 옮겨가라고 하면 틀림없이 옮겨가는 도다." 이랬단 말입니다.

불자님들 실감이 안 나시지요? 아무리 공부를 한 성자라 하더라도 산을 어떻게 움직일 수가 있는 것인가? 그러나 그렇게 할 수가 있는 것입니다. 예수가 거짓말을 할 리가 만무하지 않습니까.

법신(法身)부처님, 불성(佛性)이라 하는 것은 물질이 아닙니다. 우리 마음이 물질이 아니기 때문에 우리 몸뚱이라 하는 것은 우리 마음의 그런 업식(業識) 따라서 잠시간 인연으로 합해진 것입니다.

물질이 아닌 시간성, 공간성이 없는 업식이라 하는 것이 잠시간 인연 따라서 모인 세포가 우리 몸이기 때문에 이것도 사실은 참말로 있다고 보기는 힘든 것입니다. 부처님을 믿는데 부처님의 실상(實相)을 알고 믿어야 우리에게 부처님이 갖추고 있는 공덕이 온단 말입니다.

아까 말씀드린 대로 부처님은 석가모니 부처님뿐만 아니라 석가모니 부처님을 포함한 모든 존재의 실상이 바로 부처님이란 말입니다. 우리는 믿고 있는 신앙의 대상을 너무나 소홀히 생각합니다. 신앙이라 하는 것은 100% 믿어야 하는 것인데 그 신앙대상의 공덕이 제한된다거나 또는 인격이 온전하지 못하면 참다운 신앙이라고 할 수 있겠습니까.

허망 무상한 것이 자기생명, 자기 몸뚱이를 다 바친다 하더라도 조금도 회한이 없다 할 정도로 신앙이 되어야 온전한 신앙이 될 것인데, 신앙대상에 대한 그런 공덕을 믿지 못하면 그렇게 될 수가 없습니다.

오늘 많은 영가들을 천도합니다만, 우리가 잘못하면 부처님 법을 닦는 것을 뒤로 미루고 영가천도에만 매달리는 폐단이 있을 수도 있습니다. 그러나 영가들이 모양이 안 보인다 해서 없는 것이 절대로 아닙니다.

우리 마음이 모양이 없으면서 존재하듯이 영혼들도 분명히 존재합니다. 우리가 죽어지면 죽어있는 생(生)이라, 이른바 쉬운 말로 하면 저승입니다. 저승에서 헤매는 것입니다.

금생에 바로 살았으면 지은 대로 극락도 가고 또는 십선업(十善業)을 닦았으면 천상도 가고, 또는 오계(五戒)를 잘 닦았으면 인간으로 다시 인도환생도 되고 하는 것입니다. 오계마저도 제대로 못 닦았다고 생각할 때는 그때는 자기가 지은 대로 분명히 지옥도 가는 것이고 축생도 되는 것이고 또는 아귀(餓鬼)라 하는 그런 귀신도 되는 것입니다.

현상적인 눈에 보이는 그런 세계만 긍정하는 현대인들은 '영가를 천도한다.'라고 하면 자칫하면 미신시하기 쉽습니다. 그러나 절대로 이것은 미신이 아닌 것입니다.

부처님께서도 시아귀(施餓鬼)라, '베풀 시(施)'자, 아귀는 음식을 구하지만 미처 얻지 못한단 말입니다. 그런 것이 아귀 귀신세계인데, 구하기는 구하지만 얻지를 못하는 그런 고통이 굉장히 크지 않습니까.

이른바 구부득고(求不得苦)라, 그 구부득고가 우리 중생세계에도 있지만 특히 아귀세계는 더욱 더 치성한 것입니다. 먹고는 싶지만 사람처럼 입이 있는 것도 아니고 아귀 목구멍은 사람들에게 보이지 않을 정도로 작단 말입니다. 그런데 어떻게 음식을 넘길 수가 있겠습니까. 그렇기 때문에 애써 구하지만 얻을 수가 없단 말입니다.

자기 후손들이나 또는 불자님들이 음식을 차려놓고 바치지만 가까스로 냄새만 맡지 먹을 수가 없습니다. 냄새, 그것 역시 부처님 법문이 들어가야 이른바 법식(法食)이라, 비로소 냄새를 맡을 수가 있단 말입니다. 그것이 바로 아귀의 음식이 됩니다.

우리 불자님들이시여!
오늘 천도를 받는 영가들이시여!
전쟁에서 죽은 그런 영가들, 또는 돼지 영가, 소 영가, 닭 영가 또는 뱀들의 영가 말입니다. 그런 영가들이 한도 끝도 없이 많습니다. 그래서 자연계 천변지이(天變地異)라, 폭풍우가 일어나고 그런 몹쓸 병이 많이 일어나지 않습니까. 그런 것들도 영가들 하고 관계가 전혀 무관한 것은 아닙니다.
여러 가지 이유가 다 있겠지만 우주의 그런 부조화스런 기류 또는 모든 곤충이나 이른바 병균들도 역시 영가들 하고 아주 상당히 깊은 관계에 놓여 있는 것입니다. 눈에 안 보이는 영가니까 우리 주변에서 그러한 것이 더 번식이 되더라도 알 길이 없단 말입니다.

영가들이시여!
부처님 법문을 깊이 들으시고 중음계(中陰界)라 하는 그런 세계를 떠나셔야 합니다. 영가들도 우리 사람의 마음과 똑같이 영가들의 마음도 바로 불심(佛心)입니다. 또는 개나 소나 그런 영가들의 마음도 역시 불심입니다. 우주만유가 불심에서 이루어졌습니다. 이런 도리가 불교 술어로 하면 법계연기(法界緣起)라, 또는 법성연기(法性緣起)라, 또는 여래장연기(如來藏緣起)란 말입니다.

불심(佛心)이라 하는 그 한도 끝도 없는 생명의 실체가, 모든 공덕을 갖춘 생명의 실체가 그때그때 자기의 갖추어진 인연 따라서 태양이 되고, 달이 되고, 해가 되고, 인간이 되고 했던 것입니다. 그렇기 때문에 우주란 것은 깊이 들어가 보면 모두가 다 부처님뿐입니다.
부처님 아니고는 아무 것도 없는 이른바 화엄사상의 화장세계(華藏世界)라, 화장세계란 특별히 빛나는 어느 세계가 따로 있는 것이 아니라 사실은 우리가 사는 이렇게 모순으로 차 있고 이렇게 위기일발의 무섭고 어려운 세계 역시 화장세계입니다. 다만 우리 중생의 때 묻은 눈으로 봐서 제대로 볼 수가 없을 뿐입니다.

우리는 복을 짓지 않고 복을 받으려고 애씁니다. 그러나 복만 지으면, 원인만 지으면 그때는 '복불가피(福不可彼)'라, 복은 피할 수 없이 우리에게 오고야 맙니다. 그런데 우리가 그 반대의 행동을 한다고 생각할 때는 그때는 '고불가피(苦不可彼)'라, 인생고를 피하려야 피할 수가 없습니다.

'어떠한 것이 인생고를 초래하는 원인인 것인가? 어떠한 것이 우리의 참다운 행복과 아울러서 영생의 행복을 우리한테 보장하는 그런 원인이 될 것인가?' 이런 것을 아는 것이 불교입니다.

우리 불자님들 우리 눈에 마음이 안 보여도 분명히 있고 부처님이 안 보여도 부처님이 우주에 충만히 계시듯이 부처님은 앞에서 말씀드린 바와 같이 한계가 있는 물질이 아니기 때문에 우리 마음에나 우리 몸에나 또는 공기에나 물에나 어디에나 다 들어 계십니다. 모두가 다 부처님으로 되어 있습니다.

우리가 안목이 밝다고 생각할 때는 흙을 보나, 물을 보나, 사물을 보나 진여불성(眞如佛性)뿐입니다. 우리 중생의 업에 가리어서 인간 정도의 업을 짓기 때문에 우리 스스로 한계 있게 본단 말입니다. 우리가 '밉다'고 해서 꼭 실존적으로 미운 것이 아닙니다. 우리가 '좋다'고 해서 꼭 좋은 것도 아닙니다. 영원적인 차원, 그 불성(佛性)의 차원에서 보는 것이 바로 보는 것인데, 불성 차원에서 볼 수 있는 것은 성자만이 그렇게 보는 것입니다.

같은 물도 사람이 볼 때는 먹는 물 아닙니까. 거기에 사는 고기가 본다고 할 때는 고기가 사는 집이란 말입니다. 천상사람들이 본다고 생각할 때는 청정한 유리보배로 보인다는 것입니다.

부처님께서는 어떻게 보실 것인가?

청정한 부처님 안목, 번뇌를 떠나 버린 실상(實相)을 실상대로 볼 수 있는 부처님 안목으로 본다고 생각할 때는 모든 존재, 물이나 산이나 모두가 다 진여불성으로 보이는 것입니다. 극락세계는 그런 세계입니다.

우리 불자님들이시여! 오늘 천도를 받는 영가들이시여!

극락세계만이 실제 존재하는 실존적인 세계입니다. 또는 그 세계는 이 우주가 형성되기 전에도 존재하는 세계입니다. 이러한 세계는 물질적인 한계가 있는 세계가 아니기 때문에 그때는 사람의 생사에도 관계가 없는 것입니다.

천지우주가 이루어지고 또는 중생이 살고 파괴가 되고 또는 텅텅 비어버리는 공겁(空劫)이 되고, 이런 것에도 극락세계라는 참다운 세계는 아무런 영향을 받지 않습니다. 그러므로 낳지 않고 죽지 않는 것입니다. 이른바 무생(無生)의 세계입니다. 낳지 않는 세계란 말입니다. 인연 따라서 새삼스럽게 낳지 않는 것이기 때문에 또 그때는 없어질 필요도 없단 말입니다.

『반야심경』은 짤막한데도 그런 도리가 다 들어 있습니다. 불생불멸(不生不滅)이란 원래 진리란 것은 낳지도 않고 죽지도 않는 것입니다. 따라서 더 하지도 않고 덜 하지도 않습니다. 그렇기 때문에 오염될 것도 없고 오염을 받을 것도 없습니다. 부처님 가르침은 일체의 가르침을 다 포함해 있습니다.

우리가 금생에 부처님 가르침을 믿었다는 것은 얼마나 전생에 복을 많이 지었던가 스스로 우리가 반조를 안 할 수가 없을 정도로 행복스러운 것입니다.

국가적으로 지금 겪고 있는 이 경제 한파 또는 세계적인 위기 상황 또는 무서운 이데올로기 싸움 말입니다. 이러한 것도 모두가 다 우리 인간존재가 바로 보지 못해서 그런 것입니다. 바른 가치관, 인생관이 없다는 말입니다. 바꾸어서 말하면 철학의 부재, 철학의 빈곤이라, 현대는 다 아시는 바와 같이 과학만능시대이고 과학으로 해서 우리의 생활이 편리하고 풍요를 누리고 있습니다. 그러나 과학이라 하는 것은 형체가 있는 한계, 상대적인 경계 밖에는 모르는 것입니다.

물질의 근본 본체를 아는 것은 종교뿐입니다. 종교도 부처님 가르침 같은, 아주 궁극적으로 다른 성인들은 부처님처럼 진리

당체를 궁극적으로 다 밝히지는 못했습니다. 부처님 가르침만이 하나부터 백까지 모두를 다 훤히 밝게 가르친 훌륭한 가르침입니다.

우리 불자님들, 오늘 천도를 받는 영가들이시여!
그 중음계(中陰界)라 하는 어두운 세계를 떠나야 합니다. 여러분이 과거 생에 잘못 살아서 원인을 지어서 지금 옥고를 받고 있습니다. 욕심이 너무 많아서 욕심 때문에 아귀라는 고통을 받고 있습니다.
철학도 못 배우고 과학도 못 배우고 참다운 진리를 못 배웠기 때문에 개나 소나 돼지나 그런 축생의 고통을 받고 있습니다. 또는 투쟁을 좋아하고 걸핏하면 진심(瞋心)을 많이 내고 그러한 생활을 한 분들은 틀림없이 아수라(阿修羅) 세계에서 싸움으로 자기 생명을 낭비하고 있습니다.
어디에 계시든지 간에 그러한 모든 생명의 근본은 부처님입니다. 지옥도 근본은 부처님이요, 아귀도 근본은 부처님이요, 또는 축생도 근본은 부처님이요, 싸움 좋아하는 아수라세계도 근본은 다 부처님입니다.
사람을 살해하고 사형선고를 받아서 곧 사형집행이 될 그런 사람들 역시 똑같이 다 본래성품은 부처님입니다. 이런 것을 본래로 다 안다고 생각하면 이미 사회의 부조화는 순식간에 다 사라지고 맙니다. 그러기에 『관심론(觀心論)』에서, 『관심론』은 그 전에는 달마스님께서 지으신 것으로 되어 있으나 요즈음은 신수(神秀)스님의 저작이라 하기도 합니다.
달마스님의 말씀이 아닌 신수스님의 말씀이라 해도 모두가 다 진리 말씀입니다. 그 말씀에 이런 말씀이 있어요. "약능요심(若能了心) 만덕구비(萬德具備)"라.
제가 풀어서 말씀드리면, 만약 우리 마음이 무엇인가 깨닫는다면 만덕(萬德)이 구비(具備)라, 만덕을 갖추게 된단 말입니다. 따라서 개인적인 고뇌나 개인적인 그런 몸의 아픔이나 가족적인 그런 갈등이나 우리 민족적인 그런 불행이나 모두가 다 마음을 깨닫는 쪽에 초점을 두고 생활한다고 할 적에는 모두가 다 해소가 됩니다.

'홍로일점설(紅爐一點雪)'이라, 뜨거운 화로에 한 점 눈이 녹아 내리듯이 해소된다는 가르침입니다. 따라서 우리 생활을 앞으로 어떻게 할 것인가? 이것은 어려운 길이 절대로 아닙니다. 부처님한테 가는 길이 제일 쉬운 길입니다.

부처님을 애쓰고 찾으려고 몇 십 년 동안 지내온 저 같은 사람도 그때그때 많은 경험도 하고 또는 체험을 해서 실증도 어느 정도는 많이 했습니다. 아까 말씀드린 바와 같이 부처님 가르침대로 믿는 것이 제일 쉽고 제일 편한 것입니다. 그렇기 때문에 달마스님 법문에도 '안심법문(安心法問)'이라는 법문이 있어요.

안심법문이라, 부처님 법문은 안락법문(安樂法問)입니다. 참 쉬운 법문입니다. 왜 그런가 하면 우주란 것은 우주의 법 따라서 움직이고 있습니다.

눈이 오고 비가 오고 모두가 다 우주의 법도 따라서 움직입니다. 그런데 의식이 발달된 우리 인간은 우주의 법도대로 잘못 따른단 말입니다. 잘못된 생각으로 잘못된 말도 하고 잘못된 행동도 합니다. 그러니까 필연적으로 고통의 씨앗을 심은 것이니 필연적으로 인생고를 받습니다.

우주의 법도란 것은 무엇인가?
이것은 바로 부처님의 계율과 부처님한테다가 마음을 집중시키는 선정(禪定) 말입니다. 또는 '우주 자체가 바로 부처님이다' 이렇게 느끼는 지혜와 이것이 바로 불교의 정견(正見)이란 말입니다. 같은 정견도 소승정견과 대승정견의 구분이 있습니다. 소승정견은 그냥 '모두가 다 허망 무상하다', '이런 저런 것이 인연 따라 낳으니까 이것저것이 허망하고 무상하다.' 그러니까 '모두가 다 허망한 공(空)이다.' 이런 정도만 말씀을 했습니다.

　허망하고 무상한 것은 사실입니다. 인연 따라 생겨난 인연생의 존재는 모두가 다 허망하고 무상합니다. 실상이 없습니다.

　우리 인간이 느끼는 '내가 있다, 네가 있다, 내 것이다, 좋다, 궂다' 하는 생각은 분명히 실상(實相)이 아닙니다. 그렇기 때문에 이런 것은 무상하고 허망하고 결국은 '공'이란 말입니다. 그러나 그 '공'이 허망이 아닌 생명의 본체, 이것은 이른바 진여불성(眞如佛性)이란 말입니다. 우주의 '진리'인 동시에 바로 '부처님의 성품'이란 말입니다.

　'법성(法性)'이나 '주인공'이나 또는 '실상'이나 '열반'이나 또는 '도'나 '진리'나 '하나님'이나 모두가 다 같은 뜻인데 이런 자리에서는 허망한 것이 아닙니다.

　끝도 갓도 없이 우주에 충만해 있는 생명이기 때문에 '비로자나불(毘盧遮那佛)'이라, 이것은 인도음인데 '광명변조(光明邊照)'라 번역됩니다. 부처님의 마음이 안 보이듯이 우리 중생은 그 자리가 안 보이는 것이니까, 보이는 것이 다 라고 생각해서 보이는 것 때문에 노예가 된단 말입니다.

　불교는 심심미묘한 가르침입니다. 그렇기 때문에 아까 제가 말씀드린 바와 같이 눈이 안 보이는 세계, 형이상학적인 세계를 긍정하지 않으면 불교가 못 됩니다. 어려우셔도 부처님께서 말씀하신 올곧은 정견을 가져야 그래야 부처님한테서 오는 공덕을 입을 수가 있습니다.

아까 제가 법회 시작하기 전에도 여러분들이 아프고 집안도 잘 안 된다고 저한테 호소를 하신 분들이 많이 계십니다. 그러나 그 분들이 고생이라고 느끼는 것은 사실은 허무한 것입니다. 자취가 없는 것입니다. 자취가 없는 것을 우리가 자취가 있다고 생각한단 말입니다.

우리 범부들은 없는 것은 있다고 생각하고 참말로 있는 것은 없다고 생각합니다. 이런 도리를 그 영가현각(永嘉玄覺)스님이 『증도가(證道歌)』에 여실하게 표현했단 말입니다.

'몽리명명유육취(夢裏明明有六趣) 각후공공무대천(覺後空空無大天)'이라, 우리 인간은 지금 꿈을 꾸고 있는 것입니다.

내 몸뚱이가 내가 있다고 생각한 이대로 있다고 생각하는 것도 꿈입니다. 고유한 내 아내, 내 남편, 내 아들, 내 소유인 내 재산, 이렇게 생각하는 것도 꿈속의 잠꼬대나 똑 같습니다. 실제로 그런 것이 아닙니다. 그래서 그 현각스님도 '몽리(夢裏)', '꿈 몽(夢)'자, '속 리(裏)'자, 꿈속에서 본다고 생각할 때는 명명육취(明明六趣)'라, 명백히 지옥이고, 아귀고, 축생이고, 인간이고, 아수라고, 천상이 있단 말입니다.

여러분도 그러시지요. 분명히 내가 있고 네가 있고 축생도 있고 또는 천상은 안 보이지만 조금 맑아져서 천안통(天眼通)을 하면 천상도 보인단 말입니다. 분명히 있는 것입니다.

'각후공공무대천(覺後空空無大天)'이라, 깨달은 뒤에 정말로 우주의 실상(實相)을 보는 안목으로 본다고 생각할 때는 '무대천(無大天)'이라, 내가 있는 것도 아닌 것이고 네가 있는 것도 아닌 것이고 하늘에 있는 천체나 달이나 별이나 태양이란 것도 사실 있는 것이 아니란 말입니다.

지금 오온(五蘊)이 화합되어서 움직이고 있습니다. 변하고 있단 말입니다. 내 몸뚱이도 세포가 화합되어 변동하고 있습니다. 우리 중생은 그 변동이 안 보인단 말입니다. 그렇게 아셔서 정견(正見)을 가지셔야 불교를 비로소 바로 아는 것입니다. 그래야 인생고를 떠나서 부처님께서 말씀하신 영생의 해탈을 얻을 수가 있습니다. 그냥 재산 좀 더 많이 모이고 또는 내 몸이 더 건강한 그런 정도의 가르침이 아닙니다.

또 부처님 가르침을 우리가 온전히 믿는다고 생각할 때는 어지간한 병 같은 것은 사실은 다 물러가고 마는 것입니다. 아까 제가 말씀드린 바가 있지 않습니까.

예수가 그와 같이 산을 움직일 수가 있다고 정말로 100% 믿는다고 생각할 때는 우리 스스로도 신통을 다 할 수가 있는 것입니다. 내 몸이 하늘로 솟아오른다고 꼭 믿고 산다고 생각할 때는 그렇게 되는 것입니다. 그러므로 부처님을 위시해서 위대한 도인들이 신통을 얼마나 많이 했습니까. 신통은 외도(外道)만 있는 것이 아닙니다.

우리는 불성공덕(佛性功德)을 본래로 갖추고 있는 것입니다. 과거도 훤히 보이고 미래도 훤히 보고 자기 몸도 자기 마음대로 할 수가 있는 것이고 그런 무한신통을 온전히 구족원만이라, 갖추고 있기 때문에 우리 인간성은 존엄스럽고 위대한 것입니다. 그 하찮은 것 때문에 우리 생명을 낭비하지 마십시오.

영생으로 비약할 수 있는 것인데 있지도 않은 것 때문에 우리가 낭비를 많이 합니다. 본래에서 본다고 생각할 때는 나도 없고 너도 없고 무아(無我)의 도리인데 감투인들 어디에 있습니까. 간디 같은 그러한 대 철인, 양심의 표본 같은 그런 분들이 본다고 생각할 때에 예수를 닮지 않은 크리스천이 좋게 안 보인단 말입니다.

그와 똑같이 우리 한국이나 일본이나 다 마찬가지로 생각할 때는 부처님을 닮지 않은 우리 불교인들이 좋게 안 보이겠지요. 바로 살기가 참 쉬운 것입니다.

기차가 레일을 떠나면 전복되고 말지 않습니까. 우리는 지금 우주의 도리를 못 따라 가지 않습니까. 그러니까 우리가 불행하게 되기 마련입니다.

우리가 지어서 우리가 받습니다. 남을 지나치게 좋아하고 남을 지나치게 미워하고 이런 것도 모두 다 허망한 것입니다. 아무런 가치가 없는 것입니다. 나도 해치고 남도 해치는 것입니다.

불자님들 고기 먹지 마십시오. 저번에 어디 가서 보니까 생명 나누기 운동을 하는 분들도 역시 고기를 먹고 있었습니다. 생명 나누기 운동을 하면서도 고기를 먹는단 말입니다. 얼마나 모순입니까.

생명나누기 운동, 그냥 '산 생명만 조금 보살핀다.' 그런 정도가 아니란 말입니다. 또 '사람한테 우리가 장기를 보시한다.' 그것만이 아니란 말입니다. 개나 소나 돼지나 다 똑같은 생명입니다. 근본은 다 부처입니다. 따라서 우리도 과거 전생에는 개나 소나 돼지나 그렇게 되었던 것입니다.

우리가 기르는 개가 과거 전생 어느 때의 아버지가 될 수도 있습니다. 그런 고기를 우리가 먹는단 말입니다. 죽이기는 남이 죽이고 먹기는 자기가 먹고 얼마나 용렬한 짓입니까.

부처님 가르침은 그런 가르침이 아닙니다. 우리 생명을 온전히 바치고도 조금도 회한이 없는 그런 가르침이란 말입니다. 부처님의 과거 전생담을 보면 부처님께서 살타 왕자 때 새끼를 아홉이나 낳고 주려서 죽게 된 범한테 조금도 아낌없이 자기 몸을 바쳤단 말입니다. 그 덕에 살타 왕자는 12겁이나, 무려 한 겁도 무량세월인데 12겁이나 빨리 성불했단 말입니다.

여러분들이 우리의 몸뚱이를 부처님 법을 위해서 몽땅 바친다고 생각할 때는 그처럼 몇 겁을 빨리 성불하는 것입니다. 자기 몸뚱이 아낀다고 해서 더 건강한 것은 아니지 않습니까. 고기를 먹어서 절대로 살로 안 갑니다. 피로 안 갑니다.

생각해 보십시오. 어려서 돼지 죽이는 것을 여러 번 봤습니다. 돼지가 죽을 때 동네가 떠나가도록 아주 원망스런 소리를 냅니다. 거기에 진심(瞋心)이나 원망이 얼마나 사무치겠습니까. 그 고기에는 그 원망과 진심이 가득 차 있습니다.

돼지는 사람보다 훨씬 더 진화가 더딘 것입니다. 그런 고기가 보다 더 진화된 우리 세포에 들어온다고 생각할 때에 우리 세포가 좋겠습니까. 고기 먹고 싶은 하찮은 버릇은 버리셔야 됩니다. 아무런 도움이 안 됩니다.

앞서 말씀드린 바와 같이 부처님 가르침은 우주의 도리이기 때문에 우리가 우주의 궤도에 따라야 합니다. 우주의 도리를 안 따르는 그때는 우주의 궤도를 벗어나는 것입니다. 그때는 전복될 수밖에는 없습니다.

영가들이시여! 부처님 법은 영생의 행복을 보장하는 그러한 법입니다. 영가들이 지금 계시는 중음계(中陰界)는 괴로운 세계입니다. 구해도 구하지 못하고 먹고 싶어도 먹지 못하는 세계입니다. 또는 고통이 한도 끝도 없는 무간지옥(無間地獄)의 고통입니다.

영가들이시여! 부처님 말씀을 깊이 새기십시오. 영가들의 본래 생명은 바로 부처님입니다. 따라서 그 자리, 부처님자리를 굳건히 믿고서 조금도 의심 없이 믿어야 신앙이 됩니다. 의심 없이 믿는다고 생각할 때에는 부처님 공덕이 온전히 자기 공덕이 되는 것입니다.

영가들이시여! 바른 견해를 가지고 바른 행동을 취하여 꼭 극락세계에 왕생하시기 바랍니다. 극락세계는 영생해탈의 세계입니다. 극락세계는 광명의 세계입니다. 행복만이 있는 세계입니다. 극락세계는 우리가 떠나온 고향입니다. 우리 중생은 실향민입니다. 극락세계에 왕생하시기 바랍니다.

　우리 불자님들, 부처님 계율은 우리 인간이 성불하기 쉬운 하나의 법도입니다. 그 계율을 떠나면 되겠습니까? 자기가 자기의 행복을 훼손시키면 되겠습니까?

4. 정중선원 영가천도법문

영가여!
지금 우리 중생들의 눈에는 안 보인다 하더라도 영가들은 분명히 지금 이 자리에 오셔서 천도 법문을 듣고 계시는 것입니다.
생명은 신비로운 것이어서 더러는 모양이 있고 모양이 없고 합니다. 인연 따라서 과거세에 지은 그런 업(業)의 힘으로 해서 한 동안 사람 같은 몸을 받았다 해도 인연이 다하면 사람 같은 모양은 사라집니다. 그렇다 하더라도 생명자체는 죽음이 없습니다. 그러나 한 번 모양이 있는 땅기운·물 기운·불기운·바람기운, 또는 산소나 수소나 탄소나 질소나 그런 기운들이 모여서 하나의 모양을 만들고 거기에 인연이 다하면 반드시 그때는 죽음도 있고 이별도 있고 또는 아프기도 하는 것입니다.

사람뿐만이 아니라 천지우주라 하는 것도 역시 달이 있고 지구가 있고 해가 있고 이렇게 한다고 생각할 때는 이것도 형체가 이루어졌다가 또는 그런 모양이 변화가 됐다가 또는 그 모양이 파괴가 됐다가 다시 모양이 텅텅 비어버리는 것입니다. 텅텅 빈 공(空)이 되는 것입니다. 그렇다 하더라도 생명 자체는 조금도 손실이 없습니다.
생명 자체는 불생불멸이라. 생명 자체는 본래 낳지 않고 또는 모양이 바꿔진다 하더라도 죽음도 없고 소멸도 없습니다.

오늘 천도를 받으시는 영가들이시여! 금생에 인연 따라서 사람으로 태어나셨다가 인연이 다해서 다시 저승길로 가신 것입니다. 저승길은 어두운 세계입니다. 사람도 어두운 밤길을 갈 때에는 등불이 없거나 안내인이 없으면 헤매기도 하고 굉장히 괴로운 것입니다. 죽음 길도 그와 똑같아서 한 번 죽어서 갈 길을 모르면 굉장히 괴로운 것입니다. 십 년도 머무르는 것이고 때로는 백 년도 머무르는 것입니다.

　영가들이시여! 영가들은 복아 많으셔서 좋은 후손들을 두셔서 어두운 길을 밝히는 참다운 등불, 참다운 지혜를 오늘 들으시는 것입니다.
　영가들이시여! 사람이라 하는 것은 금생에는 사람으로 태어났지만 과거 전생에는 사람보다 못한 개나 소나 돼지 같은 그런 축생으로 태어날 수도 있는 것이고 또는 그 보다 더 못해서 과거 전생에 어느 생(生)에는 지옥이라 하는 지독한 그런 고생만 연속되는 세계에도 태어났다가 다시 죽고 하는 것입니다.

　우리 생명은 어떠한 누구나가 다 그런 지옥 같은 생도 받았고 또는 사람이외에 동물 같은 생도 받았고 또는 사람 눈에 안 보이는 귀신같은 그런 생도 받았던 것입니다. 그러다가 다행히 과거 전생에 닦은바가 있어서 생각도 좋은 생각을 하고 말도 좋은 말을 하고 행동도 바른 행동을 취해서 사람 될 만치 착한 그런 성품 때문에 금생에 사람 몸을 받은 것입니다.
　그러나 사람이라 하더라도 이와 같이 살다가 죽는 것입니다. 또는 헤어지는 것입니다. 또는 이별도 있는 것이니까 사람도 별로 좋은 데는 아닌 것입니다.
　사람보다 더 좋은 세계를 모르는 사람들은 '사람만이 만물의 영장이다. 인간이 제일 좋다.' 합니다만 사실 인간이 그렇게 좋은 것은 아닙니다. 죽음이 있고 또는 이별이 있고 슬픔이 있고 또는 병도 있고, 이렇게 생각할 때에 하나의 고해(苦海)란 말입니다.
　우선 그때그때 쾌락적인 것이 있다 하더라도 그런 것은 모두가 다 고(苦)의 원인으로 해서 이루어져서 잠시간 허망한 찰나에 불과합니다.

영가들이시여! 영가들은 사람으로 계시다가 지금 어두운 길을 헤매시는 가운데 이와 같이 좋은 후손들을 만나서 정말로 참다운 행복한 나라, 헤어짐도 없고 병도 없고 죽음도 없는 그런 나라로 가시는 가르침을 받는 것입니다.

영가들이시여! 사람보다 좋은 천상세계가 있습니다. 천상세계 중생들의 몸은 사람 같은 그런 몸이 아닙니다. 사람 몸은 아프기도 하고 또는 배가 고프면 물질적인 음식을 먹어야 하는 것입니다만 천상세계는 그런 것을 먹지 않더라도 살 수 있는 세계입니다. 천상세계는 몸도 이렇게 냄새가 나고 때가 묻고 하는 그런 몸이 아닌 것입니다.

천상세계의 몸은 광명신(光明身)이라, 빛으로 몸이 되어 있습니다. 빛으로 몸이 되어 있으니 때 묻지 않고 또는 이러한 물질적인 껍데기를 쓸 필요도 없습니다. 그런 천상세계가 한 군데 두 군데 있는 것이 아니라 우리가 얼마나 선량한지, 얼마나 바로 살았는가 하는 그런 행위, 따라서 천상도 28층이라, 스물여덟 층의 천상단계가 있습니다.

업장(業障)이 무거운 사람들은 저 아래층에 가 있는 것이고, 업장이 가벼운 사람들은 업장이 가벼운 만치 거기에 비례해서 보다 높은 천상에 있는 것입니다.

영가들이시여! 그러나 천상이 최상의 세계는 아닙니다. 비록 천상일지라도 사람보다 더 오래 살아서 몇 천 년, 몇 만 년을 산다고 합니다. 업장 가벼운 중생이 태어나면 가벼운 중생들일수록 더 오래 사는 것입니다.

가장 높은 천상은 팔만 겁이라 하는 오랜 세월을 삽니다만 이것도 역시 인연이 다하면 죽음이 도래합니다. 따라서 이런 천상세계도 역시 사실은 죽고 살고 헤어지고 하는 것을 면치 못하는 중생세계입니다.

이렇게 뱅뱅 돌아서 천상으로 갔다가 다시 복이 다하면 인간으로 뚝 떨어졌다가 또 지옥으로 갔다가 이렇게 한다고 생각할 때 우리 중생은 정말 답답하기도 하고 개미 쳇바퀴 돌듯이 참담한 존재입니다.

그러나 우리가 가는 길이 이러한 고생 바다 욕계(欲界)나 색계(色界)나 무색계(無色界)나 사람이나 천상이나 지옥이나 아귀나 그런 세계만 뱅뱅 도는 것이 아니라, 우리가 하기에 따라서는 이런 세계를 벗어나서 영원히 행복스러운, 남도 없고 죽음도 없고 병도 없고 헤어짐도 없는 세계인 극락세계에 왕생할 수도 있는 것입니다.

부처님 가르침은 이러한 영생해탈, 영생행복의 길을 가르쳐주고 계신데 다만 중생들이 게을러서 가고 안 가고 합니다. 극락세계는 중생들에게 좋은 일 하라고 방편으로 한 말씀이 아닙니다. 극락세계는 분명히 존재하는 영원의 세계입니다.

사람세계나 또는 축생의 세계나 천상세계나 이러한 것은 하나의 흘러가는 과정적인 세계에 불과합니다만 극락세계는 흘러가는 세계가 아닙니다. 영원히 존재하는 그런 세계인 것입니다. 그런 세계를 성인(聖人)들은 분명히 본 것이고 우리 중생들은 번뇌에 가리어서 못 보는 것입니다.

영가들이시여! 영가는 번뇌만 거두시면 바로 극락세계에 가시는 것입니다. 지금 가리고 있는 번뇌가 무엇인가? 가시는 길에 번뇌는, 사람으로 계실 때 쓰시던 칠팔십 년 동안 자기 평생에 무척이나 아끼던 몸입니다.

어느 누구나 사람이면 자기 몸이 제일 소중합니다. 몇 십 년 동안 그 몸을 아껴왔으나 죽은 뒤에 몸뚱어리는 화장을 하면 재가 되는 것이고, 땅에 파묻으면 다시 흙으로 돌아갑니다만 번뇌를 못 벗어나고 지혜가 밝지 못한 그런 중생들은 죽은 뒤에도 평소에 쓰던 몸에 대해 집착을 하는 것입니다.

영가들이시여! 영가들이 쓰시던 그 몸은 이미 영가들의 몸이 아닙니다. 영가들의 몸은 화장하면 재가 되고 파묻으면 흙이 되고 마는 그러한 것 밖에 안 되는 것입니다. 그러나 영가들이 쓰시던 마음은 몸과 더불어서 죽지 않는 것입니다.
마음은 영생하는 참다운 생명입니다. 몸은 뜬구름 같고 거품 같이 한 동안 인연 따라서 모아졌다가 인연이 다하면 흩어지고 마는 존재입니다.
광야에다 집을 지을 때 나무요, 흙이요 이것저것 다 모아서 집을 올리면 하나의 집이 되겠지요. 그러나 나중에 집을 헐고 집을 파괴해버리면 집은 흔적도 없습니다. 나무나 흙이나 그런 것 밖에는 안 남아 있습니다. 그와 똑같이 사람 몸뚱어리도 생명자체의 인연이 다해 떠나가면 몸뚱어리는 아무런 가치가 없습니다.

영가들이시여! 자기 몸에 대한 애착, 자기 목숨에 대한 애착 때문에 자기 갈 길을 바로 못 가는 것입니다.
영가들이시여! 자기 몸에 대한 애착을 버리시기 바랍니다. 또 한 가지 번뇌는 자기 권속에 대한 애착, 자기 사랑하는 아들이요, 딸이요, 자기 남편이요 이러한 자기가 금생에 인연 따라서 만난 그런 권속, 자기 친구 그러한 인연들 때문에 잘 못 가는 것입니다.
또는 자기가 돌아간 뒤에 자기 아들을 생각하고 딸을 생각하는 마음이 깊으면 그런 생각하는 마음 때문에 살아있는 자기 권속들이 행복하면 좋은데 그 반대로 돌아가신 분들이 자꾸 뒤돌아보고 남은 분들을 생각하면 생각한 만치 남아있는 분들한테는 해가 되는 것입니다.

영가들이시여! 깊이 생각하십시오. 자기가 쓴 자기 세간, 자기 집, 자기 논밭, 자기 금붙이 같은 것은 허물어지는 몸뚱어리가 있을 때 필요한 것이지 몸뚱어리가 한 번 떠나버리면 아무런 필요가 없습니다. 그런데 보통은 자기가 쓰던 세간 때문에 자꾸만 뒤돌아보고 또 애착이나 미련을 갖습니다. 이것도 역시 무서운 번뇌가 되어서 여러분이 갈 길을 못 가는 것입니다.

영가들이시여! 자기가 그렇게 사랑하던 자기 몸도 흙이 되고 재가 되고 마는 허망한 것이거니 아들이나 딸이나 역시 한 동안 만난 허망한 인연에 불과합니다. 세간도 마찬가지입니다. 자기 집도 허망한 것에 불과합니다. 허무한 것에 불과한 것을 모르는 사람들은 세간에서 쓰던 버릇 때문에 내 것이요, 내 권속이요 하는 마음 때문에 바로 못 가는 것입니다.

영가들이시여! 그러한 것은 가치가 없고 거품이요, 메아리인 것이고 실존하지 않는 것입니다. 영가들이 가실 곳은 오직 생사를 초월하고 행복만 있는, 또는 영원히 아프지 않고, 영원히 이별도 없고, 영원히 살 수 있고, 또는 모든 안락을 다 얻을 수가 있고, 또는 지혜를 다 얻을 수가 있는 곳은 극락세계뿐입니다.

 지금 지옥에 사는 중생이나 또는 축생으로 있는 중생이나 사람 중생이나 또는 천상중생이나 결국 모두가 다 극락세계로 가야 하는 것입니다.

 모든 존재의 근본고향은 극락세계인 것입니다. 천지우주가 다시 이루어지고, 허물어지고 하는 그런 과정에서 어쩌다가 우리는 극락세계에서 생각을 한 번 잘못해서 뚝 떨어진 것에 불과합니다. 어떠한 존재나 본 고향은 모두가 다 극락세계입니다.

 극락세계는 다시 바꿔서 말하면 부처님 세계입니다. 극락세계는 모든 것이, 거기에 사는 존재나 또는 그 환경이나 모두가 다

청정미묘한, 불변한 광명으로 이루어졌습니다. 그러기에 극락세계를 다시 바꿔서 말하면 광명정토(光明淨土)라고 합니다.

영가여! 천지우주를 바로 보면 지금 번뇌에 때 묻은 영가의 몸이라던가, 살아있는 인간의 몸이라던가, 추한 것, 좋은 것, 나쁜 것, 그런 것 모두가 청정미묘한 극락세계의 광명으로 된 그런 존재인 것입니다. 다만 우리 중생이 번뇌에 가리어서 자기를 소중히 하는 그런 이기심, 그것 때문에 탐욕심을 내고 또는 무엇을 얻지 못하면 성을 내고 자기 기분이 안 내키면 분노를 하고 하는 어리석은 마음들 때문에 우리가 천지우주의 그러한 행복스러운 본질을 못 보는 것입니다.

영가들이시여! 우주의 본질이라 하는 것은 석가모니께서 말씀하시고 또는 예수나 공자나 그 뒤에 달마스님이나 그런 위대한 도인들이 다 말씀하신 그대로 우주란 것은 어떠한 것도 모두가 다 본 바탕에서 본다고 생각할 때는 광명세계입니다.
광명세계는 영원히 변치가 않습니다. 다만 중생이 탐욕심 또는 분노하는 마음, 어리석은 마음 이러한 마음에 가리어서 그런 광명세계를 잘 못 보는 것입니다.

영가들이시여! 영가가 그 극락세계, 광명정토에 가시기 위해서는 광명세계를 생각하셔야 합니다. '다른 곳은 모두가 다 허망한 것이고, 광명정토는 우리들 고향이다. 내가 영원히 쉴 고향이다.' 이와 같이 생각을 하십시오. 그리고 광명정토의 이름인 동시에 일체중생의 본마음이 아미타불이고 관세음보살입니다. 따라서 영원한 우리 고향인 광명세계를 마음으로 생각하십시오.
과거에 쓰던 자기 몸, 자기 권속, 자기 세간이 모두가 다 한동안 인연 따라서 쓰던 허망한 것에 불과합니다.

영가들이시여! 영원한 세계, 극락세계는 나무나 또는 땅이나 모두가 다 광명으로 이루어져있는 행복스러운 세계입니다. 영원히 죽지 않고, 헤어지지 않는 세계입니다. 극락세계의 참 이름은 아미타불이고 관세음보살이고, 또는 일체중생의 참 이름도 역시 아미타불이고 관세음보살이고 지장보살이고 문수보살입니다. 극락세계의 대명사, 극락세계의 모두를 합한 이름이 아미타불입니다.

영가들이시여! 극락세계를 생각하시고, 또는 극락세계의 참 이름인 아미타불을 일념으로 외우신다면 영가들은 한 생각 가운데 그냥 극락세계에 태어나시는 것입니다.

영가들이시여!
오늘 이 자리에 모이신 유가족, 친지들이시여!
지금 어두운 길을 빠져나가신 영가를 위한 가장 좋은 공덕은 이와 같이 재(齋)를 모셔 부처님 법문으로 해서 극락세계의 길을 가시도록 천도해 드리고 안내해 드리는 것입니다. 부처님 가르침은 모두가 다 극락세계에 가는 가르침입니다.
'나'라는 것에 집착을 내지 말고, '나'라는 것에 이기심을 내지 말고, '나'라는 이 몸뚱어리로 한 동안 살다 허물어지고 마는 거품 같은 몸뚱어리 때문에 집착을 내지 말고, 탐욕심을 부리지 말고 또는 어떠한 경우도 우리가 기분이 나쁘다 그래서 또는 얻는 것을 얻지 못했다 그래서 기분이 상해서 성내는 마음, 그러한 마음을 내면 우리 마음은 더욱 더 오염되고 몸도 어두워지는 것입니다.
우리 업장(業障), 우리의 죄가 더욱 더 깊어지는 것입니다. 그러면 우리 본래 고향인 극락세계에서, 아미타불 그 자리에서 더욱 더 거리가 멀어지는 것입니다. 한 번 성내면 성낸 만치, 한 번 탐욕심을 부리면 부린 만치, 나쁜 걸 생각하는 그런 마음을 내면

낸 만치, 우리 마음도 몸도 어두워집니다.

성자의 말씀은 조금도 거짓말이 없습니다. 석가나 예수나 공자나 노자나 그런 분들이 무슨 필요로 거짓말을 했겠습니까. 살아 있는 자기 행복을 위해서나 오늘 재를 받으시는 영가를 위해서나 부처님을 생각하고, 극락세계를 생각하고 한 생각도 놓치지 말으시고 아미타불, 관세음보살을 생각하시는 것이 돌아가신 어버이를 위해서 가장 지극한 최상의 효심인 것입니다.

오늘 천도를 받는 영가들이시여!

극락세계를 생각하시고 아미타불을 생각하시고 한 생각에 최상의 행복, 우리가 필경 돌아가야 할 고향자리로 왕생하시길 바랍니다.

나무아미타불!
나무관세음보살!

5. 백양사 천진암 영가천도법문

추운 날씨에 밖에 계시게 해서 미안하게 생각합니다. 우리가 한 세상 살다보면 여러 가지 복잡한 일이 많이 있습니다. 그런 가운데서도 가장 중요한 것은 생사(生死)문제, 즉 죽고 사는 문제입니다. '대체로 우리의 삶은 어떤 것인가?' 하는 삶의 정의 문제 또는 '죽으면 어떻게 될 것인가?' 하는 죽음 문제, '죽어서 가는 곳은 대체로 어떤 곳인가?', '죽은 뒤엔 어떻게 되는 것인가?' 하는 문제에 관해서 우리가 생각하지 않을 수 없습니다.

불교는 생사대사(生死大事)라, 석가모니가 나오신 것이나 또는 다른 도인이 나오신 것이나 모두가 다 생사대사를 해결하기 위해서 나오셨단 말입니다. 오늘은 3년 지장기도 회향일입니다. '생사대사라 하는 인간의 큰 문제와 지장기도를 하는 것은 어떤 관계가 있는 것인가?' 이런 것에 관해서 간단하게 말씀드리겠습니다.

우리 인간의 생활을 대체로 구분해 보면 어두운 생활과 밝은 생활이 있습니다. 인간뿐만이 아니라 모든 중생이 사는 세계는 역시 어두운 세계와 밝은 세계가 있습니다. 어두운 세계는 다시 바꿔서 말하면 '유명계(幽冥界)'라. '그윽할 유(幽)자', '어두울 명(冥)'자, 어두운 세계가 있단 말입니다. 그런가 하면 밝은 세계가 있습니다.

어두운 세계는 어떤 곳인가 하면 우리 중생이 자기 인생이나 또는 모든 존재의 참다운 본성을 모른다 말입니다. 어려운 말로 하면 우리 본래면목을 모릅니다. 그래서 '나 라는 것은 무엇인가?', '우주는 무엇인가?' 그런 원인을 모른다 말입니다.

원인을 모르고 산다고 생각할 때는 말도 바르게, 이치에 맞게, 도리에 맞게 못할 것이고 행동도 또 바른 행동이 나오기가 어렵겠지요. 그러한 자기 인생이나 또는 여러 가지 문제에 관해서 근본 도리를 모르는 세계는 어두운 세계, 유명세계입니다.

그에 반해서 밝은 세계는 한문 투로 말하면 광명세계가 되겠지요. 지장보살님은 어두운 세계를 구제하는 이른바 유명교주 부처님이란 말입니다. 그러한 지장보살님을 오늘 청해서 여기에 인연 깊은 영혼들뿐만 아니라, 법계라 하는 것은 온 우주를 말하는 것인데 법계의 모든 유주무주(有住無住) 영혼들을 천도하는 법회가 되는 것입니다.

그런데 우리 중생들이 그렇게 헤매서 어두운 세계에서 헤어나지 못하는 것은 우리 중생이 인간의 본래 생명을 모르기 때문입니다. 참 자기를 모른단 말입니다. 참 자기라 하는 본래면목을 조금 어려운 불교말로 하면 그때는 천진불(天眞佛)이라, 천진자성(天眞自性)이란 말을 씁니다.

영가현각(永嘉玄覺)스님이라, 그 분은 6조 혜능스님으로부터 법을 받은 위대한 스님입니다. 영가현각스님이 지은 『증도가(證道歌)』라는 노래가 있습니다. 노래 가운데서 '법신각료(法身覺了) 무일물(無一物)'이라, 법신이 무엇인가를 깨달으면 그때는 '무일물'이라, 물질이라는 것은 없단 말입니다. '물질이란 것은 없다.'는 그 말이 굉장히 엄청난 말씀입니다.

자기 몸뚱이가 분명히 있고 또는 산하대지에 산천초목이 있는 것인데 어째서 '물질이 없다.'하는 것인가? 물질은 분명히 있는데 잘 닦아서 본래면목을 훤히 아는 그런 깨달은 분상에서 본다고 생각할 때는 본래 물질이 없단 말입니다. '법신각료 무일물'이라, 법신을 깨달아 놓고 보면 그때는 물질은 아무 것도 없단 말입니다.

없는 그 자리가 그냥 없는 허망한 자리가 아니라 '본원자성천진불(本源自性天眞佛)'이라, 사람이나 일체 존재의 모든 그런 끄트

머리의 본 성품은 천진불(天眞佛)이라 조금도 꾸밈이 없는 자연스러운 모든 공덕을 갖춘 부처란 말입니다.

방금 말씀드린 바와 같이 지장보살님은 그러한 어두운 세계에서 헤매는 중생을 구제한단 말입니다. 따라서 우리 인간도 자기의 본래면목을 못 깨달았으면 어두운 세계입니다.

대체로 다 아시는 바와 같이 우리 중생이 생사윤회하며 갔다 왔다 하는 육도(六道)중에 저 밑은 지옥 아닙니까. 가장 컴컴한 세계, 가장 번뇌가 무거운 세계가 지옥 아닙니까. 좀 나아지면 그때는 아귀라, 아귀는 귀신이란 말입니다. 우리가 천도하는 그러한 존재들은 보통 다 아귀계입니다.

어두운 세계에는 그런 중생들이 많이 있습니다. 그런 어두운 세계 아귀계라, 조금 덜 어두우면 축생계라, 그 다음에는 아수라세계, 아수라세계는 싸움을 좋아한단 말입니다. 지금 같이 서로 분열하고 서로 투쟁하고 이런 때는 아수라세계가 굉장히 극성을 부린단 말입니다. 아수라세계의 그런 기운이 범람하니까 이와 같이 싸우는 세상이 되는 것입니다.

조금 더 광명세계로 나아가면 그때는 인간계라, 그 다음은 하늘세계, 하늘세계라 하는 것은 우리 불교적인 의미에서 풀이하면 하늘이라는 뜻은 바로 광명이란 뜻입니다. 빛난단 말입니다. 즉 말하자면 중생의 번뇌가 좀 엷어져서 어둠이 별로 없단 말입니다.

그 다음에 더 나아가면 그때는 성문(聲聞)의 세계로 우주의 본성을 그때는 안단 말입니다. 알았지만 아직은 온전히 다 알지는 못했단 말입니다. 더 올라가면 연각(緣覺)세계, 더 올라가면 보살(菩薩)세계라, 가장 끄트머리 광명자체가 되어버리는 생명이나 부처님한테 의지하는 환경이나 모두가 다 광명정토라, 광명세계가 되어버리는 그 자리가 부처란 말입니다.
　이러한 광명자체가 되어버리는 생명자체의 본래면목 자리, 아까 말씀드린바와 같이 천진한 꾸밈도 없고 번뇌의 때가 조금도 안 묻은 그대로의 본래세계가 부처님세계란 말입니다. 부처님세계는 바로 극락세계 아니겠습니까. 그런데 우리 중생은 그러한 본래면목자리인, 본래 천진부처자리인 그런 불성을 모르기 때문에 그때는 어두운 세계가 나온단 말입니다.

　우리가 인간이 아니고 성자가 되어서 훤히 알아버리면 사실은 지장기도를 할 필요가 없습니다. 이렇게 지장천도도 할 필요가 없습니다. 그러나 인간자체가 성자가 못 되면 아직은 어두운 세계에 있기 때문에 지장천도가 필요하단 말입니다.
　어두운 세계라 하더라도 우리 중생의 분상에서 중생이 잘 못 봐서 어두운 것이고, 깨달은 부처님 분상에서 생각할 때는 어두운 세계도 사실은 어두움이 깔려 있지 않습니다.
　현대는 그렁저렁 살 때가 아닙니다. 상당히 복잡한 때라서 우리가 먼저 바로 알아야 합니다. 어두운 세계는 그냥 어두움만 깔려 있어서 조금도 광명이 없는 그런 것이 아니란 말입니다.
　우리 중생은 어두운 세계에 들어 있어서 밝은 지혜가 없는 것이니까 어둡게 보는 것이지, 아까 제가 말씀드린 바와 같이 어두운 지옥이 있고 또는 아귀가 있고, 축생이 있고, 아수라가 있고 또는 그렁저렁 하는 인간이 있다 하더라도 미처 광명세계를 몰라 그렇지 정말로 광명세계가 되어버리면 부처님뿐입니다.

　성자의 안목으로 보면 지옥도 훤히 빛나고, 아귀도 훤히 빛나고, 축생계도 훤히 빛나고, 싸움 좋아하는 아수라세계도 싸우는 그대로 훤히 빛나 있고, 인간도 훤히 빛납니다. 그런 도리를 우리가 알아야 하는 것입니다.

가령 기온이 낮아 물이 얼면 얼음이 된다 말입니다. 다시 기온이 높아져 녹으면 물이 되고, 열을 가하면 수증기가 되고 말입니다. 다시 구름이 되어 올라가서 물방울이 되고, 이렇게 가지가지로 모양은 변한다 하더라도 물이라 하는 산소와 수소가 결합해서 생긴 성분은 조금도 변질이 없습니다.
　그와 똑같이 천지만유의 근본성품이 아까 말씀드린 바와 같이 부처란 말입니다. 부처만이 실상(實相)이고 실존이기 때문에 우주의 본바탕인, 실상인 부처님이 그때그때 인연 따라서 지옥도 되고 또는 아귀도 되고, 축생도 되고 이렇게 되었다 하더라도 부처라는 그 자리는 조금도 변질이 없단 말입니다.
　인생이나 우주의 본래면목인 부처자리, 부처님이라는 성품, 조금 어려운 말로 하면 불성, 부처님 자리는 조금도 변동이 없습니다. 다만 중생이 그때그때 인연 따라서 나쁜 버릇을 붙인단 말입니다.

　천지우주가 텅텅 비어서 불성만 있는, 다시 말하자면 물질은 조금도 없이 광명만 존재하는 광명정토, 그 자리에서 인연 따라서, 다시 광명 그 자체에는 불성으로서 무한의 가능성이 있기 때문에, 다시 이것이 오랜 시간이 경과되면 다시 우주가 형성됩니다. 형성이 되면 또 그 자리에서 중생이 나오는 것입니다.
　중생이 나오면, 그 중생들이 그냥 제한이 없이 나온다면 모르지만 제한을 받는단 말입니다. 제한을 받으면 우리는 제한을 받은지라 본래 불성자리를 그때는 제대로 못 봅니다.
　사람으로 생겨나버리면 그때는 사람으로 제한되어 버리니까 가장 시초야 부처님이지만 이렇게 저렇게 순환과정에서 우주가 텅 빈 광명자리에서 성겁(成劫)이 되고, 형체가 이루어지고 또는 중생이 살고 그런 가운데서 여러 가지로 영향을 받아서 각 중생이 여러 가지 차이가 생긴단 말입니다. 그래 놓으면 자기 본래면목

자리를 알 수가 없단 말입니다. 그렇게 한데서 아까 제가 말씀드린 바와 같이 지옥이요 또는 아귀요, 축생이요 그런 차이가 있습니다.

그래서 그렇게 태어나서 한 번 버릇되어 놓으면 석가모니 부처님 같은 또는 성자 같은 분들이 안 나오시면 우리가 절대 헤어날 수가 없습니다. 그래도 인간으로 태어나면 좋은 일도 하고, 나쁜 일도 하고 그렇게 하다가 다시 죽어지면 또 인간으로 된단 말입니다.

인간으로 태어났다 하더라도 우리가 본래 선근이 깊지 못해서 나쁜 일을 많이 한단 말입니다. 아주 표독스럽단 말입니다. 표독스러우면 표독스런 그런 업장에 묻혀서 그때는 지옥으로 간단 말입니다. 다른 것에 비례해서 욕심을 많이 부린단 말입니다.

욕심이 지독하게 강하면 그때는 다른 데로 못 가고 욕심이라는 그것에 구속당해서 아귀로 간단 말입니다. 또 사리분별을 못해 놓은 그런 어리석은 사슬에 걸려서, 그것에 꽁꽁 묶여서 그때는 축생으로 간단 말입니다. 싸움 좋아하고 투쟁을 잘하면 그때는 거기에 구속당해서 아수라가 된단 말입니다.

사람이 된 것은 그래도 오계(五戒)라, 다섯 가지 계율은 지켰기 때문에 우리가 인간이 된 것입니다. 우리는 어떻게 해서 인간의 늪에서, 어두운 세계에서 헤어나야 하겠는가. 아까 제가 말씀드린 바와 같이 우리 인간의 본래면목은 부처자리이기 때문에 우리가 부처가 못 되면 그때는 천만 년을 헤매는 것입니다. 천만 년을 뱅뱅 쳇바퀴 돌듯이 헤맨단 말입니다. 어떻게 해서 우리가 그런 자리에서 헤어날 것인가.

헤어나기 위한, 즉 말하자면 위대한 성인 가운데서 한 분이 지장보살이란 말입니다. 그런데 우리가 여기에서 주의해야 할 것은 부처님이라 하면 지장보살님도 계시지만 관세음보살 또 무슨 보살…, 그런 여러 가지 부처님이나 보살님들 이름이 많이 있습니다.

우리가 흔히 부르는 '관세음보살님은 어떤 분이고 지장보살님은 어떤 분인가?' 우리는 의심을 품을 것입니다. 그래서 지장보살님을 외우는 어느 분들은 '지장보살님이 최고다.' 이렇게 해서 관세음보살님을 몇 십 년 동안 하신 분한테도 '그것 말고 지장보살님 외우십시오.' 이렇게 하는 분도 있단 말입니다.

또는 인연이 관음보살님과 깊은 분들은 관음보살님으로 해서 가피도 입고, 그런 분한테 '지장보살님은 별것 아닙니다. 관세음보살님을 외우십시오.' 이렇게도 할 수 있단 말입니다. 이렇게 되면 우리 불교가 참 저급한 종교가 되고 맙니다. 그뿐만 아니라 문수보살, 보현보살 같은 보살님 이름도 얼마나 많습니까.

그렇기 때문에 우리 현대적인 불교인들은 마땅히 그런 면에서 회통이라, 이런 보살 저런 보살, 이런 부처님 저런 부처님 명호가 많이 있다 하더라도 하나의 통일 원리로 해서 회통시키는 그런 지혜가 필요하단 말입니다.

우리의 신앙 대상은 내내야 부처님 아닙니까. '부처님을 어째서 이렇게 저렇게 많이 부르는 것인가?' '부처님이 지장보살님 몸 따로 또는 문수보살님 몸이 따로 있어 중생을 구제하는 것인가?' 이래저래 의심을 많이 품습니다.

상당히 불교를 공부한 분도 그런 문제에 관해서는 편견을 많이 가지고 있습니다. 그래서 오늘 오신 보람으로 모든 보살님, 부처님을 다 통틀어서 하나로 회통시키는 바른 이해가 꼭 필요합니다.

부처님이라 하는 것은 이른바 우주나 인생의 본래면목인 동시에 원융무애(圓融無碍)한 물질이 아니란 말입니다. 우리가 이렇게 바른 생활을 하려고 애쓰십다만 바르게 못 사는 것은 우리 인간의 본 실상을 모르기 때문이란 말입니다. '잘 생기고 못 생기고 잘나고 못난 남녀가 모두 있지 않은가. 마음이야 보이지 않는 것이고….'

이것이 우리 인간이 갖는 무명(無明) 가운데 가장 못된 무명입니다. 이른바 인간관, '인간이 무엇인가?' 이걸 잘 모른단 말입니다. 이걸 모르니까 '인간이 어떻게 사는가?' 우리 인생의 바른 의미를 알 수가 없단 말입니다.

인간은 물질이 아닙니다. 아까 제가 말씀드린 바와 같이 물이 꽁꽁 얼어서 얼음이 된다 하더라도 얼음 그 자체가 실상이 아니라 얼음의 그 실상은 역시 물이듯이 우리 인간도 우리가 번뇌업장 따라서 이런 몸뚱이를 지녔다 하더라도 인간은 절대로 물질이 아닙니다. 물질이 아니라 인간의 본성, 이것은 다 불성이란 말입니다. 머리카락에서부터 발끝까지 모두가 불성 아닌 것이 하나도 없습니다. 다 불성입니다.

인간의 몸뚱이를 분석해 놓으면 내내야 미세한 하나의 원자란 말입니다. 원자 또는 가장 미세한 것은 텅텅 비었기 때문에 다시 말하면 제일 미세한 원자라고도 할 수 없는 하나의 에너지의 파동에 불과하단 말입니다.

모든 존재, 산이나 냇가나 모든 존재를 다 분석한 가장 미세한 물질이 내내야 소립자나 원자 아닙니까. 그런 것은 텅텅 비어있는 물질이 아닌 무엇인가의 하나의 파동, 진동에 불과한 것입니다.

그런데 그러한 우리 중생의 지혜로는 알 수 없는 그것이 무엇인가? 우주의 순수한 생명 그것이 즉 말하자면 아까 말씀드린 부처란 말입니다. 부처님의 성품이란 말입니다. 불성 바로 부처님이란 말입니다. 그런 부처님의 불성이 그때그때 인연 따라서 이렇게 저렇게 움직이고 진동해서 양성자가 되고 전자도 되고 한단 말입니다. 이런 것을 우리는 깊이 생각해야 합니다.

내 몸뚱이가 대체로 무엇인가? 우리 중생의 제한된 눈으로 본다고 생각할 때에는 남자고 여자고 잘나고 못나고 하더라도 내내야 분석해 놓으면 그때는 산소나 수소나 탄소나 질소란 말입니다. 더 분석하면 그때는 원자에 불과하단 말입니다. 원자가 무엇인가 해서 더 분석해서 본다고 생각할 때는 하나의 그야말로 참 광명만 되어버리고 말입니다.

가장 미세한 것은 그야말로 참 광파(光波)라 또는 광립자라 하나의 광명밖에 없단 말입니다. 그러나 광명자체는 무엇인가 모른단 말입니다. 그러나 부처님이나 성인들은 훤히 보는 것입니다. 성자는 번뇌가 없기 때문에 훤히 우주의 본바탕을 보는 것입니다. 그러기에 견성(見性)이라, '볼 견(見)자', '성품 성(性)'자 말입니다. 불성을 보기 때문에 견성이란 말입니다.

불성은 무엇인가? 불성은 물질이 아닌 시간이나 공간성이 없는 천지우주의 근본성품을 말합니다. 그런 불성을 본단 말입니다. 불성을 못 보면 그때는 범부인 것이고, 불성을 보면 성자인 것입니다. 따라서 천지우주는 그와 같이 모두가 다 사실은 불성뿐이란 말입니다. 부처님뿐이란 말입니다.

그러기에 아까 제가 서두에서 몇 말씀 하다 말았습니다만 '법신각료(法身覺了) 무일물(無一物)'이라, 법신은 우주의 본래모양, 본래실상이 법신인데 법신을 깨달아 놓고 본다고 생각할 때는 무일물이라, 물질은 그때는 아무 것도 없단 말입니다.

'일체유심조(一切唯心造)'라, 일체유심조라는 말을 우리가 많이 씁니다. 그러나 '어째서 모두가 마음뿐인가?' 이렇게 깊이 생각을 잘 못한단 말입니다. 모두가 다 하나의 정신뿐, 순수한 생명뿐입니다. 물질은 없단 말입니다. 다만 순수 생명이 이렇게 저렇게 진동함으로 해서 상(相)이 보인단 말입니다. 상이 보이니까 중생은 그 상만 봅니다. 법성(法性)은 못 보고 그 상만 봅니다.

불교라는 것은 모두가 상을 떠나서 본성으로 가는 것입니다. 본래성품을 본다고 생각할 때는 아까 제가 말씀드린 바와 같이 어두운 세계가 없단 말입니다. 그때는 유명세계, 어두운 세계가 있을 수가 없습니다. 본 성품이 불성이기 때문에 항상 훤히 빛나 있단 말입니다. 죽지도 않고, 살지도 않고, 영원히 시공을 떠나서 빛나 있는 그런 영생의 생명입니다.

그와 같이 부처님 자리는 조금도 변동 없는 또는 끝도 갓도 없이 충만해 있는 하나의 부처님 생명뿐이기 때문에 또는 그런 불성으로 부터서 일체의 것이 나오기 때문에 잘나고 못 나고 또는 재주가 있고 없고 모두가 다 불성 가운데 있는 기운입니다.

자비나 지혜나 모두가 다 불성 가운데 충만해 있습니다. 따라서 그 불성은 영원히 존재하고 또 거기에 들어있는 성품 공덕은 한도 끝도 없단 말입니다. 한도 끝도 없기 때문에 그런 공덕들을 한 말로, 한 개념으로 표현을 못합니다.

따라서 어두운 세계를 다스리는 그런 부처님 공덕으로 해서 표현할 때는 지장보살인 것이고 또는 자비로운 쪽으로 표현할 때는 관세음보살이고 또는 지혜로운 면으로 말할 때는 문수보살이고 약이나 또는 의술로 해서 중생을 다스리는 면에서는 약사여래입니다. 그리고 한 번에 다 몰아서 말할 때는 이른바 총대명사라, 아미타불이란 말입니다. 내내야 우주의 근본생명은 하나의 생명인데 공덕이 하도 많으니까 공덕 따라서 그때그때 이름이 붙는단 말입니다.

이렇게 알아서 회통을 딱 시켜버려야 합니다. 그렇게 한다고 생각할 때는, 가령 지장보살님을 우리가 외운다 하더라도 관음보살이나 문수보살이나 또는 아미타불이나 거기에 포함되어 있단 말입니다.

우리가 이렇게 여기에 촛불을 켜고 있습니다. 광명이 이렇게 있습니다만 이 촛불 빛이나 저 촛불 빛이나 서로 상충이 안 됩니다. 촛불이 이 법당 안에 몇 십 개가 있다 하더라도 조금도 촛불의 광명과 밝음에 대해서 다툼이 없단 말입니다.

불꽃은 차이가 있다 하더라도 같이 다 하나가 되어서 혼연일체가 되어서 그때는 하나의 밝음만 있을 뿐인 것이지, 이 촛불 빛, 저 촛불 빛 따로따로 있지가 않단 말입니다.

그와 마찬가지로 천지우주에는 천만 번 부처님의 이름을 우리가 외운다 하더라도 부처님이 그때그때 따로따로 몸이 있는 것이 아니라, 아까 제가 말씀 드린 바와 같이 원융무애한 부처님인데 그때그때 공덕 따라서 이름이 붙는 것이고 또는 부처님 지혜라는 것은 하늘의 별도 되고 또는 그야말로 태양도 되고 또는 달도 되고 또는 산천초목이 되고 인간이 되고 각 중생이 그 자리에서 나왔으니까, 그와 마찬가지로 그런 신통지혜가 한도 끝도 없습니다.

따라서 기도하면 그냥 일시에 천개 만개 부처님 광명이 될 수가 있단 말입니다. 이 우주에 가득 차 있는 부처님의 모양이 될 수가 있단 말입니다. 그러나 부처님 차원에서는 아까 제가 말씀 드린 바와 같이 원융무애한 하나의 불성이란 말입니다. 따라서 우리는 그와 같이 바른 이해를 한 후 공부를 하셔야 하는 것입니다.

오늘 천도를 받는 유주무주의 영가들이여!
오늘 이 자리에 모이신 사부대중이시여!
지옥이나 아귀나 축생이나 또는 수라나 인간이나 천상이나, 천상도 아직은 번뇌를 다 끊은 세계가 아닙니다. 부처님의 세계만

이 참다운 깨달음의 세계입니다. 우리는 결국 부처님의 세계로 가야 하는 것입니다. '일체중생(一切衆生) 개유불성(皆有佛性)이요, 일체중생(一切衆生) 개당작불(皆當作佛)이라.' 모든 중생은 다 본래 생명이 부처거니 마땅히 부처가 돼야 하는 것입니다. 우리가 금생에 게으름 부리고 나쁜 짓을 많이 한다 하더라도 종당에는 부처가 되는 것입니다. 다만 고생고생하고 뱅뱅 돌다가 되겠지요.

개인적으로나 가정적으로나 우리 사회나 모두가 다 혼란스러운 것은 참다운 자기 본성을 모르는데서 온단 말입니다. 본 성품을 안다면 본 성품은 바로 밝은 것이고 또는 일체 공덕을 갖춘 그런 것이 본 성품이기 때문에 나쁜 말을 할 수 없고 나쁜 짓을 할 수가 없습니다. 어떻게 하면 우리가 그런 어두운 세계를 떠나서 광명세계로 갈 수 있을 것인가?
　어둡다는 것은 다른 것이 어두운 것이 아니라, 천지우주가 바로 보면 다 광명세계뿐인데 다만 우리가 지혜가 없어서 그렇게 못 본단 말입니다. 어두워서 못 봅니다. 따라서 그런 어리석음은 벌써 어두운 것이고, 어리석기 때문에 그때는 내내야 '나'를 고집한단 말입니다.

바른 지혜로 본다고 생각할 때는 내가 원래 물질이 아니기 때문에 몸뚱이를 우리가 한계를 세워서 '내 몸뚱이 내 몸이요 내 손이요' 할 수가 없단 말입니다. 우리 중생은 잘못 보니까 '나'라고 한계를 세우는 것입니다.
　이와 같이 어리석어서 '나'라는 한계를 세운 다음에 나한테 좋게 하면 그때는 욕심을 낸단 말입니다. 이 몸뚱이에 조금 더 맛있는 음식을 먹이고 싶고, 이 몸뚱이에 보다 더 옷도 좋게 입고 싶단 말입니다. '나'라는 관념이 생겨버리면 그때는 나한테 대해서 좋게 하고 싶단 말입니다. 그것이 욕심입니다.

그 다음에는 나한테 해로운 것, 내 몸뚱이에 대해서 욕을 한다거나 할 때에 진심(瞋心)이라, 싫어하는 마음이 있단 말입니다. '나'라는 생각이 벌써 이와 같이 어두운 생각입니다. 욕심을 내면 낸 만치 더욱더 어두워집니다.

이런 것이 모이고 쌓여서 그때는 더 집착하면 아까 제가 말씀드린 바와 같이 지옥이란 말입니다. 탐심과 진심과 어리석은 마음이 투영되어서 가장 컴컴한 세계가 지옥세계 아닙니까.

인간이란 그 보다는 좀 나아서 오계(五戒)를 지켰기 때문에 인간으로 온 것입니다. 살생을 않고 긍정적인 생각을 하고, 도둑질도 않고, 음란한 짓도 않고 말입니다. 거짓말도 않고 맑은 정신으로 술 같은 것도 덜 먹고 말입니다. 오계는 제법 지킨단 말입니다. 이렇게 함으로 해서 우리가 그래도 인간이 되었단 말입니다.

인간이 되었다 하더라도 인간 그 자리에서 참다운 밝은 등불과 참다운 지혜가 없으면 그때는 다시 인간으로 되는 것이고 또는 잘못 살면 그때는 지옥 들어가는 것입니다. 따라서 가장 중요한 것은 여러 번 말씀드린 바와 같이 밝은 지혜란 말입니다.

지금은 우리가 너무 옹졸한 생각으로 버릇되어 버렸기 때문에 '나'라는 관념을 버리기가 어렵지요. 무아(無我)라고 하지만 그렇게 되기가 쉽지가 않단 말입니다.

분명히 내가 있는데 왜 없다고 하는 것인가? 역시 그러한 것은 견성이라, '근본성품 자리, 나의 근본도 불성이요, 너의 근본도 불성이요 천지우주가 불성뿐이다.' 이렇게 딱 되어버린 뒤에는 분명히 무아가 되겠지요. 그러나 보지 못하는 사람들은 아무리 재주가 있다 하더라도 안 보이니까 '무아'라 또는 '원래 소유가 없어야 한다.' 이런 말을 해도 실감이 잘 안 온다 말입니다. 그러나 안 온다 하더라도 우리가 진리는 믿어야 하는 것입니다.

가령, 저 밖에 있는 대밭 너머에 차가 몇 대가 있다고 합시다. 그 차를 본 사람은 '차가 있다'고 한단 말입니다. 그러나 여기서 차가 안 보이는 사람은 '차가 없다'고 하겠지요. 그러나 분명히 그 차를 자기 눈으로 보고 와서 말하는 사람들의 말을 우리가 안 믿을 수가 없습니다. 그와 똑 같이 부처님께서나 각 도인들은 그런 인생과 우주의 본래성품을 훤히 보신 분이란 말입니다. 보신 분들의 말을 우리가 안 믿을 수가 없습니다.

그런 성인의 말씀을 안 따르면 그때는 고생이 한도 끝도 없단 말입니다. 인생고해(人生苦海)라, 생로병사의 고(苦), 또는 기타 가지가지 고생을 안 받을 수가 없습니다. 그렁저렁 삼독심(三毒心)으로 우리가 행복할 수 있다면 그때는 우리가 부처가 되려고 노력할 필요도 없겠지요.

그러나 만약 우리가 그렇게 생각한다면 보다 심각한 인생의 고통 구렁으로 안 떨어질 수가 없습니다. 개인이나 사회나 가정이나 우리를 어두운 길로 이끌어가는 못된 어리석음 또는 탐욕심 또는 성내는 불끈한 마음 그런 마음을 우리가 떠나지 않고서는 바른 생활을 할 수가 없단 말입니다.

그러나 '나의 본 생명도 부처요, 너의 본 생명도 부처요 천지 우주가 다 본래로 부처라고 바로 본다고 생각하면 부처님이요, 우리 중생이 바로 못 봐서 내가 있고 네가 있고, 나쁜 것이 있고 좋은 것이 있다.' 이렇게 우리가 지혜로 해서 안다고 생각할 때는 그야말로 참다운 화합이나 또는 참다운 행복의 길로 갈 수가 있습니다.

부처님 은혜를 『화엄경』에 십종대은(十種大恩)이라고 풀이하고 있습니다. 십종대은 가운데서 어떤 은혜가 있는가 하면 '은승창렬은(隱勝彰劣恩)'이라, '숨을 은(隱)'자, '수승할 승(勝)'자 말입니다.

창렬이라 '나타날 창(彰)'자, '용렬할 렬(劣)'자 말입니다. 좋은 점을 감추고서 나쁜 점을 보이는 은혜란 말입니다.

도둑놈이나 그런 나쁜 사람들은 겉의 상(相)은 비록 나쁘게 보인다 하더라도, 본래는 부처기 때문에 부처의 자리에서는 김가라는 부처, 박가라는 부처, 부처가 둘이 아니란 말입니다. 근본은 똑같단 말입니다.

하나의 바닷물에서 천파만파 파도가 나온다 하더라도 똑같은 바닷물이듯이, 부처 가운데서 일체만유의 중생이 나온다 하더라도 같은 부처란 말입니다. 그러기에 자기 눈앞에서 나쁜 짓을 한다 하더라도 그것이 상(相)뿐인 것이지 본래가 나쁜 것이 아니란 말입니다. 모든 만덕을 갖춘 부처님이 잠시간 인연 따라서 상(相)으로 그와 같이 나쁘게 우리한테 보인단 말입니다.

불교가 불교인 점은 무엇인가? 그 이유를 분명히 알아야 하는 것입니다. 불교가 불교인 점은 인생과 우주의 본바탕을 안단 말입니다. 인생과 우주의 본래면목이 무엇인가를 우리가 아는 것이 불교란 말입니다.

불교의 참다운 신앙은 자기가 지금 안 보인다 하더라도, '나나 너나 천지우주의 모든 생명의 본바탕은 부처님이다. 모든 공덕을 갖춘 부처님이다.' 이렇게 믿는 그것이 불교의 신앙이란 말입니다. 그렇게 믿는다고 생각할 때에 믿음이 확실하면 '신만성불(信滿成佛)'이라, '믿을 신(信)'자, '가득할 만(滿)'자, 믿음만 확실하면 그때는 성불하는 것입니다.

참선도 않고 또는 염불도 않더라도 말입니다. 정말로 온전히 믿으면 그때는 성불한단 말입니다. 본래 부처거니 성불 못할 이유가 없습니다. 잘나고 못나고 지금 차이는 있다 하더라도, 꿈을 깨면 그때는 다 같은 부처가 되어버린단 말입니다.

그러나 우리는 버릇이 많기 때문에 금생에 길들여진 잘못 생각하고 잘못 행동하고 잘못 말한 버릇, 과거 전생에 우리가 붙인 버릇 그런 버릇 때문에 그렇게 온전히 다 믿을 수가 없단 말입니다. 그래서 보통 불교 공부를 많이 했다 하더라도 아까 말씀드린 바와 같이 불성을 훤히 보는 분이 아니고서는 항상 회의심에 가리는 것입니다.

'정말로 불성이 있을 것인가?', '정말로 불성이 빛날 것인가?'라고 말입니다. 그래서 우리는 먼저 믿음을 자꾸만 심어야 하는 것입니다.

지장보살님도 한 번 부르고 두 번 부르고 그렇게 부르면 부르는 만치 그때는 우리 마음이 정화되어 온단 말입니다. '명호부사의(名號不思議)'라, 부처님 이름은 모두가 다 부사의한 힘이 있습니다. 관세음보살이나 문수보살이나 모두가 다 우리 삼독심을 녹이는 힘이 있단 말입니다.

이 자리에도 염주를 헤아리시는 분이 많이 있습니다만, 모두가 다 한 번 헤아리면 한 번 헤아리는 대로 업장이 녹아지는 것입니다. 따라서 우리는 그와 같이 먼저 딱 믿고서 화두를 드는 사람들은 화두를 들고, 염불을 좋아하는 사람들은 염불을 하고 또는 주문을 외우는 사람들은 주문을 외우는 그런 공부를 해야 하는 것입니다.

계(戒)도 지켰다 말았다, 했다 말았다 하면 큰 공덕이 없단 말입니다. 여기 천진암 스님네가 3년 동안 지장보살을 모시듯이, 염불도 기도하려면 부단염불(不斷念佛)이라, '아니 불(不)'자, '끊을 단(斷)'자 말입니다. 간단이 없이 해야 합니다.

어두운 세계에서 헤매는 영가들이시여!
우리는 좋아서 고기를 먹습니다만 고기에는 축생의 탐욕심이 들어있단 말입니다. 그래서 고기를 먹으면 그때는 업장 많은 축생의 세포가 우리한테 들어오니 좋을 턱이 있습니까. 고기를 적게 먹어 보십시오. 우리가 그렇게 말썽 많은 고기를 수입할 필요가 있습니까.

오늘 천도를 받는 모든 영가들이시여! 사람이 낳을 때는 생유(生有)요, 사는 것은 본유(本有)요, 죽을 때는 사유(死有)요, 죽어서 가는 데는 중유(中有)입니다. 그 중유에서 사람으로 태어났다가 아직 갈 곳을 못가고 헤매는 그런 영가들이여! 축생 영가들이여! 우주에 있는 모든 영가들이여! 바로 생각하면 그대들의 본 모습도 역시 천진불(天眞佛)입니다.

부처님의 위없는 법문을 바로 믿고 바른 생각으로 온전한 믿음만 가지면 그 자리에서 바로 그대들이 앉은 자리가 훤히 광명으로 빛나는 연꽃 연화대(蓮花臺)로 화하는 것입니다.

영가들이여! 그대들의 마음을 돌이켜서 본래는 나와 남이 없고 천지우주가 천차만별로 삼천대천세계가 구분되어 있다 하더라도 모두가 다 원융 무애한 부처님뿐입니다. 지장보살을 외우나 관세음보살을 외우나 참다운 염불이라 하는 것은 그 자리를 안 놓치기 위해서 하는 것입니다.

'나무아미타불이나 관세음보살이나 그냥 부처님한테 우리가 기원 드려서 도를 찾는다.' 그것은 방편에 불과한 것이고 참다운 것은 천지우주가 다 부처님입니다. 우리 중생은 너무나 버릇이 많아서 그냥 잊어버린단 말입니다. 그 자리를 잊지 않기 위해서 우리가 자꾸 외우는 것입니다.

우리 사부대중이시여! 영가들이시여!
화두나 염불이나 주문은 모두가 다 우리가 본래면목 자리를 놓치지 않기 위해서 하는 것입니다. 달마스님께서 서쪽에서 오신 뜻이 무엇인가? 운문스님의 똥 마른 막대기라, 소중한 부처님을 똥 마른 막대기라, 달마스님께서 온 뜻은 우리한테 모두가 다 어두운 마음, 어리석은 마음을 헤치고서 성불하게 만들기 위해서 왔단 말입니다. 그런 성불하게 만드는 부처님 가르침, 부처님 가르침을 묻는데 똥 마른 막대기라 이렇게 대답했단 말입니다. 똥 마른 막대기나 다른 모두가 다 바로 보면 부처님뿐이란 말입니다.

원통한 것은 그와 같이 우리가 어두워서, 어리석은 마음 또는 탐욕심 또는 성내는 마음 이런 것으로 컴컴하니까 가리어서 못 본단 말입니다. 우리 원수는 그것입니다. 우리는 사회에서 무슨 일이 있으면 남한테만 탓을 합니다. 물론 정치를 하는 분들은 제도도 바르게 하고 해야 하겠지만 기본적인 원수는 자기한테 있는 것입니다.

남을 탓할 아무 이유가 없습니다. 남을 탓하지 않고 자기한테 있는 어리석음, 탐욕심, 성내는 마음, 그 마음만을 우리가 정화시키고 나간다면 우리 인간사는 그냥 즉시에 그야말로 광명정토, 영원히 화락한 세계가 될 것입니다.

오늘 우리 사부대중 또는 천도를 받는 영가들이시여!
내가 비록 못났다 하더라도 나의 본래면목, 우주 존재의 본래면목은 천진불이라 했습니다. 마땅히 천진불이란 그 말을 꼭 외우셔야 합니다. 아무리 미운자라도 천진불입니다. 천진불임을 믿고서 천진불이 못되게 하는 원수인 어리석은 마음 또는 탐욕심 또는 성내는 마음, 이 마음을 제거해서 영생의 공부를 하고 염불도 그야말로 끊임없는 염불을 하시기 바랍니다.

화두를 든다고 하더라도 그지없이 염념불멸(念念不滅)해서 생각 생각에 딴 생각이 못 끼게끔, 그렇게 하염없이 해야 한다고 이렇게 말씀드리면 '아! 그대 같은 스님들은 할 수가 있지만 우리 재가불자는 할 수가 없다.' 이렇게 생각하실지 모르겠지만 재가불자님도 충분히 할 수가 있습니다.

자기 아내나 자기 남편이나 자기 아들이나 또는 못된 놈이나 지금 먹는 음식이나 바로 보면 모두가 다 부처님이란 말입니다. 그러나 그런 가운데 다시 인연 따라서 아내의 도리, 남편의 도리, 아버지의 도리들이 따로 있다 하더라도 역시 우리 근본 생각만은 '다 부처님이구나,' 이렇게 생각하면서 공부해서 꼭 금생에 성불하시기를 바라마지않습니다.

나무아미타불!
나무지장보살!
나무관세음보살!

6. 생명평화 민족화해 지리산 위령제 영가천도법문

　우주에는 오직 하나의 진리가 있습니다. 자연도 우리 인생도 모두가 다 하나의 생명입니다. 그 하나의 진리 이른바 '불이법문(不二法門)'이라, 하나의 진리를 깨달은 분이 이른바 성인입니다. 따라서 석가모니나 공자나 노자나 예수나 마호메트나 그런 성인들은 하나의 진리를 깨달은 분들입니다.
　우주는 하나의 생명인데 그것을 깨닫지 못한 사람들이 중생이고 범부인 것입니다. 인생의 여러 가지 개인적인 불행이라든가 또는 민족사의 그런 비극이라든가 모두가 다른데 원인이 있는 것이 아니라 그 하나의 생명을 모르는데 근본적인 원인이 있습니다.
　오늘 우리 민족사의 수난 가운데서 그때 억울하게 산화하신 영혼들, 그러한 영령들의 품은 한(恨)은 영령들 개인적인 한인 동시에 우리 민족의 한인 것이고 또는 우리 민족 자체의 무명(無明)의 소생인 것입니다.
　'나'라는 것은 자기 스스로 그 무지 때문에 업(業)을 짓는 개인적인 죄업이 있고 또 공통적으로 우리 인간 자체가 다 같이 짓는 그런 공업(共業)이 있습니다. 그러므로 그러한 원인을 없애지 않으면 아까 말씀드린 바와 같이 원래가 진리가 둘이 아닌 것인데 둘이라고 생각하고 셋이라고 생각하고 '불교만이 옳다', 또는 '기독교만이 옳다', 또는 '노자만이 옳다' 이러한 가치관의 혼란 가운데서는 필연적으로 현대사회의 비극을 면치 못하는 것입니다.

　오늘, 하느님의 위신력 또는 부처님의 위신력에 따라서 이 자리에 나와 계시는 지리산에서 유명을 달리하신, 우리 민족사의 불행과 더불어서 사망하신 영령들이 이 자리에 분명히 계시는 것입니다.

영령들이여! 깊이 명심하시고 잘 들으시기 바랍니다. 영령들이나 우리 인간이나 모든 생명존재가 그 과정 중에 있습니다. 사람은 사람대로 사람이라 하는 그런 과정에 있는 것이고 또는 영령들은 영령대로 삶의 목적지로 가는 과정에 있는 것입니다.

영령들이시여! 깊이 명심하시기 바랍니다. 영령들이 지금 어떻게 하는 것이 가장 올바른 길인가? 모든 존재의 본 고향은 천당이고 바로 극락인 것입니다. 표현만 다른 것이지 절대로 둘이 아닌 것입니다.

영령들이시여! 천당이나 극락이라 하는 것은 영생의 자리입니다. 어느 누구나가 그 인생의 나그네 길에서 또는 영원히 그런 저승에서 헤매다가 필경 돌아가야 할 근본 고향이 바로 천당이고 극락인 것입니다.

영령들이시여! 특히 명심하시기 바랍니다. 영령들이 그러한 여러 가지 업, 또는 공업(共業)으로 해서 설사 한(恨)이 있다 하더라도 한(恨), 이것은 사실은 참으로 있는 것이 아닙니다. 우리 인간이 존엄하다는 것이나 우리 인간이 그때그때 사실로 있다고 생각하는 것도 바로 보면 모두가 다 환상에 불과한 것입니다.

내 몸이라 하는 것도 역시 고유한 실체가 있는 것이 아니라 이것도 역시 각 원소가 합해서 잠시간 모양을 낸 것이지 실존적으로 과거나 현재나 미래나 언제나 있는 존재가 아닌 것입니다. 이 시간 스쳐 지나가는 환상에 불과한 것입니다. 따라서 영령들이여! 제 명대로 못 살다간 그런 한을 절대로 품어서는 안 됩니다.

한을 품는다는 것은 결국 무지에서 옵니다. 자기 몸뚱이 그것도 자기 것이 아닌 것이고 잠시간 인연 따라서 할애된 하나의 허망한 존재에 불과한 것인데 그런 것에 우리가 한을 품고 집착하고 애착할 아무런 이유가 없습니다.

산이나 물, 공기 모두가 따로따로 뿔뿔이 있는 것이 아니라 산도 내 생명과 더불어서 둘이 아니고 물도 내 생명과 더불어서 둘이 아닙니다. 우주생명, 우주의 순수한 에너지가 물에 가 있으면 불교적으로 표현하면 용왕이라 하는 것이고 산에 가 있으면 산신이라고 하는 것입니다.

똑같은 우주의 하나의 생명이 우주의 기(氣)가 어디에 있는가에 따라서 차이가 있단 말입니다. 우주의 기가 땅에 가 있으면 지장보살이라 하는 것이고, 태양에 가 있으면 관세음보살이라 하는 것이고, 별에 가 있으면 묘견보살이라 하는 것이지 따로따로 생명이 있는 것이 아닙니다.

가장 중요한 것은 무슨 사상, 무슨 주의, 무슨 이데올로기 같은 허상이 아니라 둘이 아닌 불이법문(不二法門) 입니다. 진리가 절대로 둘이 아닌, 하나의 법문이란 말입니다.

영령들이시여! 모든 한(恨)을 없애시고 영령들이 돌아갈 고향인 천당이나 극락세계로 가셔야 영령들이 영생의 행복을 보장 받을 수가 있는 것이고 또는 영령들이 사랑하는 조국을 위해서 봉사하는 것도 영령들이 저승이라 하는, 방황하는 그런 미혹된 세계를 벗어나야 되는 것입니다.

오늘 모든 종교를 초월해서 정성에 사무친 추도사를 해주시고 또는 열화와 같은 기도로 영령들이 저승길에서 헤매지 않고 보다 빨리 극락세계나 천상에 가도록 기원해 주셨습니다. 대단히 축복스러운 일입니다.

7. 대명사 영가천도법문

　궂은 날씨에 오시느라고 고생 많이 하셨습니다. 이 기상 이변 때문에 여러 가지로 우리가 고난을 많이 겪습니다. 그러지 않아도 우리 인생살이 한 세상 살기가 어려운데 이렇게 일기마저도 불순하니까 더욱 더 고난이 심각해집니다. 사실은 이 일기라 하는 것도 우순풍조(雨順風調)라, 비도 적당히 오고 바람도 순탄하면 좋을 것인데 그렇지 않아서 우리가 살아가는데 장애를 많이 받습니다.
　사실은 이 바람이나 비도 우리 인간의 생활과 무관하지 않습니다. 여러분들이 아시는 바와 같이 오존층 파괴란 말이 있지 않습니까. 오존층은 태양과 우리 지구와의 사이에 있는 성층권(成層圈) 못 가서 하나의 탄산가스라던가 그런 가스로 해서 구성된 구름층입니다. 그런 구름층이 있으니까 태양광선이 지구까지 온다 하더라도 우리 인간에게 유해한 그런 광선은 다 흡수해 버리고 가리어 인간에게 유익한 광선만이 오는 것입니다.

　우리가 이 태양광선을 제대로 받고 삽니다만 만일 오존층이 없다고 생각할 때는 우리생활에 유해한 광선이 오기 때문에 우리가 지대한 장애를 입는 것입니다. 그런데 산업사회라 하는 사회는 에너지를 소모하지 않을 수가 없지 않습니까. 에너지를 소모하다 보면 이른바 이산화탄소 그 탄산가스라 하는 것이 생성되어 차근차근 쌓이고 농도가 짙어지는 것 때문에 오존층을 파괴하는 것입니다.
　오존층이 파괴된다면 아까도 말씀드린 바와 같이 태양으로부터 우리한테 해로운 광선이 올 수가 있는 것이고 또는 비나 그런 것도 역시 나쁜 영향을 받아 순탄하게 내릴 수가 없는 것입니다. 거기다가 또 더 중요한 문제는 우리 인간의 마음도 이 기상관계와 무관하지 않다는 것입니다.

우리 인간이 남을 지독하게 미워한다고 생각하면 미워하는 그 마음이 우리가 사는 이 주변 공기를 오염시키고 동시에 또 나쁜 쪽으로는 이산화탄소보다도 더 독한 쪽으로 공기를 오염시키는 것입니다. 그와 마찬가지로 우리가 욕심을 많이 부리는 그런 탐욕심도 우리가 사는 공간 세계를 오염시킨단 말입니다. 그런 것도 아까 말씀드린 바와 같이 비가 더 많이 오기도 하고 어떤 때는 그야말로 태풍이 부는 것과 밀접한 관계가 있습니다.

그렇게 생각하면 우리가 지금 맞이하는 여러 가지 그런 자연적인 환경 모두가 다 우리가 스스로 지어서 우리가 도로 되받는단 말입니다. 이심전심으로 우리가 남을 지독하게 미워하면 또 그 사람도 우릴 미워하듯이, 그런 사람끼리만 그러는 것이 아니라 방금 말씀드린 바와 같이 자연과 우리와의 관계도 밀접한 것입니다. 그래서 자연을 함부로 하면 그만치 우리가 더 보복을 받는단 말입니다.

여러분들께서는 오늘 이렇게 영혼 천도를 하시러 오셨습니다. 그런데 영혼세계를 잘 모르고 천도하는 것과 영혼세계에 관해서 그 윤곽이나마 상식적으로 알고 하는 것과는 아주 차이가 많습니다. 이렇게 천도하면서도 영혼이 지금 눈에 안 보이지 않습니까. 그러니까 '관욕(灌浴)이라는 것은 하나의 관례적으로 하는 것이지 영혼이 정말 있을 것인가?' 이런 것에 대해서도 의문을 품을 것입니다.

그러나 영혼은 없는 것이 절대로 아니기 때문에 부처님께서도 말씀하셨고 우리도 이렇게 천도를 하는 것 아닙니까. 영혼이라 하는 것은 삶의 형태만 우리 인간과 차이가 있는 것이지 생명적인 차원에서는 똑같습니다. 조금도 틀림이 없습니다. 그리고 우리 몸뚱이가 천만 번 바뀌든, 바뀌어 지지 않든 영혼자체는 절대로 소멸이 없습니다. 따라서 사실은 우리 영혼은 그대로 영생(永生)하는 것입니다. 본래 죽음이 없는 것입니다.

 죽음이 없는 도리를 분명히 알면 그때는 불교에서 말하는 생사해탈이라 하는 그런 법문하고 걸맞는 말씀이 되겠지요. 따라서 죽음이 없는 것이기 때문에 우리가 금생에 사람이라 하는 인간의 세간적인 인연이 다하면 그때는 죽는단 말입니다.

 기계도 쓰다보면 점점 노화되어서 못 쓰게 된단 말입니다. 못 쓰게 되면 응당 바꿔야 하는 것인데 이 몸뚱이에 의지해 살다 보니까 이제 바꾼다고 생각할 때는 바꾸기가 싫단 말입니다.

 사람 고생 가운데 죽음이라 하는 고생이 제일 심각한 고생 아닙니까? '자기가 죽는다.' 금쪽 같이 아끼는 자기가 죽는단 말입니다. 그 몸을 아끼기 위해서 반지 끼고 별별 옷을 다 입고 말입니다. 어떤 때는 귀에 구멍 뚫어 귀고리를 다 걸고 말입니다. 이렇게 해 봐야 결국 죽고 만단 말입니다.

 자기 몸도 그렇고 자기 아내 몸도 그렇고 자기 남편 몸도 그렇고 자기 아들이나 딸 모두가 결국은 죽고 맙니다. 죽고 말지만, 아까도 말씀드린 바와 같이 허망한 몸뚱이, 바로 전생의 업장 따라서 잘나고 못나게 생긴, 그 몸뚱이만 사라지는 것이지 생명자체는 조금도 훼손이 없습니다.

 가령 지금 교통사고를 당해서 당장에 머리가 깨지고 사지가 찢어지고 한다 하더라도 우리 생명자체는 조금도 훼손이 없습니다. 자기 생명자체는 자기 몸뚱이가 지금 머리가 깨지고 사지가 찢어지는 그것을 보고 있는 것입니다.

 그런데 우리가 살다가 죽으면 어디로 갈 것인지, 생명의 본 고향이 어디인지를 안 생명들은 그냥 해매임 없이 갑니다만 보통은 갈 곳을 모릅니다. '죽으면 어디로 갈 것인가? 저승에서 평생 또 오랫동안 헤맬 것인가?' 그렇기 때문에 우리 영혼은 죽은 다음에는 굉장히 헤매는 것입니다.

저승에는 스승이 있는 것이 아닙니다. 이 인간 세상이야 스승도 있고 책도 있고 그러니까 배우기도 하고 묻기도 하고 그러지만 저승은 그믐 같은 깜깜한 세계입니다. 그래서 길을 모르면 굉장히 괴로운 것입니다.

우리네 동생이나 아들이나 또 누구네 남편이나 그런 분들이 갑자기 죽었다고 합시다. 그러면 영혼이 갈 곳으로 쉽게 갈 수가 없단 말입니다. 그렇게 괴로우니까 괴로운 걸 면해줘야 할 것인데, 괴로움을 면해 주지 못하면 첫째는 그 영혼이 한없이 심각한 고통을 받는 것이고 동시에 괴로운 영혼들, 방황하는 영혼들이 산사람 근처에서 보통은 자기 가족들 근처에서 오락가락 헤매는 것입니다. 헤매다 보면 그냥 더러는 스치기도 하고 만지기도 한단 말입니다.

산사람끼리야 악수도 하고 포옹도 하면 좋겠지만 죽은 영혼이 우리 몸에 닿아 악수도 하고 포옹도 한다고 생각하면 산사람은 굉장히 시달림을 받습니다.

분명히 아파서 병원에 가서 진찰해 봐도 무슨 병명이 안 나온단 말입니다. 그런데 아프기는 분명히 아프고 그런 때는 틀림없이 영혼이 스쳐가고, 영혼이 만지고 그래서 아픈 것입니다.

따라서 우리 부모님이 돌아가시고 우리 형제간이 죽고 이런 경우에는 의무적으로 부처님 법으로 해서 꼭 길을 알려줘야 하는 것입니다. 그러면 '우리 집안의 영혼들은 천도를 많이 해주어 사람으로 태어나기도 하고 천상도 갔겠는데, 그랬으면 그만인 것이지 자주 되풀이 할 필요가 무엇이겠는가?' 이렇게 생각하는 분도 계십니다.

그러나 그건 또 그렇지가 않습니다. 왜 그런가 하면 가령 우리

네 할아버지가 돌아가셔서 지금 천도도 하고 또 오랜 세월이 돼 가지고서 인도환생이라, 다른 사람 세상에 태어났다고 합시다. 이러는 경우는 우리가 소박한 생각에서는 '태어나시면 그만인 것이지 우리가 뒤에 사람들이 무슨 불공을 모셔드리고 하는 것이 무슨 보람이 있는 것인가?' 이렇게 생각이 됩니다만 그렇지가 않다는 말씀입니다.

우리가 어느 세상에 사람으로 태어난다고 하더라도 수명이 짧기도 하고 길기도 하고 재주도 더 많고 적고 병치레도 많이 하고 않고 그러겠지요. 그러는 경우도 우리 후손들이 불공도 해주고 또는 남한테 베풀기도 하고 또는 방생도 하고 하여튼 어떻든 간에 좋은 일을 한다고 생각합니다.

생명이라는 것은 신비하기 때문에 우리 자손이 좋은 일을 하면 틀림없이 인간 세상에 자기 조상이나 형제가 있던 또는 저 천상에 가 있던 어느 세상에 있던지 간에 틀림없이 거기 가 있는 그 분들이 그만치 우리가 공을 들인 만치 행복을 받는 것입니다. 가피를 받는 것입니다.

여러분들 자녀들이 지금 미국이나 영국에 있다 합시다. 그렇게 있다고 생각할 적에 한국에서 그 자식을 위해서 기도를 모시면 가피가 있으니까, 덕(德)이 있으니까 기도를 모시고 하는 것이지 미국이나 어디나 그렇게 멀게 있는 자기 자식들이나 친척들이 아무 도움도 못 받는데 우리가 한국에서 기도를 모시고 공을 빌고 하겠습니까?

염력(念力)이라 하는 것은 물질이 아니기 때문에 염력은 시공을 초월하는 것입니다. 광파(光波)도 초속이 30만 킬로미터라, 뻔쩍 하는 광명 하나에도 그 속도가 일초에 30만 킬로미터입니다.

모든 것을 다 만드는 것이 마음입니다. 어떠한 존재나 마음으로 이루어져 있습니다. 내 마음, 네 마음도 둘이 아니라 원래 마음이라는 것은 우주에 가득 찬 하나의 생명이란 말입니다. 이 자리가 바로 진여불성(真如佛性) 자리입니다.

부처님 성품이라, 법성(法性)·불성(佛性) 다 같은 뜻입니다. 모든 생명의 근본자리인 진여불성은 우주의 어느 곳에나 언제나 가득 차 있습니다. 이것은 아까 말씀드린 바와 같이 물질이 아니기 때문에 더함도 없고 덜함도 없고 또한 낳고 죽음도 없단 말입니다.

영생불멸하고 상주부동(常主不動)한 그런 생명체가 우주에는 항상 있는 것인데 그 자리에서 인연 따라서 지구가 이루어지고 달이 이루어지고 또는 사람이 태어나고 하는 것입니다.

부처님 공부는 뭣 때문에 하는 것인가? 우리 중생들은 지금 겉만 보고 삽니다. 허망 무상한 겉만 보고 삽니다. 아까 말씀드린 바와 같이 천지 우주의 진여불성이라 하는 부처님 기운에서 이루어진 것이 우주의 모든 만물이란 말입니다.

내 몸이나 네 몸이나 산이나 냇가나 하늘에 있는 별이나 모두가 다 천지에 가득 차 있는 진여불성이라 하는 순수생명 위에서 인연법(因緣法) 따라서 이루어지고 또는 인연이 다하면 소멸되고 한단 말입니다. 따라서 우리 인간이 하는 일 가운데서 가장 소중한 일은 생명의 본체인 생명의 근본자리인 진여불성 자리 그 자리를 깨닫는 것이란 말입니다. 기독교나 도교나 또는 유교나 다 그런 것입니다.

모두가 다 허망 무상한 잠시간 있다가 스러지는 그러한 모양인 상(相)을 떠나서 그 모든 상의 근본자리인 부처님 자리, 불성자리, 참된 진리자리, 그 자리를 깨닫는 것이 모든 철인이나 성자의 가르침이란 말입니다. 그러한 가르침 가운데서 부처님 가르침이 가장 철저하고 가장 투철하고 완벽하고 가장 보편적이고 궁극적인 가르침입니다.

우리 불자님들은 분명히 아셔야 합니다. 모든 철인(哲人), 성인(聖人)들의 가르침은 모두가 다 하나의 방향으로 허망 무상한 상(相)을 떠나서 본 성품으로 가는 것입니다. 그러나 부처님께서 말씀하신 것은 조금도 흠결 없이 원만 무결하게 내 생명의 근본인 동시에 우주생명의 근본자리를 밝히고 계시는 것입니다. 그렇기 때문에 그 자리에 가까워지면 가까워진 만치 더 훌륭하고 위대하고, 그 자리에서 멀어지면 멀어진 만치 더 어리석고 어둡고 불행하단 말입니다.

참다운 행복은 그 자리를 밝히는 것입니다. 그 자리를 밝혀야 자기 생명이 무엇인가도 알고 또는 참다운 행복이 있습니다. 자기 생명의 근본도 모르고 고향도 모르고 집도 모르면서 어떻게 자기가 있겠습니까. 참다운 자유나 평등이나 모두가 다 생명의 근본을 밝히는 자리 거기에 있는 것입니다.

그럼 그 자리에 이르지 못하는 것은 무엇 때문인가? 우리 중생들이 애지중지 하는 자기 몸뚱이, 자기 가족 몸뚱이 그것 때문에 탐욕심을 내고 진심을 내고 한단 말입니다. 가장 훌륭한 지혜가 무엇입니까?

부처님께서 말씀하신 지혜라 하는 것은 방금 말씀 드린 바와 같이 '모든 상을 떠나서 천지만유가 본래로 하나다. 본래로 하나의 부처님이다.' 이렇게 아는 것이 참다운 지혜입니다. 이렇게 알아야 '반야바라밀(般若波羅密)'이라, 반야의 지혜란 말입니다. 『반야심경』이나 『금강경』이나 다 그런 지혜입니다.

우리 중생은 겉만 보기 때문에 업에 가린 흐릿한 그런 마음으로 보는 것이니까 잘 안 보이는 것입니다. 근본은 안 보이고서 그냥 현상만 본단 말입니다. 우리 중생이 잘 못 보는, 이른바 가상(假相) 말입니다. 그게 바로 망상입니다.

'망상을 얼마만치 많이 떠나는가.' 이것에 따라서 우리 인생의 가치가 규정됩니다. 양심적인 사람들은 그런 망상, 탐욕심, 분노의 마음 그런 마음을 더 많이 떠날 것이고 흐리멍덩한 사람들은 자기 몸뚱이에 평생 노예가 되어서 살고 자기 가족 몸뚱이의 평생 노예가 되어 살아갑니다.

우리 모두 가상을 떠난 그 자리, 실상의 자리를 밝혀서 영원한 행복을 누리시길 기원 드립니다.

나무아미타불!
나무관세음보살!

8. 삼풍백화점 영가천도법문

오늘 천도를 받으시는 영가들이시여!

영가들은 하나님의 믿음과 부처님의 믿음 아래서 이 자리에 나와 계십니다. 모양이 있고 또는 이름이 있는 상대유한적인 세계에서는 모양도 믿음도 차이가 있습니다만 모양과 믿음을 떠난 영원적인 세계에서는 모양도 믿음도 차별이 없습니다. 하나님이 바로 부처님이고 부처님이 바로 하나님입니다.

제법실상(諸法實相)이라, 모든 진리는 영원적인 궁극적인 의미에서는 하나님 부처님입니다.

영가들 가운데는 기독교를 신뢰하는 분도 계시고 부처님을 신뢰하는 분도 계십니다. 또는 종교를 믿지 않는 무종교인도 계십니다. 그러나 모두가 다 한결같이 우주생명을 근거로 하는 이른바 우주종교 세계종교 이런 차원에서는 모든 종교가 다 하나의 진리로 귀의됩니다.

영가들이시여! 깊이 생각하시기 바랍니다. 우리 중생차원에서 볼 때는 분명히 죽음도 있고 이별도 있고 그러한 차이가 있을는지 모르겠지만 참다운 진리 세계에서는 죽음은 절대로 없습니다. 허망 무상한 우리 몸뚱이 형상만 있고 인연 따라서 바꾸어지는 것입니다. 생명 자체는 과거이래에 한 번도 죽어본 적도 없고 또는 종교를 통해서 미래에 영구히 다시 죽지 않습니다. 영생불멸이라는 것은 우리 모든 생명의 근원입니다.

영가들이시여! 영가들은 지금 저승에 계십니다. 길목에 계십니다. 저승이라 하는 것은 오랫동안 머무를 장소가 아닙니다. 영생의 안락을 약속하는 그런 천당세계 극락세계로 가기 위해서 잠시간 머물다 가는 어둡고 망망한 세계입니다.

영가들이시여! 비록 현상계에서는 우리 몸뚱이라는 그런 차이가 있다 하더라도 그 모양이 아닌 순수생명 자리로 본다고 생각할 때는 모든 생명들은 서로 관계가 있습니다. 다시 말씀드리면 나와 남의 차별이 절대로 없는 것입니다.

우리 중생들이 참다운 진리를 모르기 때문에 자기 몸뚱이만을 자기로 생각하고 또는 가상가명(假相假名)에 지나지 않는 그런 모든 분별 시비를 참다운 것으로 착각을 합니다. 그러나 아까 말씀드린 바와 같이 이 형상을 떠나서 보는 형이상학적인 근원적인, 궁극적인 진리의 관점에서 보면 일체생명이 다 하나의 생명입니다.

영가들이시여! 깊이 생각하시기 바랍니다. 우리 중생이 무명심(無明心) 때문에 잘못 살아서 지옥도 가고 또는 조금 잘 살아서 인간도 되고 합니다. 그러나 그런 지옥이나 인간세상이 영원적인 참다운 세계가 아닙니다. 잠시간 지나가는 하나의 길목에 불과한 것입니다.

영가들이시여! 깊이 생각하시기 바랍니다. 방편(方便)을 떠나서 진실로 말하면 우리 인간존재의 그 각자 마음이 모두가 바로 하나님이요 부처님입니다.

영가들이시여! 분명히 느끼시기 바랍니다. 바로 느끼지 못하면 우리가 잘못 살아서 끝없이 지옥도 가고 인간존재로 나서 무서운 생로병사 만나고 아프고 늙고 또는 죽는 그러한 한계상황 속에서 인생고를 면할 길이 없습니다.

영가들이시여! 슬퍼할 것도 없고 또는 불안하게 생각할 아무런 이유가 없습니다. 아까 말씀드린 바와 같이 우리인간이 무명(無明)에 가리어서 분별하고 그러는 것이지 생명자체는 바로 불생불멸이라, 원래 낳지도 않고 죽지도 않는 그런 영생불멸한 생명이기 때문에 그 생명차원에서는 우주가 오직 하나의 생명입니다. 하나의 생명, 바로 그 자리가 하나님이요 부처님입니다. 여러 가지 각 종교에서 방편으로 말씀을 하시지만 어느 성인들이나 말씀의 근원적인 뜻은 다 똑 같습니다.

영가들이시여! 깊이 느끼시기 바랍니다. 그냥 영가들이 잘못 알고서 무명에 사로잡히면 갈등 없이 인간으로 태어나서 생로병사를 맛봐야 되는 거지요. 또는 영생의 윤회과정이라, 아까 말씀드린 바와 같이 잘못 살아서 지옥도 가는 것이고 또 돼지나 소 같이 살아서 분명히 축생으로 전락이 되는 것이고 조금 낫게 살아서 인간이 됩니다. 그러나 인간 자체도 역시 우리가 영원히 그리워하고 추구할 그런 곳은 못 됩니다.

인간도 역시 제행무상(諸行無常)한 우주의 법칙 따라서 잠시 살다가 가는 하나의 길목에 불과한 것입니다.

영가들이시여! 영가들이 장차 돌아가실 고향은 천당이요, 극락세계입니다. 천당이나 극락세계는 각 종교의 차별도 없습니다. 오직 그 하나의 진리, 우주적인 진리만을 위하기 때문에 정말 진정한 천당세계 또는 극락세계로 가실 수가 있는 것입니다.

지금 영가들은 아직은 중생세계인지라 자기 몸뚱이에 대한 애착을 품을 것입니다. 그러나 그 몸뚱이는 지금 어디에도 없습니다. 사실은 살아있는 사람의 몸뚱이도 뜬구름 같이 다 허망한 것입니다.

하물며 그 몸뚱이를 인연 따라서 잠시 버리고서 지금 저승에 계신 영가의 몸뚱이는 어디에도 없는 것이고, 영가가 먹었던 음식이라던가, 또는 영가가 사용했던 재산이라던가, 그런 것도 모두가 다 허망무상(虛妄無常)한 것에 지나지 않습니다. 본래 다 영가의 것이 아닙니다. 자기 몸뚱이도 자기 것이 아닌데 인간세상에서 잠시간 만났던 자기 권속, 자기의 지위 또는 자기의 재산, 이런 것이 참다운 자기의 소유가 될 수 없는 것입니다.

영가들이시여! 마음을 고요히 해서 깊이 명상하시기 바랍니다. 정말로 우리 생명은 어느 때 언제나 우주에 영원히 존재하는 생명자체입니다.

하나님과 더불어 부처님과 더불어 영가들의 마음도 똑같은 것입니다. 그렇게 생각한다고 할 때는 우리는 어디에 있으나 다 안락하고 행복스럽고 평온을 느끼게 됩니다만 우리 중생들이 꼭 개별적인 자기 몸뚱이에 국한된 그런 인연들, 이런 것을 생각할 때는 언제나 불안스럽고 막막하고 또는 인생의 허무를 느끼지 않을 수가 없는 것입니다.

영가들이시여! 중생의 어리석은 마음, 차별하는 그런 마음을 버리셔야 됩니다. 그와 동시에 영가들이 지금 계시는 저승세계는 정말로 불안스럽고 잠시 거쳐 가지 않을 수 없는 어둠의 세계인 것이지 우리가 안식할 그런 세계는 절대로 못 되는 것입니다.

영가들이시여! 깊이 느끼시고 과거에 자기가 쓰던 몸에 대한 애착도 버리시고 또는 사랑하는 권속도 극락세계나 천당 가서 영원으로 만나는 그런 세계에서 만나야 참답게 만나는 것이므로 인간세상에서 만나는 그런 인연들에 대해서 집착을 뿌리치지 않으면 안 되는 것입니다.

영가들이시여! 하나님, 부처님 또는 모든 종교들의 근원적인 것은 하나의 자리인 것이고 우리 마음은 잘난 사람이나 못난 사람이나 그 현세에 잘못된 삶을 산 사람들의 마음이라든가 이런 마음도 역시 현세에 미세한 차이가 있는 것이지 근원적인데 있어서는 다 똑같이 하나님이요 부처님입니다.

영가들이시여! 분명히 깨달으셔서 영원히 생명이 없는 그런 세계에 가서 태어나시기 바랍니다. 오늘 영가 천도재를 마련해 주신 대한불교조계종 총무원과 화엄사, 오늘 천도재의 모든 경비를 맡아주신 임창욱 거사님, 박영규 거사님의 공덕에 대해서도 영가를 대신해서 산승의 입장에서 심심한 감사의 합장을 드립니다.

정말로 유가족 되시는 분들은 오죽이나 슬프시겠습니까만 아까 말씀드린 바와 같이 인간에서 만나는 것은 잠시간 만나는 것입니다. 어차피 언젠가 헤어져도 헤어질 것을 인연이 도래해서 금생에 비참하게 이별을 하셨다 하더라도, 또 영원히 만나는 천당이나 극락세계에서 영원히 만나는 그런 인연으로 다시 그렇게 만나시기 바랍니다.

이렇게 하시기 위해서는 우선 영가들이 방황하는 저승을 떠나서 극락세계나 천상에 편히 계셔야 할 것이고 또는 남아있는 분들이 정말로 차별이 없는 종교생활을 하셔야 합니다.

사람마다 자꾸만 차별을 하니까 인간세상에서 모순이 생기고 서로 분열이 생기는 것입니다. 나와 남이 본래 없고 모든 생명이 하나의 진리라고 생각하고 우리가 다른 사람을 볼 때도 똑같이 하나님으로 보고 부처님같이 본다고 생각할 때는 인간세상의 모순이나 갈등이 있을 수가 없는 것입니다.

영가들이시여! 조금도 주저마시고 정말로 환희심을 내십시오. 영가들은 지금 아무 손해가 없습니다. 생명자체가 과거나 현재나 미래를 통해서 죽지 않고 영생을 하는 것이고 지금 행복만이 약속된 천당 극락세계에 영가들은 분명히 가시는 것입니다.

사람 몸이 있으면 그냥 들어갈 수가 없으나 영가들은 지금 사람 몸이 아닙니다. 사람 몸이 아닌 영가 몸이기 때문에 한 생각 바로 하면 극락세계에 들어 갈 수 있습니다.

영가들이시여! 영가들은 지금 사람 몸이 아니어서 그런 총명한 정도가 수승한 것입니다. 한 생각 바꾸셔야 합니다. 한 생각을 어떻게 바꿀 것인가? 한 생각은 '자기의 본래면목이, 자기의 본래 생명이 바로 부처님이고 하나님이다.' 이렇게 생각을 하셔야 됩니다.

이것이 사실은 바르게 생각하는 것이고 다른 생각은 다 방편적인 말씀입니다. 그렇게 하셔서 우리 생명의 본 고향인 천당이나 극락세계에 가셔서 영원의 행복을 느끼시기를 간절히 바라마지 않습니다.

오늘 이 법회를 마련한 모든 인연들에 대해서 영가를 대신해서 다시금 감사의 합장을 드립니다.

나무 하나님!
나무아미타불!
나무 유명세계 지장보살마하살!
마하반야바라밀!

9. 미타회 영가천도법문

　현시대에 있어서 가장 결핍된 분야가 무엇입니까? 이것은 철학의 빈곤입니다. 철학이라 하는 것은 순수하게 인과율(因果律)을 따져 들어가서 '가장 최초의 원인은 무엇인가? 내 생명의 근본 뿌리는 무엇인가? 우주의 근본도리는 무엇인가?' 이런 것을 밝혀 아는 것이 철학이란 말입니다.
　일반 중생들은 근본 뿌리는 모르고서 그냥 겉만 본단 말입니다. 겉만 보고 사는 세상은 갈등이나 반목이나 불행이 항상 연속됩니다. 그래서 부처님 경전에도 '상(相)을 떠나지 못하고 사는 생활은 괴로움이요 또는 가시의 종기'라 표현되어 있습니다.

　우리 중생은 지금 상만 보고 삽니다. 현상적인 상에만 구속되어서 사는 생활, 이것은 부처님 말씀대로 괴로움입니다. 천지개고(天地皆苦)라, 천지가 다 괴로움뿐이란 말입니다. 낳고 죽고 병들고 다 괴로움 아닙니까. 따라서 우리 중생이 괴로움에서 해탈하기 위해서는 다른 묘방이 없습니다. 오직 우리 중생이 잘못 본 상을 떠나는 것입니다.

　상을 떠나는 것은 어떻게 떠나는 것입니까? 우선 자기 존재를 객관적으로 봐야 합니다. 결국은 자기 존재 때문에 모든 문제가 생기는 것인데 또는 이 공기가 아니면 내가 살 수 없는 것이고 물이 아니면 살 수 없고 흙이 아니면 살 수 없습니다.
　우리 불자님들은 이와 같이 종종무진으로 이렇게 얽히고 저렇게 얽히고 우리 생명이 이와 같이 고리로 연결되어 있습니다. 그렇기 때문에 그 고리 가운데서 한 고리만 떼어버려도 안 됩니다. 그러기에 진리라는 것은 우주 가운데 티끌 하나만 없어도 진리가 못 된다 말입니다.

'나쁜 놈 저놈 때문에 우리가 불행하다. 저놈을 그냥 지구상에서 온전히 소멸시켜버려야 되겠다.' 이래서 우리가 이제 사형선고를 내려 사형을 시킨단 말입니다. 그런데 그것은 소멸되는 것이 아닙니다. 그 사람이 원한을 품고 죽으면 원한을 품은대로 어디 가서 태어난단 말입니다. 생명자체는 영원불멸한 것입니다. 낳지 않고 죽지 않고 영생불멸한 것입니다.

부처님 가르침은 천지우주가 모두 다 개별적이 아닌, 뿔뿔이 흩어져 있는 것이 아닌 하나의 생명으로 보는 것입니다. 앞서도 말씀드린 바와 같이 우리 현대에 있어서 가장 부족한 것은 '무슨 지식이 부족하다. 또는 무슨 재산이 부족하다.' 이런 것이 아니라 우리한테 그 궁극적인 철학, '내 생명은 대체로 어떠한 것인가?', '우주의 본바탕은 무엇인가?' 하는 철학의 빈곤이란 말입니다. 우리 사회나 가정, 또 학교도 마찬가지입니다.

투철하게 생명의 본질을 안다고 생각할 때는 다른 무슨 도덕적인 문제를 걱정할 필요가 없습니다. '나와 남이 본래로 둘이 아니고 천지우주가 하나의 생명이다.' 이렇다면 자기와 가장 가까운 인연인 부모한테나 형제간에 함부로 하겠습니까.

오늘 천도를 받는 영가들이시여!
우리가 상(相)만 생각하는 사람들은 '영가 따위가 어디에 있을 것인가? 한 번 죽어 버리면 그만이 아닌가.' 하고 생각하겠지만 자기 스스로를 생각할 때는 '내가 죽는다 하더라도 내 생명이 어딘가에는 남아있겠지.' 하고 기대를 갖지 않습니까. 이것은 우리 생명이 본래로 죽는 것이 아니기 때문에 그런 기대를 갖는 것입니다. 우리 마음이라 하는 것은 부처님 마음, 석가모니 마음과 똑같은 마음입니다.

우리가 생각할 때 보통은 '나는 그렇게 정직하게 살지도 않고 그렁저렁 살았기 때문에 내 마음은 석가모니 마음과 다르다.' 이렇게 자기를 비하하기가 쉽지만 우리 불교에서 보면 과거에 어떻게 살았든, 지금 현재 어떻게 살고 있든지 간에 우리 마음은 순수하고 정(正)다웁고 또는 무한의 공덕을 갖추고 있는 것이 석가모니 부처님과 똑같습니다. 다만 우리 스스로가 나쁜 버릇 때문에 가리어서 느끼지 못하는 것뿐이지 실상(實相)의 상태에서는 똑같습니다. 그것이 부처님 가르침의 가장 우수한 특징입니다.

'나는 잘못 살았으니까 내 마음은 그야말로 참 못된 마음이다.' 그러나 마음이 모양이 없지 않습니까. 모양이 없는 것은 오염시킬래야 오염시킬 수가 없는 것입니다. 다만 스스로 나쁜 버릇 때문에 옹고집을 내어서 자기 스스로 바로 못 본단 말입니다.

우리가 부처님 공부할 때에 돈오(頓悟)라, 문득 깨닫는 것 아닙니까. 돈오라, 나쁜 짓도 많이 하고 때 묻은 그런 마음이라고 하면 문득 깨달을 수 없단 말입니다. 그러나 나쁜 짓이라는 것도 역시 흔적이 없단 말입니다.

우리 불자님들은 모양이라 하는 불교말로는 상(相)이라, 모양이라 하는 것에 대해서 깊이 연구를 하십시오. 깊이 공부를 하셔야 됩니다. 모양에 대해서 깊이 생각을 잘못 하시면 우리 생활도 역시 깊은 생활이 못 됩니다. 부처님 가르침과 같이 여법한 생활이 못 됩니다. 왜냐하면 모양, 이것이 본래로는 있지가 않단 말입니다.

모양이 없는 도리를 알기 위해서는 눈을 부릅뜨고 자기 정신을 가다듬고 깊이 생각해야 합니다. 본래 실상(實相)에서 본다고 생각할 때는 있지가 않단 말입니다. 이 모양이 어째서 있지가 않은 것입니까? 천지우주가 모양 때문에 서로 '좋다, 궂다, 싸우고 죽이고' 하는 것인데 성자들의 그 맑은 안목에서 본다고 생각할 때는 명명백백히 모양은 없는 것입니다.

모양이 본래로 없는 것입니다. 스님들이 우리 중생더러 욕심을 내지 않기 위해서 모양이 있는 것을 모양이 없다고 하는 것이 아니라 본래로 모양이 없단 말입니다.

어째서 모양이 없는 것입니까? 아까 인연법을 말씀드렸습니다만 어느 것이나 인연 따라서 잠시간 가상(假相)을 낸단 말입니다. 『반야심경』에 있는 법문 아닙니까. 우리 몸뚱이나 우리 몸은 가화합(假和合)이란 말입니다.

법(法)이 가짜로 임시로 이렇게 모여 있단 말입니다. 오온가합(五蘊假合)이라, 오온(五蘊)은 다 아시지 않습니까. 『반야심경』 해설을 보셨지요. 오온 이것은 물질을 구성한 색(色)인 지(地)·수(水)·화(火)·풍(風)이라, 물질을 구성한 지·수·화·풍과 또는 우리가 감수하고 상상하고 또는 우리가 응용하고 우리가 분별하고 말입니다.

수(水)·상(相)·행(行)·식(識)이란 말입니다. 지·수·화·풍인 물질과 또는 우리가 감수하고 상상하고 응용하고 분별 시비하는 그 마음이 모인 것이 내 마음과 몸이란 말입니다. 그것을 떠나서는 내 몸이나 마음이 어디에도 없습니다.

여러분들 다 아시지 않습니까. 현대식으로 말한다 하더라도 산소나 수소나 탄소나 질소나 그런 것으로 우리 몸뚱이를 구성해 있습니다. 그런 산소나 수소나 그런 것이 고유하게 있지 않은 것입니다.

어느 에너지 기운이 어떻게 진동하는가? 전자나 양성자나 중성자나 그런 것이 어떻게 모여 있는가? 그것 따라서 산소가 되고 수소가 되고 각 원소가 된단 말입니다. 그런데 가장 분석하고 분석해서 더 분석할 수 없는 작은 알갱이가 전자, 중성자, 양성자 그런 것 아닙니까. 전자 그것이 본래로 고유한 모양이 없는 것입니다.

우주의 정기가, 우주의 기운이 어떻게 지금 움직이고 있는가?

어떻게 진동하는가? 우주의 정기가 어떻게 운동하는가? 그것 따라서 전자라 이름 붙이고 양자라 이름 붙인단 말입니다. 마이너스 기운을 내면 전자고 플러스 기운을 내면 양자란 말입니다. 따라서 일체 모든 물질의 구성은 가장 작은 알맹이가 결국은 따지고 보면 결국 우주정기, 하나의 에너지로 돌아간단 말입니다.

　에너지란 것은 물질이 아닙니다. 물질이란 것은 공간성이나 시간성이 있기 때문에 물질이라고 합니다. 그런데 가장 기본적인 에너지는 물질이 아니란 말입니다. 물질이 아닌 것이 이렇게 모이고 저렇게 모여서 가짜 상(相)을 낸단 말입니다. 가짜 모양을 낸 것입니다. 그림자 같이 말입니다.

　항상 말씀드립니다만 이 '다 비었다.'는 '모양이 본래 없다.'는 소식을 우리가 알기가 어려워서 그때그때 다시 되풀이해서 말씀드립니다. 모양이 분명히 있는데 부처님은 '없다'했단 말입니다. 부처님 말씀 가운데 '모양이 없다'는 것을 알아들어야 그래야 비로소 소승을 떠나서 대승이 됩니다. 그걸 모르면 『반야심경』, 『금강경』을 모르는 것입니다.

　『반야심경』을 모르면 그때는 참다운 불자가 못 되는 것입니다. 앞서 말씀드린 바와 같이 우리 중생이 생각할 때는 분명히 내가 있고 네가 있고, 천지만물 각 산소·수소·철이요, 금이요, 다이아몬드가 있지만 성자들은 근본바탕에서 보는 것입니다. 본질적으로 근본뿌리에서 보면 모두가 다 비어 있단 말입니다. 아무리 어려워도 이 도리는 꼭 아셔야 됩니다. 그것을 모르면 자기 상을 못 떠나고 참다운 행복은 없습니다.

　자기 몸을 구성한 것이나 우리 마음을 구성한 것이나 오온법(五蘊法)이 다 비었다고 깨달아야 비로소 인생고를 떠난단 말입니다. 우리 정신이나 우리 몸뚱이나 일체 물질이 비었다는 소식을 모르면 그때는 인생고를 못 떠납니다.

불교는 인생고를 떠나는 것입니다. 슬기롭고 편안하게 사는 것이 불교란 말입니다. 무엇이 슬기입니까? 참다운 지혜라는 것은 부처님 지혜, 제법(諸法)이 공(空)한 도리, 그 도리를 모르니까 우리 승가나 속가나 부질없이 분별하고 싸운단 말입니다. 다 비었다는 소식을 알아야 몸도 시원하고 가뿐합니다. 정말로 우리 번뇌의 뿌리가 다 뽑혀서 정말로 확실하게 비었다고 확신이 생기면 우리 몸이 하늘로 뜨는 것입니다.

본래로 빈 것이 모여서 금이 되고 몸뚱이 되고 했거니 본래 무게가 있는 것이 아니란 말입니다. 에너지가 무슨 무게가 있습니까. 무게 없는 것이 이렇게 모이고 저렇게 모여서 운동함으로 해서 가상(假相)이 생긴 것인데 그런 가상을 '참말로 있다.'고 생각한데서 마음도 무거워지고 몸도 무거워지고 한단 말입니다. 남을 지독하게 미워할 때 우리 몸도 훨씬 무겁습니다. 무게로 재서 무거운 것이 아니라 우리 기운이 무겁습니다.

예수의 기적이라든가, 석가모니 삼명육통(三明六通) 그런 것이 거짓말이 절대로 아닙니다. '부처님께서 우리 중생들에게 보다 더 깊은 신앙을 주기 위해서 그런 기적을 말하고 부처님 신통을 말했다.' 이렇게 보통 생각합니다.

우리 스님네도 그렇게 보는 사람도 있습니다. 그런 신통(神通)은 외도(外道)나 하는 것이라고 말입니다. 『아함경』은 부처님 육성 같은 초기 경전인데, 아함경 수십 군데에 '삼명육통'이라는 표현이 나옵니다. 그렇다고 하면 부처님께서 거짓말을 했겠습니까.

우리는 우리 인간성, 내 마음 자리, 내 마음의 본바탕인 불성자리를 분명히 우리가 믿어야 됩니다. 믿는다고 생각할 때는 내 마음 가운데 모든 행복과 모든 공덕이 다 들어 있단 말입니다. 밖에서 안 구해도 다 들어있습니다.

성인들은 그 자리를 깨달아서 그 자리에 자기 마음이 머물러 있으니까 다른 헛된 짓을 않습니다. 예수가 큰 교회당을 짓고 설법 했습니까? 갈릴리 해안에서 그 구차한 사람들과 같이 모여 가지고서 베드로나 요한이나 모두가 다 어부입니다. 이리 저리 다니면서 설법했단 말입니다.

석가모니도 집을 나간 뒤에 팔십 노인이 어디 집에 들어가 돌아갔겠습니까. 나무 밑에서 도를 통하고 동시에 나무 밑에서 가셨단 말입니다. 가장 존귀한 우리 교조가 나무 밑에서 도를 깨닫고 한데서 자고 돌아가실 때도 한데서 낙엽을 깔고 다 떨어진 누더기 걸치고 돌아가셨습니다. 그것만 생각한다 하더라도 절 가지고 싸우겠습니까. 뭘 가지고 싸우겠습니까.

우리 불자님들, 지금은 본질적으로 문제를 생각할 때입니다. 우리가 상식적으로 살면 절대로 참다운 행복을 얻을 수가 없습니다. 우리 중생의 병은 가벼운 병이 아닙니다. 우리 중생은 무명(無明)병이라, 무지(無知)병입니다. 밝지 못한 병입니다. 어떻게 밝지 않는가? 사실을 사실대로 보지 못한단 말입니다.

부처님이 그와 같이 난행고행을 해서 사실을 사실대로 보고 우주의 실상(實相)을 그대로 다 깨닫고서 우리한테 말씀해 주셨건만 우리 중생들은 믿지를 않습니다. 꼭 쥐꼬리만 한 자기 범부소견 이른바 관견(管見)[2]이라, 바늘구멍으로 하늘을 보면 다 보이겠습니까.

우리 중생들은 지금 동굴에 갇힌 어두운 안목으로 삽니다. '나요 너요, 좋다 궂다' 하는 것은 모두가 다 우리 중생이 어두운 동굴에서 어두운 눈으로 보기 때문입니다. 그런 흐리멍덩한 눈으로 행복을 추구하면 행복이 올 수가 없단 말입니다.

성자의 가르침은 절대로 다른 가르침이 아닙니다. 다 우리 인

---

2) 관견(管見): 대롱 구멍으로 사물을 본다는 뜻으로, 자기의 소견이나 좁은 소견을 겸손하게 이르는 말

간을 마음 편하고 번뇌를 다 해탈하고 참다운 행복으로 인도한단 말입니다.

경(經)을 쭉쭉 외운다고 해서 공부가 되는 것이 아닙니다. 부처님 공부는 다른 데 있지 않습니다. '나'라는 상(相), '너'라는 상, 중생상(衆生相)·수자상(壽者相) 그런 상을 떠나면 성자고, 상이 있으면 범부(凡夫)란 말입니다. 상을 두고서 행복을 구하면 연목구어(緣木求魚)라, 나무에 올라가서 고기를 구한단 말입니다.

아집(我執)·법집(法執)을 떠나지 않으면 자기 마음의 평화도 없고 지상의 참다운 평화나 어떠한 안락이 있을 수 없습니다. 그래서 부처님 경전에도 우리가 상을 떠나지 않고서 진리를 구하려고 할 때는 증사작반(蒸沙作飯)이라, 모래를 삶아서 밥을 한단 말입니다. 모래를 삶으면 밥이 되겠습니까.

우리 중생은 그런 모양입니다. 감투를 구하고 황금을 구하고 욕심으로 행복을 구합니다. 모양만 갖춘다고 생각할 때는 그때는 모래를 삶아서 밥을 하려고 하는 것입니다. 맨날 노력해도 안 됩니다. 유구한 역사가 다 증명하지 않습니까.

우리 불자님들, 정말 깊이깊이 생각하시기 바랍니다. 부처님 가르침은 철저한 공식입니다. 한 치도 오류가 없습니다. 상을 떠나면 이것은 참다운 행복과 성자의 길로, 해탈의 길로 가는 것이고 상을 못 떠나면 범부로서 항상 부딪치고 남과 갈등하고 반목되고 합니다. 우리 범부가 어떻게 상을 떠날 것인가? 우리 범부는 상 가운데 사는데 어떻게 상을 떠날 것인가? 그렇게 절대로 낙담을 말으십시오.

우리한테는 본래로 불성을 다 갖추고 있는 것입니다. 석가모니께서 보리수 아래서 도를 이루셨습니다. 석가모니 당신만 깨달은 것이 아니라 산천초목이나 중생이 모두가 다 부처란 말입니다. 나쁜 사람도 역시 겉만 그런 것이지 성자가 보면 바로 부처인 것입니다.

　우리 중생들은 그 뿌리를 못 봅니다. 그 뿌리를 보지 못하니까 상만 내세운단 말입니다. 따라서 그 뿌리를 보지 못하는 사람들이 다 나쁜 사람이다 해서 사형선고를 할 수가 없단 말입니다. 사실은 불성(佛性)을 말하지 않는다 해도 우리 인간이 인간을 심판할 수가 없는 것입니다. 왜 그런가 하면 적어도 상(相)을 못 떠나는 우리 중생들은 다 공범자입니다.

　허물이 더 많고 적고 차이뿐인 것이지 성자가 아닌 이상 모두가 다 공범자입니다. 남을 미워하고 욕심도 내고 더러는 음욕(淫慾)도 내고 말입니다.

　우리 병은 아까 말씀드린 바와 같이 우리 골수에 사무쳐있는 무명(無明)병입니다. '남한테 조금 베푼다, 조금 참는다.' 그런 걸로 해서 고칠 수가 없습니다. 도덕이 부재(不在)라, 도덕성은 지금 땅에 떨어져 있습니다. 왜 땅에 떨어져 있는 것인가? 인간성을 바로 알면 우리가 도덕적으로 지키지 말라고 해도 자동적으로 다 지키게 되는 것입니다.

　나와 남이 둘이 아니거니 어느 누구한테도 함부로 할 수 없는 것이고 자연도 함부로 훼손할 수 없는 것입니다.

　신라 때 무상(無相)대사는 중국 사천성에 들어가서 그 당시에는 청나라인데 아주 험준한데 들어가서 어떻게 음식을 얻을 수 없단 말입니다. 산중에서 황토를 먹고 살았습니다. 황토에도 영양이 있습니다. 흙도 영양이 있습니다. 공기도 영양이 있습니다. 하물며 물 같은 액체가 영양이 없겠습니까.

　인간이라는 것이 꼭 무슨 단백질 얼마를 먹고 칼로리 얼마를 섭취하고 그래야만이 건강한 것은 절대로 아닙니다. 우리는 지금 그러한 인간의 물질관을 고쳐야 됩니다. 우리 한국은 지금 선진국으로 가고자 해서 발돋움을 합니다. 그러나 먹거리 때문에 힘을 너무 낭비 합니다.

지금 미국 같은 곳도 관광지에 가보면 음식점이 통 눈에 안 보입니다. 관광지에서 나와 다른 곳에는 있겠지만 관광지에서는 음식점이 안 보입니다. 그러니까 조용하게 그렇게 관광만 즐기고 감상한단 말입니다. 한국 관광지 가면 횟집이고 갈비집이고 얼마나 많습니까. 정말로 우리는 우리 몸뚱이 노예가 되어서는 안 됩니다.

물질로 해야 된다고 생각할 때는 행복은 절대로 얻을 수가 없고 아무리 애쓴다 하더라도 부처님 가르침에 제대로 들어갈 수가 없습니다. 설사 우리가 참선을 해서 우리 마음을 맑히고자 해도 우리 몸뚱이가 맑혀져야지 몸뚱이는 마약도 하고 또 술도 먹고 담배도 피우고 함부로 하면 몸뚱이가 정화가 안 됩니다. 마땅히 부처님 가르침을 따르기 위해서는 매서운 결단이 필요합니다.

지금까지 범부심으로 해서 함부로 모양에 취해서, 모양에 노예가 되어서 살던 것을 돌이켜서 회광반조(回光反照)라, 다시 속된 흐름을 역류해서 영생해탈의 그런 청정한 흐름에 우리가 들어가야 하는 것입니다. 그렇기 때문에 그 동안에는 약간 무리가 되겠지요. 고기 먹던 사람이 안 먹으면 그것도 약간 무리가 될 것입니다. 그러나 그 순간뿐입니다.

단식을 안 해본 사람들은 단식을 일주일이나 이주일이나 한 뒤에 그때 소생되는 그 무서운 힘을 잘 느끼지를 못하실 것입니다. '생명은 얼마나 먹어야 된다. 칼로리를 얼마나 먹어야 된다.' 그런 공식만 생각한 사람들은 단식을 일주일이나 이주일이나 한 뒤에 자기도 모르는 가운데 솟아나오는 힘을 느낄 수가 없단 말입니다. 이해를 못합니다.

이 '나'라는 것의 생명이 바로 우리 마음입니다. 우리 몸뚱이는 우리 마음의 생명위에 상응되어 이루는 하나의 거품에 불과합니다. 거품 그것 때문에 우리가 너무나 힘을 낭비한단 말입니다. 미국 사람들도 보면 5분의 3이 비만 때문에 고생한단 말입니다. 몸이 비만하면 가지가지 병의 원인이 됩니다. 너무 많이 먹었을 겁니다.

상(相)을 못 떠나면 불자가 아닙니다. 상은 본래가 없는 것이기 때문에 인연 따라서 잠시간 허망한 모양을 내고 있단 말입니다. 그림자 같이 메아리 같이 메아리 그것이 모양이 있습니까? 그와 똑같이 우리 몸뚱이도 본질적으로 보면 모양이 없는 것인데 우리 중생이 그림자를 보듯이 잘 못 본단 말입니다. 이것은 우리가 실상(實相)을 바로 보지 못하는 것입니다. 가상(假相)만 봅니다. 부처님 말씀이니까 그걸 믿고서 자기 스스로 그런 가상을 떠나야 한단 말입니다.

가상을 떠나기 위해서 불경이 있는 것이고, 주문이 있는 것이고, 기도를 하는 것입니다. 지장보살이 안 보여도 우리가 지장보살을 열심히 부르지 않습니까. 지장보살은 우리 지구를 축으로 해서 충만해 있는 에너지 기운이란 말입니다. 그런 기운 따라서 우리가 태어났습니다. 그러면 지장보살만 부르고 관세음보살은 부르지 말 것입니까. 그런 부처님 명호(名號) 때문에 지금 사람들은 굉장히 갈등을 많이 합니다.

관세음보살을 몇 십 년 동안 한 사람한테 "관세음보살 그만 두고 지장보살 하십시오." 합니다. 그렇다고 그 분이 여태까지 마음에 '관세음보살'이 딱 배어있는데 그걸 그만 두고서 '지장보살'하자니 굉장히 무리가 가는 것입니다.

따라서 항상 저는 법문 때마다 말씀을 꼭 드립니다만 부처님 믿는다는 것은 형이상학적인 모양이 없는 세계 아닙니까. 형이상학적인 모양이 전혀 없는, 모양이 없는 생명자체, 생명자체의 그 자리가 바로 부처님자리란 말입니다. 근본의 뿌리자리, 현대 물리학적으로 순수에너지 자리 그 자리가 바로 부처님자린인데 그 자리는 모양이 있는 것이 아니기 때문에, 모양이 있어야 '이것이 뭣이다.', '저것이 뭣이다.' 그럴 것인데 모양이 없어서 어떻게 이름을 붙일 수가 없단 말입니다.

모양이 없기 때문에 어디에만 있고 어디에는 없는 게 아니라 모양이 없기 때문에 천지우주에 두루 해 있습니다. 무량무변(無量無邊)이라, 끝도 갓도 없이 우주에 두루 있는 것이 모양이 없는 우리 마음자리란 말입니다. 우리 마음이 모양이 없지 않습니까. 따라서 모양이 없는 마음자리가 바로 부처님인지라, 그 부처님의 이름을 어떻게 부를 것입니까? 그 부처님 자리는 무한의 그런 공덕자리, 일체만덕을 갖춘 자리이기 때문에 그 덕상을 전부 다 헤아려도 알 수 없는 것입니다.

사람이 '호(號)'가 있고 또는 '이름'이 있고 '자(字)'가 있고 하더라도 내내야 그 사람 아닙니까. 그와 똑같이 부처님 명호도 그 무량무변의 공덕 따라서 모양이 없는 자리를 그때그때 공덕 따라서 이름이 붙기 때문에 어떻게 말하나 하나의 부처님을 부른다고 생각을 하시면 됩니다. 그래서 자기가 좋아하는 대로 지장보살이든 관세음보살을 왼다 하더라도 천도가 되고 공덕이 됩니다. 나무아미타불도 마찬가지입니다. 그러나 그 가운데서 이른바 총대명사가 아미타불이란 말입니다.

그러므로 오직 진리만을 구할 때는 다른 보살이름도 좋습니다만 '나무아미타불'을 보통 많이 합니다. '극락세계에 왕생한다.'고 할 때는 천지우주의 교주, 부처님의 총대명사가 아미타불이기 때문에 아미타불을 보통 많이 부르는 것입니다. 또는 참선할 때도 역시 참선을 염불로 하실 때는 나무를 떼버리고서 아미타불 넉자를 화두로 해서 '아미타불, 아미타불…' 이와 같이 부처님을 부르기도 합니다. 이와 같은 방법을 염불선(念佛禪)이라고 합니다.

아무튼 아까도 말씀 드린바와 같이 우리 중생이 안 보이는 세계를 다스리고, 안 보이는 그런 우리 마음을 다스리는 그런 가르침이 바로 불교이기 때문에 우리 눈에 안 보이는 세계를 긍정하지 않으면 불교가 될 수가 없습니다. 그래서 우리가 신심(信心)이라, 부처님 말씀을 그대로 믿어야지 우리 눈에 안 보이니까 우리가 '의심한다.', '안 믿는다.' 그래 버리면 그때는 바른 신앙이 될 수가 없습니다. 돌아가신 그런 영가나 살아계신 분이나 다 동일 생명의, 하나의 생명의 끈에 매어져 있습니다.

돌아가신 할아버지나 우리 부모님이나 모두가 다 우리 생명과 같은 끈, 같은 생명의 줄로 이어져 있습니다. 우리 형편이 좋지 않아 천도를 못한다 하더라도 우리 생활이 부처님 앞에 정당하고 신심 있고 남한테 베풀고 남하고 화해하고 그런 때는 그만치 화해한 기운, 정당한 기운이 우리 조상들한테 가는 것입니다.

영가들이시여! 영가들은 오늘 부처님의 상이 없는 법문, 무상법문(無相法門)을 듣고서 극락세계에 왕생하시는 그러한 도상(道上)에 있습니다. 우리 인간이나 유명(幽冥)에 있는 영가들이나 모두가 다 지금 길을 가고 있습니다. 중생계에서 영생해탈의 길로 지금 가고 있는 것입니다.

우리가 모양에 집착을 해서 자기 재산 또는 자기 몸뚱이 또는 밉다. 사랑한다 하는 그런 것, 자기 관념 이런 것에 집착되면 집착된 만치 우리는 길을 잘 가지 못하고 한눈을 팔고 있다는 것입니다.

한 눈을 팔고 있는 것인가? 않은 것인가? 이것은 상(相)을 두는 것과 안 두는 것의 차이입니다. 상은 본래로 있지 않은 것입니다. 우리 중생이 잘못 봐서 상을 두는 것입니다. 같은 상도 천상 사람들이 보면 우리 인간같이 보지 않습니다. 우리 인간이 정당하다는 것도 천상에서 볼 때는 부당하게 볼 수 있단 말입니다.

성자가 보는 것만이 사실을 사실로 보는 것입니다. 사실을 사실대로 보는 성자의 안목에서 보면 '나'라는 상, '너'라는 상, 또는 '중생'이라는 상, 또는 '우리 생명이 짧다, 길다.'는 상, 이런 것이 모두가 다 허망한 상인 것입니다.

우리 생명은 본래로 영생불멸한 것입니다. 우리 생명은 본래로 죽지 않는 것입니다. 죽지 않은 것인데 다만 인연 따라서 업장(業障)으로 해서 잠시간 있다가 사라지는 것이지 생명은 절대로 죽음이 없습니다. 죽음이 없는 것이기 때문에 위대한 근본을 보는 사람들은 죽음을 두려워할 까닭도 없습니다.

우리 중생들은 '모양이 좀 아프면 큰 탈이구나.', '모양이 없어지면 내 생명 전체가 손해구나.' 이렇게 낙담, 절망할는지 모르겠지만 모양에 애착하지 않은 사람들은 그럴 필요가 없습니다. 왜 그런가 하면 내가 지금 바로 살았다고 하면 내 목숨이 떠나자마자 즉시에 보다 더 나은 좋은 몸이 있다는 것을 알기 때문입니다.

우리 부처님 믿는 분들은 대체로 가시자마자 훨씬 더 좋은 몸을 받습니다. 따라서 어느 때 간다 하더라도 우리가 조금도 섭섭할 것은 아무 것도 없습니다.

영가들이시여! 자세히 듣고 깊이 생각하십시오. 극락세계는 모든 상을 떠난 세계입니다. 우리 인간이 번뇌를 떠나버린 세계입니다. '나'라는 것을 떠나보낸 세계입니다. '나'라는 관념, '너'라는 관념 또는 '좋다, 궂다, 밉다, 사랑한다.'하는 관념을 떠나버린 세계입니다. 따라서 극락세계는 앞서도 말씀드린 바와 같이 땅이나 물이나 나무나 항상 영생불멸한 미묘한 부처님 법문을 연주하고 있는 것입니다.

극락세계까지 미처 못 가고 우선 천당만 간다 하더라도 우리 중생들은 들을 수 없는 음악이 항상 울려 퍼지고 있는 것입니다. 우리 중생들은 그런 것을 듣지 못합니다. 왜 듣지를 못하는 것입니까? 상 때문에 가리어서 못 듣습니다. 그러기에 우리 중생이 '나'라는 관념, '있다'는 관념, '사랑한다.'는 관념을 떠나버린다고 생각하면 들을 수가 있단 말입니다.

오늘 천도법회에 나오신 우리 불자님들! 오늘 지금 법회에 계신 법주, 바라제 하신 스님은 굉장히 공부를 잘 하신 스님입니다. 참다운 스님입니다. 영가란 것은 모양이 안 보이는 생명인데, 모양이 안 보이는 그런 생명이기 때문에 같은 염불소리도 굉장히 청아하고 정말로 사무친다고 생각할 때는 훨씬 더 감명을 받는 것입니다.

오늘 영가들은 참 행복하신 영가들이라고 생각이 됩니다. 우리는 인생이라는 길을 가고 있는 것인데 상(相)에 구속된 사람들은 지옥도 가는 것입니다. 지옥이나 아수라나 축생이나 인간이나 모두가 다 얼마만치 상에 매이는가, 상의 경중(輕重) 따라서 즉, 상이 무거운가 가벼운가에 따라서 삼악도(三惡道)로 갈 것인가 좋은 데로 갈 것인가 구분이 생기는 것입니다.

나와 남의 구분이 없이 정말로 무아행(無我行)이라, 이런다고 생각하면 즉시에 극락세계로 왕생하는 것입니다.

우리 불자님들이시여! 조상님 천도가 절대로 헛되지 않는 것입니다. 앞서 말씀드린 바와 같이 우리 생명과 같은 생명의 줄로 이어져 있어서 우리 조상이 갈 곳으로 못 가고 중음계(中陰界)라, 어두운 세계에서 헤맨다고 생각할 때는 우리 인간 세상도 항상 막히고 곤란스럽고 어디가 아프기도 합니다.

정말로 병원에 가서 무슨 병인지 진단도 안 나오는데 그런 아픈 병들은 대체로 영가 때문에 그럽니다. 따라서 영가천도가 절대로 필요 없는 것이 아닙니다.

　여러분들! 영가천도를 참 잘하신 것입니다. 그러나 염불도 하고 법문도 하지만 여러분들께서 바르게 생활을 하셔야지 도덕적으로 문제가 있다거나 바르고 정당한 생활을 하지 않는다면 조상들이나 영가들이 자꾸만 뒤돌아보고 염려를 하는 것입니다.

　같은 핏줄이기 때문에 우리 살아있는 분들이 정당하게 바른 생활을 하면 돌아가신 영가들의 생명을 나중에 증장시키는 것이고, 우리가 정당하지 못하면 오염된 기운이 영가한테로 미치는 것입니다. 반드시 그러는 것입니다.

　따라서 부모한테 효도한다는 것이 영가천도만 해서 끝나는 것도 아니고, 부모님 묘를 잘 정리해서 장엄스럽게 꾸미는 것이 효도하는 것도 아닌 것입니다. 가장 중요한 것은 우리가 바르게 생활하는 것입니다.

　성자의 길 따라서 산목숨 죽이지 않고, 거짓말 하지 않고, 정당한 수입 아닌 것은 갖지 않아야 합니다. 낭비하는 것도 훔치는 것이나 똑같습니다. 여러분들은 훔친다 그러면 꼭 남의 것을 훔치는 것만을 죄로 알는지 모르겠지만 부처님 법은 그렇지 않습니다.

　필요 없이 목걸이하고, 팔찌 끼고 이런 것도 모두가 다 훔치는 것이나 똑같습니다. 우리 생명에 아무런 보탬이 안 됩니다. 앞서도 말씀드린 바와 같이 우리 생명은 저 아프리카에 있는 생명이나 우리나 같은 생명의 줄에 연결되어 있습니다. 그네들이 불행할 때는 우리가 행복스러울 수가 없습니다. 우간다나 방글라데시나 이런 데는 지금도 하루에 몇 백 명씩 굶어서 죽습니다. 그런 사람들과 우리가 둘이 아닙니다.

　우리 불자님들! 부처님한테 가는 길은 그렇게 쉬운 길이 아닙니다. 진리로 여법히 가는 길입니다. 보다 더 결단을 내려서 인생을 바르게 사십시오. 바르게 살려면 될수록 자기 몸뚱이를 위해서는 물질은 덜 붙이고 살면 됩니다. 그렇게 바르게 사신다면 영가들도 춤추고 극락세계로 빨리빨리 왕생할 것입니다.

　오늘 천도를 받는 영가들이시여! 부디 모든 허망 상을 다 여의십시오. 자기 것은 세상에 아무 것도 없습니다. 자기 마음 외에 자기 것은 아무 것도 없습니다. 자기 몸뚱이도 과거나 현재나 미래나 자기 것이 아닙니다. 다만 부처님의 공덕위에서 영생해탈을 하기 위해서 잠시간 이런 몸을 가지고 있는 것입니다.
　우리 인간은 영생의 길을 가고 있습니다. 바르게 공부하셔서 우리 살아계신 불자님들, 우리 영가들 금생에 모든 번뇌를 여의시고 금생에 극락세계로 가는 지상의 행복을 이루시기를 간절히 바라마지 않습니다.

10. 제자를 보내는 49재 영가천도법문

OO후인 OOO 영가여! 자세히 듣고 깊이 생각하시게. 영가와 헤어진지가 100일도 못 되어서 이렇게 유명(幽命)을 달리하고 만나게 되니 감개무량하고 또한 비감(悲感)을 이루 말할 수 없네.

영가여! 태어나면 반드시 죽음이 있고 만나고 헤어짐은 우리 사바세계의 철칙이거니 나이 많은 사람이 나중에 갈 수도 있고, 나이 젊은 사람이 먼저 갈 수도 있으나, 순리로 봐서는 내가 먼저 가고 영가가 내 조문을 해줘야 할 것인데 거꾸로 됐네.

영가여! 사바세계의 도리는 이렇게 무상하고 허무하기도 하지만 우리가 본래의 자리, 사바세계를 떠나버린 깨달음의 세계에서 본다고 할 적에는 '생본무생(生本無生)'이라, 원래 낳는다 하더라도 낳음이라 하는 것이 없는 것이고 또는 죽음이라 하더라도 역시 참다운 죽음이란 있을 수가 없는 것이네. 참다운 죽음이 있을 수가 없기에 영가는 오늘 이 자리에 와서 천도법문을 듣는 것이 아닌가. 영가여! 깊이 생각하고 잘 관찰해서 본래 생이 없고 또는 본래 죽음이 없는 그 자리를 깨달아 주길 바라네.

영가여! 우리 중생들은 모양만 보고 참다운 생명을 보지 못하기 때문에 모양이 없어지면 죽었다 하고, 모양이 있으면 살았다고 좋아 하는 것이네. 그러나 바른 눈으로 본다고 할 적에는 우리가 보는 모양이라고 하는 것은 마치 꿈이요, 허깨비요, 그림자 같아서 이것은 실제 모양이 아닌 것이네.

구름 따라서 갔다 왔다 하는 그러한 존재, 또는 잠시간 풀끝에 맺힌 이슬 같은 존재, 또는 안개 같은 그런 허무한 존재, 안개가 일었다가 그냥 사라지고 말듯이 구름이 생겼다가 소멸되고 말듯이 풀끝에 맺힌 이슬이 금방 떨어지고 말듯이 그와 같이 이 마음은 허망한 것이네.
  다만 바람 기운 또는 불기운 또는 물 기운 또는 땅기운 그러한 원소의 기운들이 우리 업장(業障) 따라서 잠시간 모여서 사람모양을 하는 것인데 사실은 그 모양도 실제가 없는 것이네. 이렇게 모여서 다만 빙빙 돌고 있는 세포덩어리를 우리 사람들이 잘 못 봐서 '사람 몸'이라고 하는 것이고 거기다가 이름을 붙여서 박씨 집안 태어나면 '박 누구'라고 하는 것이고 김씨 집안 태어나면 '김 누구'라고 하는 것이네. 그러나 실제에서 본다고 할 때에는 정말 모양이 없는 것이네.

  영가여! 자세히 듣고 깊이 생각하시게. 영가는 지금 살아서의 그러한 모양이 없는, 사실로 봐서는 헛된 모양인 구름 같은 몸뚱이 또는 이슬 같은 몸뚱이, 안개 같은 몸뚱이를 버리고서 참다운 세계, 영원히 죽지 않고 영원히 이별이 없는 그 세계로 가는 것이네.
  영가여! 깊이 생각하시게. 사람이 죽어서 갈 때는 자기 모양이 허망한 것인데 '내 모양이 있다', '내 뼈가 있다' 이와 같이 집착을 하는 것이네. 아까 법당에서 관욕(灌浴)을 할 때에 영가가 분명히 허망한 몸을 완전히 벗어버린 것을 나는 느꼈네.

  영가여! 깊이 생각하시게. 그 몸뚱이 애착 때문에 참다운 세계, 허망한 세계를 못 떠나서 참다운 극락세계를 못 가는 것이고 또는 내 몸이라고 생각할 때는 내 아내가 있고, 내 자식이 있고, 내 친구가 있고 그런 것이네. 또는 내 몸이라고 생각할 때는 금생에 잠시간 왔다가는 그 몸뚱이가 내 것이라고 생각할 때는 그에 따른 재산도 내 것이고 모든 그런 세간이나 또는 권력이나 이 것이 내 것이라고 고집을 하는 것이네.
  이러한 자기 몸에 대한 애착심, 자기 권속에 대한 애착심 또는 자기 재물에 대한 애착심 이런 것에 걸리고 구속돼서 바른 길로 못 가는 것이네.

영가여! 깊이 생각하시게. 이러한 것은 인연 따라서 잠시간 만났다 헤어지는, 꿈결에서 만났다 헤어지는, 꿈에서 싸우기도 하고 꿈에서 사랑도 하고 좋아도 하지만 꿈에서 깨면 무엇이 남던가.

영가여! 인생이라 하는 것은 정말 꿈인 것인데, 사람들은 꿈을 꿈으로 못 보니까 자기 몸에 붙들리고 또는 남의 몸에 붙들리고 자기 아내 몸에 붙들리고 자기 자식 몸에 붙들리고 또는 모두가 다 헛것인데 권력도 헛것이요, 이름도 헛것이요 모두가 헛것인데 그런 것에 다 붙잡히고 구속이 돼서 자기 갈 길을 못 가는 것이네.

바로 살지 못하는 것도 모두가 다 그런 모양에 집착한 데서 원인이 있는 것이네. 모양에 집착 안 하면 성인(聖人)이고 부처고, 모양에 구속이 돼서 모양에 집착하면 범부(凡夫)요 중생인 것이네.

영가여! 깊이 생각하시게. 뒤돌아보고 누구한테 애착을 품고 과거에 쓰던 자기 재산, 과거에 사귀던 자기 아내, 자기 자식, 자기 권속들 이렇게 자꾸만 못 잊어 뒤돌아보는 이것이 영가가 할 일이 아니네.

영가가 뒤돌아보면 그만치 영가의 권속도 더욱더 애착을 가지고 영가를 추모할 것이고 영가의 권속이 영가를 추모하고 영가가 자기 유가족을 자꾸만 뒤돌아보고 생각할 때는 영가는 영가의 갈 길을 못 가고 영가의 권속도 바른 생활을 못하는 것이네.

영가여! 깊이 생각하고 깊이 관찰하소. 영가가 가는 곳은 오직 극락세계인 것이고 영가뿐만이 아니라 모든 중생들이 가는 종국의 고향은 극락세계인 것이네.

극락세계는 어떠한 곳인가? 극락세계는 광명으로 되어있는, 부처님의 무량광명(無量光明)으로 되어있는 세계이네. 극락세계는 땅도 광명으로 빛나고 나무도 광명으로 빛나고 시냇물도 광명의 물인 것이고 극락세계에 있는 누각들도 역시 모두가 다 극락세계의 장엄 찬란한 그런 세계인 것이네. 또는 극락세계에는 무수한 성자들이 아미타 부처님의 법문을 듣고 항상 행복에 충만한 곳이네. 환희와 행복이 완벽한 곳이 극락세계인 것이네.

우리 중생은 애초에 극락세계에서 살았는데 어쩌다가 인과(因果)의 수레바퀴에 걸려서 사람이 되고 또는 잘못 살면 지옥 갔다가 또 좀 나아지면 아귀가 됐다가 좀 더 나아지면 축생이 됐다가 좀 더 나아지면 아수라(阿修羅)세계로 갔다가 더 나아지면 우리같이 인간세계로 오는 것이네. 개미가 쳇바퀴 돌 듯, 누에가 자기 몸에서 나온 실로 해서 고치를 만들어서 그것에 갇히듯 우리 중생은 그러하네.

사람이 되면 사람 그것이 전부가 아닌 것인데, 과거의 몸이 현생에 닮은 그런 몸도 아닌 것인데 말일세.

영가여! 과거의 영가의 몸은 금생에 나와서 가진 OOO와 같은 그런 몸이 아니었네. 다른 몸을 가지고 있다가 또는 그 속에서 죽어서 과거 전생에 지은 업장 따라서 금생에 인간이 되어서 OOO이라는 몸을 받았던 것이네.

그러나 영가여! 영가가 뒤돌아보고 영가가 영가의 권속을 생각하고 영가의 재물을 생각하고 이러할 때에는 다시 구속을 받아서 구속이 심하면 지옥으로 뚝 떨어질 수도 있는 것이고 좀 나아진다 하더라도 다시 인간 몸 받고서 생로병사의 고생과 그 무수 무량한 인생고를 받는 것이네.

영가여! 사람이라 하는 것은 몸뚱이 때문에 죄를 짓고 남도 미워하고 사랑도 하는 것이네. 다행히 원수와 같은 그 몸뚱이 그것을 벗고서 지금 극락세계로 가는 것이네. 영가와 나는 세속에서도 사제지간이고 또는 자네가 한 때나마 승려생활을 할 때에도 스승과 제자가 됐네.

영가여! 생각해 보게. 얼마나 인연이 깊은가. 극락세계라 하는 것은 모든 중생들이 다 들어가서 영원히 행복스럽고 영원히 이별이 없는 세계네. 그 세계를 놔두고 우리가 어디로 갈 것인가.
영가여! 몸을 벗으실 때에, 아까 자네가 관욕을 할 때에 분명히 나는 느끼고 보고 냄새를 맡았네. 영가가 몸을, 헌옷의 껍데기를 벗는 그 소리, 영가가 모든 번뇌의 때를 벗는 환희심, 그것을 분명히 나는 느끼고 보았네.
영가여! 영가가 정말로 영가의 몸에 대한 애착을 뿌리치고 영가의 권속에 대한 그런 미련을 갖지 않고 재물에 대한 미련을 갖지 않을 때에 영가는 홀연히 벗어나네. 영가가 그런 모든 번뇌를 벗어나서 미움도 사랑도 집착도 다 벗어나서 눈을 들고 바로 보게.
아미타불이 모든 보살님들을 데리고 계시고 영가가 타고 갈 그 광명 찬란한 금색 찬란한 연화대(蓮花臺)가 영가 옆에 있을 것이네.
영가여! 뚜렷이 보게. 자기 몸에 대한 애착, 자기 뼛가루에 대한 애착, 자기 권속에 대한 애착, 자기 자식에 대한 애착, 자기 집에 대한 애착을 다 버리고 이것이 내 것이 아니고 이것이 다 꿈같은 것인데 꿈을 벗어야지 않겠는가? 꿈을 벗어나야 하네. 꿈을 벗고서 분명히 눈을 들고 보게.
극락세계로 가는 길은 무수 무량의 먼 거리지만 번뇌를 털어버리면 그런 청정한 영가에 있어서는 순식간에 한 생각에 거기에 입성할 수가 있는 것이네. 이렇게 하는 것이 영가가 가장 아내를 사랑하고 가장 자식을 사랑하고 자기 친구를 사랑하고 모든 것을 위한 최선의 길인 것이네. 영가가 미련 두고 있는 것은 도리어 아내한테도 해롭고 또는 자식한테도 해롭고 누구한테나 해로운 것이네.

영가가 극락세계에 가서 극락세계의 그런 신통 자재하는 힘으로 해서 아내를 생각하고 자식을 생각하고 자기 권속을 생각해야 할 것이네.

유가족들이여! 돌아가신 분을 위한 가장 좋은 길은 무엇입니까? 자꾸만 생각하고 그리워하는 것이 영가를 위한 길이 아니라 '모든 것이 허망하다. 제행무상(諸行無常)이라, 모든 것이 허망하고 꿈이요 허깨비요 그림자 같다.' 이렇게 생각하면서 '우리가 인연 따라서 잠시간 만났지만 돌아가신 분은 응당 극락세계에 하루 빨리 가셔야 한다.' 이렇게 생각하세요.

극락세계의 교주 또는 우주의 교주, 인생과 우주 모든 만 중생의 구세주이신 '아미타불, 관세음보살….' 이와 같은 부처님한테 귀의하는 것이 돌아가신 분을 위해서 가장 최선의 효성이 되는 것이고 정성이 되는 것입니다.

영가여! 영가가 가고자 하는 그런 극락세계, 영가는 마지막 순간에도 극락세계에 가기 위해서 또는 만 중생의 행복을 위해서 『반야심경』을 외우지 않았는가. 『반야심경』의 도리가 모두가 허망하다는 도리인 것이네. 그것을 다시금 느껴서 자네 앞에 있는 연화대에 올라타서 극락세계에 가서 영생의 행복을 누리기를 바라네.

영가의 유가족도 금생에 부처님 바로 믿고 남한테 베풀고, 없는 사람한테 동정하고, 아픈 사람한테 간호하고 이렇게 베풀다가 나중에 인연 따라서 가게 되면 그냥 즉시에 극락세계에 가서 똑같이 영생의 행복을 누리기를 간절히 바라마지 않네.

나무아미타불 관세음보살!

11. OOO거사 49재 영가천도법문

OO후인 OOO 영가여! OOO 영가여!

영가를 뵌 지가 꽤 오래 되었습니다. 영가는 비록 백수풍신(白首風神)이시지만 늠름하시고 당당하신 그런 풍채이셨습니다. 그러한 것은 과거 전생에 바로 사셨고 또는 금생에 나오셔서 정직하게 인생을 사신 그러한 상으로 생각됩니다.

한 번 생이 있으면 반드시 죽는다 하는 이른바 '시생멸법(是生滅法)'이라, 생은 반드시 멸하는 것이고 제행무상이라, 일체 모든 현상은 모두 무상한 것이 아닌 것이 없습니다. 이러한 인생인지라 각 성인(聖人)들의 가르침은 이러한 인생의 허무함을 극복하기 위한 가르침이 되는 것입니다.

영가여! 자세히 듣고 깊이 생각하십시오. 영가는 지금 저승이라 하는 세계에 계신 것입니다. 사람이 막 태어나서는 '생유(生有)', 사는 동안에는 '본유(本有)', 죽는 동안에는 죽을 '사(死)'자를 써서 '사유(死有)', 그리고 저승에 가는 것은 '중유(中有)', 즉 저승길입니다. 영가는 지금 저승길에 계시다가 부처님의 위신력을 타고서 이 자리에 계시는 것입니다.

금생에 나와서 바로 살기도 어려운 것이고 그 가운데서 참다운 종교를 만나는 것은 더욱 어려운 것입니다. 종교라 하는 것은 물론 다른 종교도 그렇지만 특히 불법(佛法)은 인생과 우주의 참 도리를 밝히는 가르침입니다.

'인생의 의미는 대체로 무엇이고 대체로 어떻게 살아야 하는 것인가?', '인생은 대체 어디서 와서 어디로 가는 것인가?' 하는 것을 밝히는 것이 부처님 가르침입니다.

다행히 과거 전생의 선근공덕(善根功德)으로 해서 금생에 나오셔서 불법을 만나셨습니다. 불법을 만났어도 복이 적은 사람, 게

으른 사람들은 바로 못 믿습니다. 바로 못 믿으면 자기만 그르칠 뿐만 아니라 부처님이라 하는 소중한 법도 그르치고 마는 것입니다. 승가에서나 속가에서나 부처님 법을 빙자하고서 바로 못 사는 사람들은 자기도 죄를 짓고 부처님법도 망치는 것입니다.

영가가 비록 세속에 계신다 하더라도 그렇게 의젓하고 당당하신 것은 바로 사셨고 부처님법도 바로 믿으셨다는 그런 증거였습니다. 영가가 그렇게 바로 살고 부처님 법을 바르게 실천하셨기 때문에 임종 때도 여여하게 도인 행색같이 그렇게 조용한 가운데 흔연스럽게 가신 것입니다.

영가여! 몸은 산소나 수소나 탄소나 그런 각 물질이 합한 것입니다. 따라서 합한 것은 인연이 다하면 헤어지고 맙니다. 바로 전생의 인연, 부모님의 인연 따라서 사람 몸 받아서, 인연이 다하면 다시 그런 것은 흩어지고 맙니다. 본래 자기 것이 아니기 때문에 몸뚱이는 없어지고 마는 것입니다.

사는 동안에 몸뚱이가 얼마나 소중합니까만 사실은 자기 것이 아닙니다. 바로 전생에 이런 몸뚱이가 있을 리가 만무합니다. 죽은 뒤에 이런 몸뚱이가 다시 또 있을 리가 만무합니다.

영가여! 영가는 지금 저승길에서 극락으로 가는, 우리 인생이 종당에 돌아가야 할 곳으로 가시고 계시는 것입니다. 영가는 응당 극락에 가실 것을 믿습니다. 영가와 깊은 인연이 있는지 한 번 밖에 안 만나 뵈었지만 백수풍신(白首風神)의 그 늠름한 모습이 산승(山僧)의 눈에는 지금도 선합니다. 그러한 인연 따라서 산승의 노파심으로 마지막 천도법문을 하는 것입니다.

영가여! 자세히 듣고 깊이 생각하십시오. 우리 인간이 자기라는 것이 허망한 것인데 허망한 것에 집착할 적에 가지가지의 재앙을 만나는 것입니다. '일체유위법(一切有爲法)', '여몽환포영(如夢幻泡影)'이라, 있는 것은 사람 몸이나 물질이나 지위나 모든 것은 다 꿈이요, 허깨비요, 그림자 같은 것입니다. 중생은 그림자 같은 것을, 그림자에 불과한 것을 그림자가 아니고 실제라고 생각하는데서 문제가 생기는 것입니다.

 자기 몸도 허망한데, 자기 몸도 두고 가는 것인데, 자기 처자식도 데리고 갈 수도 없는 것이고 자기가 쓰던 재산이나 권력이나 모두 다 팽개치고 가는 것입니다. 어느 것 하나도 못 따라 갑니다. 몸도 못 따라 가는데 다른 것이 따라 갈 수가 있겠습니까.

 영가여! 우리 중생들은 그런 자기 것이 아닌 것을 자기 것이라고 고집하는 데서 문제가 생겨서 탐욕심을 내는 것이고 또 그러한 물질이라던가, 또는 지위나 몸뚱이에 해를 끼치면 성내고 진심(瞋心)을 내는 것입니다. 이런 것은 인생의 무지(無知)에서 오는 것입니다.

 인생의 무지라는 것은 방금도 말씀한 바와 같이 사실이 아닌 것을 사실로 보는 것입니다. 몸, 이것도 허망한 것인데 허망하지 않다고 보는 것이고, 권력도 허망한 뜬구름 같은 것인데 이것도 사실로 소중하다고 본단 말입니다.

 우리 인간은 시초에 모두가 다 극락에서 온 것입니다. 우리 본고향은 극락인 것입니다. 어쩌다가 우리 몸뚱이에 가려서 본래 참다운 성품을 못 보는 것입니다. 참다운 성품은 어느 누구나 다 부처님과 똑같은 것입니다.

 석가모니, 예수, 공자, 또는 노자 그런 분들의 마음이나 우리 중생의 마음이나 똑같이 우주의 본바탕, 본 진리를 마음으로 한 것입니다. 우주의 본바탕 진리가 바로 부처님입니다. 본바탕이 부처님이고 하느님인데 이것이 우리가 쓰다 버리는 몸뚱이 때문에, 몸뚱이 잘 먹이고 몸뚱이 치장하고 또는 자기 몸뚱이에 인연된

아들이요 딸이요 또는 친구요 하는 그런 인연 때문에 얽혀서 바로 못 사는 것입니다. 바로 못 보는 것입니다.

영가여! 영가는 깊이 느끼시는 분이셨습니다. 영가는 다 아시고 계셨습니다. 그러나 영가가 쓰던 모든 그런 세간이라던가, 영가의 권속이나 그런 것을 가시는 길에 뒤돌아보시고 애착을 품을까 봐서 산승이 이렇게 말씀을 드리는 것입니다.

영가여! 중생이 바로 못 보는 것이 모두 다 번뇌가 되어서 번뇌가 무거우면 무거울수록 저 밑에 지옥으로, 또는 좀 더 나아지면 아귀로, 또는 더 나아지면 축생으로, 더 나아지면 아수라로, 더 나아지면 인간으로, 우리 인간도 이것이 별로 좋은 것은 아닌 것입니다.

나쁜 일을 해가지고 지옥으로 뚝 떨어질 수도 있는 것이고, 또는 마음 잘 먹고 행위를 바르게 해가지고 천상이나 극락으로 갈 수도 있는 것도 인간입니다.

업장이 가벼우면 인간에서 천상으로, 천상에서 우주의 도리를 아는 그런 성문(聲聞) 또는 연각(緣覺)으로 또는 중생과 더불어서 진리를 깨닫는 그런 보살로 그렇게 되어서 부처가 됩니다. 이와 같이 비록 우리가 지금 저 지옥에 있다 하더라도 또는 하나의 소가 되고 개가 되고 말이 되고 한다 할지라도 근본마음은 모두 다 부처님인 것입니다. 모두가 다 업장이 무거워서 그런 곳으로 전락했을 뿐입니다.

영가여! 영가는 지금 극락으로 가시고 계십니다. 그러나 극락세계는 그냥 갈 수 있는 것이 아닙니다. 먼저 애착을 뿌리쳐야 하는 것입니다. 자기 몸에 대한 애착, 자기 권속에 대한 애착 또는 자기 재산, 자기 권력, 자기에 관계된 그런 모든 구속을 벗어버려야 극락에 가시는 것입니다.

극락세계는 몸도 마음도 무게도 없는 그런 광명의 몸, 조금도 무게가 없는 그런 중생만이 극락세계에 태어나는 것입니다.

영가여! 한 생각 놓아서 몸에 대한 애착, 권속에 대한 애착 또는 생전에 관계된 모든 것에 대한 애착을 뿌리치십시오. 그리고 영가가 눈을 들고 보시면 극락세계는 훤히 보이시는 것입니다. 극락세계는 어느 중생한테나 다 보이는 것인데 우리 중생이 어두워서 스스로 못 보는 것입니다.

'자작범부(自作凡夫)'라, 우리 중생이 스스로 잘못 생각해서 업장을 짓고 스스로 고(苦)를 받는 것입니다. 번뇌를 짓는 것이고 이 무지(無知) 때문에 우주의 본바탕, 자기의 본래면목, 자기 본래실존을 잘 모르기 때문에 번뇌를 일으키게 되는 것이고 번뇌 때문에 나쁜 말을 하게 되고 나쁜 행동이 되고 그렇게 함으로 해서 인생고를 받는 것입니다.

인생고라고 하는 것은 원인이 다른데 있는 것이 아닙니다. 무지 때문에 잘 못 봐서, 잘못 보기 때문에 잘못 행동해서 자기 스스로 자업자득으로 받는 것입니다.

영가여! 오늘 모이신 유가족들이시여! 인생이라 하는 것은 본래 행복스러운 것인데 중생이 잘못 생각하고 잘못 행동해서 스스로 불행을 자초하는 것입니다. 행복하게 되려면 어떻게 해야 될 것인가? "삼복(三福)을 지어라"는 부처님말씀이 있습니다. '석 삼(三)'자, '복 복(福)'자 세 가지 복입니다.

맨 처음에는 '세복(世福)'이라, '인간 세(世)'자, '복 복(福)'자, 인간 복입니다. 부모한테 효도하고 형제간에 우애하고 어른들을 공경하고 또는 일반대중들한테 베풀어주고 이런 것이 세상복인 것입니다. 금생에 나와서 세상 복을 받는 사람들은 우연히 받는 것이 아닙니다.

금생에는 별로 안 지었다 하더라도 과거 전생에 모두가 그와 같이 복을 지었던 것입니다. 부모한테 효도하고 형제간에 우애하고 어른들을 공경하고 친구지간 우애하고 신의가 있고 또는 남한테 모두를 베풀고 이런 사람만이 정말로 태어나면서부터 행복을 받는 것입니다. 못 생긴 사람, 불행한 사람은 과거 전생에 세복(世福)을 못 지은 것입니다.

그 다음은 '계복(戒福)'이라, 계행(戒行)을 지키는 복이란 말입니다. 계복은 어떤 것이냐 하면 생물을 죽이지 않고 또는 훔치지 않고, 남이 주지 않는 것을 갖지 않고 정당한 수입이 아니면 갖지 않고 또는 자신의 배필 이외의 이성들 하고 음란한 짓을 않고, 또는 거짓말·욕설·이간질하는 말을 하지 않고 또는 술 먹지 않고 이러한 등등의 계행을 지켜야 만이 복이 되는 것입니다.

금생에 돌아가신 OO영가와 같이 그렇게 당당하시고 늠름하신 분들은 모두가 이와 같이 세상 복을 짓고 또는 계행을 지키는 그런 복을 지었던 것입니다.

그 다음에는 '행복(行福)'이라, '행할 행(行)'자, '복 복(福)'자, 이것은 성자의 길을 따르는 것입니다. 성자의 길이라는 것은 우주의 도리입니다. 공자나 석가나 예수나 맹자나 노자나 모두가 우주의 길을 깨닫고서 우주의 길을 가신 분들인 것입니다. 우주의 길, 우주의 도리를 따를 적에 인간의 행복이 오고 사회도 평안스러운 것입니다.

우주의 도리를 안 따를 적에 개인의 마음도 불안스럽고 또는 사필귀정(事必歸正)으로 불행하게 되는 것입니다. 과거 전생에 지은 복으로 인해서 금생에 좀 잘 산다 하더라도 바로 안 살면 오래 못 가는 것입니다. 마땅히 우리는 이와 같이 세상 복을 짓고 계행을 지키는 복을 짓고 또는 성자의 가르침을 따라서 행동하는 그런 삼복(三福)을 지어야 하는 것입니다.

영가여! 극락세계가 저 십만 억 국토밖에 있는 것이 아니라 성자의 눈앞에 바로 이 자리, 한 걸음도 옮기지 않고 바로 이곳이 극락세계입니다. 이 세상이 바로 광명으로 빛나는 극락세계인데 중생은 무지(無知)로, 또는 탐욕심으로 또는 성내는 진심(瞋心)으로 가리어서 바로 못 보는 것입니다.

영가여! 모든 그런 얽힘을 다 떠나십시오. 허망한 이름, 눈에 보이는 일체 현상들은 모두가 다 허망 무상한 것입니다. 사실이 아닌 것을 중생이 꿈같은 것을 있다고 생각하는 것입니다.
영가여! '가상가명(假相假名)'이라, 가짜 상(相) 가짜 이름을 떠나서 저 극락세계 광명정토 끝도 갓도 없이 빛나는 그 극락세계를 생각하십시오. 극락세계에 계시는 분은 아미타불, 관세음보살, 대세지보살 그와 같이 무수한 부처님, 보살들, 성자만이 계십니다.
영가여! 그렇게 생각하실 적에 영가는 극락세계에 순식간에 가시는 것입니다. 영가여! 영가 앞에 있는 오색찬란한 그런 구름을 타고서 광명으로 빛나는 그런 구름을 타고서 영가는 순식간에 극락세계에 가시는 것입니다.

영가여! 아미타불은 극락세계 교주의 이름인 동시에 모든 중생의 본래 이름이고 또는 모든 존재의 근원적인 근본 뿌리입니다. 일체중생 본래성품, 본래 실상(實相) 자리는 아미타불입니다.
영가가 지금 생각하실 것은 광명이 빛나는 극락세계이고 영가가 지금 부르실 것은 아미타불입니다. 우주의 진리인 동시에 자기의 참 이름 극락세계의 교주인 그 아미타불을 일심으로 생각하십시오.
김가 박가 같은 그 이름은 금생에 인간으로 태어나서 잠시간 인연 따라서 붙인 가명(假名)에 불과합니다. 유가족들도 지금 극락세계에 가시는 어른을 위해서 추모하는 가운데서 가장 중요한 일은 영가와 똑같이 참다운 우리 생명의 이름인 아미타불, 관세음보살을 입으로 속으로 외시고 생각으로는 극락세계의 끝도 갓도 없이 훤히 빛나는 극락세계를 생각하시는 것이 돌아가신 어른을 추모하는 가장 최선의 길입니다.

영가여! 주저 없이 뿌리치셔서 해탈의 마음으로 극락세계에 왕생하시기 바랍니다.

12. OOO거사와 유가족을 위한 49재 영가천도법문

　OOO영가여! 세월은 흘러가는 강물 같아서 영가가 가신지가 49일이 지났습니다.
　영가여! 자세히 듣고 깊이 생각하십시오. 중생은 '모양이 있으면 살았다 하고 모양이 없으면 죽었다' 합니다. 그러나 모양이 있고 없고 관계없이 생명은 죽지 않는 것입니다. 생명은 죽음이 없고 바로 영생 하는 것인데 중생이 어두워서 생명의 본질을 못 보기 때문입니다. '금유전무(今有前無)'라, 지금은 있어도 앞에는 모양이 없었습니다.
　박아무개 김아무개라 하는 그런 인간 존재가 지금 있다고 하더라도 과거에는 없었습니다. 없다가 부모 인연 따라서 금생에 사람 몸 받아 나와서 사람 몸이 이루어진 것입니다. '금유후무(今有後無)'라, 금생에는 모양이 있다 하더라도 인연이 다해서 자기 몸이 사라지면 다시 죽은 다음에는 모양이 없습니다. 과거에 없던 모양이 금생에 있고 금생에 있던 모양이 미래에는 없습니다. 이와 같이 모양이 있고 없고 간에 생명은 존재합니다.

　영가여! 생각해 보십시오. 영가는 분명히 이 자리에 와서 극락세계에 갈 수 있는 그러한 마음의 준비를 하신 것입니다. 우리 인간의 사바 고해는 언제나 탐욕심이나 또는 분노심이나 또는 사물을 바로 못 보는 어리석은 마음이나 이런 마음 때문에 바른 생활을 못합니다. 바른 생활을 못하기 때문에 여러 갈래로 헤매는 것입니다.
　자기 업장의 무게가 가장 무거워지면 지옥으로 갔다가, 좀 가벼우면 축생 갔다가, 가볍고 무거움에 따라서 육도윤회라, 지옥·아귀·축생·아수라·인간·천상 이와 같이 육도를 헤매는 것입니다. 이런 업장의 무게가 다 끝나서 본래마음, 본래 생명으로 돌아가면 그때는 한계를 초월해서 욕심을 주로 하는 욕계(欲界)나 또는 모양이 있는 색계(色界)나 의식만 존재하는 무색계(無色界)나 이런 삼계를 초월해서 극락세계에 왕생하는 것입니다.

영가여! 깊이 생각하십시오. 업장의 무게라는 것은 탐욕심이나 또는 분노심이나 또는 어리석은 마음이나 이런 마음이지만 더없이 사물에 집착하는 마음, 이런 마음이 업장인 것입니다. 우리 중생이 몸이 있다가 사라질 때에는 세 가지 무거운 업장이 있습니다.

그것 '평소에 쓰던 몸이 내 것이다'하는 집착입니다. 몸이라는 것은 지·수·화·풍 사대 각 원소가 모이고 우리 의식이 모여 이것이 부처님 말씀대로 하면 사대오온(四大五蘊)인데 사대오온이 잠시간 인연 따라서 모여 몸이 이루어졌습니다. 이렇게 이루어진 몸이 인연이 다하면 그때는 각 원소는 원소대로 해서 흩어지는 것이고 다만 그 쓰던 이 마음만 가지고 갑니다.

평소에 쓰던 그 마음은 몸은 사라졌다 하더라도 생명은 존재하는 것인데 그러한 마음에 집착이 붙어 놓으면 그런 집착 때문에 아까 말씀드린 대로 욕계나 색계나 무색계 그런 삼계(三界)를 뱅뱅 돌면서 해탈을 못하는 것입니다. 해탈을 못하면 우리 생명의 본 고향인 극락세계에 못 가는 것입니다.

어떠한 것이 우리 인간이 돌아갈 적에 집착심인가 하면 우선 자기 몸에 대한 집착심입니다. 내 얼굴·내 손·내 발 이와 같은 것에 대한 집착심입니다

매장하면 매장하는 거기까지 따라가면서 '아! 저 몸이 내 몸이다. 지금 땅에 묻힌 몸이 내 몸이다' 하면서 집착심을 부립니다. 그러나 화장하면 집착심은 적어지지만 그래도 역시 집착한 흔적 때문에 자기 쓰던 몸에 대해서 느끼던 그런 애착심은 떠날 래야 떠날 수가 없습니다.

또 한 가지, 아까도 말씀드린 대로 각 원소가 합해지고 또는 자기의식, 자기 분별 시비하는 그런 식(識)이 합해져서 사람 몸이 이루어졌습니다. 자기 몸을 구성했던 그런 원소가 흩어져버리면 몸은 간 곳이 없습니다. 흔적이 없습니다.

텅 빈 광야에다가 여러 가지 자재를 구해서 집을 만듭니다. 그러나 집이 필요 없어서 또는 인연이 다해서 집을 허물어 버립니다. 그러면 흙 또는 텅 빈 광야만 남습니다. 그와 똑같이 사람 몸도 역시 인연 따라서 잠시간 몸으로 나툴 뿐입니다.

인연이 다하면 그때는 모양은 없습니다. 몸을 구성하는 산소는 산소대로 수소는 수소대로 또는 탄소는 탄소대로 흩어지고 마는 것입니다. 아무 것도 없습니다. 바로 보면 이와 같이 중생의 몸은 없는 것인데 그러면 '정말로 아무 것도 없는 것인가?' 아무 것도 없는 것은 아닙니다.

예를 들면 어두컴컴할 적에 지푸라기를 잘못 보고서 '저건 뱀이다' 하는 것과 같이 우리가 그릇된 상(相)을 냅니다. 그러나 지푸라기나 새끼 토막 그런 것이 아무 것도 없는 것은 아닙니다. 분명히 존재한단 말입니다. 그러나 뱀이라고 느끼는 그것은 존재하지 않습니다. 지·수·화·풍 사대의 각 원소가 합해진 그 몸뚱이들을 '내 것이다' 하는 그것은 마치 어두컴컴할 적에 짚으로 꼬아진 새끼 토막을 뱀이라고 보는 것이나 똑같습니다.

이것은 '정유리무(情有理無)'라, 다만 우리 망상된 마음이 있는 것이지 사실은 없습니다. '나다' 하는 강 아무개·김 아무개 하는 그것도 역시 방금 말씀드린 대로 어두컴컴할 적에 새끼 토막을 잘못 보고서 '이것은 뱀이다' 하는 것이나 똑같습니다. 따라서 바로 보면 새끼 토막이고 정말로 바로 보면 그때는 지푸라기뿐입니다. 성자들은 그러한 그릇된 것에 집착하지 않습니다.

그러나 우리 중생들은 새끼 토막을 보고 '뱀이다' 이래 가지고서 '뱀이다'라는 그 마음 때문에 자꾸만 업을 짓습니다. 이 몸뚱이가 내 것도 네 것도 아닌 것인데 '내 것이다'하는 잘못된 개념 때문에 이 몸뚱이에 좋게 하면 그때는 환희심을 내는 것이고 몸뚱이에 싫게 하면 그때는 성내는 진심(瞋心)을 내는 것입니다.

 바른 지혜가 무엇인가 하면 '지금 몸뚱이 이것이 내 것이 아니다'는 지혜, 즉 말하자면 '몸뚱이를 구성한 내 몸이 본래 없다' 하는, 마치 물에 비치는 달그림자 같이 '사실은 달이 아니고서 그림자에 불과하다' 이와 같이 느끼지 못하는 한에는 아까 말씀드린 대로 지옥이나 아귀나 축생이나 그러한 윤회하는 길을 멈출 수가 없습니다. 새끼 토막의 본질은 지푸라기이듯이 우리 사람도 역시 본바탕은 바로 부처님입니다.
 본바탕은 부처님인데 우리 중생이 어두워서 못 본단 말입니다. 부처님으로 보는 이것이 바로 보는 것입니다. 바로 보는 그런 견해가 없는 한에는 우리 중생은 몇 만 생의 생을 나고 죽고 되풀이 하면서 욕계·색계·무색계나, 지옥·아귀·축생·아수라·인간·천상, 이러한 경계를 뱅뱅 돌아서 윤회하는 것입니다.

 영가여! 깊이 생각 하십시오. 우리 인간이 돌아갈 고향은 극락세계입니다. 어느 곳도 머물 곳이 없습니다. 머물 곳은 그때그때 무상한 일시적인 것입니다. 몸은 흔적도 없습니다. 다만 우리 마음만 존재합니다. 그런데 마음도 역시 집착하는 마음, 욕심을 부리고 또는 성을 내고 또는 자타(自他)를 구분하고 하는 그런 마음은 삼계(三界)를 윤회하는 저 지옥으로 뚝 떨어졌다가 또는 조금 나아지면 귀신이 됐다가 또는 축생이 되었다가 그렇게 헤매는 것입니다.
 영가여! 깊이 생각하십시오. 우리 중생이 가야 하는 고향은 극락세계입니다. 극락세계는 광명으로 이루어져서 극락세계의 나무나 숲이나 집이나 또는 환경, 모두가 다 찬란한 광명으로 이루어진 빛나는 세계입니다. 이 세계는 영생하는 세계입니다. 여기로 가야만이 우리 인생은 비로소 인생고를 떠나서 생로병사를 떠나서 또는 영원히 만나서 헤어지지 않는 그러한 무량한 행복을 누리는 것입니다.

영가여! 깊이 생각하십시오. 이 자리에 모이신 사부대중이시여! 영가뿐만 아니라 살아있는 우리의 참 모습 참 생명은 바로 부처님이십니다. 비록 우리 인연이 복잡해서 바로 극락에는 못 가도, 참 생명인 부처님이 바로 못 되어도 언젠가는 되어야 하는 것입니다.

못 가고 못 되면 우리는 그만치 욕계나 색계나 무색계, 지옥이나 아귀나 축생이나 또는 아수라 그런데서 헤매고 생로병사를 거듭하는 것입니다. 극락세계에 가서 영생하는 길 외에는 모두가 다 죽고 살고 아프고 늙고 하는 생로병사를 피할 수가 없습니다.

영가여! 깊이 생각하십시오. 영가가 가는 길은 오직 자기 몸에 대한 애착을 버리고 또는 금생에 대한 미련을 버리고 또는 자기가 아끼던 주변의 세간에 대한 애착을 버리고 오직 부처님한테 가는 길, 부처님 되는 길뿐입니다.

부처님 되는 길이나 극락세계에 가는 길은 똑 같은 길입니다. 부처님이 되어야 비로소 극락세계에 가는 것입니다. 극락세계에 가야 참다운 부처가 되는 것입니다. 극락은 인간 누구나 갈 수 있는, 꼭 가야하는 우리 근본생명의 고향인 것입니다.

영가여! 자세히 관찰하십시오. 돌아갈 고향인 극락세계는 광명으로 빛나는 세계입니다. 아미타부처님·관세음보살님 또는 대세지보살님 무수한 보살님들이 계시는 세계입니다.

영가여! 집착을 버리고, 욕심이나 진심(瞋心)이나 어리석은 마음이나 업장을 구성하는 마음만 버리고 눈을 들면 극락세계의 찬란한 영원의 세계가 보이는 것입니다. 극락세계의 아미타부처님께서 관음보살이나 무수한 보살을 거느리고 계시고 영가가 타고 가실 찬란한 연화대가 보이는 것입니다.

영가여! 눈을 바로 들고서 보살님들이 내미는 그런 금색 연화대에 오르셔서 조금도 미련 없이 극락세계에 왕생하시기 바랍니다.

유가족이시여! 돌아가신 영가를 위하는 가장 지극한 효심은 오직 영가가 극락세계에 왕생하시기 위해서 우리 인간의 참다운 이름 또는 영원한 생명의 이름 또는 우주의 이름인 아미타불, 관세음보살을 일심으로 염하는 것입니다.

유가족이시여! 다시 명심하십시오. 영가를 위한 가장 큰 효심은 영가를 위해 무수한 재물을 쌓는 그것도 아무런 소용이 없고 다만 영가를 위해서 바른 생각, 바른 마음을 가지고서 바른 생활을 하면서 오직 일체 중생의 참 생명의 이름 또는 우주의 이름, 내 생명의 참 이름인 아미타불, 관세음보살님을 일심으로 외우면서 OOO영가가 하루 빨리 극락세계에 돌아가시기를 바라는 그 마음이 최선의 효심인 것입니다.

이렇게 해서 돌아가신 영가나 우리 사부대중이나 모두가 한결같이 자기 본 고향인 극락세계로 하루 빨리 돌아가시기를 간절히 바라면서 오늘 말씀 마칩니다.

13. ○○거사 49재 영가천도법문

　사바세계의 인연은 무상(無常)하고도 허무합니다. 영가여, 자세히 듣고 깊이 생각하십시오. 사바세계의 몸이라 하는 것은 색신(色身)이기 때문에 모양이 있고 또는 여러 가지 거기에 따르는 제약이 있습니다. 그러나 참 몸인 법신은 모양도 없고 이름도 없습니다.

　영가여! 깊이 생각하십시오. 사람은 죽어서 화장을 하면 재만 남는 것이고 매장을 하면 그냥 흙만 남는 것입니다. 영가의 몸은 지금 어디에 있습니까? 영가의 몸은 지금 매장 돼서 묻혀 있습니다. 그러나 영가의 법신은, 법신위에 때 묻은 영가의 업식(業識)은 분명히 부처님의 위신력에 의해서 이 자리에 와서 천도법문을 듣는 것입니다.

　영가여! 깊이 생각하십시오. 우리가 떠나온 본래 자리는 가상(假相) 가명(假名)을 떠난 순수한 생명, 순수한 불성(佛性)입니다. 그런데 사바세계의 인연 따라서 헤매다가 각 원소가 그때그때 합해진 이러한 몸을 자기 몸이라 고집하고 우리가 감수하고 상상하고 또는 분별 시비하는 그러한 업을 자기 마음이라 고집합니다.
　그러나 지·수·화·풍 사대로 이루어진 이 몸은 인연이 다하면 그냥 허물어져서 아무 것도 없는 자리로 돌아가고 맙니다. 모양도 공(空)이요, 소리도 공이요, 냄새도 공이요, 다 공입니다.

　영가여! 영가가 가시는 길에는 아무도 못 따라갑니다. 영가의 사랑하던 아내도, 아들도 딸도 못 따라갑니다. 영가의 재산도 영가를 못 따라갑니다. 중생은 자기의 본래면목을 잘못 보기 때문에 자기 몸이 아닌 것을 자기 몸이라 고집하고 자기 마음이 아닌 것을 자기 마음이라 고집하기 때문에 삼계(三界) 육도(六道)에서 한량없는 고생을 받는 것입니다.

　욕심을 못 떠나면 욕계(欲界) 중생, 진심(瞋心)을 아직 못 떠나면 그때는 색계(色界) 중생, 무명심(無明心)의 끄트머리를 못 떠나면 그때는 무색계(無色界) 중생, 이러한 삼계(三界)에서 헤매는 것입니다.
　우리 중생이 윤회하는 세계는 지옥·아귀·축생·수라·인간·천상의 육도 세계입니다. 이 자리에서 자기 본래 생명을 바로 못 볼 때는 영원히 윤회하고 마는 것입니다.
　영가여! 영가는 오늘 자기가 아닌 그런 껍데기를 다 벗어버리고서 참다운 면목을 발견해서 우리 생명의 본래 고향인 극락세계로 가시는 것입니다.

　영가여! 자세히 듣고 깊이 생각하십시오. 가시는 길에 장애가 무엇인가? 자기 몸이 자기 것이라고 생각하는 그런 망상된 생각들이 자기라고 생각하기 때문에 자기 권속이 있고 또는 자기 몸이 있고 자기 재산이 있다고 고집하는 것입니다.
　우리 중생들은 자기가 평생 동안 쓰던 몸을 굉장히 소중히 여깁니다. 더러는 분도 바르고 향수도 바르고 또는 금가락지나 다이아몬드 반지도 끼고 이렇게 해서 사랑하고 가꾸고 합니다. 몇십 년 동안 그렇게 자기 몸을 아끼는 나머지 더러는 남을 죽이기도 하고 배신도 하고 거짓말도 하고 이렇게 해서 아낀 자기 몸이기 때문에 인연이 다해서 갈 때에도 자기 몸 때문에 잘 못 갑니다.
　한 번 죽어지면 죽어진 몸에는 아무 것도 없습니다. 거기에는 생명이 없는 것입니다. 앞서 말씀드린 바와 같이 화장하면 재만 남고 땅에 파묻으면 썩어서 흙만 남습니다. 몸의 피는 수분으로 돌아가고 불기운, 물 기운과 같은 모든 원소는 다 흩어지고 마는 것입니다. 아무 것도 안 남습니다.

참답게 남는 것은 본래면목자리, 참 생명뿐입니다. 영원하다고 고집하기 때문에 내 몸이라고 의지해서 살 때에 잠시 만났다가 헤어지는 자기 아내, 자기 남편, 자기 자식, 이런 자기 권속들을 내 것이라고 고집합니다.

영가여! 깊이 생각하십시오. 재산도, 아내도, 권속도 아무 것도 못 따라갑니다. 다만 영가가 평소에 쓰던, 어떻게 마음을 썼던가 하는 그런 업식만 영가를 따라갑니다.

영가여! 영가는 복이 많은 분입니다. 영가와 산승이 만난 지도 상당히 깊은 인연입니다. 영가는 훌륭한 부인을 두셨습니다. 재(齋) 재(齋) 때마다 천리 길을 마다 않고 자녀분들을 거느리고 한 번도 빠짐없이 참석하셨습니다. 오늘 이와 같이 지성스런 불자님들이 많이 모이신 것도 영가의 복이요, 영가가 훌륭한 부인과 자식을 두셨기 때문에 그런 것입니다.

영가여! 깊이 생각하십시오. 우리 본래면목이라 하는 것은 어떠한 것인가? 이것은 불성(佛性), 부처님 성품인 것이고 바로 부처님입니다. 지장보살이고 관세음보살이고 아미타불이고 또는 문수보살이고 또는 대일여래이고 모두가 다 부처님 이름입니다.

우리 부처님 공덕은 한도 끝도 없고 부처님 공덕은 바로 내 본성품 공덕인 것이고 부처님 공덕은 바로 우주고 바로 우주의 진리, 우주가 부처님 몸이고 우주의 모든 존재, 모든 능력 이것이 부처님 공덕인 것입니다.

부처님 공덕이 한량이 없기 때문에 부처님의 자비나 지혜광명이 빛나는 자리에서는 무량광불(無量光佛)이고 또는 부처님의 지혜나 자비광명은 우주에 가득 차 있으니까 광명변조(光明邊照)이고, 부처님한테 깃들어 있는 모든 존재의 생명에 깃들어 있는 그러한 기쁨은 한이 없기 때문에 부처님의 이름 또한 환희장마니보적불(歡喜藏摩尼寶積佛)이라, 또는 우리 본래면목인 동시에 우주의 본래면목 자리인 부처님은 기쁨이나 그런 행복이 한이 없기 때문에 환희광불(歡喜光佛)이라, 자비나 능력이나 어떠한 것이나 원만무결하게 갖춘 것이 부처님 자리인 것입니다.

그런 부처님 자리와 우리 중생의 본래면목 자리는 절대로 둘이 아닙니다. 우리 중생이 업을 지어서 지금 김 아무개, 박아무개고 이렇게 부른다 하더라도, 이것은 겉만 차이가 있고 형상적인 차이만 있는 것이지 본래면목 자리는 김가나 박가나 또는 동물이나 식물이나 어떠한 광물이나 모두가 다 똑같은 부처님 성품으로 가득 차 있습니다.

우리 중생의 몸 어느 부분에 부처님이 계시는 것이 아니라 우리 몸 머리카락부터 발가락까지 조금도 빈틈없이 부처님이 꽉 차 계시는 것입니다.

영가여! 깊이 생각하십시오. 영가가 쓰시던 그 몸은 영가의 참다운 몸이 아닙니다. 인연 따라서 본래면목자리, 불성자리를 잘못 봤기 때문에 삼계육도에서 오랫동안 헤맸던 것입니다. 우리 중생들은 오랜 나그네 길입니다. 고향 떠나와서 바로 못 보면 천만 생 윤회하고 윤회하다가 고생만 받는 것입니다.

영가여! 본래면목을 깨닫고서 지금 바로 눈을 뜨십시오. 자기 몸에 대한 애착, 자기권속에 대한 애착, 모든 애착을 다 털어버리고서 바로 눈을 뜨십시오. 사바세계의 만남은 결국 헤어지고 맙니다. 기왕이면 금생에 만났던 그런 좋은 인연들, 훌륭한 아내, 선량한 자식들 또는 좋은 친구들 이런 분들하고 영생에 만나는 길은 무한공덕인 것입니다.

부처님 공덕을 자비로운 쪽으로 보면 관세음보살, 지혜로운 쪽으로 보면 문수보살, 또는 유명계(幽冥界)의 중생을 다스리는 쪽에서 볼 때는 지장보살, 우리 중생의 본래면목인 동시에 또는 극락세계의 교주인 동시에 바로 우주의 실상(實相)의 명호(名號), 이것이 아미타불인 것입니다. 아미타불 부처님은 모든 중생을 극락세계에 오도록 까지 인도하시는 것입니다.

영가여! 아미타불 부처님이 관세음보살님을 거느리고 영가 앞에 지금 서 계십니다. 금색 찬란한 그런 광명으로 이루어진 연화대가 바로 영가 앞에 있습니다. 모든 상(相)을 떠나버린 참다운 극락세계의 법성(法性)이 영가를 기다리고 있습니다.

영가여! 훌훌 털어버리시고서 정말로 쾌활한, 정말로 가벼운 그런 몸으로 연화대에 앉으셔서 극락세계에 왕생하소서.

14. ㅇㅇ스님 모친 49재 영가천도법문

ㅇㅇ영가여! 자세히 듣고 깊이 생각하십시오.

한 아들이 출가해서 도를 닦아서 공부를 하면 구족(九族)이 생천(生天)하는데 네 아들이 다 출가해서 공부를 하고 계시고, 또 한 아들은 5년째 묵언수행을 하고 계십니다. 그 공덕이 얼마나 많겠습니까.

하물며 오늘 49재를 맞이해서 성실하고 반듯하신 좋은 시식(施食)을 받고 계십니다. 따라서 영가께서는 틀림없이 왕생극락을 하실 것입니다.

산승은 영가 아드님과는 사제지간의 인연관계가 있고 또한 영가하고도 인연이 깊습니다. 산승이 새삼스럽게 좋은 법문을 안 한다 하더라도 영가의 그런 선근공덕으로 해서 극락왕생은 틀림이 없지만 그래도 산승이 노파심에서 마지막 인도의 법문을 하겠습니다.

영가여! 자세히 듣고 깊이 생각하십시오. 우리 사람이라 하는 것은 마음이 밝을 때는 어떠한 것도 거리낌이 없습니다. 천지우주가 그대로 마음세계 뿐이고 또는 지옥이나 아귀나 축생이나 아수라나 인간이나 천상(天上)이나 그러한 흔적도 없는 것입니다. 그러나 마음이 무명(無明)에 가릴 때는 분명히 지옥도 있고 아귀도 있고 축생도 있고 아수라도 있고 인간도 천상도 모두 있는 것입니다.

깨달으면 천지 우주가 모두 다 광명뿐이고 또는 찬란한 화장세계인데 깨닫지 못하면 욕계·색계·무색계 삼계(三界)가 있고, 또는 지옥·아귀·축생·아수라·인간·천상, 그런 육도중생의 갈래가 있는 것입니다. 한 번 잘못 살아 마음 깨닫지 못하고 어두우면 지옥이나 아귀나 축생이나 삼악도(三惡道)로 전락되는 것이고, 조금 잘 살면 아수라, 인간, 천상으로 갈 것이나 이것도 역시 인간의 본 마음 자리는 못 됩니다.

영가여! 영가는 과거 전생에 선근(善根)을 많이 심어서 자연히 인간으로 태어나셨고 금생에 나와서는 네 분의 출가 사문을 낳을 정도로 훌륭한 어머니셨습니다. 또 영가는 어떤 곤혹스러운 때도 제가 알기로는 한 번도 얼굴을 찌푸린 적이 없습니다. 산승이 여기 칠장사에 머물다가 5년 전에 여기를 떠나갈 적에 영가께서는 산승의 손을 잡고 눈물을 흘리셨습니다.

또 그 전에도 여러 차례 만났는데 그럴 때마다 한 번도 얼굴이 흐린 적을 못 보았습니다. 그 밝은 얼굴, 밝은 미소가 산승의 뇌리에는 지금도 또렷이 남아 있습니다. 그와 같이 영가께서는 선근이 지극히 깊어 보이십니다. 그러기에 네 분의 스님을 낳으셨습니다.

영가여! 영가가 생전에 하신 공부도 많으셔서 영가의 공덕으로서는 틀림없이 극락왕생이 결정되시지만 공부를 좀 했다 하더라도 육근청정(六根淸淨)한 그런 성자의 존재가 못 되면 잊어버리는 것입니다. 따라서 차마 잊어버리실까봐 산승이 노파심에서 다시 한 번 말씀을 드리는 것입니다.

부모님의 연을 만나서 한 번 나오면 그때는 '날 생(生)'자, '있을 유(有)'자, '생유(生有)'라 하는 것입니다. '생유'에서 낳고 '본유(本有)'에서 한 세상 살고 또는 '사유(死有)'에서 바로 죽고, 죽어서 미처 갈 곳을 모르고서 헤매는 그때는 '중유(中有)'란 말입니다. 영가는 지금 '중유'에서 극락세계로 비약적으로 가시는 것입니다.

영가여! 영가뿐만 아니라 모든 중생들은 업장이 무거워서 헤맬 때는 욕계나 색계나 무색계나 삼계를 윤회하는 것이지만 한 생각 깨달아서 밝은 마음이 생기고 또는 진여불성(眞如佛性)자리, 본래

면목자리를 깨달아 버리면 그냥 극락세계로 바로 왕생하실 것입니다. 그러나 극락세계도 자기 바탕 근본 따라서 차이가 있는 것입니다.

가장 낮은 극락세계가 하품하생(下品下生)이요, 그 다음이 하품중생(下品中生)이요, 그 다음이 하품상생(下品上生)이요, 또는 올라가서 업장이 가벼우면 중품하생(中品下生)이요, 올라가서 중품중생(中品中生)이요, 올라가서 중품상생(中品上生)이요, 또는 올라가서 상품하생(上品下生), 상품중생(上品中生), 또는 상품상생(上品上生)이라, 바로 깨달아서 마음의 그림자 하나라도 없으면 그때는 상품상생으로 가는 것입니다.

영가여! 사람 몸이라 하는 것은 과거 전생의 업 따라서 자기 몸을 구성한 지·수·화·풍 사대, 지금으로 말하면 산소나 수소나 질소나 탄소나 그러한 각 원소가 합해서 우리 몸이 됩니다. 그러면 우리의 마음은 대체로 어떤 것입니까? 마음은 우리가 상상하고 또는 의식하고 또는 분별 시비하고 수(受)와 상(相)과 행(行)과 식(識)이 모여서 우리 마음이 됩니다.

그런데 범부라 하는 것은 그 오온(五蘊), 이것이 허망한 줄을 모르고서 사대(四大)가 합해진 색신(色身) 이것이 참다운 자기 몸이요 또는 분별 시비하는 그 마음이 자기 마음이라고 집착합니다. 이것을 '나'라고 집착합니다. 그러나 몸이라 하는 것은 사대가 잠시간 합해졌기 때문에 이런 것은 사실은 실체가 없는 것입니다. 따라서 어느 순간도 자기 몸은 그대로 있을 수가 없습니다.

사람 몸뿐만이 아니라 산하대지 삼라만상 두두물물 모두가 이러한 물질적인 존재는 어느 순간도 그대로 머물지가 않습니다. 그러기에 무상인 것입니다.

어느 공간에 머물러 있어야 시간적으로도 존재할 수가 있는 것인데 어느 공간에도 머물러 있지가 않으니 어느 시간도 존재할 수가 없습니다. 따라서 무상(無常)이요, 공(空)입니다. 무상이요, 공인 것은 나라고 할 수가 없습니다. 그냥 공인 것입니다

바로 본다고 할 때는 어느 사람이나 어느 존재나 모두가 다 무상한 존재요, 무상한 존재기 때문에 이것은 공이요, 또는 공이기 때문에 나라고 할 것이 없습니다.

'나'라고 할 것이 없는데 우리 중생들은 진여불성(眞如佛性)이라는 본체를 못 보고 현상적인 모양만 봅니다. 그렇기 때문에 있는 것을 그대로 있다고 생각하고 집착하는 그런 마음 때문에 몸뚱이 이것이 내 몸이요, 분별 시비하는 마음이 내 마음이라 합니다. 그것은 본체를 못 보고 이름에 걸리고 이른바 명상(名相)에 집착하기 때문에 참다운 자기 생명을 못 보는 것입니다.

영가여! 참다운 생명은 자기 몸, 이 색신이 아니고 자기가 지금 분별 시비하는 이 마음이 아닙니다. 이것은 하나의 거품같이 또는 뜬구름 같은 가상(假相)에 불과합니다.

영가여! 오늘 인연 따라서 모이신 우리 사부대중이시여!

도둑놈 가운데서 참 도둑놈 또는 배신자 가운데서 가장 무서운 배신자는 다른데 있지 않습니다. 자기 몸뚱이가 가장 지독한 도둑놈이고 가장 악독한 배신자입니다.

생전에 제아무리 산해진미로 호의호식을 시키고 또는 온갖 비단으로 몸을 치장시키고 또는 금은보화를 몸에 찬다고 하더라도 이것은 종당에는 인사도 없이 사라지고 마는 것입니다. 이 몸뚱이 태우면 재가 되고, 흙에 묻으면 그때는 흙이 되고 마는 것입니다. 흔적도 없이 사라지고 맙니다.

○○영가여! 우리 사부대중이시여!

이 몸이 대체로 무엇입니까? 아까 제가 말씀드린 바와 같이 몸

이것은 안개가 모인 것과 같고 또는 꿈의 부스러기가 모인 것과 같습니다. 지수화풍이라는 사대의 땅기운[地]도 허망한 것이요, 물 기운[水]도 허망한 것이요, 불기운[火] 이것도 허망한 것이요, 바람기운[風] 이것도 허망한 것입니다. 산소도 허망한 것이요, 수소도 허망한 것이요, 질소도 허망한 것입니다.

이러한 것들은 모두가 다 에너지라 하는 물질이 아닌 하나의 생명이 진동하고 운동해서 그러한 것이 될 뿐입니다. 중생들은 본바탕을 못 보고 상만 보기 때문에 한동안 이루었다가 사라지는 구름 같은 존재를 '나'로 고집합니다. 그러나 이 도둑놈은 어떠한 경우도 우리 마음대로 할 수가 없습니다.

욕심도 한정이 없어서 백만 원이 있으면 천만 원이 갖고 싶고 천만 원이 있으면 억대를 갖고 싶고 정말로 히말라야 산 보다도 더 많은 금덩이가 있다 하더라도 그것으로 만족 못하는 것이 도둑놈 호주머니입니다.

다이아반지를 끼어 보나 무얼 끼어 보나 죽은 다음에는 자기 손가락이 흔적도 없습니다. 그러나 중생들은 참다운 우리 생명의 진여불성(眞如佛性)자리가 바로 부처님인데 이 자리를 모르기 때문에, 바로 그 무명(無明心)이라는 것 때문에 지옥으로 아귀로 축생으로 헤매는 것입니다. 무명심만 없다면 바로 내 몸이 천지 우주와 더불어서 조금도 차이가 없습니다.

나의 본 생명 또는 일체 존재의 본 생명 이것을 아는 것은 부처님 가르침뿐인 것입니다. 우리 부처님의 가르침인 인과율(因果律), 이것은 철두철미한 과학인 동시에 인생과 우주의 본바탕을 아는 참다운 철학이요 또는 그 자리를 증명하는 참다운 종교는 역시 불교밖에 없습니다.

부처님을 믿는 것은 무엇을 믿는 것인가? 허망무상한 상(相)을 떠나서 참다운 본래면목 자리, 진여불성 자리를 믿고 사는 것이 부처님 가르침인 것입니다.

영가여! 영가가 갈 곳은 극락세계입니다. 극락세계는 삼독심(三毒心)을 떠나버린 곳으로 무명심(無明心)을 떠나버린 분만이 갈 수가 있습니다.

영가여! 자세히 듣고 깊이 생각하십시오. 극락세계는 필경 돌아가야 할 일체 중생의 고향입니다. 극락세계는 땅도 황금으로 되어있고 나무도 숲도 모두가 다 금색 찬란한 광명으로 되어 있습니다. 극락세계는 광명정토입니다.

극락세계의 교주는 극락세계에서 우리 중생에게 법문하시는 부처님은 아미타불입니다. 또한 극락세계는 삼독심을 떠난 무수한 보살들이 존재하는 세계입니다.

따라서 극락세계에 가는 첩경을 말씀하신 법문인 『대무량수경(大無量壽經)』에는 법장비구가 극락세계를 건립할 때에 세운 48원의 원력이 있습니다. 그 원력 가운데서 염불왕생원(念佛往生願)이라, 염불하면 극락세계에 왕생한다는 그러한 법문이란 말입니다. 그 법문 가운데서 우리 중생이 설사 업장이 무겁다 하더라도 우리 인간의 누구가 업장이 없겠습니까. 삼독심이 있는 중생이라면 누구나가 다 업장이 있습니다.

"범부(凡夫) 가운데서 비록 업장이 무겁다 하더라도 진심으로 참다운 마음으로 열 번만 '나무아미타불'을 외우면 틀림없이 극락세계에 태어난다." 이렇게 말씀하셨습니다. 그러나 정말로 그 전에 일심으로 조금도 남을 미워하지 않고 참다운 평등심을 가져야 할 것인데 보통 사람은 어렵습니다. 그러나 영가여! 영가의 참 생명은 영가의 몸도 아니요, 영가의 자식도 아니고, 영가의 처자도 아닙니다.

자기의 몸도 자기를 못 따라오고 자기 자식도 자기를 못 따라오는 것이고, 자기 아내도 자기 남편도 못 따라옵니다. 어떠한 것도 못 따라옵니다. 오직 자기의 그런 업식(業識)만 가지고서 홀로 가는 것이 우리 중생이 가는 길입니다. 우리 중생들이 몸이 있고 자식이 있고 형제가 있고 이럴 때는 일념이 되기가 어려우나, 업식만 가지고 있는 그러한 심식(心識)이기 때문에 마음만 잘 먹어 한 생각 돌이키면 그냥 일념이 되시는 것입니다.

극락세계는 무한의 세계이기 때문에 어떠한 세계나 한도 끝도 없이 모두가 다 극락세계입니다. 우리 중생이 보면 극락 따로 있고 지옥 따로 있습니다만 밝은 분들이 바로 볼 때에는 비단 극락세계만 극락세계가 아니라 이 세계도 바로 화장세계(華藏世界)라 바로 극락세계인 것입니다.

영가여! 영가가 아직은 그렇게 안 보인다 하더라도 영가가 가실 극락세계는 조금도 흠이 없는 훤히 빛나는 자비요, 지혜요, 또는 일체 무량공덕을 갖춘 그러한 광명세계입니다. 그리고 극락세계의 그 마음을 단 한 순간도 놓치지 않기 위해서 극락세계의 교주, 참다운 생명의 이름 '나무아미타불'을 간절히 부르십시오.

오늘 이 자리에 모이신 우리 사부대중이시여! 오늘 천도를 받는 청신녀 ○○○영가의 극락왕생을 돕는 길은 다른 길이 없습니다. '섭섭하다, 슬프다' 그러한 습정(習情)에서 우러난 말들은 극락세계의 왕생을 돕는 것이 못 됩니다.

우리가 지금 인간에 있다 하더라도 아까 제가 말씀드린 바와 같이 가장 무서운 도둑놈인, 가장 악독한 배신자인 내 몸뚱이 이것을 생각하고 참다운 생명을 외면할 때는 영원히 청정한 빛을 등지고 어두운 세계로 가는 것입니다.

우리 중생, 우리 인간에 있어서는 어두움과 광명이 따로 있습니다. 자기 몸뚱이만 생각하고 자기와 가까운 권속의 몸뚱이 생각하고 이렇게 해서 물질위주만 생각할 때는 우리 인간은 고통에서 벗어날 길이 없습니다.

　우주의 참다운 도리 이것은 누구나가 참다운 진리의 부처님을 딱 믿고서 그 자리를 확신하고서 그 자리에 가도록 우리가 생활하고 공부도 하는 것이 우리가 우주의 도리를 따르는 것입니다. 진리에 반하는 길은 참다운 자유와 참다운 행복이 없습니다. 진리를 따라야 만이 참다운 자유와 행복이 있습니다.

15. 금륜회 영가천도법문

오늘 이 법회에 참여하신 우리 불자님들은 지극한 불심으로, 특히 금륜회(金輪會)를 위하여 지성으로 동조하는 훌륭한 법우들이라고 생각됩니다.

사실 금륜이란 자체가 바로 법륜(法輪)입니다. 금륜도 '쇠금(金)'자, '바퀴 륜(輪)'자 입니다마는, 법륜도 '법 법(法)자', '바퀴륜(輪)'자 법륜입니다. 이것은 바로 우주의 대법(大法)이란 뜻입니다. 부처님 법은 바로 우주의 법입니다. 따라서 우주의 대 법칙이라는 뜻이 금륜, 법륜 속에 다 포함되어 있습니다.

금륜회는 애초에 그 정관에도 있는 바와 같이 세간적이고 여러 가지 세습적인 것들을 다 제거하고 오직 부처님 법문의 정수만 믿고 나아가기로 한 취지에서 금륜회가 발족되었다고 생각됩니다.

우리 한국 불교계에서 신도단체로는 가장 순수하고 열성적이고 가장 정당하다고 정평이 나 있습니다. 그런데 오늘은 법회도 보통법회가 아니라 특이한 영가 천도 법회입니다. 영가 천도에 관하여 이해가 다소 부족한 분들도 우리 불자님 가운데에는 있습니다. 특히 젊은 세대는 그러한 경향이 많이 있습니다.

불교를 믿는 분들 가운데는 불교라 하는 것은 계(戒)·정(定)·혜(慧)의 삼학(三學)이라, 계를 충실히 지키고, 참선 염불하여서 마음을 통일하고, 지혜를 닦아서 성불하면 되는 것이지 무슨 필요에서 눈에 보이지도 않는 영가를 천도하는 것인가, 이렇게 생각하는 이들도 더러는 계십니다.

그러나 사실은 우리 마음이라고 하는 것이 우리 눈에 보이는 것이 아니지 않습니까, 우리 마음이 눈에는 안 보이지만 분명히 존재하는 바로 생명의 실재인 것입니다.

마음의 실재에 관하여 대체로 아시는 바와 같이 유사 이래로 두 가지의 사상적인 흐름이 있어 왔습니다.

그것은 첫째로는 '모든 것이 물질 뿐이다.'라고 하는 유물론이고, 그 둘째는 물질이라는 것도 사람이 이것을 물질이라고 판단하고 규정하는 것이므로 우리 마음이 먼저 존재하지 않는가?

모든 것은 우리 마음이 유추함으로 인하여 있는 것이며 유추하지 않으면 없는 것으로 보는 유심론(唯心論)이 그것입니다.

유물론과 유심론은 유사 이래로 우리 인간세상에서 두 갈래로 유포된 사상의 큰 흐름입니다. 유물인가 유심인가 이것 때문에 여러 가지로 분요(紛擾)도 많이 일으키고 투쟁도 많이 하고 전쟁도 많이 일어나기도 했습니다. 그래서 어떤 이들은 유심(唯心)도 반 틈, 유물(唯物)도 반 틈, 마음도 반 틈, 몸도 반 틈, 이렇게 절충적으로 생각하는 사상도 나왔던 것입니다.

만약 모든 것이 물질적인 것이라고 하는 유물론적인 견해에서 생각한다면 영가천도는 할 필요가 전혀 없습니다. 그러나 우리 부처님의 사상이나 기독교의 예수님 사상이나 또는 유가(儒家)나 도가(道家)나 어떠한 가르침이건 간에 적어도 종교라 하면 모두가 다 유심 쪽에 속해 있으며, 마음이 가장 주장(主掌)된 우주의 실상이라고 하는 그런 쪽에다 사상의 근거를 두고 있는 것입니다.

따라서 영가천도가 필요 없다는 분들은 결국은 마음이 없다는 사상과 거의 일치하는 사상입니다.

우리가 금생에 살 때에는 마음가지고 살지 않습니까, 몸은 단지 마음에 따라서 움직이는 도구에 불과하다는 말입니다. 몸은 한 번 죽어지면 응당 썩어지고 마는 것입니다.

화장하면 그냥 재가 되고 파묻으면 썩어지고 분해되어 풍화작용 되고 그렇게 흩어지고 마는 것인데 이 때 우리 마음이 정말로 없어지는 것인가? 정말로 없어진다고 생각한다면 정말로 얼마나 허무 하겠습니까? 누구도 자기가 죽은 다음에 자기의 마음이 모두 없어진다고 생각하려는 분은 안 계실 것입니다. 그렇다면 꼭 어떤 형태로든지 간에 살아 있을 것이 아닌가?

부처님 가르침의 여러 가지 대요(大要) 가운데 과거나 현재나 미래를 부정하는 것은 부처님의 가르침에 합당하지 못합니다.
삼세인과(三世因果)라, 과거전생에도 살았고 금생에도 살고 내세에도 살 것이라는 것과 또한 그뿐 아니라 과거 전생에서 더 올라가서 전전생(前前生), 또 전전생생(前前生生)이라, 과거에 소급하여 올라가서 끝도 갓도 없는, 처음이 없는 그런 영겁의 과거로부터 불교의 말씀으로 해서 무시이래로 부터 우리의 생명이 흘러나오는 것입니다.
마찬가지로 우리가 죽은 뒤에도 우리 생명이 한 생만 존재하는 것이 아니므로 내생도 미래에 영원히 존재하는 것입니다. 이렇게 믿지 않으면 그것은 부처님의 가르침이 못됩니다.
그리고 우리 인간의 심리만을 본다고 하더라도 금생만이 아니라 분명히 과거 전생에도 있었을 것이고 또한 미래 생에도 있을 것임을 우리가 생각한다면 영가라 하는 것도 분명히 존재할 수밖에는 없습니다.

영가라 하는 것은 우리가 죽어서, 인간존재가 죽어서 몸뚱어리는 버리고 간다고 하더라도 심령자체, 즉 우리의 의식자체는 남아 있다는 말입니다.
눈에 보이는 세계만을 긍정하고 눈에 안 보이는 세계를 믿지 않으려는 분들도 이런 점에 대하여 생각을 좀 다시 해 보시기 바랍니다. 그러나 또한 주의할 것은 무엇인고 하면 눈에 안 보이는 그런 영혼들 만에 너무나 치중하여 현실 생활을 무시해 버리려는 이들도 있단 말입니다. 그러면 그것도 또한 부처님의 가르침에 합당한 것이 못되는 것입니다.

부처님의 가르침은 현실도 중요하고 내생도 중요하고 따라서 영혼도 중요한 것이고 이처럼 모든 문제에 있어서 중도(中道)의 인정이 필요한 것입니다.

우리 인간의 현상적인 현실생활도 역시 정(正)다웁게 수행하여 닦아 나아가는 것이고, 또한 동시에 이미 돌아가신 분들의 영혼도 역시 헤매고 있는 것을 생각할 때에는 헤매는 이들을 모두 정화를 시켜 가지고서 참다운 우리 인생과 모든 존재의 근본 고향인 극락세계로 인도하는 것은 부처님의 가르침인 동시에 우주만유의 큰 법칙인 것입니다.

오늘은 인연 따라 모이신 우리 불자님들이 모두 합심동체가 되셔서 영가천도를 모시는 아주 의의 깊은 법회입니다. 그러기 때문에 거부감 같은 것은 조금도 느끼지 마시고, 또한 주최하시는 분들도 너무 지나치게 영가 쪽에다가 관심을 두지 마시고 현실과 영가 양편에 치우침이 없는 중정(中正), 중도적(中道的) 입장에서 생각하시면서 오늘 천도를 마치도록 하십시다.

영가나 우리 인간이나 똑같이 갈 곳은 한 가지입니다. 극락세계라고 하는 해탈된 그런 영생불멸한 경계에 간다는 것은 영가도 그렇고 우리 살아 있는 사람들도 마찬가지입니다. 우리 사람들도 금생에 성불을 하기는 어렵지 않겠습니까, 그와 똑같이 영가들도 몸뚱이를 버렸다고는 하더라도 몸뚱이에 대한 애착은 못 떠나는 것입니다.

오늘 천도 받는 영가들이시여! 자세히 듣고 깊이 생각하세요. 비록 인연이 다하여서 몸은 떠났다고 하더라도 영혼은, 범부의 영혼들은 아직은 우리 주변에 머물러 있는 것입니다. 이것을 불교의 전문적인 용어로 해서 '따지(地)자', '묶을 박(縛)자' 지박(地縛) 영이라 합니다.

따지(地)자, 땅이라는 뜻은 불교적인 의미에 있어서는 하나의 질료(質料)인 물질을 의미합니다. 따라서 물질에 얽매어 있는, 물질에 구속되어서 헤어나지 못하는 영혼이 지박의 영(地縛靈)입니다. 성자(聖者)의 영혼이 미처 못 될 때에는 모두가 다 지박의 영입니다.

우리 사람도 우리 몸뚱이라는 물질에 지금 얽매여 있지 않습니까, 그리고 또한 의식 자체가 다 물질생활에 얽매어 있단 말입니다. 그러므로 이것도 역시 똑같은 지박의 영입니다.

영가들이시여! 영가들도 지금 대체로 부처님의 가르침을 잘 받들어서 잘 닦아서 수승하시어 홀홀히 극락세계로 가신 영혼들 또는 극락세계에는 미처 못 가셨다고 하더라도 천상에 머무는 영혼들, 이런 영혼들 이외에는 모두가 다 물질에 묶여있는, 땅 기운에 묶여있는 것입니다.

우리가 사는 공간도 실은 물질입니다. 공간도 산소·수소·탄소·질소 이런 각 원소가 차 있는 이런 공간도 사실은 물질입니다. 공간도 저 위로 올라가서 성층권(成層圈), 저기권(低氣圈), 자기권(慈氣圈) 위로 올라가서 공기가 아무 것도 없는 그런 세계는 바로 천상의 세계입니다. 그러나 이 땅 기운에 묶여 있는, 물질에 묶여 있는 영가들이시여! 자세히 듣고 깊이 생각하십시오.

몸뚱이라 하는 것은 장시간 우리가 과거에 지은 바 행위에 따라서, 과거에 어떻게 생각을 하였던가, 어떻게 말을 하였던가, 어떻게 행위를 하였던가, 그런 삼업이 때가 되어서 우리의 마음을 어둡게 만듭니다. 본래 우리 마음이라 하는 것은 내 마음 네 마음이 따로 있는 것이 아니고 바로 우주의 근본 성품입니다.

오늘 불자님들이시여, 영가님들이시여! 깊이 생각하십시오. 우리의 마음이라 하는 것은 물질이 아닙니다. 물질이 아니기 때문에 형상도 없고 어느 한계가 없습니다.
 마음이 물질 같으면 여기가 있고 저기가 있고 그렇게 하겠습니다마는 마음은 물질이 아닌지라 그 마음이 내 몸뚱이에만 있고 다른 몸뚱이에는 없고 이런 것도 아닙니다.

어떠한 공간에도 마음은 역시 그대로 충만하여 있습니다. 어느 세상에나 어느 처소에나 마음이라는 것은 충만하여 있는 것인데 따라서 마음의 본성품은 낳지 않고 죽지 않고 더하지 않고 덜하지도 않습니다.
 그러한 마음이 과거전생의 업을 따라서 이와 같은 몸뚱이가 생기면 그 마음이 본래 마음을 훤히 잘 보지를 못하기 때문에 '이 몸뚱이 이것이 나다' 하고 생각하는 것입니다.
 부처님의 가르침은 가짜 '나'를 떠나서 참다운 나를 깨닫는 것입니다. 우리 중생들은 어쩌다가 전생에 지은 자기 업을 따라서 이렇게 몸을 받으면 "몸뚱이 그것이 나다" 그럽니다. 우리 번뇌의 시초는 거기에서 옵니다.
 남을 좋아도 하고 물질에 욕망을 내고 이런 것도 모두가 다 이 몸뚱이 때문에 이 몸뚱이더러 '나다' 하는 이런 관념이 생겨서 그런 것입니다.
 그러나 성자의 눈, 바로 깨달은 이의 눈에서 본다고 생각할 때에는 사실은 몸뚱이는 과거전생의 업장 따라서 금생에 산소나 수소나 탄소나 각 원소를 긁어모아서 이렇게 세포를 구성한 것뿐이지 참다운 '나'가 못됩니다.

참다운 '나'는 우리 마음이란 말입니다. 우리 마음은 여기가 있고 저기가 있고 그렇게 된 것이 아니란 말입니다. 우리 중생이 잘못 보아서 내 마음은 내 몸뚱이 속에 갇혀 있다, 그대 마음은 그대 몸뚱이 하고 똑같다. 이렇게 생각하지만 본래 마음은 그렇지 않습니다.

옆의 사람 마음이나 자기 마음이나 또 하나의 풀포기 마음이나 또는 다른 동물의 마음이나 모두 다 같은 물질이 아닌 하나의 우주의 순수한 생명인 것입니다.

대승과 소승도 그런데 관계가 있습니다. 소승이라 하는 것은 대체로 이러한 현상적인 문제에 걸려있단 말입니다. 따라서 소승이라 하는 것은 현상적인 문제에 걸려있기 때문에 참다운 성불을 못하고 참다운 해탈을 못합니다.

그러나 대승이라 하는 것은 내 생명의 근본은 무엇인가, 우주의 근본성품은 무엇인가, 하는 이 자리를 훤히 밝히고 있습니다.

우리 불자님들, 영가들이시여! 우리가 불행한 것은 이유가 다른 곳에 있지 않습니다. 우리가 근본적으로 '내가 무엇인가?'를 확실히 모르기 때문입니다. 그런 무지와 무명 때문에 업을 짓습니다. 그래서 자기도 불행하고 사회도 마찬가지이고 우리 가정이 불화스러운 것도 모두가 다 그 때문입니다.

영가들이시여 깊이 깊이 생각하세요. 지금 헤매고 있는, 물질에 묶여있는 지박의 영인 당신들이 가야할 곳은 그 물질적인 구속을 다 풀어버리고 한도 끝도 없는 영생불멸한 극락세계로 가는 것입니다. 극락세계는 우리가 안 가고 버틸 수가 없습니다.

무명심(無明心)을 떠나지 못해서 사람들은 금생에 쓰고 있는 그 몸뚱이를 보고 자기라고 하는 것이고, 영혼들은 과거의 자기 몸

똥이, 지금 어디엔가 묻혀 있거나 혹은 화장하여 재가 되어 버렸는데도 그것에 대한 미련 때문에 그것을 내 몸뚱이라고 그럽니다. 그러나 그런 것은 실존적으로는 절대로 있지 않습니다.

영가들이시여 깊이 생각하세요. 인연 따라서 잠시간 각 원소를 긁어모아서 이루어진 세포들로 해서 이 몸뚱이가 되었습니다. 범부라 하는 것은 이 몸뚱이 보고 자기라고 하고, 또는 망상하는 자기의 마음을 보고 자기라고 합니다.

그러나 우리 중생심이라 하는 것은 참다운 마음의 근본성품이 못 됩니다. 우리 중생심이라 하는 것은 이 몸뚱이 보고 이것이 내 몸뚱이다, 자기 아내 몸뚱이 보고 이것이 아내다, 아내는 내 소유다, 남편도 내 소유다, 이런 관념들을 갖지만 이런 관념들이 모두가 다 중생심인 것입니다.

중생의 관념을 못 버리면 인생 고해를 떠나지 못합니다. 부처님의 가르침은 근본적인 대요(大要)라, 모두가 다 인생고를 떠나서 참다운 해탈로 가는 길입니다. 그런데 인생고의 근본원인이 무엇인고 하면 우리 무명심 때문에 자기 몸더러 참다운 자기라고 하고 일체 물질도 사실로 있다고 생각하기 때문입니다.

영가들이시여, 불자님들이시여!
반야바라밀, 반야의 용선(龍船), 반야의 배를 못 타면 해탈의 경계에는 못 가는 것입니다.
영가 천도하는 법문은 모두가 다 반야바라밀, 반야의 지혜로 해서 더 이상 헤매지 말고 극락세계로 가라는 것입니다. 인생고해를 건너가기 위하여서는 반야 용선, 반야바라밀의 배를 타야 하는 것입니다.
그러면 반야바라밀은 무엇인가? 반야바라밀은 앞에서도 말씀한 바와 같이 우리 마음이 우리의 주인공이고, 또는 태양이나 달이나 별이나 사바세계의 삼라만상, 두두물물(頭頭物物)이 모두가 다 그 근본성품은 바로 마음인 것입니다.

그렇기에 심즉시불(心卽是佛)이라, 마음이 바로 부처라, 그 마음은 물질이 아니기 때문에 공간성이 없으며, 공간성이 없기 때문에 시간성도 없습니다. 우주에 끝도 갓도 없이 무량무변하게 가득 찬 생명자체 이것이 바로 마음인 동시에 바로 부처입니다.

영가들이시여! 그 자리가 바로 우리의 참다운 생명입니다. 우리 중생은 그 자리를 잘 모르기 때문에 형상에 가리어서 무거운 죄를 범하게 되면 지옥도 가는 것이고, 욕심이 많으면 아귀도 되는 것이고, 어리석고 무명심에 가리어서 치매(痴昧)하며는 그때는 개나 소나 돼지도 되는 것입니다.

싸움 좋아하는 사람들, 투쟁 좋아하는 사람들, 이런 사람들은 틀림없이 아수라 귀신이 되는 것입니다.

생각하여 보십시다. 그 생명의 본체인 마음은 내 마음 네 마음의 둘이 아닙니다. 우주대어의(宇宙大於意), 우주가 오직 하나의 마음인데 그 마음 위에서 인연 따라서, 바다 위에 일어나는 거품 모양으로 내가 있고 네가 있고 산이 있고 물이 있고 하는 것입니다. 이렇게 꼭 생각들을 하시기 바랍니다.

우주가 하나의 생명인데, 부처님의 성품이라 하는, 마음이라 하는 하나의 생명인데, 그 자리에서 인연법 따라서 이렇게 바꾸어지고 저렇게 바꾸어지고 하는 것일 뿐입니다. 따라서 그 근본자리는 다 하나의 생명입니다. 이 자리를 아는 것이 이것이 대승법문입니다.

소승법문 때문에, 쫍짱한 그런 소승법문이나 세간적인 법문 때문에 우리가 죄를 얼마나 짓고 죄를 지음으로 해서 얼마나 득 없게 생각합니까?

　학생들도 마찬가지입니다. 참다운 진리, 석가가 말하고 예수가 말하고 공자가 말한 바, 참다운 진리에서는 천지우주가 오직 하나의 생명입니다. 이렇게 이해하고 생각할 때에는 자기의 행동도 모두가 다 거기에 따라서 남하고 화해하고 남의 마음에 불을 안 놓고 부모님의 마음을 아프게 하지 않고 이렇게 할 수가 있는 것인데, 만일 거기에 바른 가치관, 바른 철학이 없다면 그때그때 자기의 충동대로 행동하게 된다는 말입니다.

　영가들이시여 깊이 생각하십시오. 극락세계라 하는 것은 모든 존재가 마음뿐입니다. 우리 마음이 그때그때 물질에 가리어서 물질에 구속되어서 잘못 생각하고 있지만, 이 잘못 생각만 벗어나면 그 때는 모두가 바로 부처입니다.

　이렇게 되면 극락세계가 저 십만 억 국토 멀리 있는 것이 아니라, 지금 우리가 있는 시중에나, 학교에나, 직장에 있으나 또는 가정에 있으나 항시 극락세계는 바로 우리 눈앞에 나타나 보이는 것입니다.

　왜 그런고 하면은, 이것은 좀 어려우시더라도 대승적으로 생각해 보십시다. '마음뿐이다' 하는 것은 마음은 이것은 바로 청정무구한 광명이라는 뜻입니다. 마음은 물질이 아닌 하나의 청정한 빛입니다. 빛도 태양광선 같은 눈부신 광명이 아니라, 그런 광명보다도 가장 기본적인 생명자체의 빛이 바로 마음인 동시에 부처입니다.

　그렇기 때문에 어느 것이나, 내 몸뚱이나 무엇이나 모두가 다 근본은 마음에서 비롯되는 것입니다. 마음에서 안 나오는 것은 아무것도 없습니다. 그렇기 때문에 부처님 가르침 가운데서 핵심이 일체유심조라, 모두가 다 마음으로 되었다는 것입니다.

　공산주의가 실패한 것도 이유가 다른데 있지 않습니다. 우리 마음이 가는 것은 우리 몸뚱이의 일부인 뇌의 활동에 불과하다는 유물론적인 사고를 가지고 있다고 생각할 때, 이때에는 필연적으로 사람의 생명을 함부로 하기 쉽습니다.

그렇기에 조금 마음에 안 들면 숙청하고 탄압하고 이렇게 한 것이 이른바 소비에트(Soviet) 사회의 형태 아니겠습니까. 이것은 기본적인 철학에서 빗나가 있는 것입니다.

앞에서 말씀드린 바와 같이, 석가·공자·예수 그 분들의 가르침은 다 하나의 진리인데 그의 핵심은 천지우주가 오직 순수생명인 마음뿐이란 말입니다. 부처뿐이란 말입니다.

그런 자리에서 인과의 법칙에 떠나서 천차만별로 구분되어 있지만 모두가 마음에서 된 것이기 때문에 사람 같은 모양을 하거나 산 같은 모양을 하거나 무엇 같은 모양을 하거나 이들을 근본 바탕에서 본다고 할 때에는 사실은 똑같이 다 마음입니다. 그렇기에 일체유심조입니다.

모두가 다 마음으로 되었다는 말입니다. 이렇게 알아야 대승적인 생각이고 이렇게 알아야 비로소 무명심을 따라 참다운 반야의 지혜가 생기는 것입니다.

여러분들이 항상 외우는 반야심경도 다 그 뜻입니다. 극락에 가는 것도 지옥에 떨어지는 것도 모두가 다 마음을 깨닫고 깨닫지 못한데 차이가 있는 것이지 마음이란 자리에는 조금도 변질이 없습니다.

마음은 생명의 빛입니다. 그런 빛으로 내 몸이 되어 있어서 우리가 깨달아서 자기의 몸을 본다고 생각하면 자기 몸은 부처님 몸 같이 환하게 빛나는 것이고, 또한 나쁜 사람의 몸이라도 다 그러한 것입니다. 그러나 그런 마음이 주인공인 것을 미처 모르는 사람들은 물질만 많이 있으면 된다, 감투만 높으면 된다. 내 몸을 잘 꾸며서 빛나게 만들면 된다, 이런 모양에만 치우쳐서 모양 때문에 헛된 노력들을 많이 합니다.

그러나 모양 이것은 어차피 없어지는 것이기 때문에 우리 몸뚱이는 아무리 아껴 봐도 없어지고 말듯이 금이나 은이나 그런 것도, 다 물질이라 하는 것은 없어지고 맙니다.

인생은 본래 고향이 마음이기 때문에 극락세계가 바로 고향입니다. 극락세계를 떠나서 우리가 그때그때 잘못 보고서 지옥도 가고 축생도 되고 사람으로도 태어나고 하는 것입니다. 그러나 마음이 고향이기 때문에 다시 본래의 마음자리로, 다시 부처자리로 돌아갈 수밖에는 없는 것입니다.

돌아가지 못하면 항시 불만스럽고 불안스러운 것입니다. 우리 인생은 불안스럽지 않습니까, 모두가 불확실하고, 우리가 꼭 믿을 만한 것은 사실은 아무것도 없습니다.

남편을 믿고 아내를 믿고, 스승을 믿고 다 믿어야 하겠습니다만 더러는 또 배신할 수가 있지 않습니까, 따라서 물질적인 눈에 보이는 세계라는 것은 어느 것이나 상대적으로만 믿음이 있는 것이며 절대적으로 믿을 수 있는 것은 없는 것입니다. 모두가 다 변화무쌍하여 그렇습니다. 그렇기에 제행무상이라, 제법무아라 합니다.

영가들이시여, 자세히 듣고 깊이 생각하십시오. 영가들이 과거 전생에 살았던 사람의 세상에서 잘 살았건 못 살았건 그런 것은 모두가 다 꿈에 불과합니다. 어디에도 그 흔적도 없습니다.

아내나 남편이나 자식이나, 그러한 자기의 권속도 모두가 어쩌다가 인연이 좀 같아서 한 세상 만난 것이지 또다시 어디 가서 만난다고 보장할 수 없습니다. 따라서 그런 것에 대한 애착도 둘

필요가 없습니다.

다만 우리 인간존재나 천상존재나 지옥존재나 아귀존재나 축생이나 모두가 할 일은 무엇인고 하면 부처님의 법 믿고서, 성자의 가르침 믿고서 허망한 것은 허망하다고 보고, 꿈을 꿈이라고 보고서 우리 고향살이 극락세계로 돌아가는 것입니다.

동참하신 우리 법우 불자님 여러분들이시여! 지금은 우리가 각성할 때입니다. 세간적인 그렁저렁한 가르침으로 해서 우리 인생을 낭비할 때가 아닙니다. 만일 각성하지 못한다면 우리는 다시 또 우리의 개인적인 불안과 온갖 번뇌와 그런 것 때문에 우리가 평생 동안 고생해야 합니다.

또는 가정도 마찬가지입니다. 진리에 비추어서 아버지 도리, 어머니 도리, 자식 도리를 다 하여야지 그렇지 않고서 세간적 이 애착만으로 산다고 할 때에는 끊임없이 불안스럽고 부자지간, 모자지간, 모녀지간 끊임없이 싸울 수밖에 없습니다.

눈에 보이는 몸뚱이는 허무한 것입니다. 자기 집도, 자기 아파트나 단독주택이나 모두가 다 허망한 것입니다. 어차피 나그네길인데 어디서 머물다가 어차피 곧 가고 마는 것, 우리가 할 일 가운데 가장 중요한 것은 성자의 길 따라서 바르게 사는 것입니다.

집착하지 않고서 보는 바른 견해, 정견 이것은 인생을 사는 등불입니다. 이러한 바른 견해가 앞에 말씀드린 바, 반야바라밀 입니다. 바른 견해인 이 등불이 없으면 어두컴컴한 사바세계에서 바로 비춰 나아갈 수가 없습니다.

그러면 바른 견해란 무엇인가? 앞에서 말씀드린 바와 같이 일체존재가 사실은 바른 눈으로 본다고 생각할 때에는 그것은 즉 물질은 허망한 것이고 마음만 존재하는 것입니다.

생명자체만 존재하는 것입니다. 우리가 전자현미경을 놓고 대상을 본다고 생각할 때에 우리 눈에 보이는 것 같은 금이나 은이나 다이아몬드나 우리 몸뚱이나 이런 것들은 보이지를 않습니다.

인간이라고 하는, 인간의 존재에 맞추어진 인간의 업장의 안목에서 비추어 보니까 사람으로 보이고, 예쁘게도 보이고 밉게도 보이는 것이지, 정말로 더 깊은 눈으로, 더 밝은 부처의 눈으로 본다고 생각하면 우리 인간이 반드시 예쁘고 밉고 그렇게 보일 수가 없는 것입니다.

우리 인간에게 보이는 것만이 전부가 아닙니다. 성자가 보는 눈만이 정(正)다웁게 바로 보는 것이고 우리 인간은 모두가 다 가상만 보는 것입니다. 망상만 보는 것입니다.

영가들이시여! 극락세계가 우리의 고향입니다. 어차피 극락세계에 몇 만생(萬生)을 윤회하다가라도 극락세계에는 꼭 가야 하는 것입니다.

기왕이면 윤회하고 갈 것이 아니라, 금생에 가까스로 백천만겁난조우(百千萬劫難遭遇)라, 부처님의 가르침을 만났으니 이 귀중한 가르침 붙들고서 다른 쪽에 한 눈 팔지 마시고 정진 수행하여 극락세계에 왕생하시기 바랍니다.

숭산행원(崇山行願) 스님

평안남도 순천에서 출생(1927~2004).
1947년 마곡사에서 출가.
1966년 일본 홍법원 개설을 시작으로,
세계 각국에 35개 선원 개설.
세계 각국의 외국인들이 스님의 법문을 듣고 불교에 귀의,
한국불교의 해외포교활동에 위상을 떨침.

1. 춘성(春城) 사숙님 영전에

　　춘성(春城) 사숙님!
　　스님의 할(喝)은
　　때로는 살불살조(殺佛殺祖)하며
　　때로는 건곤을 모두 쳐부수며
　　때로는 조불작조(造佛作祖)하며
　　때로는 삼라만상을 역역 길러내시었으니
　　어히 능사능활(能死能活) 능종능탈(能縱能奪)의 활구
　　도인의 할이라 아니 하겠소이까.

　　스님께서 던져 주신
　　대도무문(大道無門)과 설두무골(舌頭無骨)은
　　일체무애인(一切無碍人)의 발자취였습니다.

　　할봉자성리(喝棒者城裏)에 간유록화홍(看柳綠花紅)이라.
　　속환사바계(速還娑婆界)하야 보리도중생(菩提道衆生)하소서.

　　미국에서 분향하옵고 행원 합장하야 하늘을 보고 가가대소 세 번 하고 땅을 보고 아이고 아이고 세 번 하나이다.

2. 고암대종사(古庵大宗師)를 추모하면서

천지를 밝히던 저 태양이
북극의 빙수 및 바다 속으로 잠기고
남극의 자유자재한 돌고래가
허공을 날아 적멸보전(寂滅寶殿)으로 들어갔네.

어찌하여 삼세제불 보살들이
서산을 향하여 눈물 흘리며
육도중생들이 일시에 다 같이
동산에 올라 춤을 추는고.

전 세계를 돌고 도시며
여러 가지 방편 수용하시어
고해 중생 위해
대광명의 길을 열어 주셨네.

아 거룩하신 대 자비의 대 보살
항상 미소 지으시며 감싸 주시던
고암 대종사 우리 큰스님
합장하옵고 축장 하옵나니

불망본서(不忘本誓) 속환사바(速還娑婆) 재명대사(再明大事) 보리군생(菩提群生) 하여 주시옵소서.

가야산 산토끼가 언제 뿔이 났더냐
홍제동 석간수는 언제나 咄咄咄

남산정일(南山正日) 스님

서울에서 출생(1932~2004).
법명은 정일(正日), 당호는 남산(南山)이다.
1963년 동산스님을 계사로 구족계 수지, 10여 년간
전강(田岡)스님 문하에서 참구 정진했다.
재단법인 선학원 이사장을 오래 역임.

천도재의 이해

천도재는 주변의 귀계(鬼界)중생, 인연 있는 중생들을 모두 청해 모셔서 부처님의 위신력을 빌려 베푸는 의식입니다. 또한 기도하고 수행한 공덕을 법계에 회향하는 의식이기도 합니다.
천도재는 상구보리 하화중생의 보살도를 실천하는 중요한 의식이기도 합니다.
천도재는 귀계의 중생들이나 여타의 인연 있는 중생들을 청해 모셔놓고 주린 배를 채우게 하고, 부처님의 가르침을 담은 심지법문을 설해줌으로써 이들을 밝은 진리의 세계, 참사실의 세계, 자기 본마음을 깨닫는 자리로 이끌어가는 의식입니다. 그렇기 때문에 일체중생을 근기 따라 제도하는 보살행이 되는 것입니다.
최상승법인 화두 참선을 하는 이들 가운데는 그 높은 법에 치우쳐서 천도재를 낮은 수준의 의식이라고 경시하는 사람들이 많은데 이것은 잘못된 생각입니다.

참선을 해서 이르게 되는 본심 경지에 일체 중생들을 섭수해 들어가는 것이 천도재이고 자타가 일시에 성불하는 도리가 천도재이며, 대승보살의 서원을 실천하는 보살행이 천도재인데 참선을 한다고 이런 의식을 낮추어 보면 불법의 근본도리를 낮추어보는 셈이 되어 크게 감복(減福)합니다.
천도는 옮길 천(遷), 법도 도(度)자를 씁니다. 법도에 옮겨서 확실한 견성의 자리에 들어가게 한다는 뜻입니다. 천도의 뜻이 이처럼 사뭇 깊고 광대하기 때문에 제사 제(祭)자를 쓰지 않고 재계 재(齋)자를 씁니다.

조상님들 천도재를 몇 번 올리고 나서 천도가 다 됐다고 말하는 사람들이 있습니다. 그것은 조상님들을 견성시켰다는 얘기입니다. 과연 조상님들이 견성하고 천도가 다 되었을까요. 결코 그렇지 않을 것입니다. 그러므로 임종을 당하는 그 순간까지 수행의 끈을 놓지 않듯 미래세가 다하도록 천도를 해야 합니다. 특히나 임종을 당했을 때 천도재(49재)는 영가에게 큰 힘이 됩니다. 정신을 잃고 헤매는 영가에게 사실의 이치를 낱낱이 일러주는 심지법문을 해주는 것입니다.

영가가 제 갈 길을 가지 못하고 집착을 못 버리고 이 생을 맴돌며 있으면 사랑하는 주변 후손에게 큰 병을 주고 재앙이 됩니다. 이런 사실을 영가에게 천도재를 통해 법문을 통해 49일 동안 자꾸 일러주는 것입니다.

천도재는 항상 지극한 정성심을 가지고 올려야 합니다.

불보살님들의 이름을 빌려 천도재를 하여 공덕을 얻으면 조상님들께 그 복력이 고스란히 가게 되고 본인에게도 돌아오게 됩니다. 조상님들께서 어느 세계에 어떤 몸을 받아 나셨든 간에 정성을 들여 천도재를 올리면 그 정성이 헛되지 않게 전부 전달이 되고, 8식의 잠재의식 세계는 시공을 초월하여 몇 억 광년 먼 거리도 정성이 모두 전달됩니다. 유루복을 짓게 되는 것입니다.

공부를 하는데 장애가 적고 성취가 빠르게 하려면 복력이 있어야 합니다. 그렇기 때문에 공부하는 사람은 무루복(無漏福)을 근본 목적으로 삼되 평소에 유루복 짓기를 게을리 해서는 안 됩니다. 비록 유루복일지라도 복혜양족, 복과 지혜를 두루 갖추어야 수행에 도움이 됩니다.

원담진성(圓潭眞性) 스님

전북 옥구에서 출생(1926~2008). 1932년 수덕사에서 벽초 스님을 은사로, 만공 스님을 계사로 수계 득도했다. 일평생 수행에만 전념하여 농선도인(農禪道人)으로 불렸던 스승 벽초 스님의 가풍을 계승하여 현대시대에 맞는 '선농일여'의 새로운 가풍을 진작시켰다.

1970년 수덕사 주지로 취임해 1983년 덕숭총림을 열었다. 평소 "'도인'이라는 헛 껍데기 이름에 만족하지 말고 진실한 수행자가 될 것"을 후학들에게 당부해 왔다.

영가천도법문

법좌에 올라 양구(良久)하신 후 이르시길,

유수귀대해(流水歸大海)　월락불리천(月落不離天)

물은 흘러 바다에 들고
달은 떨어져도 하늘을 여의지 않네.

나무아미타불!

흐르는 물은 다 바다로 돌아갑니다. 바다로 한 번 돌아간 다음에는 그 물이 맑은 물이었던지, 탁한 물이었던 지를 묻지 않아요. 모든 흘러가는 물은 결국 바다로 도착하고 마는 것이니, 다른 곳으로 갈 수가 없어요.

금일 영가께서 형상인 육신을 버렸다고 해서 어디로 없어진 것이 아니고, 모든 물이 고향인 바다로 돌아가는 것처럼 영가 또한 고향으로 돌아갔을 뿐입니다.
달이 떨어졌다고 해서 그 달이 없어진 것은 아닙니다. 지구의 회전에 의해서 다만 보이지 않을 뿐이지 하늘을 여읜 것은 아니니, 영가가 육신을 벗었다고 해서 아주 없어졌다고 생각하는 것은 중생의 착각일 뿐입니다.
영가가 일찍이 이 세상에 하나의 육신을 가지고 형체로 나타난 것은 원래 있었던 물건이 아니기 때문에 —본래 한 물건도 없는 물건이기 때문에— 이 세상에 온 바가 없고, 영가가 지금 돌아가 안 계신다고 해도 원래 있는 물건입니다.
저 허공에 뜬 밝은 일월(日月)이 원래 있는 것처럼, 서산에 떨어졌다고 해서 해가 없어지고 달이 없어진 것이 아니라 다만 보이지 않을 뿐입니다. 그와 마찬가지로 영가 또한 우리 중생의 눈에 보이지 않고 귀에 들리지 아니할 뿐이지, 영가의 본래 고향에서 볼 적에는 죽는 일도 없고, 이 세상에 생겨난 일도 없습니다.

이 세상에 죽고 사는 일보다 더 큰 일은 없습니다. 예로부터 지금까지 모든 영웅걸사(英雄乞士)가 다 생겨났다 죽는 일밖에 한 일이 없습니다. 훌륭한 사람이나 평범한 사람이나 똑같이 걸어가고야 마는 길이 생겨났다 죽는 일입니다.

이 세상에 생겨난다고 하는 것은 부모의 인연이 상합(相合)되고, 또 지수화풍 사대가 합해져서 하나의 물체로 형성되고, 여기에 영(靈)이라고 하는 신령스러운 기운이 응(應)했을 때에 하나의 생명으로 나타나는 것입니다.

그 생명이라고 하는 물체의 원소(元素)는 따뜻한 불기운·물 기운·움직이는 바람 기운·흙 기운 이 네 가지 원소가 합해져서 물체가 됩니다. 그 물체를 움직이는 중요한 기관이 있는데, 크게 나누어서 눈[眼]으로 빛을 보고, 귀[耳]로 소리를 듣고, 코[鼻]로 향내를 맡고, 입[口]으로 맛을 보고, 몸[身]으로 차고 뜨거운 것을 느끼고, 뜻[意]으로 옳고 그른 것을 판단하는 것입니다.

이 여섯 가지의 기관으로 물체라고 하는 '이것[肉身]'을 움직이면서, 인간은 모든 현실 사물을 판단하고 운영해 가는 것입니다.

그러나 지·수·화·풍이라고 하는 것도 인연을 따라서 혹은 모아지기도[因緣生起] 하고 혹은 흩어지기도 합니다. 또 그 물체를 움직이는 눈·귀·코·입·몸·뜻, 색·수·상·행·식의 이러한 변화들이 역시 인연을 따라서 변하는 것으로, 영원한 것은 아닙니다.

다 무상(無常)한 것이니, 있는 것도 영원한 것이 아니고, 없는 것도 영원한 것이 아닙니다. 없다고 해서 영원히 없는 것은 아니고, 있다고 해서 이 세상에 하나도 영원히 있을 수는 없는 것입니다. 있고 없는 것이 '스스로' 윤회 변천(輪廻變遷)하고 생멸 무상(生滅無常)하는 것입니다.

그러나 우리에게 변하지 않고, 없어지지 않고, 죽지 않는 물건이 하나 있습니다. 오늘 영가께서 이 세상에 나올 적에 가지고 왔던 그 물건, "○선생"하면 "왜"하고 대답을 하던 그 물건이 하나 있습니다. 그 물건을 가지고 이 세상에 왔고, 그 물건을 가지고 이 세상에서 살았습니다.

역시 돌아간 것은, 몸뚱이를 가지고 간 것도 아니고, 선생이 모아 논 재산을 가지고 간 것도 아니고, 선생이 닦아 논 어떤 지혜를 가지고 간 것도 아니고, 가지고 간 것은 "○선생"하고 부르면 "어이!"하고 대답하던, 오직 신령스럽고 영명(英明)한 한 물건만 가지고 간 겁니다.

이 물건은 일찍이 온 일도, 간 일도 없습니다. 이 물건은 영원히 다시 생겨날 일도 없는 것이고, 다시 죽을 일도 없는 것입니다. 일령진성(一靈眞性)은 무거무래(無去無來)입니다. 신령스러운 ○선생의 참다운 그 진성(眞性) 자리는 온 일도 간 일도 없고, 멸(滅)한 것도 없고 생길 것도 없어요.

오늘 ○선생은 과거에 훌륭한 복을 지어서 금생에 훌륭한 집안에 태어나고, 이 세상에 나오셔서 한 인간으로서 참 좋은 일을 많이 했습니다. 그래서 그 복으로 가족이 되시는 분들이 이와 같이 ○선생을 위해 훌륭한 천도재를 모시는 것은 ○선생에게는 이 이상 위해 주는 일이 없는 것입니다.

이 공덕으로 인해서 ○선생이 극락세계, 당신의 고향에 돌아가서 영원한 무이진락(無二眞樂)을 수용하는 것은 말할 것도 없거니와, ○선생의 가족 되시는 모든 분들이 다 이 세상에서 사는 동안 업을 짓지 않고 편안히 살다가 ○선생과 같이 극락세계에 가서 모두 다 똑같이 성불할 것입니다.

만고벽담공계월(萬古碧潭空溪月)　재삼로록시응지(再三撈摝始應知)
낙화유정수류수(落花有情隨流水)　유수무정송락화(流水無情送落花)

만고에 푸른 물에 비친 달이여
두세 번 건져봐야 거짓인줄 알겠느냐?
낙화는 정(情)이 있어 유수(流水)를 따라가는데
유수는 정(情)이 없어 낙화만 보내더라.

　나무아미타불

광덕(光德) 스님

경기도 화성군 오산읍에서 출생(1927~2009).
1950년 부산 범어사에서 동산스님을 은사로 입산.
범어사 선원에서 일타 스님을 비롯하여 몇몇 도반과 함께
선서 『벽암록』・『선문촬요』・『선문염송』・『선관책진』 번역 출간.
평생 보현행원과 동체대비 사상을 통해 자비를 실천하는
불자의 삶을 강조했다.

1. 영가천도법에 대하여

오늘은 우리 선망 부모님과 그밖에 유주무주 일체 애혼들과 유연(有緣)영가들을 천도하는 것에 대해 개인적으로나 혹은 함께 찾아오셔서 상담하는 가운데 의문이 제기됐던 것들에 대해서 일반적으로 이해를 해두는 것이 좋겠다고 생각하는 몇 가지를 말씀드리겠습니다.

제일 먼저 알아두어야 할 것은 우리가 육신이라는 생명을 버렸을 때 우리는 그것으로 종말이 되느냐? 많은 분들이 그것으로 끝나지 않는다고 생각하고 있습니다. 그렇다면 종말이 되지 않는다 하면 그 다음 생이 어떻게 지속되느냐. 거기에 대해서는 확신을 가지신 분들이 그렇게 많지 않습니다.
불법에 대해서 이해하시는 분들께서도 윤회를 믿지 않고 다음 생이라고 하는 것을 믿지 않는 분이 많이 있다고 들었는데 우리 불자님들은 어떤지 모르겠습니다. 이 생명이 육체 생명으로 끝나지 않고 생명이 지속된다면 어떠한 상태로 지속할 것인가 하는 문제에 대해서 확신을 가지신 분들이 많지 않은 것 같습니다.

사람 마음의 바탕은 천 가지 차별로 움직이기 때문에 업을 받고 보를 느끼고 모든 곳으로 윤회를 하게 됩니다. 문제는 마음이 어느 정도 안정된 상태를 가지고 있느냐. 그 상태가 천차만별이라 제각기 한 형제들이 여기 모여서 같이 정진을 하고 바라밀 염송을 하더라도 아주 잡념 없이 깊은 안정과 선정력 가운데서 염송하시는 분도 계시고, 그렇지 않고 온갖 잡념이 부글부글 끓는 가운데서 염송하시는 분도 계시고, 여러 가지 차별이 있을 것입니다. 그 마음의 움직이는 점으로 그 마음상태의 차별에 따라서 사람이 결정됩니다.

근본적으로 같은 인간이라 하더라도 마음의 안정 정도, 선정력의 정도에 따라서 사람의 차별이 있듯이 중생차별도 벌어집니다.

인간차별의 정도 이상의 큰 차가 있을 때는 중생차별이 벌어지는데 그 가운데서도 마음이 안정되고 깊은 삼매의 힘을 기를 때 그런 분은 천상에 태어나도 색계천 이상에 태어나고, 그밖에 대립 감정이 없이 순한 마음을 많이 가지고 있는 분들, 그렇게 안정된 분들은 대개 욕계천에 태어납니다.

그리고 어느 정도 삼매의 안정된 힘과 항상 움직이는 어느 정도 불안한 마음상태가 인간이지 않겠는가 생각합니다. 보다 거칠고 격한 감정을 서로 견제할 수 없을 정도로 흔들리는 마음상태에서는 또 그에 따르는 거치른 중생세계를 과보로 받게 되는 것입니다.

이렇게 마음의 안정성 정도에 따라 태어나는 세계에 각각 차이가 있다고 본다면 우리의 일상수행이 우리의 다음 생을 결정하는데 중요한 요인이 된다는 것도 아실 것입니다.

대개 천도의식을 할 때 영을 청합니다. 영을 청할 때 하는 법문이 있는데 제가 지금 말씀드린 대목도 그 가운데 법문의 하나입니다.

"법성(法性)이라고 하는 진리의 본체성은 부처님의 본체성이나 우리의 본체성이나 근원적인 진리 자체는 하나인데 진리체성은 무명무상(無名無相) 이름도 이를 수 없고 형상도 없다. 크게 고요하고 안정된 상태가 본래로 이루어져 있다.

누구나 대적(大寂)삼매가 다 이루어져 있는 것이다. 다만 그것을 깨닫지 못하므로 자기의 본 생명이 부처님과 똑같이 안정된 대 삼매 가운데 안정된 생명인 것을 믿지 못한 까닭에 마음이 천가지 만 가지로 움직이고 흔들려서 과보를 받고 윤회를 하게 된 것이다." 이렇게 한 마디 더 일러주고 영가를 청합니다.

청해서 "이 자리에 임해서 법문을 들어라. 공양을 받들라. 기쁨을 거두시라." 그러한 법문과 법요식이 진행되는 것이 천도의식입니다만 하여튼 육체로 살고 있다는 것은 우리 인간이 육체가 다라고 생각하기 쉽지만 육체는 하나의 의상입니다.

인간계에 태어나서 인간 옷을 입고 나오는 것처럼 인간이라고 하는 육체 옷을 입고 나옴으로써 인간이라고 하는 것이고, 그 옷을 바꾸게 되면 새 옷을 입은 사람으로 바뀌어 집니다.
어떤 옷을 입을 것인가. 마음이 얼마나 안정되고 밝고 기쁘고, 안정되어 있느냐 하는 정도에 따라서 차이가 있는 것입니다. 그것은 거듭 말씀드리지 않아도 이해가 되시리라 생각됩니다. 그래서 이 몸을 버린 후에도 우리가 몸뚱이를 가지고 여기 내가 있는 곳을 의심하지 않고 분명히 여기 있는 것처럼 사후에도 역시 분명히 그와 똑같이 있습니다.

각성(覺性), 깨달음의 본성이 불멸의 불성이라는 것은 말할 것도 없고, 미혹할 때라 하더라도 미혹한 상태에서도 분명히 있다고 하는 것을 거듭 말씀드립니다. 그 다음에 부처님이 일체를 갈무린 것처럼 그 일체 가운데 일체 중생이 들어 있습니다. 일체 국토가 들어 있습니다.
일체 국토 일체 중생이 부처님의 법성으로써 하나로 이루어진 것입니다. 즉, 동일법성이라고 제가 항상 말해 오고 바라밀 생명이라고 말을 합니다마는 전체가 하나로 이루어져 있는 것입니다. 다만 그것을 모르고 미혹하여 자기의식의 한도 내에서 자기를 인정하기 때문에 자기의식의 한도 내에 자기 한정을 해버립니다. 그러니까 중생차별이 거기서도 역시 벌어지게 됩니다.
그러나 근본생명이 모두와 더불어 함께하고 있는 대생명, 대진리 생명, 그것을 깨닫지 못하더라도 우리 가까이 있는 형제들이나 한 형제, 한 가족, 한 혈족, 한 조상 밑에 한 자손 그 사이에는 역시 끊을 수 없는 깊은 연관을 가지고 있습니다.

제가 이 말씀을 드리는 것은 여기 어떤 정신적으로 좀 흔들리고 있는 영들, 영이 아닌 사람들, 그것이 바탕이 되어가지고 병적 증세를 가지고 있는 정신불안이라든가 정신허약증세라든가 로이로제 경향 등, 그런 체제를 가지고 있는 사람들을 위해서입니다. 이런 분들은 일반적으로 자기 한 사람으로서의 육체적인 조건들은 다 원만하고 몸이 정말 융융해 가지고 몸이 당차게 생겼는데 정신적으로 굉장히 불안해서 안정을 못 얻고 병적 증세가 심해져서 학업을 중단하거나 직장에 휴직계를 내는 사람이 있습니다. 그런데 이런 분들을 보면 생명이 조상과 더불어 하나의 생명으로 이어져 있다고 하는 결론에 도달했습니다.

그러니까 사람은 독립한 개체로서 존재할 뿐만 아니라 자기 조상님과 부모님과 먼 조상에서부터 이어져 내려오는 내면에 있어서 보이지 않는 생명의 줄기에 의해서 이어진 연속체입니다. 결코 독립해서 따로 떨어져 있는 것이 아닙니다.

육체가 부모를 떠나서 따로 있고 조상을 떠나서 따로 있는 것처럼 생각되지만 보이지 않는 생명의 선(線)인, 즉 공동의 선을 흐르고 있습니다. 그렇기 때문에 공동의 선이 어느 부분이 억압되거나 흐르는 것이 중단되거나 막혔거나 그래서 공동의 생명선이 흐르지 않을 때는 조금 전에 말씀드렸던 육체적 몸은 굉장히 단단한데 정신적으로 허약 증세를 가져오는 것입니다.

제가 그런 사람을 보면 지금 당장 진찰하는 것이 어딘가 하면 조상 공경을 얼마나 하고 있는가. 조상님과의 관계를 어떻게 유지하고 있는가에 초점을 둡니다. 그런 사람은 대개가 조상님에 대해서 무관심하고 등한하고 제사를 안 모시고 그 조상이 생각하고 있던 종교와는 다른 생각을 가지고 있거나 하는 경우가 일반적입니다.

그런데 그렇게 된 것은 자기 자신이 그럴 뿐만 아니라 그 증세를 나타내고 있는 사람의 선대 아버지나 할아버지를 잘 모시지 못했을 때 그 잘 못 모시는 부모님 대에서 그런 증세가 나타나는 것이 아니고 그 후대에서 그런 증세가 나타나는 것입니다.

저는 몇 번 그런 예를 보았기 때문에 조상님에 대해서 공경하고 감사하고 존경하는 마음을 가져야합니다. 그래야 조상님이 미혹한 상태에서 벗어나서 부처님 광명 가운데서 새롭게 힘을 얻는 기운을 드리고 천도를 드려라고 권합니다. 그렇게 했을 때 그 사람들이 회복이 됩니다.

저는 거기서 우리 한 사람 한 사람은 따로따로 떨어져 있는 것 같아도 내면에 있어서 실생명 내부에는 우리 부모와 조상님과 먼 조상님과 더불어 이어져 있는 물줄기가 있다는 이론을 갖게 된 것입니다. 그렇기 때문에 정신적인 허약 증세를 나타내는 사람들에게 조상님을 밝은 국토에 태어나도록 항상 크신 은혜에 감사하는 공양을 올렸을 때 저절로 그 병적 증세가 치유된다고 하는 것은 당연합니다.

2. 영가를 위한 독경법

 우리 조상님은 우리와 떨어진 먼 과거가 아닙니다. 지금도 나와 나의 후손에 이를 때까지 계속해서 이어진 생명의 줄기가 있습니다. 이 생명을 통해서 윤택한 생명의 힘이 넘쳐 오기 때문에 우리 육체생명과 정신생명은 더욱 왕성해지는 것입니다. 그래서 조상님에 대해서 어떻게 독경하고 공양을 올리고 천도할 것인가. 우리가 주로 일반적으로 할 수 있는 것이 독경하는 일입니다.

 조상님을 위해서 독경하고 우란분재 같은 때에 헌공을 하고 축원하여 올린다든가, 제삿날 잊지 않고 또한 염불 독경해 드린다든가, 공양을 올린다든가 그런 것입니다마는 저는 독경에 관해서만 말씀드리겠습니다.
 조상님을 위해서 독경할 때 우리들이 다들 잘 아는 바와 같이 이 경을 읽습니다. 경을 읽는데 꼭 조상님이 독경하고 정성스럽게 올리는 독경공덕을 조상님에게 회향하는 그런 뜻도 있고, 또 한 가지는 독경할 때에 조상님이 함께 임하셔서 그 자리에서 함께 염불 독경하는 그런 생각을 갖게도 됩니다. 또는 그렇지 못하고 조상님이 전혀 불법을 모를 때에 조상님에게 이해시킬 수 있는 그런 법문도 하게 되지요.
 그래서 그럴 때는 아무리 불법을 잘 알더라도 어른 앞에서 아는 체하지 못하는 것처럼 절대로 오만한 자세를 가지면 안 된다는 것입니다. 설사 조상님이 불법을 모르고 자기가 불법을 환히 안다 하더라도 꼭 겸허한 마음으로 오직 조상님에 대한 감사와 공경과 그리고 크신 은혜를 항상 생각하는 그런 넓은 마음에서 독경을 하고 염불을 하고 그 공덕이 조상에게 돌아가도록 축원하는 것입니다.
 두 번째는 경을 읽되 자기가 아는 경을 읽어야 합니다. 뜻을 아는 경을, 그러니까 반야심경을 외우더라도 그 의미를 모르겠거든 반야심경을 배워서 의미를 알고, 번역한 경전을 읽게 되면 자기도 저절로 알게 되고, 조상님들도 더욱 이해하기 쉽게 됩니다. 또 한 가지는 조상님이 직접 이해 못 하신다 하더라도 독경한 공덕을 회향함으로써 조상님에게 밝은 공덕이 가게 되지요.

독경을 할 때 주의할 또 한 가지 점은 될 수 있는 대로 시간을 정해서 하는 것이 좋겠다는 것입니다. 아침시간으로 정한다든가 밤 시간으로 정한다든가 아침 먹고 나서 시간을 정한다든가 어느 시간 한 시간을 정해 놓고 그 시간에 삼십 분이고 한 시간이고 독경을 합니다.

그리고 이 시간 이외에 시간이 있어 독경을 하더라도 그밖에 한 것은 제쳐놓고 정해 놓은 시간에 하는 것을 꼭 잊지 말아야 합니다. 그것은 독경할 때에 그 영을 청하고 그 영을 위해서 축원하지만 때로는 함께하기 때문에 함께 읽기 위한 기회를 갖게 하기 위해서 무질서하게 "아무 때나 오십시오. 독경공양 올립니다." 그렇게 했다고 해서 영들이 한가롭게 항상 대기하고 있는 것은 아닙니다. 그러니까 시간을 딱 정해 놓은 다음 "이 시간에 독경하겠습니다." 하는 것입니다.

그 다음에 또 한 가지 집에서 독경하고 천도하고, 때로는 위패라도 모셔놓고 독경을 할 경우나 공양을 할 때가 혹 있을 것입니다. 자기집안과 직접 인연이 없는 영들을 청하거나 위패를 만들어 일시적이나마 공양을 하거나 할 때 그 자비한 마음은 좋으나 옹호성중들이 다 제도가 된 절에서는 몰라도 속가에서 하실 경우에는 장난이 생깁니다.

일본에서 들어온 종교 가운데 어떤 종교의 책임자로 있는 사람이 자기네 집에 신도들 위패를 다 모셔놓고 있으면서 저에게 건강문제 때문에 상담을 하러 왔었습니다. 제가 가만히 그 얘기를 듣고 보니까 그럴 수밖에 없었습니다.

자기와 인연 없는 많은 영들을 초대한 것은 좋았는데 그 많은 영을 질서 있고 참으로 깨달음의 길로 보조를 갖출 수 있도록 할 수 있는 법력이 없었던 것입니다. 법력이 없기 때문에 소란스러운 것입니다.

자비심이 있어서 속가 집안에서 천도를 하고 공양을 올리더라도 인연이 없는 무연(無緣) 영은 가정에 청하지 않는 것이 좋습니다. 하고 싶거든 우란분재일을 택해 절에 가서 해야 합니다.

그 다음 또 한 가지, 조상이 돌아가신 지 오래됐는데 지금 제사를 지내도 공양을 받으시고 또 축원을 하더라도 영험이 있는가 하는 말을 종종 듣습니다. 제가 겪어본 경험에는 육체를 버리고 금방 속히 새 생명을 받아 가는 경우도 있지만 그렇지 않고 몇 십 년을 그냥 방황하는 그런 영들도 있습니다.

제가 겪었던 영(靈)은 부산에 있던 어떤 의사의 아버지 경우입니다. 아마 30년은 그냥 방황했던 것 같습니다. 생전에 건달로 살던 분입니다. 한량으로 살았어요. 한평생 돈 한 푼 없이 매일 술이나 마시고 태평세월을 살다가 돌아가실 때도 "그저 나 죽거든 술 한 잔만 따라다오. 아무 것도 안 바란다." 하는 유언을 남기고 돌아가신 분입니다. 돌아가신 후에도 방황하는 건달생활, 한량생활을 했던 모양입니다.

몇 십 년 후에도 자기가 괴로우니까 나중에 아들에게 빙의해서 왔는데 아들이 병이 났습니다. 자기가 의사지만 병의 원인을 모르겠고 약을 먹어도 효과가 없으니까 그 다음 기도하러 저를 찾아왔습니다. 그래서 제가 만나게 되었고 아들을 통해 아버지의 영이 자기 고백을 하고 같이 대답을 하게 되어 천도를 한 적이 있습니다.

그분 같은 경우는 관세음보살 이름은 알아도 염불도 잘 안하고 그저 알고 있는 정도로 구원받으려고 생각했는지, 처음에는 "관세음보살을 불러도 소용없더라." 그런 소리를 하더군요. "그럴 리가 있느냐. 당신의 믿음이 약하고 정신력이 허약해서 그러니까 여기서 함께 기도하고 축원하자." 그러니까 그것이 좋겠다고 합의가 되어서 기도를 한 적이 있습니다.

하여튼 영들이 돌아가셔서 시간이 비록 오래 됐다 하더라도 천도 못 받고 방황하는 경우도 있기 때문에 그런 분에게 제사 지내는 것도 허망하지 않다는 것을 여기서 말씀드립니다. 그리고 음식 차리는 것에 대해서 영들이 어떤 관심을 가지고 있느냐 하는 것입니다. 대개 깨달음의 힘이 큰 영의 경우에는 음식에 대해서 관심이 적습니다.

그러나 영들의 고백을 들어보면 돌아가신 후 초기에 닥쳐오는 제일 큰 고통은 불안하다는 것입니다. 생각이 불안 한 것, 그 다음에 시장한 것, 이 두 가지가 불행인데 첫째가 불안입니다. 그럴 것입니다. 육체를 자기로 삼고 육체에 의지해서 살고 있다가 육체에서 다 떠나고 나니까 흔들리는 것입니다. 흔들리니까 무엇이든지 잡는 것입니다.

생명에 대한 집착력 때문에, 길에서 죽으면 지방 영이 되고, 나무에 매달려 죽으면 나무에 매달린 귀신이 되고 그런 식이 된다는 것은 자기 생명에 대한 애착의 힘에 의해서 집착하기 때문에 그런 것입니다. 때문에 그런 차별이 있습니다마는 대개 돌아가신 후 얼마 안 되는 동안에는 육체생명을 가지고 있을 때의 습관이 있기 때문에 그 불안과 함께 시장기가 있다고 합니다. 그래서 공양을 차려드리는 것입니다. 그러나 깨달음을 이루신 고급 영들에게는 그렇게 크게 문제가 안 된다는 것입니다.

  제가 어떤 영의 경우를 경험을 해보았습니다마는 자기 정도가 되면 시장기에 대해서 불편을 느끼지 않는다고 말하는 영도 있었습니다.

  그리고 집에서 독경을 하고, 조상님을 위해서 제삿날 제사 지내면서 염불할 때도 가급적이면 번역된 『반야심경』이나 『지장경』을 천도나 의식 때 읽어주는 게 좋겠습니다. 뜻도 모르고 읽는 경우라도 독경한 공덕을 회향하는 의미에 있어서 공덕은 되지만 바람직하지 않다는 말씀을 드립니다.

  그리고 또 한 가지는 위패를 모셨다거나 제사를 차렸다거나 할 때에 '우리가 정성으로 자식 된 도리에서 정성껏 하면 됐지. 뭐 실지로 잡수시는지 오시는지 누가 알게 뭐냐?'는 생각을 하는 사람들도 혹 있으실지 모릅니다. 그러나 반드시 조상님은 거기에 와 계십니다. 그러니까 비록 종이를 접어서 써 놓은 위패라 하더라도 그 위패가 영이 의지하고 있는 중심입니다.

  혹 꽃 한 송이나 음식, 병풍 같은 것을 챙겨 놓더라도 그것이 전부 영이 살고 있는 장엄도량입니다. 그러니까 그것을 소중히 해야지 함부로 하고 마구 다루면 안 되는 것입니다. 거기에 조상이 임하신 것으로 생각하고 존중해야 합니다.

  제가 영에 대해서 관심을 갖게 된 직접동기가 있었는데 그것은 동래여고 3학년 되는 여학생이 죽어서 천도를 할 때였습니다. 제가 절에 간 지 얼마 안 됐을 때의 이야기입니다. 그때 상 차리고 병풍을 갖다 놓고 위패를 만들어 놓고 하는 책임을 제가 하고 있었는데, 여러 개의 병풍이 필요해서 그냥 그 여학생이 쓰던 병풍을 종종 사용하고는 갖다놓고 그랬습니다.

  그런데 어느 날 그 여학생이 자기 어머니 꿈을 통해 "내 병풍을 그렇게 자꾸 가져가느냐?" 하고 불평을 했다는 것입니다. 그 이후로 제가 미안해서 그 영들에게 사과하는 뜻으로 여러 번 꽃을 꽂아 바쳤던 기억이 있습니다.

그래서 지금 여러분들에게 이 말씀 드리는 것은 결코 제사 지내고 영가를 위해 독경하고 천도하는 것이 허망한 일이 아니라 진실이라는 것입니다. 위패 틀에다 위패 하나 꽂아 놓고 병풍 하나 놓는 것도 모두가 영이 앉아 있는 장엄도량이라는 것을 생각해서 소홀히 하지 않으시는 것이 좋다는 말씀을 드립니다.

그리고 될 수 있으면 독경할 때 반야 계통의 경전을 읽어주시면 좋겠다는 것입니다. 될 수 있으면 『금강경』이나 『반야심경』같은 번역된 경전을 읽어 주시면 더욱 좋겠습니다.

왜냐하면 그것은 병으로 죽은 젊은 사람 같은 경우 육체가 없습니다. 육체가 없는 것에도 불구하고 병들었던 관념을 떠나지 못하는 경우가 있습니다. 그래서 '육체가 본래 없었다. 지금도 없다. 그렇거늘 어디 병이 붙을 여지가 있겠는가.' 이렇게 자기 생각을 돌이켜서 깨우치게 하는 도리가 반야심경 같은 경우 참 절실합니다. 그러니까 그럴 때는 반야심경 같은 법문을 들려주는 것이 좋을 것입니다.

제삿날에도 될 수 있으면 『금강경』이나 『반야심경』을 조상님 앞에서 한 편 읽어드리기를 권해 드립니다.

'천도를 하더라도 이미 우리 조상님은 다른 곳에 태어났을 텐데 내가 염불하고 축원해봐야 무슨 소용이 있겠는가.' 하는 분들도 계실 것입니다.

바른 영들은 이 몸을 받고 나서 이삼일이면 바로 자기 태어날 곳으로 가는 경우도 있습니다. 그러나 그 외에는 일정한 기간을 거쳐서 세간적인 모든 것에 대한 반성을 하게 됩니다. 그 반성을 거치는 경우가 49일 걸립니다. 그리고 대개 그동안 나타난 마음 상태, 그 업에 따라서 세상을 받아갑니다.

그렇지만 비록 다른 곳에 태어났다 하더라도 우리가 보기에는 천상이 멀고 지옥이 멀고 인간세계가 서로 멀고 불국토가 먼 듯이 보여도, 불국토나 천상이나 지옥이나 아수라나 인간세계나 온 구족계 모두가 원래 진리에서 보면 일념, 한 생각이 벌어진 것입니다.

일심으로 일념으로 염할 때는 지옥에 가 있어도 통하고, 천상에 태어나도 인간으로 태어나도 그 사람에게 복이 갑니다. 온 우주의 실존인즉 일념이다. 일념 즉 하에 만유와 함께 통한다는 생각을 가지고 의심하지 않고 공경과 천도를 드렸으면 좋겠습니다.

그리고 하나 더 말씀드릴 것은 '이교도도 천도되는가?' '생전에 불법을 받아들이지 않았던 사람도 죽은 후에 천도될 수 있는가?' 하는 것입니다. 가까운 우리 주변에 불교 아닌 종교가 많습니다만 이교도라 해서 천도 안 되는 것이 아닙니다.

이교도라 생각하지 말고 똑같이 괴로움에 빠져 있고 생의 길목에서 헤매고 있는 영이라고 생각하고 자비심을 가지고 정성을 다해서 독경하고 염불하고 축원해 주는 것이 좋을 것입니다.

자기 친정 고모님 천도를 청해 온 사람이 있었는데, 그 친정이 철저한 기독교 집안이라 고모님도 기독교를 믿다가 돌아가셨어요. 그런데 자기는 불교 믿는 집에 출가해 불교를 열심히 믿고 있는데 자신의 꿈에 자주 나타나는 것입니다. 그리고 꿈에 나타나면 '불안하다'는 것입니다. 그 고모님이 기독교를 철저히 믿으신 분이신데 어떻게 하면 좋으냐고 하면서 왔습니다.

그래서 "기독교 믿었다고 차별하지 말아라. 그분도 지금 기독교 집안에서 생전을 닦았던 사람이고 또 지금도 어떻게 보은을 받을 줄을 알고 불교 믿는 조카한테 호소하는 것이 좋을 것이라고 생각해서 오는 것이다. 조카 된 도리에서 뿐 아니라 그렇게 어려움에 빠진 사람을 불법 믿는 사람이 그냥두면 안 된다. 천도를 해주는 것이 좋다."고 말하고 제가 천도식을 했습니다.

한 번 천도식을 올린 것뿐이었는데 그 다음에 일체 꿈에 보이거나 불안한 것이 없어졌다는 얘기를 전해 들었습니다. 그러니까 이교도라도 버리지 말라는 것입니다.

불법에는 이교도가 따로 없습니다. 모든 사람이 똑같이 믿고 자비심을 가지고 공경심으로 천도하는 것이 좋습니다.

법정(法頂) 스님

전남 해남(1932~2010)에서 태어났다.
효봉스님을 은사로 출가했다.
무소유 정신으로 너무나 잘 알려진 수필가로,
수십 권이 넘는 저서가 있다.
"그간 글로 지은 업이 너무 많다. 죽은 후까지 그 업을 가지고 가고 싶지 않다"며 사후에 책을 출간하지 말라는 유언을 남겨, 그의 저서들은 모두 절판, 품절 되었다.
『무소유』·『영혼의 모음』·『산방한담』·『홀로 사는 즐거움』·『텅빈 충만』 등이 있다.

길상화보살 49재 법문

달력이 바뀐 새해 첫날, 2000년 1월 1일 이렇게 예정 없이 만나게 되었습니다. 오늘 이 자리는 길상화(吉祥華) 보살님이 우리를 초대해서 마련된 것입니다. 인연 치고는 아주 미묘한 인연이라고 여겨집니다.

해가 바뀌면 노인들은 한 살이 줄어들고 젊은이들은 한 살이 늘어납니다. 한 번 돌이켜 보십시오. 줄어드는 쪽인지, 늘어나는 쪽인지 스스로 물어 보세요.

영가 길상화(吉祥華)보살님은 어느 쪽일까요? 줄어드는 쪽입니까, 늘어나는 쪽입니까? 해가 바뀌어도 나이가 줄어들거나 늘어나지 않는 사람이 있습니다. 그런 사람이 누구이겠습니까?

오늘 이 자리에 모인 불자들은 해가 바뀌어도 나이가 줄어들거나 늘어나는데 상관이 없는 그런 사람이 되어야 합니다. 그러기 위해서는 나의 자리를, 지금 그 자리를 낱낱이 살피면서 늘 깨어 있어야 합니다.

옛 스승들은 말합니다.

생종하처래(生縱何處來) 사향하처거(死向何處去)

이 세상에 태어날 때는 어디서 왔고,
죽어서는 어디로 가는가.

태어남이란 허공중에 한 조각 구름이 일어나는 것과 같고, 죽음이란 그 한 조각 구름이 사라짐이라 했습니다.

구름 자체는 실체가 없습니다. 우리가 나고 죽는 일 또한 이런 것입니다. 그러나 홀로 그 무엇이 있어서 항상 뚜렷하고 밝습니다. 그것은 지극히 고요하고 잠잠해서 나고 죽음의 생사를 따르지 않습니다. 이 몸속에 영혼이 깃들어 있다고 생각하지 마십시오. 영혼이 이 몸을 거느리고 있는 것입니다.

사람이 집을 지은 것이지, 집이 사람을 만든 것이 아닙니다. 그렇기 때문에 죽음이란, 이 몸이 기능을 다 했을 때 낡은 옷을 벗어 버리듯 한 쪽에 벗어놓는 것과 같습니다.

죽음은 삶의 또 다른 모습입니다. 거부하지 말고 자연스럽게 받아들일 수 있어야 됩니다. 죽음은 끝이 아니라 새로운 시작이라고 생각하십시오. 무량겁을 두고 되풀이해 온 중생의 살림살이입니다. 잎이 지고 나면 그 자리에 반드시 새 움이 돋아납니다. 이것이 우주의 율동이고 생명의 질서입니다.

오늘 49재를 맞이한 길상화 영가께서는 이런 도리를 분명히 아십시오. 이런 도리를 알게 되면 나고 죽는 일에 초연하게 될 것입니다. 마치 과일에 씨앗이 박혀있듯, 죽음 안에 새 삶이 있고 살아 있는 그 속에 죽음이 들어 있다는 사실을 명심해야 합니다.

우리가 한 생애를 두고 사는 법을 배워 가듯이 죽음도 배워야 합니다. 오늘 이 자리에 모인 우리는 길상화 영가를 통해서 삶의 의미와 죽음이 무엇인지를 다시 배우게 됩니다.

길상화 영가를 천도하기 위한 49재의 인연을 통해서 우리의 삶 자체를, 생과 사를 새롭게 음미할 수 있어야 합니다. 거듭 명심하시길 바랍니다. 죽음이란 끝이 아니라 새로운 삶의 시작이라는 사실을 잊지 마십시오. 그래야 죽음의 두려움으로부터 벗어나서 생과 사 어디에도 얽매이지 않게 됩니다.

여기 해가 바뀌어도 나이가 줄어들거나 늘어나지 않는 그 소식이 있습니다. 49일 동안 이 도량에서 스님들과 신도들과 친지들이 정성스럽게 재를 지내 왔습니다. 이 재를 지내면서 길상화 영가는 평소에 듣지 못하던 부처님의 법문을 들을 만큼 들어서 깨우친 바가 많았을 줄 믿습니다.

그리고 이 절을 세워서 많은 사람들이 의지하고 귀의하고 환희심을 일으킨 그 공덕으로 길상화 영가는 업장이 소멸되어 훨훨 떨치고 정토에 왕생하리라 믿습니다. 이 절이 존속하는 한 그 공덕은 두고두고 많은 사람들 기억 속에서 칭송될 줄 믿습니다.

자비하신 부처님의 위력을 입어서 영가는 이생에서 얽힌 인연을 다 거두시고 근심 걱정 다 놓으시고 정토의 안락을 누리십시오. 편히 왕생하십시오.

활산성수(活山性壽) 스님

경남 울주군에서 태어남(1923~2012).
1948년 부산 범어사에서 동산 스님을 계사로 구족계를 받았다.
대한불교조계종 총무원장을 지냈다.
스님은 만행(萬行) 과정에서 숱한 일화를 남기기도 했다.
당대의 고승을 찾아다니며 도전적으로 도를 물어 '사자새끼'라는
별명이 붙었다고 한다.
2004년 조계종의 최고 법계인 대종사 법계를 받고,
2005~2008년 전계대화상을 지냈다.

1. 사십구재와 제사

 재를 지내는 뜻은 부모의 가심을 안타까워하는 심정과 부모가 자손에게 베풀어 주신 은혜에 백분의 일이라도 보답하기 위함이다.
 생칠 사칠(生七死七)에 따라 부모가 자손을 위해 생칠인 사십구 일간 불전에 수명장수를 빌고, 온갖 정성을 다하여 키워 주시니 우리 자손은 부모를 위하여 사후에 사십 구 일간 지극 정성으로 부처님 앞에 영혼의 극락을 기원하는 것입니다.
 재를 지내는 날만 부모를 생각하여 절에 오는 것이 아닙니다. 부모가 낳은 후 사십구 일 동안 아기의 옆을 잠시도 떠나지 못하고 정성껏 돌보아 주시듯이 우리 자녀 손들도 사십 구 일간 만은 비록 집에 있으나 그 정신만은 부모의 영혼을 위해서 지성껏 기도를 하는 기간인 줄 알아야 한다.

 옛날 신라 때에는 부모가 작고하신 그 시간부터 불전에 가서 법복을 입고 사십 구 일간 부모의 극락을 기원하기 위해 한시도 자리를 뜨지 않았다고 한다.
 그와 같이 우리 자손들은 집에서 만이라도 항상 부모의 안락만을 생각하여 생활에 의견이 맞지 않아도 언쟁을 삼가하며 부모가 계실 때 보다 더욱 화목하게 지내야만 부모의 영혼이 집에 대한 미련을 버리고 영원히 안락한 부처님의 세계로 가게 됩니다.
 사십구재를 마치고 부모의 영전을 밖으로 모시게 되면 이제는 일 년에 한 번씩 돌아가신 날을 맞아 제사를 지내게 되는데 그것은 선망부모의 음덕을 길이길이 잊지 않겠다는 성의를 표시하는 날입니다.

 인류는 전과 후의 연관성으로 역사가 있고 역사로 인하여 연대가 있으며 연대가 있어서 대대를 이어가는 예의가 됩니다. 예의가 없으면 의리 없는 금수(禽獸)에 불과하니 우리가 인간이라는 생각을 가지고 있다면 자신의 앞가림에만 치우치지 말고 조상의 차례를 지내는데 있어 예의를 지켜야 합니다.

 신라 때에 제사나 재를 지내는 날 법사를 청하여 영혼의 어두운 눈을 맑게 하고 명복을 빌어주었습니다. 또한 그를 위한 보시에는 공양보시와 의복보시와 경전보시가 있는데 공양보시는 삼일 복이 되고, 의복보시는 석달 복이 되며, 경전보시는 한량없는 복 [無量福]이 됩니다.
 그런데 요즈음 제사와 재를 지내는 태도를 보면 형식에만 너무 치우쳐 영혼을 위한 것이 아니라 남에게 보이기 위한 제사 같은 느낌을 받을 때가 한 두 번이 아닙니다. 뜨거운 정성으로 효도하는 마음은 영혼은 물론이거니와 살아있는 자손에게도 이로운 것입니다.

2. 수륙재 영가천도법문

　이 수륙재는 허공에 떠도는 무주고혼(無住孤魂)을 위하여 육지와 바다의 두 곳에서 행해지는 천도재입니다.
　육지에서는 재단을 차려 놓고, 그들을 위한 법문과 염불을 해주고, 바다에서는 배를 마련하여 육지와 똑같은 형식으로 행해집니다.
　이것은 부처님 당시부터 시작한 것이니, 그 유래를 살핀다면, 이는 부처님 당시에 여러 곳에서 발발하는 전쟁을 막기 위해 대광장에 보여 바다와 육지에서 억울하게 죽어간 무주고혼들의 천도재를 지낸 것입니다.
　전쟁은 무주고혼들의 원한이 얽혀서 일어나는 것이므로, 그들을 위해 천도재를 지내는 것은 중생에게 참으로 좋은 일입니다.
　이때부터 부처님이 우주의 평화를 위해 노력하신 결과로서 지금 우리가 이토록 평화로운 세상에 살게 된 것입니다.

　이와 같이 시작된 수륙재는 국가마다 전쟁을 치르거나 정권이 바뀌면 한 번씩 지내어 나라의 태평성대를 기원하는 한편 매년의 행사로 지정되어 왔습니다.
　지금은 이 수륙재가 소규모화 되어 절에서 신자들만 지내게 되었지만 예전에는 온 국민이 모두 참여하여 대대적인 국가의 행사로 국재(國齋)라 칭하여 임금까지도 참여 하였습니다.
　수륙재를 지내는 이유는 영혼의 피맺힌 원한으로 인하여 새로운 원한의 실마리가 생기는 일과 바다, 육지 등에서 일어나는 불의의 사고를 미리 막기 위함입니다.

　옛날 이태조가 나라를 얻었을 때, 그의 충신이었던 퉁두란이 말하기를,

"억울하게 죽어간 넋이 많으니 그들의 원심(怨心)을 풀어 주기 위한 천도재를 지내자."고 간청했으나

"왕의 어명(御命)에 무슨 원한이 있겠느냐."고 일소에 부쳐졌으므로 조선 오백 년은 내란과 외적의 침입 등으로 나라가 하루도 편안할 날이 없었던 것입니다.

또한 물에서 죽은 넋은 다른 사람을 자기의 동반자로 만들기 위해 노력하고, 육지에서 죽어간 사람도 이와 다를 바 없습니다. 이러한 것을 볼 때 사람이나 무주고혼이나 절대 원망심이 있어서는 안 됩니다.

항해 도중 바다에서 시신을 보았을 때는 그것을 거두어 장사를 잘 지내 주고 가야만 뱃길이 편안하며, 추하다 하여 그냥 지나쳐 버리면 반드시 시신의 원망심으로 인하여 풍랑을 만나 고생을 하거나 심하면 배가 파손되는 경우도 있습니다. 그리고 교통사고를 살펴볼 때 사고 난 지점에서만 항상 사고가 발생하는데 그것은 액사(厄死)한 넋이 그 자리를 뜨지 못하고 다른 사람을 자기와 같이 만들려는 욕망심이 있기 때문입니다.

이러한 이야기를 들으면서 여러분 중에는 스님도 미신을 믿는다고 비웃을지 모르나, 부처님의 방편 설에 보면 사람이 살았을 때 생사장야의 꿈을 깨지 못하고 액사(縊死)를 했을 경우 그 넋은 자기의 죽음을 인식하지 못하고 허공을 맴돌며 근기(根機)가 약한 사람에게만 접근하여 해친다고 하셨으니 우리는 이것을 단순한 이야기로 흘리지 말고 각별한 주의를 하여야 합니다.

언젠가 태평양에서 선박의 파손으로 실종된 사람이 거북의 등에 업혀 여러 날 만에 우리나라까지 온 사실이 있습니다. 그 기적적인 사실 뒤에는 어머니의 숨은 공로가 있었으니, 그것은 평생 동안 아들의 무사고를 부처님 전에 빌었으며, 아들이 태평양

을 떠돌던 그 시간에도 어머님은 부처님 앞에서 정성껏 기도를 올리고 있었습니다.

  이것을 볼 때 지성이면 감천이니, 우리도 부처님을 진실하게 믿고 받들 때 비로소 무엇인가를 얻게 되는 것입니다.

  밝은 눈을 가진 사람이 보면 우주 안에는 유주 무주(有主無主)의 고혼이 꽉 채워져 있어 서로의 불평불만이 폭발하게 되면 우리 중생 세계에는 불의의 사고가 일어나는 것입니다.

  이런 이유로 인하여 수륙재가 전해졌으니, 우리는 이것을 소홀히 생각하지 말고 고혼들에게 성심성의를 다하여 원심을 없애야 합니다.

3. 영가천도 법문

　현재 불교인들의 사부대중보다 영가가 훨씬 많습니다. 영들이 무엇이 부족이냐 하면 배고픔과 차가운 것입니다. 그 영가들에게 밥 한 끼와 떡을 해 주면 "고맙습니다."하고 애절하게 인사를 하니 배고픈 영가들에게 밥 한 끼라도 대접 하십시오.
　지리산에 있을 때 미국에 있던 어느 불자가 부모님을 위한 천도재를 해 달라 하여 천불을 보내 왔길래 쌀을 한 말 준비해 지리산 밑에 하루 한 되씩 뿌렸습니다. 지리산 법계, 시방법계의 산천고을에 있는 모든 사부대중인 영가가 와서 먹고, 짐승과 새가 와서 먹고 까마귀와 까치가 춤을 추고 가니 겉으로 드러나는 상이 전혀 없습니다.

　오늘 백중 천도재에 한 마디 하겠습니다. 오늘부터 49일 동안 백중재를 지내면서 도가 무엇인지 진리가 무엇인지 알아내십시오. 그러기 위해서는 영가들을 위해서
　첫 번째, 하루 쌀 한 숟가락을 49일 동안 49숟가락을 돌 위에다 보시하십시오.
　두 번째, 49일 안에 하루 날을 정해서 미꾸라지 한 소쿠리를 방생을 하십시오. 선망부모와 영가들을 위해서 이런 보시를 하십시오. 보시하는 정신을 가진 것이 복입니다.

　영가들이 영가가 되고 싶어서 영가가 된 것이 아닙니다. 천 년 만 년 살겠다고 노력했지만 믿는 도끼에 발등 찍힌다고, 믿는 내 몸뚱이가 자기 것인 줄 알고 믿다가 배신당하니 진땀이 납니다. 그래서 몸뚱이에 애착을 가져서 안 놓으려니 진땀이 나는 겁니다.
　늘 자기가 갈 곳을 찾아야 합니다. 늘 자기가 갈 길을 찾아야

합니다. 갈 놈이 누군지 알아야 하는데 갈 곳도 모르고, 갈 길도 모르고 갈 놈이 누군지도 모르면 안 됩니다. 가기 전에 아버지·어머니를 만나는 것보다 자기 자신을 만나 턱하니 내려놓으면서 덩실덩실 춤을 추어야 합니다.

자기 자신에게 확신을 가져 마음을 자기 자신에다 풀어 놓을 때 그때가 바로 극락입니다. 천하 만물이 진리 아닌 게 없고, 세상만사가 도가 아닌 것이 없다는 것을 알 수 있습니다. 자기 자신을 알아야지만 진리가 뭔지 알 수 있으니, 먼저 자기 자신을 만나기를 바랍니다.

마음을 항상 곧게, 밝게, 원만하게, 평등하게 닦으시고 자기 마음의 보시를 잘 해야지만 아들딸에게 복을 있습니다. 가족이나 주위사람들에게 한 마디를 하더라도 덕(德)이 쌓이고 득(得)이 되는 말을 하십시오.

표독스럽게 말을 뱉어 내면 그 독이 우리의 자손들에게, 또 본인의 얼굴에 그 독이 듭니다. 정말 마음의 보시를 잘 하고 살아야 합니다. 마음만 달라져야 되는 것이 아니라 그 마음과 함께 태도와 모습도 달라져야 합니다.

또 매일 첫 걸음 한 자리라도 무게 있게 걸어 보십시오. 허둥대지 말고, 삐딱하게 걷지도 말고, 덕이 있는 걸음을 걸어 보기도 하고, 마지막으로 하루 24시간 중에 단 5분이라도 부처님처럼 단정한 자세를 가져보십시오.

득이 되는 말, 복이 되는 말, 진실된 말을 해야지만 나 자신도 여유가 있고 아이들도 여유로운 불자로 자라게 됩니다. 말 한 마디에 천 냥 빚도 갚는다는 말이 있듯이 늘 덕이 있는 말. 무게 있는 걸음걸이의 몸가짐을 가져서 이왕에 불자라면 부처님 말과 행동을 흉내라도 내어야 될 것 아닙니까. 그러다보면 복이 데굴 데굴 굴러서 들어 올 겁니다. 부처님이나 공자, 성인들의 진리의 법문이 그냥 생긴 것이 아닙니다.

햇빛을 안고 살면서 잠시 5분이라도 생각하여 그 생각을 한 마디라도 글로 남겨 놓았기에 이렇게 진리가 세세생생 전해져 내려오는 것입니다.

항상 생각하여 글로 남겨 헛걸음, 헛일을 하는 인간이 되지 않겠다는 생각을 하고 글로 남기십시오. 눈·귀·코·입에게 물어서라도 글로 남겨 과학적, 도덕적, 철학적으로 사십시오.

자기를 잘 다스리면 부처님이고, 누가 자기 자신을 밟고 올라가는 것은 자기 자신을 잘못 관리해서 그런 것입니다.

부처님이나 성인들이 그냥 성인이 된 것이 아님을 잘 아셔야 합니다. 영가천도를 하는 49일 동안 열심히 기도 하시기를 바랍니다.

무진장(無盡藏) 스님

제주에서 출생(1932~2013).
1956년 부산 범어사에서 동산스님을 은사로 출가.
원래 법명은 '혜명(慧命)'이다. 손재주가 뛰어나 못하는 게 없었다.
범어사 주련을 동산스님이 쓰시고 서각을 무진장스님이 했는데,
이를 본 동산스님께서 "재주가 무진장하다"하여 그 이후
'무진장'이라는 법호를 사용하게 되었다.
책 이외는 다른 것을 일체 가지지 않아
'칠무(주지·돈·솜옷·모자·목도리·내복·장갑)스님'이라는
별칭으로 불렸다.
청빈한 삶으로 평생 주지소임을 사양하고 오직 대중포교에만
헌신하여 이 시대의 부루나존자로 칭송하고 있다.
2008년 '대종사' 품계를 받았다.

왜 재를 지내는가?

 오늘은 백중5재를 맞이하는 날이니 '왜 재를 지내는가?'에 대해서, 먼저 영가에 관련된 법문을 잠시 하겠습니다.
 천도할 때 여러분은 이런 법문을 많이 들었을 겁니다.

 '생종하처래(生從何處來) 사향하처거(死向何處去)'

 생이라 하니 어디로부터 태어났으며, 죽음이라 하니 어디로 가는가? 이 세상에 태어남이 도무지 어느 곳을 따라서 왔으며 어느 곳을 따라 가는가?

 '생야일편부운기(生也一片浮雲起) 사야일편부운멸(死也一片浮雲滅)'

 인간이 세상에 태어났다고 하는 것은 마치 허공에 한 조각 구름이 떠 있는 것과 같고, 세상을 살다가 하직하는 일은, 저 하늘에 떠 있는 한 조각 구름이 사라지는 것과 같습니다.
 그런데 떠 있는 흰 구름 자체는 항상 떠있거나 항상 없는 것이 아닙니다. 나고 죽는 일도 다 그와 같지만, 홀로 바짝 드러나서 생사에 걸림이 없는 영원한 그런 이치는, 생사에서 비로소 떨어져 나간다는 말이 있습니다.

 쉽게 말씀드리면 독일의 유명한 정신병리 학자이며 실존주의 철학자이기도 한 야스퍼스(Karl. Jaspers, 1883~1969)가 자기가 재직하고 있던 학교에서 마지막으로 퇴직하는 자리에서 일생동안의 철학사상을 총 정리하며 이런 말을 한 적이 있습니다.

 '나는 왔구나, 온 곳을 모르면서

나는 있구나, 누군지도 모르면서
나는 죽으리라, 때도 모르면서
나는 가리라, 갈 곳도 모르면서…'

여기 와 앉아 계시는 여러분들은 다 어디서 왔나요? 집에서 왔나요? 여러분께 누구냐고 물어보면 자기 말은 하지 않고 다 남의 말만 합니다.
"저는 아무개의 딸입니다.", "아무개의 딸 말고" 하면, 이번엔 "아무개 엄마입니다."라고 말합니다. 그 아무개의 누구 말고 당신이 누구냐고 물으면 아무도 답을 못합니다.

우리 인생은 참 알기 어려운 존재입니다. 여기 앉아있는 여러분은 각자가 다 "나는 여기 앉아있다." 그러는데 "어떤 당신이 여기 앉아 있느냐?"고 물어보면 답할 사람이 없어요.
이 세상에 죽으려고 태어난 사람은 아무도 없습니다. 죽을 날을 기약하고 태어나진 않았습니다. 부처님, 예수, 노자, 장자 등 모든 성현들조차 죽을 날을 기약하고 태어난 사람은 하나도 없어요, 살다보니 그렇게 된 것이지요.

'나는 죽으리라, 때도 모르면서
나는 가리라, 갈 곳도 모르면서…'

오늘 여러분은 이 법문이 끝나면 어디로 가나요? 집으로 가나요? 집에 가서 실컷 자고 내일 아침 일어나서 어디로 가나요? 직장으로 가나요? 직장에서 물어보면 집으로 간다, 또 집에서 물어보면 직장으로, 시장으로 간다 하지요. 인생은 가기만 하고 있는 거지 어디로 가고 있는지를 몰라요. 우리가 갈 곳은 저 세속의 저런 집들이 아니에요.

지금 여러분들이 살고 있는 집은 하숙집에 불과해요. 오늘도 걸어가다가 잠깐 쉬기 위해 만들어 놓은 하숙집에 가서 쉬고 내일 또 가겠지요. 근데 요즘 하숙비가 너무 비싸요. 에어컨에다 난방장치 하고 온갖 사치스런 장치 다 하고 사니까 하숙비가 너무 비싸요. 그래서 남녀 간에 하숙비 못 갚는 사람들이 많아요.

나는 어디서 왔는지, 어떤 내가 존재하는지, 언제 죽을 것인지 알 수 없는 바보 같은 인생들에게 길잡이가 되게 하고 광명을 부여하기 위해서 존재하는 것이 종교요, 철학입니다.

오늘 5재를 맞이하는 많은 영령들이 있는데, 그들에게 해 줄 말이 있어요.

'금생에 태어날 때는 적실해서 생을 따르지 아니하고, 죽어 세상 하직할 때는 당당하여 생사에 따르지 않는다.'라는 말이 있습니다. '태어났느니라', '죽었느니라' 하는 데에 간섭함이 없어야 합니다.

『금강경』에 이런 말이 나옵니다.

'법신은 생사가 없다.'

우리 육신은 수억만 번을 죽고 나지만 생명원리는 생사에 연연하지 않습니다. 태평양 바다를 보세요. 바람이 일면 물거품이 일고 바람이 잠자면 물거품이 사라지지만 바다는 슬퍼하지 않습니다.

물거품이 수없이 일고 지지만 간섭함이 없어요. 생명원리는 태평양바다와 같아서 생사가 본래 없는 것이로되 우리 육신은 물거품 같아서 수억만 번을 나고 죽고 하는 것입니다.

바람이 불면 일어나고 사라지는 그것을 우리는 업, '업 바다'라고 해요. 업으로 인해 일고 지고 하는 것입니다. 일어나고 지고 하는 물거품에 관심을 두기 보다는 생사가 본래 없는 생명원리에 관심을 가질 필요가 있는 것이지요.
그러니 우리는 한 번 생각해 볼 필요가 있어요.

올 때 무슨 물건이 왔으며 갈 때에 무슨 물건이 가는가?
올 때도 갈 때도 본래 한 물건도 없었다 하는데, 한 물건도 없었을까요? 이것은 무시무종(無始無終)의 도리를 말하고 있는 것이지 아무것도 없다고 말하는 것이 아니에요. 무시무종의 본래면목을 두고 우리는 '있다', '없다'라고 말해요.
그래서 오늘 많은 영가와 더불어, 그들과 인연 있는 불자 여러분들도 이와 같은 생각에 주의를 기울여 볼 필요가 있습니다. 이것은 수없이 들어온 법문이지만 그것이 한문으로 되어 있기 때문에 늘상 듣고도 알기 어려운 이야기지요.
그것을 다 알 수는 없지만 오늘 이 법사가 그 중에서도 몇 가지를 간추려서 여러분이 이해하기 쉽도록 애써 보겠습니다.

오늘 여러분들이 영가천도에 동참하고 있지만 사실 생존해 있는 사람이나 죽은 자나 다를 게 없어요. 법문 듣는 데는 마찬가지예요.
재를 지내는 원리를 보면 이런 것이 있습니다.
재라는 말은 베풀라는 뜻이 있어요. 무엇을 베푸는가? 우리는 이 세상에 태어날 때 그 누구든 동전 한 닢인들 가져온 사람 있습니까? 우리는 빈 손 들고 와서 이 세상을 살다보니까 가진 것이 이렇게 많아요. 권속과 명예와 재산 등, 하지만 그것은 어느 하나도 내 것이 아니에요. 전부 남의 것인데 그것을 주워 모아서 내 것이라 믿고 있습니다. 자기 것이 아닌 줄 언제 아는가? 죽을 때 보세요. 다 빈 손으로 갑니다.
자기 것이면 가져 갈 수 있어야지요. 다 버리고 갑니다. 육신조차도 부모님에게서 받은 것이어서 썩어져도 가져 갈 수 없지요. 내 것이 아니에요.

그 가지고 있다는 것이 뭐냐? 그것이 바로 산덩이처럼 쌓인 업이에요. 우리가 그것을 주워 모으는 동안 많은 사람에게 신세를 졌으며, 원결을 맺었으며 남을 괴롭혔습니다. 업 덩이를 그냥 가지고 가서는 내세에 좋은 곳에 갈 수가 없습니다. 그것을 갚는 방법이 바로 재를 베푸는 일입니다.

이 세상을 살아가며 주워 모은 모든 것에 대해 참회하는 마음으로 나 이외의 모든 사람에게 베풀면서 살라는 의미입니다. 서구 사람들은 그것을 공식화 해가지고 십일조라는 것으로 갚으라고 하지요. 십일조라는 것은 교회에만 갖다 주라는 것이 아니에요. 나 이외의 모든 사람에게 베푸는 방법입니다.

그런 방법으로 우리는 업을 소멸해 가는 것입니다. 수억만 년 살아오면서 과거 생에 지은 선천적인 업과 현생에 짓고 있는 후천적인 업이 전부 기록되고 있는 곳이 있으니 바로 제8 아뢰야식에 빠짐없이 기록되고 있습니다.

사람이 죽으면 육신은 나만의 것이 아니라 다 없어지지만 아뢰야식은 불에도 타지 않은 채, 업만 달랑 허공에 떠 있어 그 업이 동질성을 찾아 가게 되는 것이지요. 심한 말로 개 같은 생각을 하고 살면 그것이 저장되어 그 성질의 동질성을 찾아가다 보면 개가 될 수도 있습니다.

성인군자처럼 생각하며 살아온 사람은 성인군자가 되는 것이니 모든 것이 자업자득입니다. 한 생각에 따라 이렇게 큰 차이를 보입니다.

업장이 녹아지려면 청정해야 합니다. 그것을 육조스님은 전념(前念)청정이 후념(後念)청정을 부촉한다고 했습니다. 예를 들면 칠판이 하나 있는데 글이 하나도 없이 깨끗합니다. 저 문을 들어오는 사람이 칠판을 보고 "텅 비었구만." 그럽니다. 텅 비었기 때문에 칠판입니다. 그것을 정(定)이라고 해요.

그 텅 비어 있는 칠판에 자유자재로 글을 쓸 수 있습니다. 그것을 부처님의 지혜라고 하지요, 정혜(定慧)입니다. 그런데 만약에 칠판에 처음부터 글이 잔뜩 써져있다면 내가 어떤 글을 써도 드러나 보이질 않습니다.

여러분 심성 가운데 있는 칠판에 잡념망상이 잔뜩 기록되어 있는 것처럼 얽히고설킨 한 생각들이 잔뜩 기록되어 남아있다는 겁니다. 거기 어떤 생각을 일으켜도 안 되는 거예요.

이런 일화가 있어요. 열아홉 살 처녀가 맞선을 보기 위해 나간 자리에서 갑자기 방귀가 나오게 생겼어요. 두 발꿈치로 방귀를 꼭 막고 '오늘 이 방귀를 뀌는 날에는 시집은 다 갈 것이다' 하고 있는데 옆에 있던 노인이 불쑥 묻기를 "처녀는 몇 살이오?" "네, 제 나이는 방귀 살입니다."

열아홉 살은 어디로 가 버리고 거기다 왜 방귀 살이 왜 나오냐 이 말이에요. 심리학에서는 이를 '관념의 독소'라는 말로 씁니다. 우리의 한 생각을 관념이 지배하고 있다는 것이지요.

여러분은 잘 모르겠지만 이곳 스님네가 영단을 향해서 재를 지낼 때는 부처님과 조사들의 말씀을 통해서 그 영가들이 뉘우치지 않을 수 없게 하는 법문을 들려주고 있습니다.

여러분이 못 알아듣는 것뿐입니다. 식자(識者)가 아니면 못 알아듣는 그 내용을 일자무식 우리 어머니가 알아들을 수 있을까 싶지만 다 알아듣는 도리가 있습니다. 박사 아들은 못 알아들어도 일자무식 어머니는 알아듣습니다.

그게 뭐냐면 우리에게는 중간자라는 것이 있어서 차단당하고 따돌림 당하고 있는 것입니다. 안·이·비·설·신·의라고 하는 수위실이 있어서 일일이 차단당하여 본 세계에 들어가는 생명원리에 도달할 수가 없습니다. 그러니 이런 안·이·비·설·신·의 라는 차단하는 중간자가 없어져버린 영가는 법문을 알아들을 수 있어도 이 차단기가 철두철미한 지식인은 이 말을 못 알아듣는다는 것이지요. 무슨 이야긴지 깊이 생각해 볼 필요가 있습니다.

영가를 향하여 하고 있는 법문의 요지는 불교의 사상 가운데서도 핵심을 이루고 있는 사상들입니다.
재를 지내는 데는 효성이 있어야 합니다.
우리 부모님은 과연 좋은 곳으로 가셨을까? 바로 자식된 자의 걱정이죠. 걱정스런 자식이 효자입니다.
아름다운 경치 앞에서 부모님을 생각하고, 맛있는 음식 앞에서 우리 부모님도 같이 드셨으면 좋으련만 하고 생각하는 자가 효자인 것이지요.

불심을 가진 이는 저자거리에서 돌아다니다가도 아름다운 꽃만 보아도 문득 생각나기를 부처님께 공양 올리고 싶다는 생각이 나야 신심이라도 생기는 것이지요.
부처님 앞에 올 때도 꽃 한 송이라도 가지고 와야지요. 무엇인가 부처님을 생각하고 있다는 증거가 있어야지요. 아무데나 다니다가 오늘 절에 가는 날인가보다 하고 온다고 해서 신심 생기는 것은 아니에요.

요즘 티비 드라마에서 시어머니 뺨을 때린 며느리 이야기로 그 작가가 곤욕을 치르는가 하면, 두 젊은이가 무대에서 발가벗고 춤을 추는 등, 세태가 아주 이상합니다.
이 세상은 자기만이 사는 세상이 아니지요? '시민'이란 말은 연기법입니다. 당신도 살고 나도 살고 있다는 생각이 시민의식이지요. 다 죽어도 나만 살고 싶다는 생각은 천민의식입니다.
예전에는 효자도 많았지요. 그런데 요즘 사람들은 제사도 잘 지내지 않습니다. 분명히 일러 드리는데 돌아가신 분이 불교나 유교를 믿었거나 종교가 없는 분이면 마땅히 제사를 지내드려야 합니다. 그런데 평생 기독교를 잘 믿다가 죽었다면 제사는 안 지내도 됩니다. 왜냐하면 제사를 지내지 않는다는 걸 본인이 알고 죽었기 때문에 지내지 않아도 되는 것입니다.

우리 인생은 간단치 않습니다. 태어나는 일도 복잡하지만 인생을 살다가 하직하는 일도 그렇게 단순하지가 않습니다.

한(漢)나라에 정란이라는 사람이 살았습니다. 지극한 효자였습니다. 편모슬하에 어머니에게 거역한 일이 없었는데, 그 어머니가 돌아가시자 효행을 다하지 못한 것이 못내 안타까워 어머니 상(像)을 나무로 깎아서 마당에 세워두고 들며 나며 어머니께 고했습니다.

그것을 본 아내가 질투가 나서 남편이 없는 사이에 바늘로 그 목각의 손톱 밑을 찔렀는데 그곳에서 피가 흘렀다고 합니다. 목각에서 말이지요. 이런 이야기하면 요즘 아이들은 거짓말 너무 한다고 하지요.

실화로서 전해 오는 이야긴데요, 그것은 다분히 문학적인 표현이지요. 그 정란의 효행을 가치 있는 효로 만든 것이 그 부분이지요. 그것을 과학적으로 증명한다고 소동 부릴 필요는 없습니다. 진짜다 가짜다 판별해서 무엇해요.

진정한 불자는 부처님 말씀 잘 듣고 부처님 말씀을 대신하는 법사의 말을 잘 들어서 내가 신행생활하고 있는 것이 잘 되었는가 못 되었는가를 한 번 가려볼 수 있잖아요? 그런데 고집으로 불교를 믿는 사람이 있지요. 고집으로는 안 되는 거예요. 한 번 생각을 바꿔볼 필요가 있습니다.

지금까지 말씀드린 것은 불교에서 재를 지내면서 어떻게 하는 것이 영가에 대한 효행인가를 설명 드렸는데 지금부터는 법문을 몇 부분 하겠습니다.

임제(臨濟)스님이 말씀하기를

'사대(四大)는 법을 설할 줄도 들을 줄도 모르고 허공도 또한 그러한데, 다만 네 눈앞에 뚜렷이 밝고 밝은 형상 없는 것이라야 비로소 법을 설하고 들을 줄 안다. 모양이 없다고 하는 것은 모든 부처님의 근본이 되는 것이며, 또한 이것이 그대의 마음이다. 불성이 지금 그대의 마음 가운데 있으니 어찌 부처를 밖에서 구하겠는가? 만일 그대가 그것을 믿지 못한다면 옛 어른들이 도를 깨달아 나아간 입도인연을 들어보아라.'고 하였습니다.

더 이어서 설명해 보면 이것은 여러분들이 많이 들은 법문일 텐데요, 『화엄경』 '정행품'에

불어적멸장중(佛於寂滅場中)에 초성정각(初成正覺)하시어 작사자후(作獅子吼)하시되 기재기재(奇哉奇哉)라.
보관일체중생(普觀一切衆生)하니 구유여래지혜덕상(具有如來智慧德相)이건마는 단이망상집착(但以妄想執着)으로 이부증득(而不證得)이라.

부처님께서 적멸장 중에서 처음에 크게 도를 깨달으사 사자후를 지어서 말씀하시되, '기이하고 기이하도다. 한 사람도 남김없이 지혜 덕상을 갖추었건만, 다만 망상집착으로 인해서 지금도 증득하지 못하고 있다.'고 했습니다.

또 『열반경』에 보면

금재산중(金在山中)이나 산부지시보(山不知是寶)하고 보역부지시산(寶亦不知是山)이니, 하이고(何以故) 위무성고(爲無性故)니라.
인즉유성(人則有性)하야 취기보용(取其寶用)이라.

금이 산속에 있지만 산이 알지 못합니다. 그 보배 금이 산속에 묻혀있음을 산이 어떻게 알겠느냐는 것이지요. 왜 그런고 하니 성품이 없는 까닭에 그렇습니다.

사람은 그렇지 않아 성품이 있어 그 보배로운 것을 취할 줄 안다고 했습니다.

그러므로 이와 같은 것을 근거로 해서

심미 즉 사바(心迷卽 娑婆), 심오 즉 피안(心悟卽 彼岸)이라.
마음이 어리석은 즉 사바세계요, 마음을 깨달은 즉 이상세계라.

심사 즉 사바(心邪卽 娑婆), 심정 즉 피안(心正卽 彼岸)이라.
마음을 삿되게 한 즉 사바세계요, 마음을 바로 한 즉 이상세계라.

구설심행(口說心行)하면, 자아법신(自我法身)이 유바라밀(有波羅蜜)이라.
구설심불행(口說心不行)하면, 자아법신(自我法身)이 무바라밀(無波羅蜜)이라.
견불성자(見佛性子)는 불명중생(不名衆生)이요,
불견불성자(不見佛性子)는 시명중생(始名衆生)이라.

또 『전등록』에 보면 이런 구절이 있습니다.
사자교인(獅子咬人)하고 한로축괴(韓盧逐塊)라.

사자는 사람을 무는데 개는 흙덩이를 쫓아간다.
사람이 시선을 돌리기 위해 흙덩이를 던지면 사자는 상관없이 사람을 쫓아가지만 개는 흙덩이를 쫓아간다는 말입니다.

성현의 지혜는 사자의 행동과 같고 중생은 흙덩이를 쫓는 개와 같다는 뜻이지요.

여러분이 알아듣기 쉬운 법문 중에 『유마경』에 보면 이런 법문이 있습니다.

직심시 보살정토(直心是 菩薩淨土)라고 했어요.
곧을 직, 마음심. 지금 국민의 마음이 곧을까요?
보리심이 보살정토라고 했습니다. 불교는 지혜의 종교입니다. 그 지혜의 종교를 믿는 것을 불교 믿는다고 그럽니다.
대승심이 보살정토라고 했습니다. 대승심이란 것은 대단히 창조적인 뜻을 가진 말입니다.

또 『벽암록』에
수가(誰家)에 무명월청풍(無明月淸風) 니다불대 수장선고(泥多佛大水長船高)라고 했어요.

어느 집 누구의 집인들 밝은 달그림자와 청량한 바람이 없는 집이 있느냐?
진흙이 많을수록 부처가 크고 물이 깊을수록 배가 높다고 했습니다.

선과 교가 다른 점은 이런 것입니다. 예를 들어 저 법당 문을 열고 들어왔는데 법당이 캄캄합니다. 어떻게 하면 이 법당을 밝힐까? 이런 걸 연구하는 게 학문이에요.
또 예를 들어 중생이 왜 불행한가? 탐·진·치 때문이다. 그럼 그 삼독을 어떻게 제하느냐? 이런 걸 연구하는 게 학문이에요. 그런데 이 법당에 들어와서 법당이 캄캄하면 스위치 켜면 바로 밝아지는 거예요. 어둠에 대해 근심하지 말라고 합니다.

여러분들은 탐·진·치 없애려고 평생을 공부해 봐야 되지 않습니다. 뭘 해야 하느냐? 한 생각 돌이켜서 보리심을 밝혀야 하는 겁니다. 지혜의 힘이 탐·진·치를 없애는 것이지 탐·진·치는, 없애기 위해 공부한다고 해서 없어지는 것이 아닙니다. 그런 점에서 선(禪)은 위대한 것입니다.

달마스님의 어록에 이런 것이 있습니다.
'밖으로 모든 반연을 쉬고, 속마음으로 헐떡임이 없어서 마음이 담장과 같아야 가히 도에 들어갈 수 있다.'라고 했습니다.
오늘 좀 더 시간이 있었으면 마하반야바라밀에 대한 설명을 드리고 싶었습니다만, 시간이 없어서 여기서 그칩니다.
아무쪼록 여러분은 백중 회향일까지 빠짐없이 기도 잘 하시기 바랍니다. 그리고 절에 나오시면 목탁 귀가 밝아야 됩니다. 스님네는 말보다 목탁이나 죽비로 신호를 보냅니다. 그것을 잘 알아들어야합니다.
여러분들의 가정에 행복이 있길 바라고, 여러분과 인연 있는 영가들이 모두 극락왕생하시기를 빌어 마지 않습니다.

법전(法田) 스님

전남 함평에서 출생(1925~2014).
영광 불갑사에서 만암스님을 계사로 비구계 수지.
문경 봉암사 결사(1948년)에서 성철스님을 만나
참선수행하면서 '도림(道林)'이라는 법호를 받음.
한 번 참선에 들면 자리를
뜰 줄 몰라 '절구통 수좌'라는 별호로 불렸다.
대한불교조계종 제11, 12대 종정을 지냄.
법랍 73세, 세수 90세로 입적.

1. 월하스님 영결사

생불생(生不生) 사불사(死不死)라

　나고 죽음은 불멸(不滅)의 법신을 이루는 근체(根本)요, 열반은 생사(生死)를 빚어내는 바탕입니다.
　부처님은 본래 나지 않았고 법(法)은 본래 없어지지 않습니다. 올 때도 법계에 들지 않았고 갈 때도 법계를 벗어나지 않으니, 본성(本性)은 확연하여 오고 감이 없습니다.
　맑은 바람은 돌아가는 길을 밝히고, 두두물물은 서래의(西來意)를 전합니다.
　오늘 아침 영축산(靈鷲山) 한 늙은이가 여기에서 몸을 뒤쳐 허공을 향해 바람을 일으키고 비를 몰고 집으로 돌아갔습니다.
　이와 같은 기묘한 가풍을 불조(佛祖)는 알지 못하고 목인(木人)이 점두(點頭)합니다. 이것은 늙지 않은 늙은이가 적멸을 이루어 하늘과 땅을 가슴에 넣고 삶을 희롱한 일이요, 목인이 눈 먼 거북[盲龜]를 타고 수미산을 지나 허공을 두 동강 내는 일입니다.
　咦

비로파일화(毘盧把一花)이요
비로자나 부처님이 꽃 한 송이를 드니
불조수저면(佛祖水底眠)이로다
부처와 불조(佛祖)는 물밑에서 잠을 자도다.

2. 서옹스님 영결사

　낙락외외(落落巍巍)한 노승이 스스로 대적관(大寂關)을 여니 만고(萬古)에 당당한 면목이 드러나 있습니다. 형상이 없고 고요하여 생사를 따르지 않고 묘용을 갖추어 시방세계에 가득합니다.

　허철영통(虛徹靈通)하여 생(生)하지도 않고 멸(滅)하지도 않아 시종(始終)이 없으며 구해도 불조(佛祖)도 일찍이 얻지 못했고 버려도 범성(凡聖)을 떠난 일이 없습니다. 이러한 노승의 진면목이 어디로 갔습니까? 분명하고 명백하나 찾아보면 흔적이 없고 아득하고 심오하나 지금 눈앞에 나타나 있습니다.

　살았습니까? 죽었습니까? 살았다면 그림자 없는 나무를 불 가운데 심는 일이요, 죽었다면 살아 움직이는 영봉보검(靈鋒寶劍)이 드러나 있습니다. 이렇게 분명하고 역력한 무위진인(無位眞人)은 태어나도 생을 따르지 않고 죽어도 사(死)를 따르지 않습니다.

　쾌활적적(快活的的)한 영전(靈前)에서 나고 죽음을 말하는 자는 영봉보검(靈鋒寶劍)을 피하기 어려울 것입니다. 오늘 이 산중에 계셨던 불락빈주(不落賓主)가 해와 달을 휘어잡고 살활자재(殺活自在)한 기틀을 보이니 석녀는 철우(鐵牛)를 타고 바다 밑에서 무생가(無生歌)를 부릅니다.
　창천창천(蒼天蒼天)이로다.

　내야기성삼천계(來也起成三千界)요　거야현토백억신(去也顯吐百億身)이로다.
　올 때는 삼천세계가 일어나고, 갈 때는 백억화신을 나투고 토하네.

3. 서암스님 영결사

불일서경(佛日西傾)하니 조인타지(祖印墮地)로다.
내류화적(來留化跡)하니 하처우봉(何處又逢)하리오.

불일이 서쪽으로 기우니 조사의 심인이 땅에 떨어졌구나.
와서 교화의 흔적 남겨두셨으니 어느 곳에서 다시 만나리오.

새삼 고인들의 임종을 되돌아보게 됩니다.
당나라 때 보화스님의 열반모습은 그대로가 법문입니다.
보화스님이 거리에 나가 사람들더러 장삼을 달라고 하였습니다. 사람들은 매번 장삼을 주었으나 보화스님은 그때마다 필요 없다고 하는 것이었습니다. 그러자 임제스님께서는 원주를 시켜서 관을 하나 사오게 하고는 보화스님이 돌아오자 말씀하셨습니다. "내 그대를 위해 장삼을 장만해 두었네."
그러자 보화스님은 곧 스스로 그것을 짊어지고 나가서 온 거리를 돌아다니면서 외쳤습니다.
"임제스님께서 나에게 장삼을 만들어 주었다. 난 동문으로 가서 세상을 떠나리라."
시내 사람들이 다투어 따라가 보니 보화스님께서 말씀하셨습니다.
"오늘은 가지 않겠다. 내일 남문으로 가서 세상을 떠나리라."
사흘을 이렇게 하니 사람들이 아무도 믿지 않게 되었습니다.
나흘째 되는 날 따라와서 보려는 사람이 없자 혼자 북문으로 나가 관속으로 들어가서 길 가는 행인더러 뚜껑에 못을 치게 하였습니다.
삽시간에 이 소문이 퍼져서 시내 사람들이 쫓아가서 관을 열어보니 몸은 빠져나가버렸고 공중에서는 요령소리만 은은히 울릴

뿐이었습니다. 이렇게 아무도 없는 곳에서 흔적 없이 가고자 하는 한 것이 조사의 가풍인 것입니다.

서암 대종사 역시 이러한 임제 선풍을 이어온 이 시대의 선지식이셨습니다. 그래서 마지막 남기실 말씀을 묻는 시자에게 "그 노장 그냥 그렇게 살다가 갔다고 해라"고 하신 것입니다.

돈오문중일척신(頓悟門中一擲身)하니 석정증다헌종사(石鼎蒸茶獻宗師)로다.
돈오문중에 한 몸을 던지셨으니 돌솥에 차를 달여 종사께 올립니다.

4. 정대스님 영결사

 이사무애(理事無碍)한 삶이었으니 올 때는 흰 구름과 더불어 오고 갈 때는 밝은 달을 따라갔습니다. 낮에는 영산회상을 열었고, 밤에는 좌복 위에 앉았습니다.
 교화의 인연은 사방에 두루 미쳤고, 이(理)와 사(事) 어느 곳에도 걸림이 없었습니다. 법신이 만물에 응하는 것은 물 가운데 달과 같고, 환신(幻身)이 인연을 따라 멸하는 것은 허공 속의 꽃과 같습니다.
 용주사 계곡물 모두 비워도 서해바다에 다시 가득 차듯 손을 털고 발걸음 옮겨도 언제나 대천세계 안의 일일 뿐입니다.
 종사(宗師)의 안목은 사부대중의 지남(指南)이요 종단사(宗團事)에는 시처(時處)를 가리지 않았습니다. 안광(眼光)이 낙지(落地)하니 천지는 실색(失色) 하였습니다.
 이제

 냉추추지거(冷湫湫地去) 일념만년거(一念萬年去)
 한회고목거(寒灰枯木去) 고묘향로거(古廟香爐去)
 일조백련거(一條白練去)
 휴거(休去)
 헐거(歇去)

 차가운 가을 물처럼
 한 생각이 영원히 변함없듯이
 불 꺼진 재와 말라죽은 고목처럼
 오래된 사당의 쓰지 않는 향로처럼
 그리고 때 묻지 않는 한 폭의 흰 명주처럼
 쉬고 또 쉬십시오.

만연소진불류종(萬緣掃盡不留蹤)하고   일실료료절이동(一室蓼廖絶異同)이라.
종차진진소산거(從此塵塵消散去)하니 육창명월여청풍(六窓明月與淸風)이라.

모든 인연 다 씻어 버리니 자취가 남음이 없고, 한 방안이 고요하니 다르고 같음이 끊어지네.
이로부터 모든 망상 흔적이 없으니, 육근 문이 확 트여 청풍명월이 걸림 없네.

5. 법장스님 영결사

　산색이 변하고 금풍(金風)이 불더니 곳곳에서 삼라만상은 본체를 드러내고 물건마다 진여광명을 나툽니다.
　자연은 이처럼 생멸을 열고 닫는 것을 자재(自在)하고 근원으로 돌아가는 회귀의 문을 열어 실상(實相)을 내보이고 있습니다.

　지난밤에는 별들이 제자리로 돌아가고 달이 큰 바다에 떨어지더니 나고 죽은 본분(本分)은 누설되고 말았습니다. 그리고 덕숭산(德崇山) 서봉(西峰)에서 두견이 슬프게 울며 서래의(西來意)를 전하더니, 종단의 수장(首長)인 총무원장 법장대종사(法長大宗師)께서 적멸의 일구(一句)를 남기고 환귀본처(還歸本處) 하셨습니다.

　올 때는 깊은 골에서 복사꽃이 쏟아져 나오더니, 갈 때는 만고(萬古)에 불변한 본지풍광만 남았습니다.
　생시(生時) 불수생(不隨生)이요, 사시(死時) 불수사(不隨死)라.
　살아 있을 때도 삶을 따르지 않았고, 죽었을 때도 죽음을 따르지 않네.

　종사(宗師)가 이룩한 원통(圓通)한 법신은 두 갈래가 없고 법성(法性)은 돌아갈 곳이 없습니다. 본래 진여자성에 생사거래가 없는데, 어찌 가고 옴이 있겠습니까.

　얼음 속에서 불길이 솟아오르고 무쇠나무에서 꽃이 핍니다.
　시종(始終)이 없고 거래가 없는 법장대종사의 진면목은 우리 눈 앞에 드러나 있습니다.
　견문각지(見聞覺知)를 거두고 진용(眞容)을 볼 수 없으나 그동안 우리와 더불어 보고 듣고 말하던 일점영명(一點靈明)은 일초일목

(日草一木)에까지 드러나 있습니다.

찾으려고 하면 창룡굴(蒼龍窟)에 빠질 것이요, 얻으려고 하면 당처(當處)를 떠나지 않았습니다.

종사(宗師)의 입적은 법신의 계합이요 출몰(出沒)은 생사의 자재(自在)입니다. 이 가운데 법장종사(法長宗師)의 출신활로(出身活路)가 있고, 우리에게 보인 적멸의 진상(眞相)이 있습니다.

생전에 법장대종사는 생명에 대한 외경(畏敬)과 애종심(愛宗心)이 깊었고, 이사(理事)에 집착하지 않는 기략(機略)이 있었습니다.

종단의 갈등과 대립을 통합하고 원융과 화합으로 종풍을 드높이고 불조가 전승한 법등을 빛내기 위해 정진하던 그 모습이 산승의 눈에도 밟힙니다.

적멸의 진상(眞相)을 우리에게 보인 법장대종사의 면목이 어디에 있습니까? 자취를 없애고 뿌리를 뽑아 버려야 불속에서 연꽃이 곳곳에 피어날 것입니다.

창천(蒼天) 창천이로다.

천년석호산기린(千年石虎産麒麟) 일각통신오체명(一角通身五彩明)
금쇄옥관휘제단(金鎖玉關揮製斷) 비로계내고연진(毘盧界內鼓煙塵).

천년 묵은 돌 호랑이가 기린을 낳으니
외뿔에 온 몸이 오색 빛으로 찬란하네
금 자물쇠 옥 철장을 끊으니
비로자나 부처님 세계에 풍진이 일어났네.

6. 원담(圓潭)스님 영결사

덕숭산에 신령스런 광명 한 점이 천지를 감싸고 시방을 관통하여 삼계를 왕래합니다. 인연 따라 모습을 나투고 세상을 종횡무진하더니 오늘은 눈앞에서 묘진(妙眞)을 나투어 두출두몰(頭出頭沒)하고 은현자재(隱顯自在)함을 보입니다.

나툴 때는 우리 종문(宗門)의 선지식이신 원담(圓潭) 대종사이시고, 자취를 옮겨 숨을 때는 공적(空寂)하고 응연(凝然)한 일점영명(一點靈明)입니다.
　성성(惺惺)하실 때는 선지(禪旨)가 대방무외(大方無外)하여 바다와 산을 눌렀고, 대기대용(大機大用)은 드넓어 저 하늘을 치솟았습니다.

입적하시고는 형상 없는 한 물건이 있어 허공을 쪼개고, 봄바람을 일으켜 온 누리에 꽃을 피게 합니다. 이 가운데 대종사의 본래면목과 본지풍광이 드러나 있고 우리와 더불어 했던 주인공이었습니다.
　일점영명이 눈앞에서 빛을 놓는 것은 대종사의 사중득활(死中得活)의 소식이요, 공적(空寂)하고 응연(凝然)한 진상(眞相)을 우리에게 보인 것은 노화상의 활중득사(活中得死)의 소식입니다.

여러분! 보고 듣습니까?
철마(鐵馬)가 허공을 활보하고, 눈 먼 거북이 바다 밑에서 차를 마십니다.

신심도방하(身心都放下) 수처임등운(隨處任謄運)
거래일주인(去來一主人) 필경재하처(畢竟在何處)

몸과 마음을 놓아버리니
곳곳마다 자유롭고 걸림이 없는데
가고 오는 한 주인은
필경 어느 곳에 있는가.

7. 도원스님 영결사

  살아서 천상의 즐거움을 부러워하지 않고 죽어서도 지옥을 두려워하지 않는 노승이 오늘 아침 육도(六道)의 관문을 열고 환귀본처(還歸本處)하니 이것이 활중득사(活中得死)입니까. 사중득활(死中得活)입니까?
  활중득사(活中得死)라고 한다면 반야영검을 면하기 어렵고, 사중득활(死中得活)이라고 하면 불조도 신명(身命)을 잃을 것입니다.
  어느 곳을 가야 투탈생사(透脫生死)하고 불조의 신명 잃는 것을 막을 수 있겠습니까?

  구(求)함이 있다면 석가는 낙절(落節)하고 가섭의 패궐(敗闕)은 깊어질 것입니다. 벗어나는 관문이 없다면 목마는 칼날 위로 달릴 것이고 석녀는 불 속에 몸을 감추기 어려울 것입니다.
  이 산중에 노승이 몸을 감추고 머리도 꼬리도 없는 주장자를 한 번 치니, 허공의 뼈는 부러지고 오취중생(五趣衆生)이 금대(金臺)에 오릅니다.

  이것이 오고 감이 없는 활계(活計)입니까?
  시방법계 생명들이 목숨을 잃는 기략(機略)입니까?

회마(會麼)
재철지기안가측(裁鐵之機安可測)이리요
돈개천안막능규(頓開千眼莫能窺)로다

알겠는가?
무소 끊는 기틀을 어떻게 측량하리요
천개의 눈을 단박 뜨더라도 엿볼 수 없도다.

9. 천운스님 영결사

　석장소리는 인재불사의 지남이니 빛고을 서방의 향림(香林) 정토는 호남의 복지지(福祉地)이니 입전수수(入廛垂手) 자리요,
　종사께서 토말(土末)의 두륜대흥(頭輪大興)까지 한 걸음에 내달리니 편양(鞭羊)과 소요(逍遙)선사가 손뼉 치며 가가대소(呵呵大笑)하도다.

　천운(天雲)의 석장소리는 인재불사의 지남(指南)이요, 상원(尙遠)의 자비삿갓은 대둔산을 덮고서도 여지를 남겼으니 듣는 이 마다 지혜의 씨앗을 발아하였고 덮는 이마다 자비의 나무를 키워냈도다.

　포대화상의 자루에는 천진불의 웃음소리 가득하고 영어(囹圄)의 차가운 벽돌 위에도 연꽃을 피웠으니, 이는 행주좌와에 살아있는 법문을 보인 것이니 만세토록 후학의 귀감이 될지어다.

　대종사의 분신인 무량수의 제자들은 제방(諸方)에서 불법세법(佛法世法)의 동량(棟樑)되어 하늘과 땅을 이고 서고 또 앉았으니 종문의 선교법(禪敎法)은 면면부절(綿綿不絶) 할지니라.

　막위자용난득견(莫謂慈容難得見)하라
　상현불리남도지(常現不離南道地)이라

　자비로운 모습을 뵙기 어렵다고 말하지 말라
　항상 남도의 땅을 여의지 않고 현현하시도다.

10. 도천스님 영결사

　지난밤에 별들이 제자리로 돌아가고 달이 큰 바다에 떨어지더니, 우리 종문(宗門)의 선지식이신 도천대종사(道天大宗師)께서 말후구(末後句)를 남기시고 환귀본처(還歸本處) 하셨습니다.
　견문각지를 거두어 버리니 너무 고요하고 텅 비어서 그 성성(惺惺)하던 주인옹(主人翁)이 어디 계신지 소재를 알 수 없습니다. 이처럼 근진(根塵)을 벗어난 스님의 공적하고 응연한 본분을 누가 보고 깨닫겠습니까.
　텅 비고 신령스런 일점영명(一點靈明)은 두두물물속에 나투지 않은 곳이 없습니다. 이 일점영명이 부처와 중생의 근본이요 종사의 본래면목입니다.

　종사(宗師)는 일찍이 산문(山門)에 득도하여 번뇌 속에서 푸른 눈을 열어 불조의 정맥(正脈)을 지키고 빛바랜 우리 선문(禪門)에 임제(臨濟)의 대기대용(大機大用)을 불어넣은 백납(百衲)의 운수(雲水)였고, 오직 일념정진으로 세수(世壽) 백세를 넘긴 혜안(慧安), 신수(神秀), 조주(趙州)의 장수(長壽) 가풍을 이은 우리 종문의 눈 밝은 본분종사(本分宗師)이자 거인이었습니다.

　그 모습을 나툴 때는 육조(六祖)의 선지(禪旨)와 임제(臨濟)의 가풍을 잇는 우리 종문(宗門)의 눈 밝은 선지식이신 도천대종사이시고, 자취를 숨길 때는 이처럼 공적하고 응연(凝然)한 일점영명입니다.
　누가 텅 비고 고요한 일점영명을 벗어날 수 있으며, 이 자리에 어찌 오고감이 있겠습니까.
　산문에 머물 때는 정안(正眼)을 열고 현기(玄機)를 갖춘 일군대사(逸群大士)였고, 밖으로 나설 때는 팔만세행(八萬細行)을 갖춘 만

행보살(萬行菩薩)이었습니다.

오늘 종사가 육도(六道)의 관문을 벗어나 백척간두에서 한걸음에 나아가서 무량수(無量壽)를 이룩하셨으니, 이것은 생멸이 다하여 노주(露柱)가 허공을 깨뜨리는 소식이요 적멸마저 다하니 석녀가 아이를 낳는 시절입니다.

회마(會麽)!
알겠는가!

10. 혜정스님 영결사

춘일(春日) 훈풍이 서래의(西來意)를 전하고 만화방창(萬化方暢)속에 붉은 해가 서봉(西峰)에 걸리더니 우리 종문(宗門)의 선지식이었던 혜정(慧淨) 대종사께서 적멸의 일구(一句)를 남기고 공겁이전(空劫以前)으로 돌아가셨습니다.

비록 사대를 탈각(脫殼)하고 환귀본처(還歸本處)하셨지만 범부와 성인(聖人)에 두루 통하는 만고(萬苦)에 불변한 성품이 노화상의 본분소식을 드러내고 있습니다.
깊고 적적하여 형상이 없으며 삼라만상과 더불어 벗을 하고, 비록 텅 비었으나 스님의 생사자재한 묘용은 만물을 통해 나투지 않은 곳이 없습니다.
찾아도 볼 수 없고 떠나도 항상 우리 곁에 있는 전신탈거(全身脫去)한 스님의 면목이 어느 곳에 있습니까!
산하대지가 이 마음을 벗어나지 않았으니 두두물물이 스님의 법신이요, 일월성신(日月星辰)이 스님의 본래 면목입니다.

종사(宗師)가 우리와 더불어 했던 신령스러운 주인옹(主人翁)은
시작이 없으면서 법계에 가득하고 견문각지(見聞覺知)를 거두어 진용(眞容)은 적막하지만 본지풍광은 눈앞에 역력합니다.

회마(會麼)?

납자기문혜(衲子旣聞兮)여 청광전갱다(淸光轉更多)로다

납자가 이미 들었다 함이여!
밝은 빛이 더욱 많아짐이로다.

330

11. 묘엄스님 영결사

겨울 삭풍이 하루 종일 뜰 앞을 지나가더니 자연은 본체를 드러내어 회귀의 문을 열고, 하늘에 별들이 빛을 거두어 제자리로 돌아가더니 지난밤에는 뭇 서리가 뜰 앞에 내렸습니다.

이 세상에 생멸의 거듭함을 피하고 무너지고 소멸하지 않는 것이 어디에 있겠습니까? 명사(明師)의 입적은 본처(本處)로 환귀(還歸)함이요 본분의 참 모습을 나툰 것입니다. 오고 감이 없는 일점영명(一點靈明)이 있습니다.

이 일점영명은 중생과 부처의 근본이요, 명사의 본분입니다. 일점영명이 본분을 따라 형상을 의지하면 묘엄명사요, 견문각지(見聞覺知)를 거두면 공적하고 응연(凝然)할 뿐입니다. 이렇게 소소하고 영명(靈明)한 이 자리에 누가 생사를 말할 수 있겠습니까?

오늘 명사는 적멸을 통해 해탈의 자유를 얻어 임운자재(任運自在)하게 되었습니다. 이제 무생법인을 누리니 얼마나 즐거우시고 태어남의 고통도, 소멸의 슬픔도 없이 오고감이 없는 적정을 누리시니 얼마나 평화롭습니까?

이제 근진(根塵)을 벗어났으니 가는 곳마다 원통자재 하셨던 그 주인옹(主人翁)으로 사중득활(死中得活)의 소식을 일기일경(一機一境)으로 한 번 나투십시오. 그렇지 않으면 대기대용(大機大用)으로 용무생사(用無生死)의 격외시적(格外示跡)을 한 번 보이십시오.

이 가운데 명사의 사중득활(死中得活)의 원음(圓音)이 있으니, 이 자리에 모인 대중은 듣고 있는가?

창천(蒼天), 창천이로다.

고산혜원(杲山慧苑) 스님

울산시 울주에서 출생(1933~2021). 1945년 동산스님을 은사로
출가. 대한불교조계종 29대 총무원장 지냄.
하동 쌍계사 중창불사로 오늘날의 가람을 이루었다.
'봄이 오니 만상이 약동하고, 가을이 오니 거두어 다음을
기약하네. 내 평생 인사가 꿈만 같은데,
오늘 아침 거두어 고향으로 돌아가네.'라는 임종게를 남겼다.

광덕(光德)스님 영결사

스님의 세연이 다함을 보고 산새도 슬퍼하고, 산천 또한 흐느끼는데 하물며 사람이야 어떻겠습니까?

스님이 일생 동안 밝혀놓으신 정진과 수도와 포교의 불빛은 오늘도 파랗게 타올라 성불의 그 길을 환히 밝히고 있는데, 스님 떠나신 그 자리엔 오열만이 가득 남아, 보낼 수 없는 슬픔을 말하고 있습니다.

다생겁래(多生劫來)의 중생을 향한 큰 서원으로 스님은 이 땅에 오셨습니다. 젊어서, 스님의 수행은 놀라운 것이었습니다. 그때마다 백척간두의 경계를 수도 없이 넘으셨습니다. 그리고 스님은 또한 교학에도 밝아 후학들의 양성에도 힘쓰셨습니다. 수행의 빛이 스님의 가슴에 차고도 넘칠 때, 스님은 중생들 곁으로 참된 깨달음을 안고 오셨습니다.

광덕 큰스님께선 그 맑고 수려한 수행처 다 멀리하시고 연못처럼 탁한 도심 한복판에서 긴긴 세월을 하루같이 더러움에 물들지 않는 한 떨기 연꽃처럼, 또는 소나무 위의 흰 학처럼, 푸른 하늘의 흰 구름처럼 고고히 유유자적 아름답게 살다 가셨습니다.

그러나 병약한 육신의 허물을 아랑곳 않으시고 설법하시는 모습은 용맹스럽기 사자와 같으셨고, 부처님 말씀을 글로 전하실 땐 바닷물을 토해 내듯 거침없으셨으며, 보살행을 실천하심은 이 세간 누구도 흉내 낼 수 없는 일이었습니다.

큰스님! 스님을 떠올릴 때면 스님의 중생을 향한 그 자비하신 미소도 함께 떠올리게 됩니다. 늘 때 묻지 않은 천진한 모습에 미소를 잃지 않으시던 고귀하던 스님을 뵈올 수 있었던 인연 공덕에 저희들은 진심으로 감사드립니다.

큰스님! 부디 이 땅에 큰 빛으로 다시 오시옵소서. 금강불괴의 육신으로 흔연히 다시 오시옵소서.

사바의 어두운 곳 환히 비출 큰 등불이 되시어 다시 오시옵소서. 어리석은 일체 중생을 모두 제도할 큰 배가 되시어 다시 오시옵소서.

송담 스님

(1927~) 현재 인천 용화선원에 주석.

1. 49재 영가천도 법문

심수만경전(心隨萬境轉)하고 전처실능유(轉處實能幽)니라.
수류인득성(隨流認得性)하면 무희역무우(無喜亦無憂)니라.

　마음은 일만 경계를 따라서 굴러가 구르는 곳마다 실로 능히 그윽해.
　그 흐름을 따라서 그 성품을 봐 버리면, 기뻐할 것도 없고 또한 슬퍼할 것도 없는 것이다. 근심할 것도 없는 것이다.

　오늘 49재를 맞이한, 그리고 오늘 천도재에 동참한 여러 영가들의 유족과 친지들 그리고 만년위패에 모신 법보 영가들, 이 자리에 초청한 우주법계의 모든 유주무주(有主無主)의 영가들, 본래 생사 없는 도리, 생사 없는 진리에 계합을 했으리라고 생각이 됩니다.
　따라서 이 자리에 참석하신 모든 유족들께서도 '영원히 아주 돌아가셨다' 이렇게 생각하면 한없이 슬픔이 일어나겠지만, 돌아가신 것이 아니라 다만 인연 따라서 새 옷을 갈아입기 위해서 헌옷을 벗었다고 이렇게 생각을 하시면 됩니다.

　새 옷을 갈아입으려면 누구든지 입고 있던 헌옷은 벗어야 하는 것입니다. 헌옷을 벗었다고 해서 그것을 아까워 할 것이 없고 섭섭해 할 것도 없어요. 헌옷을 벗는 것은 새 옷을 입기 위해서 헌옷을 벗는 것이라, 그렇다면 무엇이 슬퍼할 것이 또 있느냐 그 말입니다.
　그리고 진리에 있어서는 생사가 없는 것이지만 인연 따라서 헌옷을 벗고 새 옷을 입듯이, 이 몸뚱이를 이 세상에 받아 난 사람은 인연 따라서 다시 또 이 몸뚱이를 벗어버리고 새 몸을 또 받아나게 되는 것입니다. 이러한 진리라고 할까, 풍류라고 할까?

　삼세제불도 역시 일단 몸뚱이를 받아 난 이상에는 인연 따라서 또 그 몸을 벗고, 또 새 몸을 받습니다. 역대조사도 역시 그렇고, 이 우주에 있는 모든 인간 모든 생명체도 또한 그러한 것입니다.
　봄이 왔다가 여름이 오고, 여름이 가면 가을이 오고, 가을이 간 뒤에 다시 겨울이 오고, 겨울이 지난 뒤에 다시 봄이 오듯이, 세계에는 성주괴공(成住壞空)이 있고, 우리의 몸뚱이에는 생로병사가 있고, 우리의 마음에는 생주이멸(生住異滅)이 있습니다.

　우리의 마음에 한 생각이 일어났다가, 잠시 머물러 있다가, 다른 생각으로 발전을 했다가, 또 그 생각이 없어지면 또 새로운 생각이 일어나고, 우리의 마음에 생주이멸이 영원이 계속되는 한 우리의 몸뚱이의 생로병사도 또한 영원히 끊일 날이 없을 것입니다.
　진정으로 우리의 몸뚱이에 생로병사, 이 일대사(一大事) 문제를 해결을 하고자 한다면, 우리의 마음에 일어났다 꺼졌다 하는 그 생각을 단속을 하는 길 밖에는 없는 것입니다. 그것이 바로 참선법입니다.

　'이뭣고?' 슬플 때도 '이뭣고?' 기쁠 때도 '이뭣고?' 괴로울 때도 '이뭣고?' 일체처(一切處) 일체시(一切時), 행주좌와 어묵동정 간에 항상 '이뭣고?'를 챙기고, '이뭣고?'로 슬픔도 대처해 나가고, 괴로움도 그놈으로써 극복해 나간다면 결정코 생사 없는 진리를 깨닫게 될 것입니다. 그러면 생사 속에서 자유를 얻게 되어 생로병사 속에서 영원한 열반의 즐거움을 터득하게 되는 것입니다.
　부디 부탁하노니, 유족들은 돌아가신 이의 슬픔을 발판으로 해서 생사 없는 진리를 결정코 금생에 깨닫도록 그것을 목적으로 해서 열심히 정진을 하신다면, 영가의 죽음은 죽음이 아니라 생사 속에서 생사 없는 진리를 설한 불보살의 법문을 몸으로서 우리에게 보여주신 것이 될 것입니다.

2. 영가천도 법문

오늘 소청(所請)한 여러 영가들의 천도재를 이렇게 대중스님네와 여러 보살님네가 참석한 가운데 그리고 재자(齋者)들이 참석한 가운데 천도재를 봉행하게 되었습니다.

오늘 천도재를 맞이한 여러 영가들은 숙세에 깊은 이 정법(正法)의 인연이 있어서 이렇게 청정한 사부대중이 참석한 가운데 생사 없는 최상승 활구법문을 듣고서, 무량겁(無量劫) 업장이 일시에 소멸하고, 대해탈도를 증득해서 부처님의 나라에 왕생하시게 되었습니다.

부처님 말씀에 "생사는 본래 없는 것이다" 생사가 본래 없건마는 중생의 망령된 소견으로 생사가 있는 것처럼 착각을 하고, 온갖 고통을 받고 있는 것입니다. 망령된 소견만 여의어 버리면 바로 생사 없는 해탈도를 증득하게 되는 것입니다.
그래서 부처님이 이 세상에 오신 것은 중생을 제도하시기 위해서 오신 것이 아니라, 중생들의 망령된 소견, '생사다, 열반이다'하는 그러한 망령된 소견을 떼어 주기 위해서 오신 것입니다.
『금강경(金剛經)』에 '보살도를 증득했다고 해서, 증득했다는 소견을 갖지 말라. 아라한과(阿羅漢果)를 증득했으되, 아라한과를 증득했다고 하는 생각을 갖지 말라. 그런 생각을 가지면 그것이 벌써 아상(我相)·인상(人相)·중생상(衆生相)·수자상(壽者相)에 떨어진 것이라. 참 아라한이라 할 수가 없고, 참 보살이라 할 수가 없다.' 이렇게 말씀을 하셨습니다.
아라한의 성과(聖果)를 증득하고, 보살도를 증득하고, 불과(佛果)를 이루고서도 '이루었다'고 하는 상(相)을 가져서는 안 되거든, 하물며 우리 중생들이 남을 미워하고 원망하고, 남을 사랑하고 하는 생각, 그런 애착과 집착심 또는 재산에 대한 애착심, 자손에 대한 애착심, 그러한 애착과 집착심을 가져서는 되겠느냐 이 말입니다.

성과를 증득하고도 그러한 생각에 집착해서는 안 되거든, 하물며 이 사바세계에 잠시 왔다가 맺어진 인간관계, 잠시 왔다가 얻은 명예, 권리, 재산 등 오욕락(五欲樂)에 대한 애착심, 어찌 그러한 애착심에 얽매여서 해탈도를 증득하지 못해서 되겠느냐 그 말입니다.

오늘 천도재를 맞이한 여러 영가와 법보단(法寶壇)에 만년위패로 모셔진 모든 영가, 그리고 거량을 통해서 우주 법계에 한량없는 영가가 지금 이 법석에 초청이 되어 있습니다마는, 이 모든 유주무주의 영가들은 이 세상에 부모형제, 처자권속은 말할 것도 없고, 그 밖에 얻어진 모든 오욕락은 더 말할 것도 없고 심지어는 잠시 이 세상에 와서 몸담아 있던 이 육체까지라도 하나도 애착을 가질 것이 없습니다. 그러한 애착 때문에 해탈도를 증득하지를 못하고, 극락정토에도 못 가고, 도솔천내원궁에도 못 가는 것입니다.

만약 오늘 이 천도 법회를 인연해서 그러한 모든 애착을 버려버린다면, 그리고 이 몸뚱이 지수화풍 사대로 뭉쳐진 이 몸뚱이에 대한 애착을 버려버린다면, 영가는 명실공히 대해탈도를 증득하는 것입니다.

이 몸뚱이는 아무리 잘 먹이고, 잘 입혀 아끼고 받든다 하더라도 언젠가는 늙어서 죽거나, 병들어 죽거나, 어떠한 사고로 인해서 결국은 이 몸뚱이는 버리지 않고서는 안 되는 것입니다.

이 몸뚱이는 본래 실다운 것이 아닌 것으로 잠시 인연에 의해서 모여졌기 때문에 인연이 다하면, 이것은 버릴 수밖에 없는 것입니다.

　버릴 수밖에 없는 것을 망령된 소견으로 집착하기 때문에 슬픔이 있고, 원망이 있고, 괴로움이 있어. 그러한 집착 때문에 헌옷을 벗어버리고도 갈 곳을 가지 못하고, 이 사바세계에 지나간 인연에 얽매여서 자기도 괴롭고, 유족들도 괴로움을 받게 되는 것입니다.

　간곡히 부탁하노니, 오늘 천도재를 맞이한 여러 영가들은 아무것도 애착할 것이 없고 집착할 것이 없습니다. 한 생각 놔 버리면, 저 구름 한 점 없는 푸른 하늘처럼 끝없는 극락정토에 왕생을 하실 것입니다. '한 생각'이 무량겁입니다.
　한 생각 놓지 못하고서 무량겁의 감옥 속에 갇혀서 몸부림을 치느냐, 한 생각 돌이킴으로써 영원한 해탈도를 증득하느냐는 한 생각에 달려 있습니다. 그래서 '일초(一超)에 직입여래지(直入如來地)'라 하셨습니다. '한 생각에 바로 부처님의 땅에 뛰어 오른다.' 이 말은 참다운 말이며, 진실한 말이며, 바른 말인 것입니다.

　바로 '한 생각 돌이켜서 참 나를 깨닫는 것'이, 살아 있는 사람이나 이 몸뚱이를 버린 영가나, 이 사천하(四天下) 삼계에 있는 모든 중생들에게는 이 한 마디를 뼛속 깊이 듣고 실천한다면 벗어야 할 생사도 없고, 깨달아야 할 열반도 없는 것입니다.
　'생사, 열반'의 두 소견을 버리는 것이 바로 해탈도를 증득하는 것입니다.
　영가를 위해서 그리고 이 자리에 모이신 사부대중을 위해서 이상으로써 마치고자 합니다.

3. 영가천도 법문

신여백운래환계(身與白雲來幻界) 심수명월향하방(心隨明月向何方)
생래사거유운월(生來死去惟雲月) 운자산혜월자명(雲自散兮月自明)

몸은 구름과 더불어 이 환상의 세계, 이 사바세계에 왔고, 마음은 명월을 따라서, 밝은 달을 따라서 어느 곳을 향해서 갔는가?

마치 사람 몸뚱이가 지수화풍 사대로 뭉쳐서 이루어진 이 몸뚱이를 부모님의 은혜로 잠시 이승에, 이 세상에 왔지마는, 길고 짧은 한평생을 꿈결같이 살다가 인연이 다하면 구름 사라지듯이 또 사라지고 마는 것입니다.

이 몸뚱이는 흰 구름처럼 이 세상에 왔다가 또 이승을 떠난다. 마음은 밝은 달을 따라서 또 어느 곳으로 갈 것인가?

몸뚱이 속에, 몸뚱이를 의지해서 이승에 있던 이 우리의 영혼이 몸뚱이가 구름 흩어지듯이 흩어져 버린 뒤에는 이 영혼은 달처럼 또 저 서쪽 하늘로 져 버리고 만다.

이 몸뚱이는 땅에다 묻거나, 화장을 하거나 장례를 지내면 언젠가는 한 줌의 흙이 되고 만다. 그러니 구름이 흩어진 것처럼 결국은 언젠가는 영영 없어지고 마는데, 우리의 영혼은 달이 졌다고 해서 그 영혼이 아주 없어진 것이 아니다.

달이 져도 다시 또 그 다음날 저녁에 또 뜨고, 이 달의 달이 지더라도 다음 달이 또 돌아오면 또 다시 달이 떠오른다.

우리의 영혼은 달처럼 또 어느 세계를 향해서 가는가?

생래사거유운월(生來死去惟雲月)이여!

이 세상에 태어났다가 다시 저 세상으로 가는 것은 마치 구름과 달이 생겨났다 없어지고, 하늘에 떴다가 다시 지듯 그와 같다.

운자산혜월자명(雲自散兮月自明)이다.

구름 흩어진 뒤에 오히려 구름 속에 가리어졌던 그 달이 휘황찬란 밝듯이, 이 지수화풍 사대로 뭉쳐진 이 몸뚱이 속에 우리의 소소 영령한 마음자리, 영혼자리가 가리어져 있다가 이 지수화풍 사대로 뭉쳐진 이 몸뚱이를 버려버린 뒤에는 오히려 그 소소 영령한 신령스러운 그 영혼이 더 찬란히 휘황 찬 영혼이 뚜렷하게 나타나더라.

부처님 말씀에 "회자(會者)는 정리(定離)요, 생자필멸(生者必滅)이라" 하셨습니다. "만난 사람은 반드시 이별하게 되고, 태어난 사람은 반드시 죽는다." 하셨습니다.
이것은 우주법계의 진리요 섭리입니다. 어떠한 인연에 의해서 생겨난 것은 인연이 다할 때 다시 그것은 모습을 감추게 됩니다. 다만 인연 따라서 나타나고 인연 따라서 모습이 없어질지언정 그 자체가 지닌 본바탕은 생겨날 때도 생겨난 것이 아니고, 우리 눈에 안 보이게 되더라도 없어진 것이 아닙니다.

이 세상에 모든 것은 환상(幻想), 환(幻)이기 때문에 그런 것입니다. 범부는 모든 유위법(有爲法)이 환(幻)인 줄을 알지 못하기 때문에 처처에서 그 환의 업에 끄달리고, 성문(聲聞)은 그 환의 경계를 두려워하기 때문에 빨리 적멸에 들려고 애를 쓰는 겁니다.
그러나 대승보살은 분명히 그것이 환 경계인 줄 알기 때문에

'생이다, 사다, 열반이다, 빈부귀천이다, 흥망성쇠다.' 그런 환의 경계, 그러한 경계에 구애 받지를 않는 것입니다.

인연 따라서 주어진 대로 최선을 다하되 거기에 집착함이 없고, 집착함이 없으되 자기에게 주어진 일에 대해서 최선을 다하고, 이것이 바로 대승보살의 세상을 살아가는 마음가짐인 것입니다.

법법본래무소주(法法本來無所住) 무소주처절추심(無所住處絶追尋)
양오작야침서령(陽烏昨夜沈西嶺) 금일의연상효림(今日依然上曉林)

모든 법이 이 세상 삼라만상 두두물물, 모든 법이 본래무소주(本來無所住)라, 본래 주(住)한 바가 없어 고정불변한 것이 아니다. 무소주처절추심(無所住處絶追尋)이다.

주(住)한 바 없는 곳을 향해서 더듬어서 찾으려고 하지를 말라. 생(生)이 생이 아니요, 죽음이 죽음이 아니다.

흥한 것이 흥한 것이 아니요, 망한 것이 망한 것이 아니다. 다만 인연 따라서 봄이 되면 꽃이 피고, 가을이 되면 단풍이 지고, 겨울이 되면 눈이 올 뿐이지, 그렇다고 해서 그것이 무엇이 새로 생겨나고 무엇이 없어질 것이 있는가.

양오작야침서령(陽烏昨夜沈西嶺)이여
해는 어젯밤에 서산 너머로 지더니,

금일의연상효림(今日依然上曉林)이다.
오늘 아침에 새벽 옛을 의지해서 저 동산에 떠오르는구나.

유족들은 영가가 돌아가셨다고 슬퍼하지만 사실은 돌아가신 것이 아닙니다. 잠깐 인연 따라서 헌옷 벗어 버리고 새로 좋은 옷을 입고, 또 좋은 곳에 가서 태어나고, 인도환생(人道還生)을 하더라도 더 건강하고 여러 가지 좋은 점을 구비해 가지고 태어나기 위해서 잠시 헌옷 좀 벗어버린 것뿐이지 돌아가시기는 무엇을 돌아가셨는가?

우리는 부처님의 말씀 "생사는 본래 없다."고 하는 말씀을 철저히 믿어야합니다.
이 세상에는 여러 가지의 종류의 선생님이 계시는데, 학교에 가면 다 학문 지식으로써 입을 통해서 많은 사람을 가르칩니다. 또 태권도나 무술을 가르치는 데는 몸뚱이를 가지고 가르칩니다. 그러면 영가는 우리 모두에게, 유족들을 비롯해서 무엇을 가지고 어떻게 가르쳤느냐?
지수화풍 사대로 뭉쳐진 그 몸뚱이를 버리면서 죽음을 통해서 유족들에게 그리고 우리 모두에게 참 좋은 법을 가르쳐 주었습니다.
'이 사람의 몸뚱이는 허망한 것이다.'고 하는 것을 가르쳐 주었고, 인간의 재산이나 명예나 권리나 모든 오욕락이라고 하는 것이 절대로 믿을 것이 못 되고 허망한 것이라고 하는 것을 또 우리에게 가르쳐 주었습니다.
이 유위법(有爲法)이라고 하는 것이, 밖에서 얻어지는 모든 그 유위법이라고 하는 것이 정말 허망하다고 하는 것입니다. 정말 이 몸뚱이도 허망한 것이요, 사람의 목숨이라 하는 것도 허망하고 무상하다고 한 것을 그렇게 분명하게 우리에게 가르쳐 주고 가신 것입니다.

유족들을 비롯한 우리 모두는 그 죽음을 통해서 우리에게 뼛속에 사무치도록 가르쳐 준 그 교훈을 거울삼고 스승 삼아서 정말

철저하게 무상을 깨닫고 진실로 발심을 해서 정법을 믿고 생사 없는 도리를 깨달아야겠습니다.

영가는 소소 영령한 그 영혼의 위치에서 이 법문을 잘 들었을 것입니다. 그 공덕으로 무량겁을 통해 오면서 영가와 맺은 선(善)의 인연, 악(惡)의 인연, 선악도 아닌 무기(無記)의 인연까지라도 그 조그만 하게 맺은 모든 인연 있는 모든 사람들도 일시에 고통으로부터 벗어나서 생사 없는 극락세계에 왕생하시게 될 것입니다.

4. 영가천도 법문

　인생백년정하허(人生百年情何許)요　　영별유유갱대상(永別悠悠更對床)이로구나
　요지백운귀거로(遙指白雲歸去路)하니 원산점점천창창(遠山點點天蒼蒼)이로구나
　인생백년정하허(人生百年情何許).
　인생 백년 그 정이 얼마만큼인가?

　영별유유갱대상(永別悠悠更對床)이다.
　한번 눈을 감고 영원히 이별하고 보니, 다만 이렇게 눈으로 볼 수 없는 영가와 살아있는 사람과의 말없이 서로 마주 대할 뿐이로구나.

　요지백운귀거로(遙指白雲歸去路)하니,
　저 멀리 흰 구름 밖에 돌아갈 길을 바라보니,

　원산점점천창창(遠山點點天蒼蒼)이다.
　먼 산은 아득하고 하늘은 푸르고 푸를 뿐이로구나.

　오늘 천도 법요식을 맞이해서, 이 영단(靈壇)에 모셔진 영가뿐만이 아니라 우리 모두의 무량겁으로부터 내려오는 한량없는 선망부모의 영가와 법계에 모든 유주무주의 고혼까지도 이 법요식에 법으로 초혼(招魂)이 되었습니다.
　그 영가들은 최상승 법어를 듣고 '생사(生死) 없는 진리'를 깨달아서 영원히 고통 없는 세계에 태어나게 될 것입니다.
　왜 최상승법을 듣고 그 영가들이 생사해탈 하게 되느냐? 반드시 그 까닭이 있습니다. 생사는 본래 없는 것이기 때문입니다.

생사가 본래 있는 것이라면 어떻게 해서 그 생사해탈을 할 수가 있겠습니까?

생사는 본래 없는 것이기 때문에, 생사는 본래 없는데 중생의 어리석은 무명(無明)으로 인해서 있는 것처럼 착각되어지고 있기 때문에, 생사 없는 진리의 법어를 통해서 잠깐 미(迷)했던, 눈을 가리었던 그것만 딱 벗겨져 버리면 생사 없는 진리와 하나가 되기 때문인 그런 것입니다.
허공에 아무것도 없는데, 안질을 앓고 있는 사람에게는 공중에 무슨 꽃이 피어서 이리저리 움직인 것처럼 보인다 그 말입니다. 눈병만 고쳐 버리면 허공에 꽃이 피어서 움직이고 있는 것처럼 보였던 것이 안 보이게 된다 그 말입니다.
그러면 눈병이 생겼을 때나, 눈병이 나은 뒤에나 허공에는 본래 꽃이 피어 있는 것이 아니었어요. 다만 눈병 때문에 있는 것처럼 보여졌다가 눈병이 낫고 보니 허공에 꽃이 어디에 보일 까닭이 없지요.

그와 같이 생사도 본래 없는 것입니다. 다만 인연 따라서 이 몸을 받아 났을 뿐이지, 몸뚱이를 새로 받아 났다고 해서 이 소소영령(昭昭靈靈)한 우리의 마음자리가 새로 생겨난 것도 아니고, 인연 따라서 이 몸뚱이를 버렸다고 해서 우리의 마음자리가 그때 죽은 것도 아닙니다.
생사는 마치 이 몸이 세상에 태어날 때 부모로부터 새 옷 한 벌 받아서 입었다가 그 옷이 낡아지면 그 옷 벗어버리는 것뿐입니다. 그 옷 벗었다고 해서 그 사람이 죽는 것이 아니고 헌옷을 벗으므로 해서 다시 또 좋은 새 옷을 갈아입게 된다 그 말입니다.

동서고금에 모든 성현들도, 모든 위인들도, 모든 영웅달사들도 이승에 왔다가 자기의 할 일을 하고 그리고 또 인연이 다하면 또 다시 몸을 바꾸는 것입니다. 인연 따라서 천상에 태어나기도 하고, 다시 인간에 태어나기도 하고, 극락세계에 태어나기도 하고, 인연 따라서 왔다 갔다 하는 겁니다.

계절 따라서 꽃이 피었다가 열매를 맺고 다시 낙엽이 지고, 그 다음 새봄이 돌아오면 또 다시 잎이 피고 꽃이 피는 거와 같은 것입니다.

따라서 오늘 천도를 맞이한 모든 영가들도 '생사는 본래 없는 것이다'하는 부처님의 말씀을 철저히 믿고, 가시는 길에 모든 금생에 못다 푼 한을 다 풀어 버리고 좋은 곳에 태어나시게 될 것입니다.

내생에 다시 사람 몸을 받더라도 그때는 건강한 몸으로 좋은 조건아래 태어나서 금생에 못다 한 일을 다시 또 잘 하신다면 그것도 좋고, 극락세계에 왕생하셔서 아미타불을 위시한 여러 불보살과 더불어 영원히 진리와 더불어 사시는 것도 또한 좋을 것입니다.

도솔천내원궁에 태어나서 미륵보살을 모시고 같이 법문을 듣고 정진을 하다가 확철대해서 이 사바세계에 태어나서 널리 중생을 제도하게 되어도 그것도 또한 좋을 것입니다.

생사는 본래 없기 때문에 우리는 불법을 믿고 부처님의 진리에 입각해서 도를 닦아서 진리와 내가 하나가 된다면 천 번, 만 번을 몸을 받아서 태어난들 무슨 슬픔이 있고, 무슨 고통이 거기에 있겠습니까.

우주법계에 한 중생도 고통을 받는 중생이 없어질 때까지 영원히 모든 불보살과 더불어 중생교화에 힘을 쓴다면 그것도 또한 얼마나 멋이 있고 보람 있는 일이겠습니까.

법계진시비로귀(法界盡是毘盧歸)인데 수도현우귀여천(誰道賢愚貴與賤)이리요
애경노유개여불(愛敬老幼皆如佛)하면 상상엄식적광전(常常嚴飾寂光殿)이니라

법계진시비로귀(法界盡是毘盧歸)요. 법계·우주법계·시방세계 끝없이 넓고 넓은 이 우주법계가 모두가 다 비로자나불 계시는 곳이다 그 말입니다. 비로자나불 법신이다 그 말입니다.

수도현우귀여천(誰道賢愚貴與賤)이리요. 누가 '누구는 어질고, 누구는 어리석고, 누구는 귀하고, 누구는 천하다'고 할 것이냐. 빈부귀천을 막론하고 심지어 축생과 산천초목과 일월성신, 길바닥에 구르고 있는 조그마한 조약돌과 해변에 수많은 모래알까지라도 전부가 다 한결같은 비로자나 법신체더라.

그러니 오늘 유족들, 이 자리에 참석하신 모든 분들은 영가의 극락왕생 명복을 빈다면, 비는 마음이 간절하다면 살아계신 할머니 할아버지, 살아계신 부모님, 살아계신 모든 늙으신 어른들을 부처님과 같이 존경하고, 나이 많은 어른뿐만이 아니라 어린 아이들도 다 부처님입니다.
그 어린 아이의 몸뚱이 속에도 부처님이 들어 있기 때문에 다 그대로 부처님이고, 나보다 무식한 사람이나, 나보다 가난한 사람이나, 나보다 천한 보잘것없는 불쌍한 그런 사람들도 다 부처님 아닌 사람이 없어요.

빈부귀천 남녀노소를 막론하고 부처님처럼 존중히 여기고 돌보아 주고 아껴주고 사랑으로써 거둔다면 그것이 바로 항상 상상엄식적광전(常常嚴飾寂光殿)입니다. 그것이 바로 부처님을 부처님이

계신 법당을 잘 건설한 것이요, 건설한 법당에 단청(丹靑)하는 것이요, 또 그 법당 안에 계신 부처님을 새로 모시는 것이요, 그 부처님께 개금(改金)을 해 드리는 것이 됩니다.

이러한 진리를 모르는 사람은 법당 짓고 부처님 모신 것만이 불사인줄 알지마는 참으로 이러한 불법의 진리를 알고 보면 옳은 일, 지혜와 자비로써 행하는 일은 모두가 다 거룩한 불사인 것입니다.

우리가 이러한 마음으로 하루하루를 살아간다면 그것이 바로 영가를 위한, 영가의 명복을 비는 천도재요, 영가의 명복을 비는 불사가 될 것입니다.

그러한 불사를 평생 동안 행한다면 우리는 그 공덕으로 세세생생에 삼악도를 면할 것이요, 세세생생에 부처님 나라에 태어날 것이요, 세세생생에 견성성불해서 일체 중생을 제도하는 불사를 행하게 되는 것입니다.

5. 비구니스님의 영가천도법문

　오늘 사부대중이 정성스럽게 법요식을 거행한 영가는 비구니스님입니다.
　이 스님은 일찍이 일대시교(一代時敎)를, 부처님께서 설하신 법문을 강원에서 경을 다 배우고, 그 후 전강 조실 스님을 믿고 오랫동안 참선수행을 잘 해왔습니다.
　제주도 지방에 인연이 있어서 제주도에 절을 짓고, 거기서 많은 신도를 교화하고 불사(佛事)를 잘 하다가 이 사바세계의 인연이 다해서 지금으로부터 약 한 달 전에 이승을 하직하셨습니다.
　그 제자의 정성스러운 마음으로 오늘 이 용화사 법보선원에서 천도 법요식을 거행하게 되었습니다.

　정법(正法)에 인연이 있어서 이 청정도량에서 대중스님네가 독송한 『금강경』 그리고 정성스럽게 거행한 법요식입니다.
　또 영가가 출가해서 평소에 도를 잘 닦고 불사를 많이 하고, 많은 신도를 정법으로 인도하고 그러한 공덕이 많습니다. 설사 과거 무량겁래(無量劫來)로 내려오면서 많은 숙업이 있다 하더라도 봄눈같이 그 업장이 다 소멸이 되어서 본인의 원에 따라서 극락세계나 도솔천 내원궁에 왕생할 것이 틀림없을 줄 생각합니다.

　본인이 다시 이 사바세계에 인연이 있어서 인도환생(人道還生)을 한다면 반드시 좋은 가문에 출생해서 다시 출가해서 이 정법문중(正法門中)에 귀의해 대도를 성취해서 한량없는 중생을 제도할 것입니다.

　부처님께서는 '생사는 없는 것이다. 모든 법이 항상 스스로 적멸한 상(相)이다' 이렇게 말씀을 하셨습니다.

'생사가 없다'고 하면 그것은 부처님입니다. 일체 중생과 삼라만상이 그대로 더 닦을 것도 없고 견성성불할 것도 없이 원래로 원만한 부처님이었습니다. 그렇게 말씀을 하셨음에도 불구하고, 우리는 이 세상에 태어난 사람치고 죽지 아니한 사람이 없습니다.

살아있는 동안에, 빨리 죽은 사람은 부모의 뱃속에서 죽어 나오기도 하고, 나오다가 죽기도 하고, 일 년 만에 죽기도 하고, 십 년 만에 죽기도 하고, 오래 사는 사람은 백 세 까지도 사는 사람이 있지마는 결국은 이승을 하직하고 맙니다.

그 짧은 인생이라고 하는 것이 아침 이슬과 같고, 풀끝에 맺힌 한 방울의 이슬과 같고, 꿈과 같으며, 바람 앞에 등불과 같이 그렇게 허망하고 보잘 것 없는 그러한 인생을 단 하루도 사는 것 같이 살지를 못하고 탐·진·치 삼독과 희로애락, 오욕락 속에서 울다가 웃다가 몸부림치다가 이승을 하직하게 됩니다.

부처님께서는 '생사가 본래 없다'고 하셨건만 어째서 우리 중생에게는 한 많은 고통 속에서 몸부림치다가 가야만 하는 것입니까?

부처님 말씀에는 생사는 없는 것이지마는 중생이 생사고해 속에서 헤매는 것은 마치 눈에 병이 난 사람이 허공 속에 아무것도 없건마는 공화(空花)가 이글거리고 있는 것처럼 보이는 것과 같아서, 눈병이 낫고 나서 보면 허공 속에 이글이글 움직이고 있는 것처럼 보였던 꽃송이 같은 것은 찰나간에 없어지는 것입니다.

눈병이 발생을 했을 때나, 눈병이 완전히 치료되었을 때나, 공화(空花)는 본래 없는 것입니다. 그와 같이 깨달으면 깨달은 눈으로는 생사가 없는 것이고, 깨닫기 전에는 생사가 있는 것처럼 보일 뿐이지 깨닫기 전이나 깨달은 후에나 생사는 본래 없는 것입니다. 이와 같이 분명히 말씀을 해주셨습니다.

그래서 소승(小乘)들은 이미 이 세상에 태어나서 몸을 가지고 있는 이상은 생로병사가 있기 때문에 그것이 괴롭다. 그러니 그 괴로운 것은 무엇 때문에 있는 것이냐?

탐진치 삼독의 불이 속에서 타오르고 있기 때문에 그것으로 인해서 모든 괴로움은 생겨난 것입니다. 그러면은 그 괴로운 불을 꺼야겠는데 그 불을 끄려면 도를 닦아야 합니다.

이것이 부처님께서 녹야원에서 최초로 설하신 사제법(四諦法)입니다. 이 사제법에 의해서 일심불란하게 도를 닦는 사람이 누구냐 하면 성문(聲聞)들입니다.

그러나 부처님께서 근기가 차츰 성숙해진 뒤에 보살들에게 설하신 법문은 '이 세상의 모든 것은 괴로운 것이다'고 설하신 것도 아니고, '이 괴로운 것을 없애라'고 이렇게 말씀하신 것도 아닙니다.

'생사는 본래 없는 것이다. 본래 없는 것이기 때문에 생사를 없애려고 할 필요도 없는 것이다. 모든 있는 것들은 그대로 열반이요, 적멸이다' 이 사바세계가 생로병사로 얽혀져 있는 괴로운 곳이 아니라 언제나 생사가 없는 극락세계요, 적광토(寂光土)요, 열반의 세계라고 말씀을 하셨습니다.

우리는 부처님께서 나중에 설하신 대승법(大乘法), 최상승법(最上乘法)을 믿고 거기에 의지해서 나 자신을 깨닫기 위해서 수행을 하지 않으면 안 됩니다.

그러면 나를 깨달아서 생사해탈하는 방법이 무엇이냐?

첫째, 생사는 본래 없는 것이라고 하는 것을 우리는 믿고서 부처님이나 우리나 조금도 차별 없이, 설사 이 몸뚱이는 생로병사가 있을망정 이 몸뚱이를 끌고 다니는 주인공, 참 나는 이 세계가 생겨나기 이전부터서 무량겁을 두고 남[生]도 없고 죽음도 없다고 하는 것을 깊이 믿고서 최상승 활구참선(活句參禪)에 의해서 나를 깨닫지 않으면 안 되는 것입니다.

이 자리에 모이신 분은 이미 이 최상승 활구참선법을 깊이 믿고 수행하신, 수행을 해 오고 계신 분들이라 구태여 중언부언 말씀드릴 것은 없다고 생각합니다.

영가가 오늘 이 자리에서, 전강 조실 스님께서 창건하신 이 최상승 활구참선 도량에서 천도법요식을 거행하게 된 그 인연과 공덕을 기리는 뜻에서 간단히 참선은 왜 해야 하는 것이며, 참선은 어떻게 허는 것이며, 참선한 결과 우리에게는 어떠한 열매를 수확하게 되는 것인가에 대해서 간단히 말씀을 하고자 합니다.

참선은 내가 이 몸을 끌고 다니는 주인공, 참 나를 찾기 위해서 하는 것입니다.

이 몸뚱이는 그 참주인, 참 나에 의해서 조종이 되고 운영이 되고 있지마는, 한 번도 그 주인공의 얼굴이 어떻게 생겼는지 어디에 있는지 그것을 본 일이 없습니다. 그것을 보지 못하고 찾지 못했기 때문에 우리는 무량겁을 두고 생사윤회를 하고 있는 것입니다.

주인 없는 집이 살림이 잘될 까닭이 없으며, 왕이 없는 나라에 그 나라 정치가 잘될 이유가 없습니다.

우리는 나의 주인, 이 몸뚱이의 주인을 발견을 해서 그 주인을 주인노릇을 잘할 수 있도록 수련을 잘 시켜놔야 금생 일생 동안에도 이 몸뚱이를 가지고 부처님과 조금도 다름없이 자유자재하게 살 수 있을 뿐만 아니라, 앞으로 무량겁을 두고 육도윤회를 하고, 생사윤회를 할 그 괴로움의 바다에서도 벗어나서 영원히 행복한 그러한 성현이 될 수가 있는 것입니다.

내가 나를 찾는 방법으로는, 나라고 하는 것은 눈으로 보고, 귀로 듣고, 코로 냄새 맡고, 입으로 맛보고, 손으로 만져보고, 발로 걸어 다니는 가운데에 있지, 그 밖에 저 딴 데에 가서 있는 것이 아닙니다. 눈으로 볼 때나, 귀로 들을 때나, 먹을 때나, 말할 때나, 걸어 갈 때나, 그 가운데에서 나를 찾으려고 노력을 해야 하는 것입니다.

그 생활 속에서 떠나가지고 저 산에 가서 찾는다든지, 바다에 가서 찾는다든지, 무슨 책, 경책(經冊) 속에서 찾으려고 한다면 찾으려고 할수록 점점 멀어져버릴 뿐인 것입니다.

언제나 내가 보고 듣고 생각하고 말하는 가운데 있으므로, 그 보고 듣고 생각하고 말하는 그 속에서 찾으려고 한다면 우리는 가장 빠른 시간에, 찾는 그 순간에 거기에 늘 있는 것입니다.

그래서 삼천년을 두고 내가 나를 찾는 방법을 역대조사가, 부처님에 의해서 가섭존자가 배우고, 가섭존자에 의해서 아란존자가 깨닫고 해서, 즉 등등상속(燈燈相續)한 것입니다.

한 등불에서 또 그 다음 등불에 불을 붙여 주고, 그 등불에서 그 다음 등불에 불을 붙여 주고 해서 오늘날까지 전해 내려온 가운데에 연구되고 실천하고 그래서 다시 개발하고 한 방법이 활구참선법입니다.

'이뭣고?' '이 몸뚱이 끌고 다니는 이놈이 무엇인고?'

자나 깨나 이놈을 찾고 또 찾고 함으로써, 처음에는 입으로만 '이뭣고?' 하되 속으로는 이미 밖으로 달아나버리고, 달아난 줄 알면 또 찾고 이렇게 해서 그것이 습관화가 되고, 습관화가 됨으로

써 다시 그것이 체질화가 되어서 하려고 안 해도 저절로 항시 이 화두가 우리 앞에 현전(現前)하게 되는 것입니다.

그놈이 언제나 우리 앞에 현전해서 그놈이 독로(獨露)가 될 때에는 일체 번뇌망상은 저절로 일어나지 못하는 것이며, 밖에 어떠한 마구니도 나를 침범할 수가 없는 것입니다.

이렇게 수행을 열심히 열심히 해 감으로써 반드시 나를 깨닫게 되는 것입니다. 한번 깨달아 버리면 영원히 생사의 윤회에서 해탈하는 것이며 영원한 행복을 누리는 것입니다.

오늘 영가도 이 공부를 위해서 출가를 했고, 오십 평생을 이 공부를 하다가 이승을 하직했습니다. 정법의 인연이 있으므로 다시 몸 바꿔 나서 우리와 더불어 또 이 법을 닦을 것을 의심해 마지않습니다.

오늘 이 자리에 참석하신 사부대중 법보제자 여러분께서는 경건한 마음으로 영가께서 과거의 모든 업장을 소멸하고 다시 인도 환생해서 정법을 닦을 것을 간절히 기원하는 마음으로 이 법요식에 참석해 주신 걸로 믿습니다. 이상으로써 오늘 말씀을 끝맺겠습니다.

6. 21살 청년 영가 49재 천도법문

　백년삼만육천일(百年三萬六千日)에　　반복원래시자한(返覆元來是這漢)이로구나

　오늘은 ○○○ 영가 49재 천도일입니다.
　방금 전강 조실 스님의 녹음 법문으로, 생사 없는 도리, 최상승법을 설하신 그 법문으로 영가는 무량 억천만 겁에 모든 죄업이 봄눈 녹듯이 다 녹아져 없어졌고, 그 생사 없는 도리에 영각성(靈覺性)을 깨달아서 바로 그 생사 없는 도리에 계합을 했을 것으로 생각이 됩니다.
　인생이 이생에 태어날 때 어디서 왔으며, 무엇을 하기 위해서 왔으며, 또 한평생 살다가 가면 어디를 향해서 가는가?

　부처님으로부터 33대, 법을 이어받으신 육조(六祖) 스님께서 ― '육조 스님은 바로 생불 화현(生佛化現)이다. 보살 화현이다' 이렇게 추앙을 받는 대 도인이신데, 남악회양선사(南嶽懷讓禪師)가 육조 스님 앞에 와서 절을 했습니다.
　"십마물(什麼物)이 임마래(恁麼來)오. 무슨 물건이 이렇게 왔는고?" 이렇게 육조 스님이 물으시니까, 남악회양 사는 망지소조(罔知所措)여, 몸 둘 바를 몰라.
　"무슨 물건이 이렇게 왔느냐?"하고 묻는 데에 대해서 뭐라고 대답할 말이 없었어요. 뭐라고 대답해야 할런지 아주 꽉! 막혀 버렸어요. 8년 만에야 확철대오를 했습니다.

　하택신회(荷澤神會)선사는, 육조 스님께서 "내게 '한 물건'이 있는데, 위로는 하늘을 괴고 아래로는 땅을 괴는데, 밝기는 해와 같고 검기는 칠(漆)과 같다. 뭐라고 이름을 붙일 수도 없고, 뭐라

고 모양을 그릴 수도 없다. 그러니 이게 무슨 물건이냐?"하고 묻는데,

하택신회 선사는 대답하기를 "제불지본원(諸佛之本源)이며, 모든 부처의 근원이며, 신회(神會)의 불성입니다" 이렇게 대답을 했습니다.

육조 스님이 말씀하시기를 "내가 금방 말하기를 뭐라고 이름을 붙일 수도 없고 뭐라고 모양을 그릴 수도 없다 했거늘, 어찌 제불의 본원이니, 신회의 불성이니 하고 왜 이름을 붙이는고? 네가 앞으로 공부를 해서 어떠한 지경에 이른다 하더라도 너는 지해종도(知解宗徒)밖에는 못 되겠구나" 이렇게 점검을 하셨습니다.

교리적으로나 이론적으로 본다면 틀림없이 모든 부처의 본원이며, 신회의 불성이라 한 말이 조금도 틀린 말이 아니고 너무나도 분명하게 일렀건만, 어째서 육조 스님께서는 "네가 앞으로 어떤 지견을 얻는다 하더라도 너는 지해종도, 즉 이론적으로 따지는 사량분별로 교리를 따지는 그런 강사, 즉 그러한 것 밖에는 못 되겠다" 이렇게 말씀을 하셨냐 이 말입니다.

깨달음이라 하는 것은 사량 분별심으로 따져서 알아지는 것이 아니고, 따져서 알아지는 것은 아무리 그럴싸한 해답을 얻었다 하더라도 마침내 사량 분별심을 뛰어넘지 못하기 때문에 그것은 깨달음이 아니라 그것은 알음알이라, 이것은 최상승법이 아니요, 활구참선(活句參禪)이 아닙니다.

남악회양 선사는 "십마물(什麽物)이 임마래(恁麽來)오"하고 묻는데 꽉 막혀서 뭐라고 입을 벌릴 수가 없고, 몸 둘 바를 몰라 했습니다. 이것이 바로 최상승법 활구참선을 할 수 있는 사람입니다.

벌써 사견종자, 지해종자는 그 마음가짐이라 할까? 그 종자(種子)가 다르다고 이렇게 말씀을 하셨습니다.

공안을, 화두를 분별심으로 따져서 알아맞추려 그러고, 분별심으로 공안을 더듬어서 비교하고, 이러한 식의 참구(參究)는 벌써 사견(邪見)종자의 하는 짓이다 그 말입니다.

8년 동안을 꽉 막혀서 알 수가 없고, 이렇게 꽉 막힌 상태에서 참구를 해야 거기에 확철대오 할 수 있는 길이 있다 그 말입니다.

확철대오 할 수 있는 길은 꽉 막혀서 알 수 없는 의단(疑團)이 독로(獨露)해야지, 이리저리 따져서 알아들어가고 더듬어서 짐작을 하고 비교하고 이러한 식의 공부가 아닙니다.

남악회양 선사가 8년 만에야 확철대오를 해가지고 육조 스님 앞에 갔습니다.

"제가 깨달았습니다."

"깨달았으면 깨달은 도리를 일러봐라"

"설사일물(說似一物)이라도 즉부중(卽不中)입니다. 설사 한 물건이라 해도 맞지 않습니다."

"환가수증부(還可修證否)아, 도리어 닦아 증(證)할 것이 있느냐?"

남악회양 선사가 대답하기를 "수증(修證)은 즉불무(卽不無)어니와 오염(汚染)은 즉부득(卽不得)입니다. 닦아 증할 것이 없지는 않지만 오염은 얻지를 못합니다. 오염은 없습니다"

"여역여시(汝亦如是)하고 오역여시(吾亦如是)여. 너도 또한 그렇고 나도 또한 그렇다" 이렇게 인가를 하셨습니다.

○○○ 영가는 금년 나이 21살, 대학을 졸업하고 펄펄 뛰는 청년이 친구와 물놀이를 가서, 물에 풍덩 뛰어들자마자 가라앉아서 허망하게도 이승을 하직했습니다.

그렇게 살다가 갈 것을 뭣 하러 이 세상에 왔느냐, 차라리 오지나 말았으면 부모형제와 일가친척의 눈에 피눈물이 나오지 않았을 텐데…. 이 말입니다.

누가 그렇게 가고 싶어서 왔겠습니까. 자기가 전생에서부터 지은 업이 부모와의 관계, 형제간과의 관계, 또 여러 가지의 업이 그렇게 왔다가 그렇게 갈 수 밖에는 없었다는 말입니다. 그래서 사람이 태어나서 기왕 업을 지을 바에는 바르게 업을 지어야 해요. 좋은 업을 지어야 한다 그 말입니다.

악한 업이나 좋은 업이나 업을 짓지 아니한 것만은 못하지만, 좋은 업보다도 더 '함이 없는[無爲] 업'을 지어야 합니다.

함이 없는 업, 무루업(無漏業)이 없는 업을 짓는 것이 무엇이냐 하면, 최상승법을 믿고 최상승법을 실천하면 바로 함이 없는 업, 함이 없는 업을 닦는 것이다 그 말입니다. 그래도 49재에 이 정법도량에 와서 49재 천도 법요를 갖게 된 인연으로 봐서, 불법(佛法)에 숙세의 인연이 있는 것은 틀림이 없습니다.

비록 금생에는 그렇게 허망하게 이승을 하직했지만, 이 인연 공덕으로 조실 스님의 최상승 법문을 듣고 또 이 청정한 대중스님네의 천도 법요식을 통해서 용화사 법보선원에 법보제자로 만년위패에 모셔서 동참을 하게 되었습니다.

이 인연으로 앞으로는 새 몸을 받아 날 때까지 이 법보전(法寶殿)에서 청정대중으로서 법문을 듣고 참선을 해서 머지않은 장래에 인도환생(人道還生)을 하거나, 극락세계나 또는 도솔천내원궁에 왕생을 하시게 될 것입니다.

무슨 물건이 이렇게 왔느냐?

무슨 물건이 이렇게 와서, ○○○ 영가는 무슨 인연으로 이생에 와서 채 꽃이 활짝 피기도 전, 21세의 꽃봉오리로 이승을 그렇게 허망하게 하직을 하게 되었느냐?

"대관절 무슨 물건이냐?" "십마물(什麼物)이냐?" 이 한 마디는 40억 인구는 말할 것도 없고, 육도법계의 가득 차 있는 모든 인비인(人非人)·축생, 유형무형의 모든 존재가 타파해야 할 과제입니다.

오늘부터 이 49재를 맞이한 영가와 여기에 초청받은 육도법계의 모든 영혼 불자들도 '십마물(什麼物)이요?' '이뭣고?' 이 공안으로써 필경에 타파해서 생사 없는 도리에 계합되시기를 바랍니다.

7. 민대법화 영가천도법문

　만사유유차백년(萬事悠悠此百年)한데　　환여역려잠류련(還如逆旅暫留連)이로구나
　나무아미타불!

　일별천애구시객(一別天涯俱是客)인데　부운유수석양변이로구나
　나무아미타불!

　만사유유차백년(萬事悠悠此百年)한데　　환여역려잠류련(還如逆旅暫留連)이로구나.

　만사(萬事)가 유유(悠悠)한 이 백년, 사람이 나서 한평생을 아무리 오래 살아봤자 백 년인데, 그 백 년 동안 사람이 태어나서 한평생을 울다가 웃다가 슬퍼하다가 성내다가 기뻐하다가, 이럭저럭하면서 백 년 동안 인생살이가 마치 뭣과 같으냐 하면 여행을 하는 거와 같습니다.
　여행을 하는데, 출발해서 목적지에까지 도달하는데 때로는 날씨가 좋았다가 때로는 비가 왔다가 때로는 바람이 불었다가, 겨울이면 눈이 왔다가 먹구름이 끼다가, 평지를 가다가 또는 물을 건너기도 하고 또는 산을 오르기도 하고 산을 내려오기도 하고, 인생 일생사가 마치 긴 여행을 하는 거와 같다는 말입니다.

　일별천애구시객(一別天涯俱是客)인데 부운유수석양변(浮雲流水夕陽邊)이로구나.
　한 번 저 하늘 갓으로 떠나버리면, 이별을 해서 뚝 떠나버리면 떠나는 사람도 손이요, 전송을 하는 사람도 손이더라.

나도 여행을 하고 저 사람도 여행을 하는데, 여행하는 도중에 두 사람이 만나서 잠시 한 여관에 들어서 같이 이야기하고, 같이 밥 먹고, 같이 잠을 자다가 날이 새면 한 사람은 동쪽으로 떠나고, 한 사람은 서쪽으로 떠나는 그러한 경우에 동쪽으로 떠나는 사람도 손이요, 서쪽으로 떠나는 사람도 객(客)이더라, 이 말입니다.

전송을 하면서 또 전송을 받으니까 두 사람이 다 손인데, 부운유수석양변(浮雲流水夕陽邊)이여. 구름은, 하늘에서 떠 있는 구름은 바람 따라서 저 하늘 끝으로 날아가고, 흐르는 물은 높은 데서 낮은 데로 흐르고 흘러서 결국은 바다에 이르는데, 동쪽으로 떠나는 사람이 뜬구름같이 떠났다면 서쪽을 향해서 가는 사람은 흐르는 물처럼 흘러 내려가고 있다는 것입니다.

사람이 태어날 때에 부모를 의지해서 이 세상에 태어나는데, 때로는 남자로 태어나고 또 어떤 경우는 여자로 태어납니다. 태어난 사람이 서로 결혼을 해서 아들딸 낳고 돈 벌고 이리 살다가 한 사람이 먼저 떠나고 또 한 사람은 나중에 떠나게 됩니다.

뜬구름이 하늘에서 바람 따라서 날아갔다고 해서 슬퍼할 사람도 없을 것이고, 흐르는 물이 지세(地勢) 따라서 흐르고 흘러서 바다로 내려갔다고 해서 그것을 슬퍼할 사람은 아무도 없습니다.

또 여행 중에 두 사람이 만나서 여관에서 하룻밤 같이 이야기하고 지내다가 그 이튿날 이별할 때에 조금 섭섭은 하지만, 아주 다정한 경우에는 좀 더 섭섭한 생각은 있을 수가 있겠지만, 그걸 다리를 뻗고 땅을 치고 통곡하고 그럴 사람은 없을 것입니다.

인생이 이 세상에 태어나서 한 가족을 이루다가 한 사람이 먼저 가고 뒷사람이 뒤에 간다고 해서 그렇게 통곡을 하고 가슴 아프게 생각하고 그럴 것도 사실은 없는 것입니다.
  정(情)으로 얽힌 존재들이라 기왕이면 오래오래 행복하게 같이 해로를 하고 자기의 명을 다했으면 좋겠지만, 생사는 누구를 막론하고 자기 마음대로 할 수가 없는 것이라, 이렇게 젊은 나이로 인생을 이승을 하직하게 되었습니다.

  민대법화 영가는 오늘 3재를 맞이해서 숙세의 인연이 있어서 용화사 법보전에서 3재 천도 법요식을 갖게 되었습니다.
  이미 전강 조실 스님께서 설하신 최상승 법문에 의해서 무량겁 업장이 봄눈 녹듯이 다 녹아버렸고 생사 없는 도리를 깨달아서 다시 거기에다가 더 설할 법이 없지만 재자(齋者)의 간청으로 산승이 잠간 법에 오르게 되었습니다.

  뜬구름 같은 인생이요, 흐르는 물과 같은 인생이다.

  이 세상에 태어날 때에 지수화풍(地水火風) 사대(四大)로 이 몸뚱이가 이루어졌지만 이 몸뚱이를 주재하는 일점영명(一點靈明)은 새로 태어난 것이 아니고, 지수화풍 사대가 무너져서 이 육신은 버렸지만 이 일점영명은 무너진 것이 아닙니다.
  생사라 하는 것은 '낳다'고 해서 새로 태어난 것이 없고 '죽었다'고 해서 없어질 것도 없을 바에는, 마치 허공의 꽃이 눈병 걸린 사람의 눈에만 있는 것처럼 보일 뿐이지, 원래 공화(空花)는 없는 것입니다.
  눈병 걸린 사람에게 있어서 허공에 공화가 피었다고 해서 그 공화 자체가 피어 있는 것이 아니고, 눈병이 나아 버린 뒤에는 공화가 그 찰나에 없어진다고 해서 원래 없어졌든 공화가 새롭게 무엇이 없어질 것이 무엇이 있느냐 이 말씀입니다.
  공화 자체는 눈병이 난 뒤에나, 눈병이 치료가 된 뒤에나 원래 공화는 없었던 것입니다.

　중생의 생사도 또한 그와 같아서 생사는 본래 없는 것입니다. 본래 없는 생사에 무엇을 슬퍼할 것이 있고, 무엇을 천도할 것이 또한 있느냐 이 말입니다.

　생사는 뜬구름 공화(空花)와 같은 것이고, 인간과 인간 사이에 서로 원망하고 친숙하고 한 것도 또한 무엇을 원망하며 무엇을 애착을 가질 것이 있느냐 이 말입니다.

　　만타청산위범찰(萬朶靑山圍梵刹)한데　　일간홍일조령대(一竿紅日照靈臺)로구나
　　나무아미타불!
　　처처녹양감계마(處處綠楊堪繫馬)하고　　가가문외통장안(家家門外通長安)이니라
　　나무아미타불!

　　만타청산위범찰(萬朶靑山圍梵刹)인데　　일간홍일조령대(一竿紅日照靈臺)라.

　만 송이 울긋불긋한 꽃과 잎이 우거진 청산에 둘러싸인 절이여. 절은 만 송이의 청산에 의해서 둘러싸여 있고, 일간홍일조령대(一竿紅日照靈臺)라. 한 장대 길이만큼 높이 뜬 붉은 해는 영대(靈臺)를 비추더라.

　영대는, 우리의 몸뚱이를 끌고 다니던 주인공 그 영대는 하늘에 떠 있는 태양과 같이 빛나고, 지금 우리 용화사 법당 주변의 산이 천산만산(千山萬山)이 위요(圍繞)하고 있고, 붉은 꽃과 푸른 숲에 의해서 둘러싸여 있는데,
　　처처녹양감계마(處處綠楊堪繫馬)요, 곳곳이 푸른 버드나무에는

가히 말을 매 둘만 하다. 말을 버드나무에다가 말을 매 놓듯이― 목적지를 향해서 말을 타고 가는데, 그 말이 쉬려면 어디라도 그 있는 버드나무에 묶어 맬 수가 있고.

가가문외통장안(家家門外通長安)이라. 어느 집이든지 문밖에 나가 방향을 잡아 가면 결국은 서울에 도달할 수가 있더라. 모든 길은 다 서울로 통하고 있더라.

생사 없는 진여불성 자리는 일정한 모양과 일정한 국집(局執)된 처소가 있는 것이 아니라 하늘에 뜨면 해와 달이요, 땅으로 내려오면 산이요 물이요 나무요, 인연 따라서 천당도 좋고 극락도 좋습니다.

새로운 몸을 받아 날 때까지는 이 용화사 법보전에 여러 도반들과 더불어 법문을 듣고 삼매에 들었다가 인연이 도래하면 다시 좋은 곳에 태어나서 정법에 의지해서 도를 닦아서 한량없는 중생을 제도해 주시기를 바랍니다.

생사가 없는데 무엇을 도를 닦으며, 본래 생사가 없는데 무슨 중생을 제도하리요마는, 생사 없는 곳을 향해서 해탈을 해야 하고, 설할 바 없는 법을 향해서 법을 설해야 하고, 닦을 바 없는 곳을 향해서 닦아야 하고, 한 중생도 제도 받을 바가 없는 곳을 향해서 제도를 하는 것이 바로 이 불법(佛法)인 것입니다.

분명 생사가 없지마는 태어났다가 한평생을 살다가 또 죽음을 맞이하고 있는 것이 현실입니다. 이치에 있어서는 분명 생사가 없지마는 현실에 있어서는 면할 수 없는 생사가 있습니다.

그래서 우리는 부처님이 출현을 하셔야 하고, 우리는 그 부처님께서 설하신 법에 의지해서 닦아야 하고, 이렇게 또 천도 법요식을 갖게 되는 것입니다.

영가는 인생에 있어서 짧은 생애를 가졌지만 본래 어질고 착하고, 불법에 깊은 인연을 맺었고 그러한 공덕으로 인해서 이 정법도량에서 천도 법요식을 갖게 되었습니다.

　조그마한 한이 있다 하더라도, 못다 푼 한이 있다 하더라도 오늘 이 시간을 기해서 깨끗이 다 잊어버리고, 다 풀어버리고, 실상(實相)의 자리에 안주하시기를 바랍니다.

우룡 스님

(1933 ~) 일본에서 출생.
1947년 해인사 고봉스님을 은사로 출가,
동산스님 계사로 구족계 수지.
1963년 김천 청암사 전강을 시작으로
화엄사, 범어사, 법주사 강사역임.
울산 학성선원, 경주 함월사 조실로 주석 중.

1. 무주고혼(無主孤魂)과 수륙재

　무주고혼의 천도에 대해 살펴보도록 하겠습니다.
　일반적으로 영가를 구분할 때는 유주고혼(有主孤魂)과 무주고혼(無主孤魂)이라는 말을 많이 씁니다.
　유주고혼은 자식이나 후손들이 제사를 지내주면서 기억을 하는 영가이고, 무주고혼은 망각되어버린 영가들을 가리킵니다. 곧 후손이 있는 집안에서도 망각되어버린 조상은 무주고혼으로 분류되며, 낙태아 등도 여기에 속합니다. 그리고 가족·친족 등의 특별한 인연이 없는 엉뚱한 사람에게 붙어 괴롭히는 객귀(客鬼) 또한 무주고혼이라고 합니다.

　천도재를 지내다보면 이 무주고혼이 선대의 가족 친족들보다 더 강하게 붙어 떠나지 않는 예를 종종 볼 수 있습니다. 인연 깊은 영가 외에도, 흔히들 객귀라고 불리는 무주고혼의 영가가 붙어 애를 먹이는 경우 또한 자주 접할 수 있습니다.
　가족·친족들로부터 잊혀 졌거나, 가족·친족이 없는 무주고혼의 영가들은 어두운 곳에서 굶주림과 극심한 고통을 겪으며 떠돌다가 엉뚱한 이에게 의탁하여 새로운 업을 쌓는 것입니다. 그렇다고 하여 이러한 무주고혼의 영가가 나와 전혀 무관한 존재만은 아닙니다.
　과거, 현재, 미래의 삼세인과법에 따르면 나에게 찾아드는 모든 것은 나와 어떠한 인연이 있기 마련인 것입니다. 따라서 언뜻 보기에 나와 무관한 영가라 할지라도 남에게 팽개치지 않고 천도를 해주면 오히려 큰 공덕을 이루게 됩니다.
　실로 가만히 생각해 보면 무주고혼처럼 불쌍한 중생도 없습니다. 갑작스런 비명횡사로 인해 자신의 죽음을 인식하지 못하고 생에 집착하는 무주고혼, 광명을 찾을 힘이 없어 어둠 속을 헤매는 무주고혼, 굶주림과 추위를 참다못해 남의 몸에 의탁하고 그들에게 해를 끼쳐 한 끼의 밥을 해결하는 무주고혼! 이러한 무주고혼에게 불보살의 광명으로 길을 안내하여 새로운 생을 받게끔 해주는 천도야말로 크나큰 공덕이 되지 않을 수 없습니다.

우리가 살고 있는 이 땅과 바다 등에는 수많은 무주고혼들이 있고, 실제로 옛 큰스님들은 이러한 무주고혼을 천도해 주는 수륙재를 열어 이 땅의 불쌍한 영가들을 널리널리 제도하셨습니다.
우리들 주변에는 천도를 받기를 원하는 무수한 영가들이 있습니다. 하지만 그들은 나아갈 길을 몰라 굶주림과 극심한 고통을 받으며 떠돌아다닙니다. 정녕 수륙재를 베풀어 이들 영가를 구제하는 것이야말로 대자비요, 무량공덕이라고 하지 않을 수 없습니다. 이렇듯 덕이 큰 수륙재는 중국 양나라의 무제(武帝)때부터 시작되었습니다.

어느 날 무제의 꿈에 스님 한 분이 나타나 부탁을 하였습니다.
"육도 중생들의 혼이 어둠 속을 떠돌며 한없는 고통을 받고 있으니, 대왕께서는 수륙재를 베풀어 그들의 고통을 구제하여 주시오. 이 세상에서 고통 받는 외로운 영혼들을 구제해 주는 것보다 더 훌륭한 공덕은 없습니다."
꿈에서 깨어난 양나라 무제는 곧바로 바다와 육지에서 죽은 모든 무주고혼들을 천도시키기 위한 수륙재를 베풀었다고 합니다. 그 뒤 중국·한국·일본 등지에서는 임금님이 재주(齋主)가 되어 무주고혼을 천도하는 수륙재를 정기적으로 개최하였고, 오늘날에는 이 땅의 사찰이 중심이 되어 가끔씩 수륙재를 행하고 있습니다.
바다와 육지에서 죽은 무수한 생명들. 그들을 천도하는 수륙재를 우리의 모든 절에서 법식에 맞게 잘 지내준다면, 이 땅은 영가들의 장애가 없는 좋은 나라가 될 것입니다. 그리고 나와 직접 관련된 영가만이 아닌 외로운 무주고혼에까지 우리의 정성과 축원이 미칠 때 우리의 생은 행복해질 수 있고 짙은 향기를 발현시킬 수 있는 것입니다.

재를 지내거나 천도를 할 때 삼매 속에 몰입하게 되면 영가천도는 저절로 이루어집니다. 부처님과 영가를 천도하는 이와 영가가 그대로 하나가 되어, 영가의 어둠을 빛으로 바꾸고 그들을 좋은 세상으로 나아가게 만드는 것입니다.

실로 천도를 위해 기도하는 우리 불자들은 삼매에 몰입하고자 노력하여야 합니다. 삼매에 들면 물질의 세계를 넘어선 새로운 차원을 체험할 수 있고, 물질로 인한 고통과 애착을 넘어서서 해탈을 할 수가 있습니다.

삼매는 결코 쉬운 것이 아닙니다. 그러나 지극한 정성이 모이고 또 모이면 마침내 삼매에 이르게 됩니다. 그리고 비록 삼매의 경지에 이르지는 못할지라도, 정성이 지극하면 능히 잘 천도를 할 수가 있고 뜻한 바를 성취할 수가 있는 것입니다. 간절히 당부하건대, 천도는 정성이요, 나의 참회라는 것을 잊지 말기 바랍니다.

조상 대대의 축원 속에서 태어난 우리들! 우리는 우리를 위해 끝없는 축원과 정성을 아끼지 않았던 선대의 영가들과 이 땅과 인연이 있는 무주영가들의 천도를 위해 정성을 기울이는 것에 인색해서는 안 됩니다.

한 걸음 더 나아가 우리 주변의 유주무주 영가들을 위해 우리의 정성을 바칠 때, 법계 속에 충만되어 있는 행복과 해탈의 기운이 나에게도 오고 나의 것이 되는 것입니다.

부디 정성을 다하는 한 차례의 천도를 통하여, 보이지 않는 영가와 나, 모두가 자타일시성불도(自他一時成佛道)로 나아갈 수 있게 되기를 축원하고 또 축원 드립니다.

2. 죽음과 영가천도

여러분! 죽음이 두렵고 내생이 걱정스럽거든 지금 이 순간부터라도 수행하십시오. 염불을 하든지, 주력을 하든지, 아니면 선을 하든지 어느 한 가지는 반드시 하십시오.

수행법 중에서 최상승법은 화두참선입니다. 인생의 참된 행복과 진정한 보람은 수행에서만 느낄 수 있습니다.

수행을 깊게 해서 깨달음을 얻고 열반을 성취한 사람은 사후 문제를 걱정할 필요가 없지만, 자기 문제를 해결하지 못하고 진리의 세계를 체험하지 못한 사람은 사후를 다스려 주어야 합니다.

수행이 산 사람이 생사 문제를 스스로 해결하는 방법이라면, 천도는 산 사람이 죽은 사람의 영혼을 다스려 주고 선도(善途)에 태어나게 해주기 위한 의식입니다. 수행이 누구나 반드시 해야 되는 것이듯, 천도도 영가를 위하여 반드시 해야 되고 꼭 필요한 것입니다. 사람이 죽으면 육체는 한줌의 흙이나 물로 변합니다. 그러나 영혼은 숨이 떨어지자마자 육체를 떠납니다.

육체를 벗어난 영혼을 불가에서는 영가라 하고, 중음신(中陰身)이라고도 합니다. 이 영가 중음신이 전생의 업에 따라서 새 몸을 받아 윤회하면서 살아가는 세계를 크게 나누어 3계(三界)라 하고, 이를 세분하여 6도(六途)라고 합니다.

삼계는 욕계(欲界)와 색계(色界)와 무색계(無色界)로 나눕니다. 중생들의 탐욕의 정도에 따라 세 가지로 구분한 것입니다. 『화엄경』에 '일체유심조(一切唯心造)'란 말이 있듯이 우주도 중생의 마음에 의해 건립된 것입니다. 따라서 중생의 마음의 차이, 즉 정신적인 욕구의 차이에 의해 살기 좋은 세상 또는 그렇지 못한 세상이 생긴 것입니다.

욕계는 욕망의 세계, 곧 욕심이 많은 중생들이 사는 세계를 말합니다. 욕망은 다섯 가지를 꼽을 수 있습니다. 물질욕·음욕·식욕·명예욕·수면욕 등이 극심한 세계, 중생들이 살고 있는 세계가 욕계입니다. 바로 지금 우리가 살고 있는 세계가 욕계입니다.

색계는 물질 위주의 세계를 뜻합니다. 그러나 이 세계의 물질은 아주 아름답고 깨끗하기 때문에 욕계의 오염된 물질과는 전혀 다릅니다. 이 세계는 욕계의 중생보다 복력이 월등하게 많은 중생들이 태어나 복락을 누리는 세계입니다. 무색계는 앞의 두 세계와는 달리 비물질적인 세계, 순수한 정신적인 세계입니다.

무색은 물질이 아닌 진리의 체성(體性)을 뜻하는 말입니다. 그러나 이 세계의 중생들은 아직은 정신적으로 아주 작은 번뇌가 남아 있으므로 완전한 낙원이 아니고 사바세계의 중생에 속합니다. 하지만 욕계와 색계에서는 상상할 수 없는 평화와 복락이 많은 세계입니다. 그러므로 삼계에서 가장 살기 좋은 곳이며, 이곳에서 더욱 정진하면 마침내 중생의 탈을 벗고 부처를 이룰 수 있는 곳입니다.

중생은 이 세계를 윤회하면서 나고 죽고를 되풀이 하는데, 이를 삼계윤회라 합니다. 비록 무색계는 살기 좋은 곳이긴 하지만 복락이 다하면 다시 윤회하기 때문에 이를 마치 불난 집과 같다고 하여 삼계화택(三界火宅)이라 합니다.

다음은 육도(六道)가 있습니다. 도(道)는 길(途)과 같은 말이고 또 취(趣)라는 말과도 같습니다. 취(趣)는 간다는 뜻의 한자말입니다. 어떤 절대자나 주재가 있어서 보내지는 것이 아니라 중생들 스스로가 자신은 지은 업력에 따라 끌려가서 태어났기 때문에 다른 세계에 태어나는 것을 '가서 난다'는 뜻으로 왕생(往生)이라 하고, '길'이라든지 '취'라는 표현을 쓴 것입니다.

육도는 지옥·아귀·축생·아수라·인간·천상의 여섯 갈래 길을 말합니다. 앞의 셋은 악도(惡道) 또는 악취(惡趣)라고 하는데 악한 업을 지은 중생이 태어나는 길이고, 뒤의 세 길은 선업을 많이 쌓은 중생이 태어나는 길입니다.

지옥도(地獄道)는 가장 악한 죄업을 지은 중생이 태어나는 곳입니다. 지옥은 '지하의 감옥'이라는 뜻으로 경전에 의하면 우리가 사는 인간계에서 지하로 2만 유순 가량 내려가면 있다고 합니다. 지옥 중에서도 가장 아래층에는 무간지옥이 있는데, 여기서부터 위로 차례차례로 8대 지옥이 위치하고 있다고 합니다.

8대 지옥은 같은 지옥이지만 그 업력에 차이가 있어 최초의 지옥은 죄업이 가벼운 중생이 태어나고, 최후의 지옥인 무간지옥은 가장 극악한 죄인이 태어나는 곳으로 가장 고통이 심한 지옥입니다.

무간지옥은 '고통이 쉴 새 없다'는 뜻으로 무간이라고 합니다. 아귀도(餓鬼道)는 우리가 보통 귀신이라고 하는 존재와 같습니다. 전생에 악업을 짓고 탐욕을 많이 부린 자가 아귀로 태어나는데 항상 배고픔과 목마름에 시달린다고 합니다.

아귀들의 생활은 각양각색으로 스스로 죄보를 받는 아귀도 있고 우리 인간계에 내려와 인간에게 많은 피해를 주는 아귀도 있다고 합니다. 이 아귀의 세계는 크게 둘로 나눌 수 있는데 하나는 인간계에서 인간과 함께 거주하는 부류이고, 다른 하나는 별도로 아귀들만이 사는 세계에서 살아가는 부류입니다.

축생도(畜生道)는 짐승·물고기·곤충 등을 말합니다. 축생은 고통이 많고 즐거움은 적으며 식욕과 음욕만 강하여 부자·형제간에도 의리가 없고 싸우고 서로 잡아먹기 때문에 항상 공포 속에서 살게 되는 괴로운 중생입니다.

아수라도(阿修羅道)는 육도세계에서 가장 부유한 세계입니다. 그러나 아수라는 성을 잘 내며 싸움을 잘하는 중생으로 알려져 있습니다. 시끌벅적하고 소란스러운 광경을 아수라장이라고 하는 경우도 이에서 비롯된 말입니다. 아수라는 앞의 삼악도와는 달리 삼선도에 들기도 하지만 악업을 지어서 태어나기 때문에 악도로 구분하기도 합니다. 선도와 악도의 중간지점에 있다 할 수 있습니다. 인간도는 바로 우리들을 말합니다.

인도(人道)는 천상 다음으로 선한 복업을 지은 중생이 태어나는 곳입니다. 비록 우리가 살고 있는 현실이 괴롭다고 할지라도 어떤 면에서는 천상보다 더 바람직한 곳이라 할 수 있습니다. 왜냐하면 천상은 복락이 너무 많아서 다음 생의 괴로움을 생각할 여지가 없기 때문에 복이 다하면 다시 더 낮은 세계에 윤회할 수 있지만, 인간으로 태어나 마음과 행실을 잘 닦으면 영원히 윤회를 벗어날 수 있기 때문입니다.

천도(天道)는 하늘나라·천상(天上)·천유(天有)·천계(天界)라고도 하는데, 육도 가운데 가장 높고 복력이 뛰어난 중생이 사는 세계 또는 그 중생을 말합니다. 천도에 사는 중생을 천인(天人) 또는 천중(天衆)이라고도 하는데, 보통 신(神)이라는 말과 같은 뜻입니다. 이상 삼계와 육도는 중생이 윤회하는 세계입니다. 이 세계는 인간이 바라는 이상의 세계는 아닙니다. 그렇기 때문에 벗어나기 위하여 수행을 해야 하고 천도가 필요합니다.

천도는 전생에 지은 업이 두터워 지옥세계·아귀세계·축생계와 같은 악도에 떨어질 영가나 중음신으로 새 인연을 맺지 못하고 우주 고혼이 되어 떠돌아다니는 영혼에게 부처님의 진리의 법음(法音)을 들려주어서 영가 스스로 깨닫게 하고, 부처님과 여러 보살님의 가피를 입게 하며, 스님들의 법력과 유가족들의 공덕으로 새 인연을 맺어 극락세계나 천상세계, 인간세계 또는 아수라세계

등 선도에 태어나게 하는 의식입니다.

 천도의 종류에는 49재 천도와 일반 천도, 특별 천도로 나눌 수 있습니다. 49재는 사람이 죽은 날로부터 매 7일마다 재(齋)를 베풀고 선도로 인도하는 의식입니다.
 특별 천도재는 49재를 올려도 천도가 되지 못하고 백일, 일년, 수년, 수십 년 심지어 수백 년이 지나도 천도가 안 되는 영가를 위하여 특별히 베푸는 재입니다.
 이런 영가는 지난 생애에 대한 집착이 강하기 때문에 천도가 어렵다고 합니다.
 일반 천도재는 7월 백중 우란분재(盂蘭盆齋)처럼 법계의 유주무주(有主無主) 모든 고혼을 다 모시는 재를 일컫습니다.
 천도의 방법에는 보통 염불천도·독경천도·사경천도 세 가지가 있습니다.

 첫째, 염불천도는 이름 그대로 불보살님의 명호를 지극하게 간절하게 불러서 그 가피력으로 영가를 좋은 세상으로 인도하는 천도법입니다. 천도할 때 많이 부르는 불보살님의 명호는 '아미타불'과 '지장보살'입니다.
 어느 불보살님이나 영가를 천도시킬 권능은 있지만 아미타불과 지장보살의 서원력이 대단하기 때문입니다.
 아미타불은 "나의 이름을 부르는 중생은 누구나 극락세계에 태어나게 하겠다."는 근본 원을 세우고 있으며, 지장보살은 모든 중생으로 하여금 삼악도를 벗어나도록 하고 마침내는 육도윤회로부터 해탈할 수 있도록 하겠다는 대단한 서원을 세운 분입니다.
 따라서 아미타불이나 지장보살의 명호를 부르면서 그 원력에 의지하게 되면 영가가 그 분들의 가피를 입어 선도에 태어날 수 있는 것이 염불천도입니다.

둘째, 독경천도입니다.

독경천도는 영가에게 공덕이 될 경전을 읽어줌으로써 천도하는 법입니다.

공덕경(功德經)에는 『금강경』・『아미타경』・『지장경』・『관음경』・『법화경』 등을 많이 읽습니다.

공덕경 중에서 마음에 드는 한 가지를 택하여 천도 기간 중 매일 몇 번씩 또는 몇 수십 번씩 읽어주면 됩니다. 아무리 바쁘더라도 빠뜨리는 날이 없어야겠습니다.

공덕경을 읽을 때는 이해할 수 있는 경전을 택하십시오.

한문 경전을 많이 읽는데, 한문 해독 능력이 있는 사람이라면 한문 원문으로 읽는 것도 좋지만, 한문 해독이 충분하지 못한 이는 한글로 풀어 해석해 놓은 것을 읽으십시오.

읽는 사람이 그 내용을 이해하지 못하면 영가가 알아듣지 못하기 때문입니다. 영가는 육신이 없고 마음과 마음으로 통하는 존재이므로 독경자의 이해가 꼭 선행되어야 합니다.

경전을 읽을 때는 영가를 앞에 모시고 부처님의 진리의 말씀을 들려준다는 간절한 마음으로 정성껏 읽어야 합니다. 그냥 계획대로 읽기만 하면 된다는 생각으로 정성도 없이 집중하지도 않고 읽으면 영가가 이해하기 어렵습니다.

스스로 뜻을 새기듯이 이해하면서 성심성의껏 읽으십시오.

셋째는 사경천도입니다.

경전을 한 자 한 자 정성껏 씀으로써 영가를 깨닫게 하여 선도로 인도하는 천도법입니다.

어떤 스님은 법화경 사경 천도를 하는데 한 자 한 자를 정성껏 쓰고 지장보살을 간절하게 부르며 삼배를 하고 또 한 자 한 자를 썼다고 합니다.

사경은 앞에서 말한 공덕경 중에서 하나를 택해서 시간을 정해 놓고 쓰든지, 양을 정해 놓고 쓰는 것도 좋습니다. 쓰는 도구는 붓이 좋지만 펜이나 사인펜을 사용해도 좋습니다.

독경과 사경을 함께 하는 것도 하나의 방법입니다. 또 염불과 독경과 사경을 하면서 공덕경이나 다른 경전이나 어록을 택해서 법보시를 한다든가 방생을 하는 것도 영가를 위해 좋은 일입니다.

이상에서 살펴본 천도법 중에서 염불천도가 불보살님의 가피력에 의지하여 영가의 천도를 하는 천도법이라면, 사경천도와 독경천도는 법보(法寶)에 의지하여 법문을 영가에게 들려주고 영가의 이름으로 공덕을 쌓아 줌으로써 천도를 시키는 것입니다.

'백 세의 부모도 천도가 된다.'하였고, '극악무도한 영가도, 악업을 지은 영가도 천도되어 선도에 태어나거나 천상락(天上樂)을 받을 수 있다.'고 하였습니다.

영가천도를 하면 영가에게만 이익이 있는 것이 아니고 유가족에게 더 큰 이익이 따릅니다.

『지장경』에서 말씀하시기를, '죽은 이를 위하여 재를 지내면 그 공덕의 7분의 1만 죽은 이에게 가고 7분의 6은 재를 지내는 사람에게 간다.'고 하였습니다.

천도재는 단지 가신 사람의 명복을 빌고 제도하는데 그치지 말고, 자기 천도의 기회를 삼아 새롭게 거듭 태어나는 계기가 되게 해야겠습니다.

천도재는 영가를 위한 효행중의 효행이요, 선행 중의 선행이라 할 수 있습니다.

유가족이 망자를 위해 아무리 괴로워하고 몸부림쳐도 영향을 미칠 수가 없습니다. 그러나 천도재는 영가와 인연만 계합되면 선도에 태어날 수 있는 결정적인 원인을 제공할 수 있습니다.

악도에 태어날 영가를 좋은 세계로 안내하고 인도하여 제도하는 것은 영가를 위해서 최상의 공덕이 될 것입니다.

불자 여러분! 사람은 나이 40세만 되면 죽음을 준비해야 된다고 합니다. 이런 말을 하면 "무슨 말이냐, 한창 나이에!" 하며 펄쩍 뛰실 분도 있을지 모르지만 지혜로운 사람이라면 준비된 죽음을 맞이해야 됩니다.

죽음은 예고 없이 올 수도 있고, 한밤중에 급습하듯이 올 수도 있습니다. 언제 오더라도 담담하게 맞이할 수 있고, 웃으면서 맞이한다든가, 자유자재로 맞이해야 잘 사신 분이라 할 수 있습니다. 이 말이 잘 이해가 안 되거든 수행을 깊숙이 하여 염불하시는 사람은 염불삼매는 꼭 들어보시고, 참선하시는 분은 선정(禪定)에는 꼭 들어 보십시오.

그 경계만 되어도 생과 사가 둘이 아니고 생이 곧 사요, 사가 곧 생이라는 것을 느끼실 것입니다. 그런 정도를 체험하면 죽음에 대하여 근본적으로 이해가 되고, 천도는 왜 해야 하는지 바로 느끼실 것입니다. 그때가 되면 부처님의 가르침이 무엇인지를 느낄 수 있고, 법당에 들어가면 부처님께 절이 저절로 나오고, 존안(尊顔)을 바로 뵙기가 송구스럽고 고마운 눈물이 앞을 가릴 때도 있을 것입니다.

티끌 세계를 벗어나서 본 모습이 드러나니
밝고 묘하고 신령하도다.

한 점의 공적영지(空寂靈知)여!
일체를 벗어났고 일체를 초월하여
생사까지도 초탈하였네.

3. 영가천도는 어떻게 하는 것인가?

 죽으면 맺힌 것만 남는다고 했습니다. 원결은 무서운 것입니다. 부모나 자식·부부 등, 가깝고 특별한 인연이 있는 사람에게는 흔히들 '나' 편한 대로 하여도 좋다고 생각하지만, 그토록 편한 사이라도 응어리가 맺히면 인정사정이 없는 사이로 바뀌고 맙니다.
 살아있을 때는 마음속에 응어리가 맺히더라도 체면도 갖추고 도리도 생각하면서 스스로를 억제하지만, 숨이 떨어지면 그 즉시 응어리만 남는 것입니다.

 영혼이 육체를 떠나가는 그 순간부터 체면도 인정도 모두 사라지고 마음속 깊이 담아두었던 섭섭한 생각·괘씸한 생각·못 다한 미련 등의 응어리만이 남고, 그 응어리가 산 기운이 되어 영가를 움직이게 만든 것입니다. 따라서 그 응어리를 해결할 때까지는 갈 곳을 가지 못하는 영가로 남는 것입니다. 맺힌 응어리가 다 할 때까지 갈 길을 잃은 영가가 되어 주위 사람을 해치고 복수를 하는 것입니다.
 물론 죽은 다음의 세상은 많습니다. 윤회를 완전히 벗어나는 극락세계도 있고 갖은 복을 누리면 사는 천상계도 있으며, 다시 인간 세상에 태어나기도 합니다. 또 죄업의 무게에 따라 각종 지옥에 떨어져 고통을 받기도 하고 축생의 몸을 받기도 하며 떠도는 영가의 귀신이 되기도 합니다.

 이 가운데 당장 살아있는 사람들에게 시련을 주고 힘들게 하는 존재는 우리가 '귀신'이라고 칭하는 영가들입니다. 이러한 영가에 대하여 단순히 49재를 올려준다고 하여 천도가 다 되는 것이 아닙니다. 정녕 잘 떠나지 못하고 이 세상 주위를 맴도는 영가들은 원한·사랑·재물·권력… 등, 살아생전에 맺은 응어리와 미련 덩어리를 현실로 삼는 존재들인 것입니다. 그러므로 정성을 다해 응어리를 풀어주고, 그 응어리나 미련의 모순됨을 바른 법으로 깨우쳐 주어야만 천도될 수가 있습니다.

그럼 어떻게 하여야 영가의 맺힌 응어리를 풀어주고 잘 천도시킬 수 있는가? 그 비결은 내가 먼저 푸는 데 있습니다. 무엇보다도 인과의 당사자가 먼저 마음을 풀어야 합니다. 그렇지 않고서는 어떠한 실마리도 찾을 수가 없습니다. 오히려 불행만 더할 뿐입니다.

'나'의 잘못을 뉘우치고 풀고자 할 때 영가도 응어리를 풀게 되는 것입니다. 가만히 주위를 살펴보면 영가의 장애 때문에 힘들게 사는 사람이 참으로 많습니다.

까닭 없이 현실이 잘 풀리지 않고 시련이 끊이지 않는 경우의 절반은 영가의 장애 때문입니다. 이러한 일이 자주 계속되면, 눈에 보이지 않는 영의 세계라고 하여 무시하지 말고, 꼭 한 차례라도 영가천도를 해주어야 합니다. 그런데 영가천도를 하면서 꼭 명심해야 할 것이 하나 있습니다. 그것은 '나'에게 장애가 되는 영가라고 하여 절대로 쫓아내려고 생각해서는 안 된다는 것입니다.

영가의 장애가 생길 때 악마나 삿된 영혼의 짓으로 단정 짓고 더 큰 존재의 힘을 빌려 무조건 쫓아내려고만 하는 이들이 있습니다. 서양의 기독교가 그렇고 무속 또한 다소 그러하기도 합니다. 하지만 불교에서는 영가를 그렇게 보지 않습니다.

영가는 추방당해야 할 존재가 아니라 구제를 해주어야 할 하나의 중생입니다. 도리어 장애를 심하게 일으키는 영가일수록 응어리를 풀지 못해 안착해야 할 세계로 가지 못하는 불쌍한 중생인 것입니다. 그러므로 절대로 귀신을 추방하겠다는 자세로 천도를 해서는 안 됩니다.

천도란, 말뜻 그대로 피안의 세계로 나아가도록 잘 인도하는 것입니다. 피안의 세계로 인도하는 것과 추방하는 것, 이 둘의 차이는 너무도 큽니다. 영가를 추방의 대상으로 보아서는 제도는커녕 싸움만 일어나게 됩니다.

반대로 영가의 응어리를 풀어주고 자비심으로 영가를 피안의 세계로 인도하고자 하면, 그 영가가 세세생생 은혜로운 마음을 갖고 '나'를 돕는 좋은 인연으로 피어나게 된다는 것을 꼭 명심하기 바랍니다.

법원진제(法遠眞際) 스님

경남 남해 삼동면에서 출생(1934~)
석우(石友)선사를 은사로 득도. 1967년 향곡선사로부터 깨달음을 인가받아 경허-혜월-운봉-향곡선사를 내려오는 심인법을 얻었다.
생활 속의 참선을 주창하며 선의 생활화, 대중화를 이루었다.

1. 범룡(梵龍) 대종사(大宗師) 영결사

거 주장자(擧 拄杖子)여

불개고불삼천계(拂開古佛三千界)요
지출군생일편심(指出群生一片心)이라
평생심담향인경(平生心膽向人傾)이니
과범미천이불경(過犯彌天已不輕)이로다.

 주장자를 듦이여

옛 부처와 삼천 세계를 잡아 열고
모든 중생의 한 조각 마음을 가리켜냄이로다.
평생토록 심담을 만 사람에게 기울이니
허물이 하늘에 가득함을 범하니 많고 많음이로다.

 범룡 대종사께서는 한암(漢巖) 대종사 밑에서 다년간 선 수행에 몰두하시다가 6·25사변이 나자, 산중 대중은 다 바랑을 지고 남쪽으로 내려갔지만, 계속 한암 노사(老師)를 모시고 상원사를 지키기 위해서 모든 어려움을 극복하면서 지냈습니다.
 한암 선사가 열반에 드시니 뒷바라지를 다 마치고 남쪽으로 오시어 수행하셨고, 동화사 주지 인연이 도래하여 가람 수호와 금당 선방을 개설해서 스님들의 선방 외호를 잘하셨습니다.
 조계종 원로로 추대되었으나 서울 상경을 하지 않고 오직 수행에만 열중하시다가 열반에 드셨습니다.
 그 편안한 모습을 보니 일생 수행사(修行事)가 드러났습니다. 그렇다면 모든 대중은 범룡 대종사가 죽었다고 하시겠습니까? 살았다고 하시겠습니까?

생야부도 사야부도(生也不道 死也不道)
금일노사 하처거(今日老師 何處去)

살았다고도 할 수 없고 죽었다고도 할 수 없음이로다.
금일 필경에 범룡 대종사가 어느 곳으로 가셨습니까?

사하동촌작우(寺下東村作牛)하여 봉초끽초(逢草喫草)하고,
서촌작마(西村作馬)하여 봉수끽수(逢水喫水)로다.

절 아래 동쪽 마을에 소가 되어서
풀을 만나면 풀을 먹음이요,
서쪽 마을에 말이 되어서
물을 만나면 물을 먹음이로다.

중국 당(唐)나라 하면 우리나라 삼국시대인데, 당나라와 신라는 불교가 가장 흥성한 시기였습니다. 당나라 때 위산(潙山) 도인이 있었는데, 출세를 하니 사방에서 대중이 운집하여 1500대중을 거느린 위대한 도인이었습니다.

임종 시에 다달아 마지막으로 대중에게 법문을 하시기를,

"내가 이 몸뚱이를 여의고 산 아래 단월(檀越)집에 물빛 암소[水牯牛]가 되어서 오른쪽 옆구리에 '위산승 영우(潙山僧 靈祐)'라고 다섯 자를 쓰고 나오리니, 이러한 때를 당해서 '위산승 영우'라고 불러야 옳으냐, '물빛 암소'라고 불러야 옳으냐?"
그러자 그 당시 대중 가운데서 앙산(仰山) 스님이 일어나서 여자 절을 정중히 하니 위산 도인께서 "옳고 옳다!" 하심이로다.
이러한 법문에 대하여 산승이 답을 해서 금일 범룡대종사 영전

에 법(法)의 향연(饗宴)을 올리고자 합니다.

 만약 당시에 산승이 참여했던들, "곤두박질 세 번을 하겠다." 그러면 앙산스님께서 여자 절을 한 것이 옳으냐, 산승이 곤두박질 세 번 한 것이 옳으냐?

 시자야! 차 두 잔을 가져와서 두 분에게 한 잔씩 올려라!

2. 서옹(西翁) 대종사 영결사

부처님과 조사의 깨달은 신령한 성품은 비롯함이 없이 옴으로, 가고 옴도 없으며 나고 멸함도 없음이로다. 서옹 대종사도 이와 같이 걸어옴이로다. 진인(眞人)의 참 살림살이는 무념무위(無念無爲)로써 살림살이를 삼음이니, 서옹 대종사도 이와 같이 일상생활을 수용하였으니 홀로 높고 홀로 귀해서[獨尊獨貴] 외외락락(巍巍落落)함이로다.

90평생을 후학지도에 노심경책(勞心警策)하시다가 온오(蘊五)의 포대(布袋)를 홀연히 벗어던지고 좌탈(坐脫)하시니 만 사람으로 하여금 환희의 법열을 느끼게 하셨습니다. 이러한 조사의 열반의 모습을 보이시고 가신 이가 몇몇이나 되던고? 장하고 장하십니다.

선지식 스님네들이 일찍이 다 가시고 서옹 대종사마저 가시니 조정(祖庭, 조사의 뜰 앞)이 너무나 허전합니다. 부디 대 원력을 세우셔서 다시 사바세계에 오시어 부처님의 정법정안(正法正眼)으로 인천(人天)의 스승이 되시어 불조의 심인법(心印法)을 선양하여 주시기를 간절히 복원(伏願)하나이다.

시대중 서옹대종사 회마?(時會大衆 西翁大宗師 會麼)
일할뇌성천지괴(一喝雷聲天地壞)하고
보도전광혈해도(寶刀電光血海滔)로다.

초동한풍숙형상(初冬寒風縮形相)이요
정전낙엽수풍전(庭前落葉隨風轉)이로다.

여기에 모이신 모든 대중은 서옹 대종사를 아시겠습니까?

일할 벽력소리에 천지가 무너지고
보배 칼날 번개 빛에 피바다가 넘침이로다.

초겨울 찬바람에 만 사람의 모습이 움츠러듦이요
뜰 앞에 떨어진 낙엽들은 바람을 따라 구름이로다.

3. 법전(法傳)스님 영결사

시시(是是)여, 와력생광(瓦礫生光)이요.
불시불시(不是不是)여, 초목실색(草木失色)이로다.
시시(是是)가 시(是)야, 불시불시(不是不是)가 시(是)야,
무운생령상(無雲生嶺上)하고 유월낙파심(唯月落波心)이로다.

옳고 옳음이여, 기왓장과 자갈이 빛이 나고,
옳지 못하고 옳지 못함이여, 초목이 빛을 잃음이로다.
옳고 옳음이 옳으냐, 옳지 못하고 옳지 못함이 옳으냐
구름이 없으니 산마루가 드러나고 밝은 달은 물결에 떠 있음이로다.

도림법전(道林法傳) 대종사(大宗師)시여,
조계종의 종정(宗正)에 자리하시어 종단안정과 선풍선양(禪風宣揚)에 혼신을 다하심이로다.
가야산의 고풍(古風)을 사방에 널리 떨쳐 사해오호(四海五湖)의 모든 불심제자(佛心弟子)들에게 신심과 환희심을 선사함이로다.
대종사께서는 일생일로(一生一路)의 삶이셨으니, 때 묻음 없는 동진(童眞)으로 출가하고 일찍이 성철노사(性徹老師)를 친견하여 결사(結社)에 임한 뒤로는 일생토록 좌복을 여의지 않으신 눈 푸른 납자의 본분표상(本分表象)이셨도다.

무구청아(無垢淸雅)하셨으니,
탐하지 않음으로 일체를 다 얻으신 참사람이셨도다.
이사(理事)에 구애됨이 없어 처처에 주인이셨으니, 일좌(一坐)하면 고봉정상(高峰頂上)이요, 일보(一步)하면 처처가 십자가두(十字街頭)였음이로다.

금일 대종사께서 일생토록 수연응용(隨緣應用)하시다가 거두어 전신탈거(全身脫去)하셨음이나, 본무생사(本無生死)어니 부재청산부재암(不在靑山不在巖)이로다.

시회대중(時會大衆)아, 금일 도림법전(道林法傳) 대종사의 열반노두(涅槃路頭)가 어디에 있음인고?

도홍이백장미자(桃紅李白薔薇紫)를
문착동군총부지(問着東君總不知)로다.

복숭아꽃 붉고, 배꽃 희고, 장미꽃 자줏빛인 것을
동쪽 집사람들에게 물어도 다 알지 못함이로다.

금일 도림법전 대종사 영전에 도홍이백장미자(桃紅李白薔薇紫)를 공양 올리오니, 잘 받아 가지소서.

무여 스님

경북 김천에서 출생(1940~)
오대산 상원사에서 희섭 스님을 은사로 출가 했다.
이후 상원사·동화사·송광사·해인사 등,
전국 선원에서 40여 년 동안 수선안거 했다.

1. 영가천도법문

　영가여, 법계의 유주무주(有主無主) 일체의 애고혼(哀孤魂)영가여!
　이와 같이 영가가 끝없는 옛적부터 지은 무량한 업장을 소멸하고, 이와 같이 일체의 번뇌 망상을 일시에 쉬어버리고, 이와 같이 본래면목을 드러내니 이 도리를 알겠는가? 이와 같이 또렷하게 듣고, 이와 같이 분명하게 보았으니 이것이 무엇인가?
　부처님 말씀 중에

생종하처래(生從何處來) 사향하처거(死向何處去)
생야일편부운기(生也一片浮雲起) 사야일편부운멸(死也一片浮雲滅)
부운자체본무실(浮雲自體本無實) 생사거래역여연(生死去來亦如然)
독유일물상독로(獨有一物常獨露) 담연불수어생사(湛然不隨於生死)
라는 법어가 있습니다.

　'생종하처래(生從何處來)'
　'영가여, 태어나는 것은 어디에서 오는가?'

　아이가 태어나면 기뻐하고, 경사 났다 하며 잔치를 벌입니다. 이웃이나 친지에게서 축하도 받습니다. 집안에 소가 송아지를 낳고, 개가 강아지를 낳아도 주인은 싱글벙글 기쁨을 감추지 못합니다. 어떤 5대 독자가 아들을 낳으니 거의 사경을 헤매던 할아버지가 벌떡 일어나서 몇 달 더 살았다는 이야기가 있습니다.
　이와 같이 출생은 축복 받을 일이고, 가장 기분 좋고 즐거운 일입니다. 어떤 사람은 아버지가 된 날이 가장 자랑스러운 날이라 했습니다. 어떤 여인은 아기를 낳은 날이 가장 행복했던 날이라고 기억합니다. 그 출생은 부모를 의지해서 하지만, 부모에게 태어나게 한 것은 무엇입니까? 태어나는 것은 어디에서 오는 것입니까?

'사향하처거(死向何處去)'
'죽어서는 어느 곳으로 가겠습니까? 영가는 지금 어디에 있습니까?'

이 세상에 죽음처럼 확실한 것은 없습니다. 생명 있는 물체는 누구든지, 무엇이든지 반드시 맞이해야 하는 것이 죽음입니다. 죽음을 피할 곳은 이 세상에 아무데도 없습니다. 죽음에는 남녀노소도 없고, 빈부귀천도 없습니다. 그것은 그 누구도, 그 무엇으로도 대신할 수 없습니다.

속담에, '살아있는 개가 죽은 정승보다 낫다.'고 하였습니다. 그래서 죽음 앞에서는 괴로워하고 눈물을 흘리지 않는 사람이 없습니다. 소도 도살장으로 끌려 갈 때는 벌벌 떨면서 뒷걸음질 치며, 개도 잡혀갈 때는 반항을 하고 몸부림칩니다. 하지만, 결국은 빈 손으로 왔다가 빈손으로 가고 맙니다.

영가여, 죽으면 어디로 갑니까?

'생야일편부운기(生也一片浮雲起)'
'태어나는 것은 한 조각의 구름이 일어나는 것과 같습니다.'

저 창공에 두둥실 떠가는 구름은 무수한 습기가 모여서 한 조각의 구름을 이루었습니다. 그렇듯이, 태어나는 것도 지수화풍, 즉 흙과 물과 불기운과 바람 기운이 일시적으로 인연이 되어 계합된 것이 이 몸뚱이입니다.

여러분, 여러분의 예쁜 얼굴과 애지중지하는 몸뚱어리가 그 흔한 흙과 물과 불 성분과 바람 성분으로 만들어졌다는 것을 아십니까? 그 무엇과도 바꿀 수 없다는 여러분의 육신이지만, 그것을 위해서 좋다는 것은 온갖 수단과 방법을 다하지만 그 구성 요소와 인연을 확실하고 분명하게 알아서 허황된 생각과 전도(顚倒)된 마음을 일으키지 않아야 합니다.

그래서 태어났다고 해서 너무 기뻐할 것도 없고, 죽었다고 해서 너무 슬퍼할 것도 없습니다. 태어나는 것은 죽음의 시작이요, 죽는 것은 출생을 위한 준비 과정이기 때문입니다.

살아가면서도 이 몸을 지나치게 사랑하고, 아끼고 보호할 필요도 없고, 너무 무시하고 천하게 다루어서 고통을 줄 필요도 없습니다. 적당하게 알맞게 다스리며 살아가면 즉 선업이 되고, 지나치고 과하면 악업이 됩니다.

선한 인(因)을 심으면 선한 결과가 되고, 악한 씨앗을 뿌리면 악한 열매가 달린다는 인과(因果)의 이치는 엄연하고, 조금도 어긋나지 않아서 인과응보라고 합니다. 인과응보는 윤회의 원인이 되기 때문입니다.

윤회란 유전(流轉)이라고도 하는데, 수레바퀴가 돌아가듯이 끝없이 돌고 도는 것을 윤회라고 합니다. 중생은 삼계와 육도를 유전하며 살아가고 있습니다.

영가여, 그 유전의 비밀은 무엇일까요? 윤회의 원인이 무엇이겠습니까? 부처님께서 말씀하시기를, '번뇌로 말미암은 업(業)' 때문이라 하였습니다.

번뇌란 정신작용이요, 업이란 행위의 결과입니다. 우리가 생각하는 여러 가지 번뇌 망상과 일상생활 속에서 몸과 입과 뜻으로 짓는 행위의 결과 우리들의 주인공, 즉 영가를 감싸고 다음 세상으로 윤회하는 것입니다.

우리의 몸뚱이는 죽음에 이르는 순간에 무정물(無情物)이 되지만 평시에 지은 업은 없어지지 않고 다음 세상으로 떠날 때 결정적인 영향을 미칩니다. 만 가지 업은 스스로 짓고 스스로 받아서 생사윤회의 원인을 제공합니다. 이 업은 부처님 말씀에, '설사 백천 겁을 지날지라도 지은 업은 없어지지 아니하고, 인연이 모여 만날 때에는 많은 과보를 돌려받느니라.' 하였습니다.

지혜로운 사람은 출생의 인연을 알아서 윤회의 굴레를 벗어나야 하고, 살아가면서 자신과 육체를 적당히 알맞게 다스리고 관리해서 선업을 쌓고 악업을 소멸하여 영원을 살아가게 해야 할 것입니다.

'사야일편부운멸(死也一片浮雲滅)'
'죽음은 한 조각의 구름이 멸하는 것과 같습니다.'

구름이 떠가다가 바람이 분다든가, 태양이 솟으면 사라지듯이, 지수화풍, 사대가 인연을 다하여 흩어지는 것을 죽음이라 합니다. 참으로 무상하고 허망한 것이 육체라는 것을 깨달아야 합니다.

중생은 우둔해서 볼 수 없고 느낄 수 없지만, 이 몸은 순간순간 변하고 있습니다. 누구든지 이 순간에도 얼굴에는 잔주름이 늘어가고, 허리는 굽어가고, 머리카락은 빠지고 희어지고 있습니다. 죽음으로 향하는 이 육체를 그 누구도 막을 수가 없습니다.

부처님 말씀에 '이 몸은 호흡 사이에도 900번을 생멸한다.' 하였습니다. 찰나에도 안심할 수 없는 것이 이 육신입니다. 숨 한 번 들이켰다가 내쉬지 못하면 바로 내생입니다.

건강하고 젊을 때는 천 년 만 년 살 것 같지만 항시 살얼음판을 걷듯 살아가는 것이 중생의 삶입니다. 그래서 항상 죽음은 예고되어 있고, 언제라도 불시에 찾아올 수 있는 것이 죽음입니다.

저 하늘 가운데 외로이 떠가던 한 조각의 구름이 자취도 없이 사라지듯이 허망하게 쓰러질 수 있는 것이 우리들의 몸뚱이입니다. 그래서 지혜로운 사람은 항상 죽음을 대비하듯이 살아가야 합니다. 죽음이 두렵거든 선근공덕을 쌓고 생사윤회를 초탈할 수 있는 수행을 해야 합니다.

수행이란 끝없는 옛적부터 지어온 업장을 소멸해서 순수한 자기를 찾는 작업입니다. 다른 표현으로는 자기를 개발하고 자기를 완성하는 길입니다. 바로 부처로 가는 길입니다.
부처란 가장 완벽하고 완성된 인간입니다. 부처님과 같은 인격과 도덕을 갖추면 생사까지도 초탈 할 수 있습니다.
누구나 죽음이 두렵고 내생이 걱정스럽거든 수행을 해야 합니다. 많은 사람들이 수행의 본뜻을 모르고 체험도 없이 살아가는데 안타까운 일입니다. 수행은 해도 되고 안 해도 되는 것이 아니고, 반드시 해야 되고 꼭 해야 되는 것이 바로 수행입니다.

수행을 잘 하면 죽음을 웃으면서 맞이할 수도 있고, 옛날 조사스님들처럼 앉아서 가고, 서서도 가고, 물구나무서서 가기도 하여 생사까지도 자유자재할 수 있습니다. 생사를 자유자재 한다, 이해가 안 되는 분이 있겠지만, 삶과 죽음까지도 마음대로 할 수 있는 것이 불교적인 수행입니다.

'부운자체본무실(浮雲自體本無實) 생사거래역여연(生死去來亦如然)'

'뜬 구름은 본래 실체가 없는 것, 생사의 가고 옴도 이와 같습니다.'

저 허공중에 떠가는 구름은 실체가 없습니다. 어떤 모양이나 형상이 없는 것이 구름입니다. 구름이 흩어지고 사라지면 아무 흔적이 없듯이, 태어나고 죽고 하는 인생의 오고 감도 또한 그리하여 아무 흔적이 없습니다.

　사람이 죽으면 살·가죽·힘줄·뇌·골수·머리털·손톱·발톱·때 같은 것은 흙의 성분으로 돌아갑니다. 처음에는 큰 흙덩이가 되었다가 점점 작아졌다가 결국은 먼지로 변하고, 그것마저 바람에 날려 흔적 없이 사라집니다.

　침·콧물·고름·피·가래·눈물·소변 등은 물의 성분으로 돌아가서 그 물도 증발되어 사라지고 맙니다. 더운 기운과 힘의 기운은 숨이 떨어지자마자 불의 성분으로 돌아가고 바람의 성분으로 돌아가고 맙니다. 참으로 허망한 것이 육체입니다.

　그런 죽음 앞에는 영웅호걸도 소용없고, 천하대장군도 속수무책입니다. 죽음과 대적할 자 그 누구입니까?

　흔히 생사문제를 생사대사(生死大事)라 합니다. 인생사에서 뭐니뭐니 해도 자기의 생사문제가 가장 크고 중요한 문제입니다. 그래서 부처님께서도 이 생사문제를 근본적으로 해결하기 위하여 위대한 출가를 하셨습니다. 생사문제를 해결하려면 생사 없는 도리를 깨달아야 합니다. 그 도리가 무엇일까요?

　'독유일물상독로(獨有一物常獨露) 담연불수어생사(湛然不隨於生死)'

　'오직 한 물건만은 항상 홀로 뚜렷하여 생사를 따르지 않고 맑고 고요하다네.' 하였습니다.

　이 한 물건, 항상 맑고 고요하고, 홀로 뚜렷한 그것이 바로 여러분의 주인공입니다. 아시겠습니까? 여러분의 주인은 몸뚱이도 아니고, 남편도 아니고, 아들도 아닙니다. 여러분의 육체를 자동차에 비유한다면 차를 움직이는 운전수와 같은 것인데 그것이 여러분의 주인이요 임자입니다.

서산(西山)대사의 말씀에, '그것은 한없이 밝고 신령하여 일찍이 나지도 않았고 죽지도 않았다. 그것은 이름 지을 길 없고, 모양 그릴 수도 없다.' 하였습니다.

그렇습니다. 그것은 모양도 없고, 빛깔도 없으며, 생(生)하는 것도 아니며, 멸(滅)하는 것도 아니며, 더러운 것도 아니고, 깨끗한 것도 아니며, 늘어나는 것도 아니며, 줄어드는 것도 아니므로 절대 태어남도 없고, 절대 죽음도 없으므로 생사를 따르지 않는다고 하였습니다.

그것을 부득이 이름하여 마음이라고도 하고, 한 물건이라 부르기도 하며, 부처라고도 표현하지만 어느 것도 맞지 않습니다. 그래서 사람마다 경전마다 본래면목, 본지풍광(本地風光), 법성(法性), 불성(佛性), 진여(眞如) 등 여러 가지로 표현하고, 죽은 사람의 그것은 영가, 일반적으로 영혼이라 합니다.

그것이 보고, 듣고, 느끼고, 생각하고, 친구를 보면 좋아하고, 연인을 보면 사랑하고 여러분을 움직이고 살아가는 주체입니다. 그것이 여러분에게는 가장 소중하고, 그것을 떠나 여러분을 이야기할 수가 없습니다.

사람의 목숨이 끊어지면 그것은 육신을 떠납니다. 육체를 벗어난 그것을 영가라 부릅니다. 영가는 세세생생 윤회하면서 인연 있던 곳을 떠돌아다닙니다. 죽음에서 새 인연을 맺어서 다음 생을 받을 때까지 중간적인 존재를 중음신(中陰身)이라고도 합니다.

중음신은 인연에 따라 짧게는 7일, 3·7일, 49일 동안, 길게는 100일, 몇 년, 몇 십 년, 몇 백 년을 떠돌아다니는 영가도 있다고 합니다.

사람이 죽으면 전생에 지은 업에 따라 육도(六途)를 만행하게 됩니다. 육도란 지옥·아귀·축생·아수라·인간·천상의 세계를 말합니다. 선업을 많이 닦은 영가는 선도에 태어나고, 악업을 많이 지은 영가는 악도에 떨어지게 됩니다. 육도 중에서 지옥·아귀·축생의 세계는 악도이고, 천상·인간·아수라의 세계는 선도에 해당됩니다.

천도(薦度)는 천혼 또는 천령(薦靈)이라고 합니다.
천도는 죽은 혼령(중음신) 즉 영가를, 죽은 사람의 주인공을 다스리고 인도하는 의식입니다.
천도는 업이 두터워 악도에 떨어질 영가나, 중음신으로 새 인연을 맺어 태어나지 못하고 우주의 고혼이 되어 떠다니는 영혼에게 부처님의 좋은 진리의 말씀을 들려주어서 지난 생의 잘못을 참회케 하며, 영가 스스로 깨닫게 하고, 부처님과 여러 보살님들의 가피력을 입게 하고, 스님들의 법력을 받게 하고, 유가족들의 지극한 공덕으로 악도에 떨어질 영가나 인연 없는 영가를 극락세계나 천상세계 같은 선도에 태어나게 하는 법회입니다.
천도재의 종류는 49재 천도재와 일반 천도재, 특별 천도재로 나눌 수 있습니다.
49재는 사람이 죽은 날로부터 매 7일마다 재(齋)를 베풀고 선도로 인도하는 의식입니다.

『지장경』에 의하면, 사람이 죽으면 49일 동안 자기의 죄와 복을 알지 못한 채 죽음의 어둠속을 헤매다가 선악의 업보에 따라 다음 생이 결정되는데. 중음신으로 떠도는 기간이 보통 49일간이라 합니다. 천도가 되는 것은 49일 이전이라도 7일 또는 3·7일 동안 지장보살님께 예배하고 공양하면 선도에 태어날 수 있다고 하였습니다.
49재를 올려도 천도가 되지 못하고 100일, 1년, 수 년, 수십 년, 심지어 수백 년이 지나도 천도가 안 되는 영가는 지난 생애에 대한 집착이 강한 영가이기 때문이라 합니다.

이런 영가를 위하여 별도로 특별히 베푸는 재를 특별 천도재라 하고, 7월 백중 우란분재(盂蘭盆齋)처럼 법계의 유주무주 모든 애고혼(哀孤魂)을 다 모시는 재를 일반 천도재라 합니다.

천도재는 지극한 정성으로 해야 합니다. 유가족은 정성껏, 성심성의껏 재를 준비하여 부처님께 올리고 스님들께 공양하여 영가를 위하여 공덕을 짓고, 지장기도나 미타기도를 봉행하고, 『지장경』·『아미타경』·『법화경』·『금강경』 같은 대승경전을 읽어 드리고, 사경을 하고, 중요한 경전을 출판하여 보시하고 명복을 빌기도 합니다.

천도의 대상은 이제 막 유체 이탈한 영가를 비롯하여 몇 년, 몇 십 년 심지어 몇 백 년 동안 우주 법계를 떠돌아다니는 모든 영가가 해당됩니다.

경에 말씀하시기를, '백세의 부모도 천도가 된다.'하였고, '극악무도한 영가도, 악업을 지은 영가도 천도되어 선도에 태어나거나 천상락을 받을 수 있다.'고 하였습니다.

영가 천도를 하면 영가에게만 이익이 있는 것이 아니고 유가족에게 더 큰 이익이 따릅니다. 『지장경』에 말씀하시되, '죽은 이를 위하여 재를 지내면 그 공덕의 7분의 1만 죽은 이에게 가고, 7분의 6은 재를 지내는 사람에게 간다.'고 하였습니다.

천도재는 단지 가신 사람의 명복을 빌고 제도하는데 그치지 말고, 자기 천도의 기회로 삼아 새롭게 거듭 태어나는 계기가 되게 해야겠습니다.

천도재는 영가를 위해서는 효행중의 효행이요, 선행(善行) 중의 선행이라 할 수 있습니다. 유가족이 망자를 위해 아무리 괴로워하고 몸부림쳐도 영향을 미칠 수가 없습니다. 그러나 천도재는 영가와 인연만 계합되면 선도에 태어날 수 있는 결정적인 원인을 제공할 수 있습니다. 악도에 태어날 영가를 선도로 안내하고 인도하여 제도하는 것은 영가를 위해서는 최상의 공덕이 될 것입니다.

영가여, 축서사 법당에 봉안된 영가여, 시방세계의 일체 영가들이여!
먹구름이 흩어지니
구만리장천에 외로운 달만이 홀로 밝도다
밝고 신령하도다
이 한 점의 공적영지(空寂靈知)여.

신통묘용을 자재하니 생사를 초월했도다
홍진(紅塵)을 벗어나서 본지풍광이 드러나니
삼라만상 두두물물 부처 아닌 것 없네.

이 한 물건은 위음왕(威音王) 이전부터 뚜렷이 밝았고, 역대제불(歷代諸佛)과 천하 선지식도 입을 다물었으며, 항상 극락세계에서 노닐고, 천상천하에 짝할 이 없으니 문수보살의 스승이요, 보현보살의 부모로다.
곳곳마다 금색광명이 비치지 않는 곳이 없고, 산하대지가 모두 부동지불(不動地佛)이고, 꽃꽃 마다 풀잎마다 비로자나법신이로다.

영가여, 시방법계일체 애고혼이여!
이 생사 없는 도리를 알겠는가?
8월의 태양은 축서도량에 작렬하는데
한가한 노승은 나무그늘에서 졸고 앉았구나.

2. 죽음은 마지막이 아니다

 윤회(輪廻), 우리가 일상생활을 하면서 쓰는 말 중에 가장 중요하고 심도 있는 말 중의 하나가 바로 윤회라 할 수 있습니다.
 윤회란 돈다는 뜻입니다. 흔히 비유하기를 다람쥐 쳇바퀴를 굴리듯 계속해서 같은 행동을 되풀이하는 현상을 말합니다. 우리 불교에서는 '생사윤회'란 말을 많이 쓰는데, 어떤 생명체가 태어나고 죽는 것을 되풀이하면서 살아가는 상태를 말합니다.
 윤회는 현실이고 엄연한 사실인데 현대인들은 첨단의 시대를 살아가면서도 윤회 사상을 알지 못하고 윤회와 실상을 느끼지 못하고 살아가니 답답하지 않을 수 없습니다.

 옛날에 한 부자가 있었습니다. 만년에 어렵게 아들을 얻자 하객들이 줄지어 찾아와 득남을 축하하였는데, 스님 한 분이 찾아와서는 축하하는커녕 오히려 큰 소리로 통곡을 했습니다. 부자가 몹시 의아해서 물었습니다.
 "선사님, 무슨 괴로운 일이 있으십니까? 무엇 때문에 슬퍼하십니까?"
 그러자 비통한 얼굴로 선사가 대답했습니다.
 "내가 슬퍼하는 것은 당신 집에 죽을 사람이 한 명 더 늘어서 그런 것입니다."

 그렇습니다. 이 세상에 죽음처럼 확실하게 오는 것은 없습니다. 생명 있는 물체는 누구든지, 언젠가는 맞이해야 하는 것이 죽음입니다. 죽음을 피할 곳은 이 세상에 아무 데도 없습니다. 죽음에는 남녀노소도 없고, 빈부귀천도 없습니다. 천하장사나 영웅호걸도 피할 수 없습니다.
 아들이 아무리 효자라도, 아무리 사랑하는 아내라도 죽음을 대신할 수는 없는 것입니다. 그것은 마지막이라고 생각하기 때문입니다. 그런데 이 죽음이 마지막이 아니라는 것입니다. 몸은 한 줌의 흙이나 재로 변하지만 영혼은 아주 없어지지 않고 인연 따라 또 다른 몸을 받아 태어나기를 끊임없이 거듭한다는 것입니다.

『불설보요경(佛說普耀經)』에 이런 말씀이 있습니다.
'무릇 죽음이란 형상이 무너지되 정신만은 없어지지 아니하니, 그러므로 성인은 몸을 환난(患難)으로 여기는데 어리석은 자들은 보배로 여겨 죽음에 이르기까지 싫어함이 없구나.'
인생은 생물학적으로 볼 때는 죽음이 있지만, 생명의 본질에는 죽음이 없습니다. 육체는 생사가 있지만 정신은 태어남도 죽음도 없습니다.
그러므로 죽음이란 오직 육체적으로만 존재할 뿐, 영혼이다, 정신이다 하는 생명의 근원인 불성(佛性) 자체는 죽음이 없다는 것입니다. 따라서 진실로 우리가 정성을 들여야 할 것은 죽음이 있는 육체가 아니라 생사가 없는 영원한 생명인 정신을 중요시해야 한다는 것입니다.

불자들이 자주 독송하는 『반야심경』에는 '무노사(無老死)'라는 구절이 있고, 또 '불생불멸(不生不滅)'이라는 구절도 있습니다. '무노사'란 '늙음도 없고 죽음도 없다'는 뜻이요, '불생불멸'이란 '태어남도 없고, 없어지지도 않는다.'는 것입니다.
사람에게는 엄연히 태어나고 늙고 병들고 죽는 현실이 존재하는데, 태어남이 없다거나 죽음이 없다는 불생불멸이라는 말은 이해하시기 어려울 것입니다. 그러나 여러분께서 분명히 아셔야 할 것은 육신은 분명히 나고 죽음이 있지만, 영혼만은 생사가 없다는 사실을 온전히 믿으시기를 바랍니다.

부처님께서는 이 생사문제를 '원천적으로 해결할 수 없을까?' 하는 대 명제를 가지고 출가하셨다가 생사 없는 도리를 발견하여 인류에 위대한 공헌을 하셨습니다.

49재를 지낼 때 영가에게 들려드리는 천도재의 의식문 가운데 이런 말씀이 있습니다.

태어남이란 어느 곳에서 오며,
죽음이란 어디로 가는 것인가?
태어난다는 것은 한 조각 뜬구름이 일어나는 것과 같고,
죽음이란 한 조각 뜬구름이 사라지는 것과 같도다.

뜬구름 자체는 본래 실체가 없고,
태어나고 죽고 오고 가는 것도 또한 그러하느니라.
한 물건이 항상 홀로 드러나 있어서
맑고 맑아 태어나고 죽음을 따르지 않느니라.

영가법문을 할 때 꼭 인용하는 말씀입니다. 영가가 이생을 하직하고 저 세상으로 갈 때는 반드시 듣고 가야 할 법문입니다. 산 사람들도 선망부모나 친지, 도반 등을 마지막으로 저 세상으로 보내면서 꼭 한 번 보아야 할 소중한 내용입니다.

인생의 오고 가는 것이 저 푸른 하늘에 두둥실 떠가는 한 조각 구름과 같습니다. 구름이 떠가다가 바람이 분다든가 태양이 솟으면 사라지듯이, 지수화풍 사대가 인연을 다하여 흩어지는 것을 죽음이라 합니다.

참으로 무상하고 허망한 것이 육체라는 것을 깨달아야 합니다. 뜬 구름은 본래 실체가 없는 것, 생사의 오고감도 이와 같습니다. 그러나 오직 한 물건만은 항상 홀로 뚜렷하여 생사를 따르지

않고 맑고 고요합니다.

　이 한 물건, 항상 맑고 고요하고 홀로 뚜렷한 그것은 모양도 없고, 빛깔도 없으며, 생하는 것도 아니고 멸하는 것도 아니며, 더러운 것도 아니고 깨끗한 것도 아니며, 늘어나는 것도 아니고 줄어드는 것도 아니므로 절대 태어남도 없고 절대 죽음도 없으므로 생사를 따르지 않는다고 하였습니다.

　사람의 목숨이 끊어져 육체를 벗어난 것을 우리는 영가라 합니다. 영가는 세세생생 끊임없이 윤회하면서 과거 인연 있던 곳을 떠돌아다닙니다. 죽음에서 새 인연을 맺어 다음 생을 받을 때까지를 중음신(中陰身)이라고 합니다.
　그러면 중생은 어떻게 고통의 윤회를 벗어날 수 있을까요?
　윤회를 벗어나기 위해서는 윤회의 원인부터 알아야 할 것입니다. 중요한 몇 가지를 말씀드리겠습니다.

　첫째, 업력의 무게에 따라 생을 받습니다.
　사람의 행위에 따라 좋은 업인(業因)을 뿌리면 좋은 열매가 맺고, 나쁜 업인에는 악의 과보가 따릅니다. 사람이 어질고 착한 일을 하면 자연스럽게 복을 받게 되고, 나쁜 짓을 하면 그에 상당한 죄과를 받게 됩니다.
　이것을 선인선과(善因善果) 악인악과(惡因惡果)라. 즉 좋은 씨앗을 뿌리면 좋은 곳에 잘 태어나고, 나쁜 일을 하면 악도에 태어나게 됩니다.

　둘째, 습(習)을 따라 생을 받습니다.
　평소에 아미타불을 많이 염송하는 사람은 의외의 사고를 당하여 죽는 순간 '아미타불'을 염송하게 되면 이때 '아미타불'을 한 번 부른 것이 몇 십 년 동안 염송한 것보다도 더 큰 공덕이 되어

윤회가 없는 서방정토 극락에 왕생하게 됩니다.

셋째, 뜻을 따라 생을 받습니다.
죽은 후 어떤 생을 받는가는 평소에 자신이 생각하고 있던 것과 큰 관계가 있습니다. 평소에 온 마음으로 간절히 성불하기를 바랐다면 사후에도 정토에 왕생할 수 있습니다. 일심으로 천상에 나기를 바랐다면 죽은 후에 이러한 염원을 따라 천상에 태어나게 됩니다. 그러므로 평소 수행할 때에 어떻게든 생각이 끊이지 않아야 하는 것이 중요합니다.
요즘 사람들 중에는 윤회설을 온전히 믿지 못하는 사람들이 있다고 합니다. 불자들 중에는 윤회설을 방편설(方便說)이라고 주장하여 착각하는 사람도 있습니다.

『인과경』에 이런 말씀이 있습니다.
'만일 전생의 일을 묻는다면 금생에서 받는 현실이 바로 그것이요, 만일 내생의 일을 묻는다면 현세에 짓는 일이 바로 그것이다.'
그렇습니다.
죽어서 어디로 갈 것인가? 이는 오직 지금 내가 무엇을 하느냐에 따라 결정되는 것입니다. '자작자수(自作自受)요 자업자득(自業自得)이라, 내가 스스로 지어서 받고, 자기의 업은 스스로 받는다.'는 말은 단지 금생만의 문제가 아니고 생사윤회의 한없는 고통의 바다에서도 엄격하게 적용 되는 철칙입니다.

러시아의 대문호 톨스토이는
"이 세상에 죽음처럼 확실한 것은 없다. 그런데 사람들은 겨우 살이는 준비하면서 죽음에 대한 준비는 하지 않는다."고 하였습니다.

그렇습니다. 인생에 있어서 죽음이란 누구나 예상하는 가장 확실한 사건입니다. 그것은 누구도 피할 수 없고 대신할 수도 없는 사건입니다. 죽음은 어느 날 문득 예고 없이 엄습하듯이 찾아옵니다. 아무리 젊고 건강하다고 할지라도 숨 한 번 들이켰다가 내쉬지 못하면 내생입니다.

끝없는 옛적부터 지금까지 계속되어 온 생명의 유전(流轉) 속에서 불자 모두가 하루 속히 자신의 장엄한 전당을 짓고 화려한 법의(法衣)를 입고 윤회를 벗어나 보리혜명(菩提慧明)을 성취하시길 기원 드립니다.

한 조각 구름이 일어나도 오는 곳 없고,
한 조각 구름이 사라져도 자취 또한 없구나.
아무리 보고 또 보고 보아도
구만리장천에는 파란 하늘뿐이로구나.

묘허(妙虛) 스님

경북 의성에서 출생(1943 ~)
경북 상주 남장사에서 한산당 화엄 선사를 은사로 출가(1957년)했다.
1965년 월하 스님을 계사로 비구계 수지했다.
현재 단양 방곡사 회주로 주석하고 있다.

1. 우리의 전생 업을 닦는 것이 천도재

　생종하처래(生從何處來)요 사향하처거(死向何處去)냐
　생야일편(生也一片)은 부운기(浮雲起)하고
　사야일편(死也一片)은 부운멸(浮雲滅)이라
　부운자체(浮雲自體)가 본부실(本無實)하니
　생사거래(生死去來) 역여연(亦如然)이라.
　독유일물(獨有一物) 상독로(常獨露)하여
　담연불수(澹然不隨) 어생사(於生死)이니라.

　무슨 말씀인고 하면
　'생종하처래(生從何處來)'요, 우리 인생이 태어나서 왔다고 하니 과연 어느 곳으로부터 쫓아왔으며 '사향하처거(死向何處去)'냐. 이렇게 아버지 어머니로 인연하여서 이 몸 받아서 어디서 무엇을 하다가 왜 온 줄도 모르고 왔습니다. 왔다가 또 한평생 살다가 죽어서 간다고 하니까 '사향하처거'냐. 어느 곳으로 향해서 가느냐?

　생야일편(生也一片)은 부운기(浮雲起)하고 사야일편(死也一片)은 부운멸(浮雲滅) 이라 그랬습니다.
　우리가 아버지, 어머니로 인연하여서 이 몸 받아서 이 몸이 이 세상에 태어난 것은 아무것도 없는 빈 허공의 기류에 의해서 한 점 구름이 이는 것과 같고, '사야일편 부운멸'이라. 살다가 죽는다고 하는 것은 기류에 의해서 일었던 구름이 기류에 의해서 사라져 없어지는 것과 같더라.
　우리가 났다고 하는 것은 세 가지 연(緣)이 화합해서, 즉 아버지, 어머니 인연과 나의 업, 내 인연이 합해져서 이 몸 받아서 이 세상에 태어났습니다. 본래 아무것도 없던 빈 허공에 기류에 의해서 일었던 구름이 역시 기류에 의해서 사라지고 없어지듯이, 이 몸 받아서 태어나는 것은 부모로 인연하여 이 몸 받아서 이 세상에 왔다가 인연에 의해서 이 몸 마치고 가는 것입니다.

부운자체(浮雲自體)가 본부실(本無實)하니, 뜬구름의 자체가 본래 실다움이 없습니다. 본래 있는 것도 아닙니다. 허공은 텅 비어 있는데 기류에 의해서 한 점 구름이 일었다가 기류에 의해서 일었던 구름이 기류에 의해서 사라지고 나니까 아무것도 없는 빈 허공으로 다시 돌아가고 마는 거지요.

그래서 인연 따라 왔다가 인연 따라 가는 겁니다. 사람이 나고 죽는 것은 종연생(從緣生), 종연멸(從緣滅). 인연 따라 태어났다가 인연 따라 없어지는 것이 구름이 일었다가 없어지는 것과 같더라 이 말입니다.

부운자체가 본부실하니 뜬구름 자체가 본래 실다움이 없었으니, 생사거래(生死去來)도 역여연(亦如然) 하더라. 나고 죽고 오고 가고 이루어지고 깨어지는 것도 역시 그와 같다는 말입니다. 그러나 육체는 생도 있고 사도 있고 공도 있고 각도 있으나 그 가운데 독유일물(獨有一物)이 있어서 상독로(常獨露) 하니, 오직 한 물건이 있어서 항상 홀로 승승적적 하게 존재하면서 빛나고 있으니 담연불수(澹然不隨) 어생사(於生死)더라.

나고 죽음이 없고 생사의 구애받지 아니하고 항상 머무르는 그놈은 누구인고? 이것이 참 나요, 나의 주인공이요, 나의 본래 면목입니다.

육체는 인연에 의해서 생도 있고 사도 있고 옴도 있고 감도 있으나, 우리 마음자리는 생사에 구애받지 아니하기 때문에 육체가 죽어 없어져도 없어지지 아니하는 것이 우리의 본래모습입니다.

우리의 본래 모습, 마음자리 자성은 언제부터 시작되었느냐?

 시작 없는 옛적 우리 육안에 전재되어 있는 우주법계가 만들어지기 이전부터 여러분의 본래 면목이나 나의 본래 면목은 승승적적하게 존재했습니다.
 본래 우리 면목은 생사가 없어요. 육체는 지·수·화·풍, 흙 기운과 물 기운과 불기운과 바람 기운의 네 가지 물질적 요소로서 구성이 되어있는 것입니다. 형상이 있고 모양이 있는 것은 물질입니다.
 물질이 현상계에 있어서는 그 물질의 강도에 따라서 조금 더 오래 머무르고 일찍 깨어지고 죽어지고 없어지는 것은 있을지언정 영원이라는 것은 절대로 존재하지 않습니다.
 오면 가야 되고 만나면 헤어져야 되고, 이루어진 물건은 언젠가는 깨어지게 되어 있고, 태어난 몸뚱이는 반드시 죽게 되어 있는 것, 이것이 물질 현상계의 원리요, 철칙이요, 진리인 것입니다. 물질로 이루어진 이 육체를 마음대로 끌고 다니면서 부려먹고 활용하고 이용하던 놈, 그 놈이 참말로 나의 주인공입니다.
 그것은 무엇이냐? 굳이 이름을 붙이자면 통칭해서 '마음'이라는 것입니다. 또 우리 불교에서는 그것을 '불성(佛性)'이다. 나의 '본래 면목'이다. '참 나'다. 나의 '주인공'이다. 이런 식으로 여러 가지 이름을 붙여 놓았습니다마는 그것을 통칭해서 마음이라고 합니다.

 마음은 허공과 같아서 모양이 없고 모양이 없기 때문에 물질이 아니고, 물질이 아니기 때문에 본래 생도 없고 사도 없고 옴도 없고 감도 없고 태어남도 없고 죽음도 없고 항상 여여한 것이 우리 본래 면목 마음자리입니다.
 그런데 어떻게 해서 우리 목전에서 육체에 생사가 분명하게 일어나고 있느냐 하면 우리 중생들 살아나가는 생활자체가 생사 없는 참 나를 망각하고 잊어버리고 놓아버리고, 생사 있는 육체에만 집착해서 그 육체를 나로 믿고 알고 있기 때문입니다. 그래서 일생동안 육체 앞잡이 노릇하고 종노릇 하고 이놈 기쁘게 해주고 이놈 즐겁게 해주느라고 업만 짓고 사는 것이 우리 중생입니다.

이 업이라고 하는 것은 설사 백천만겁이라도 설사 백겁이 가고 천겁이 가고 만겁이 가고 영원한 시간이 흘러가더라도 소작업(所作業)은 불무(不無)합니다.
한 번 지어 놓은 업은 그 결과 과보를 돌려받기 이전에는 없어지지 않는다는 말입니다. 그러다가 시절인연이 도래되면 과보를 작수(作受)하게 됩니다. 내가 짓고 저질러 놓은 행위에 대한 과보를 내가 모두 돌려받게 되어 있다는 말입니다.
우리는 한 생각이 일어나면 그것이 번뇌고 망상이 됩니다. 번뇌와 망상을 마음속으로 결정해서 행동으로 옮겨 실천하면 그것이 전부 업이 됩니다.
지어놓은 그 업의 결과를 받아 천도·인도·수라도·지옥도·아귀도·축생도의 육도문중을 전전하면서 돌고 돌다가 다행히 무슨 복으로 사람 몸 받았습니다.

여러분 아버지, 어머니가 낳아 주니까 그냥 태어난 것 같지만 억겁다생의 선연이 모여지지 않으면 사람 몸 받기 어렵습니다.
『화엄경』에서는 '신위도원(信爲道元) 공덕모(功德母) 장양일체(長養一切) 제선법(諸善法)'이라, 믿음은 도의 근본이요, 공덕의 어머니다 그랬습니다.
불자로서 믿음과 실천이 없으면 향기 없는 꽃과 같다 그 말입니다. 꽃이 제 아무리 빛깔이 곱고 아름다워도 향기가 없으면 벌 나비가 안 날아 듭니다. 벌 나비가 찾지 않으면 암꽃과 수꽃이 수정이 안 되어 열매를 맺을 수가 없듯이, 꽃으로써 열매를 맺지 못하면 일 푼의 가치도 없습니다. 그래서 불자로서 신과 행이 수반되지 않으면, 아무리 많이 배워도 소용이 없습니다.

부처님께서는 『아함경』에서 '믿음은 있는데 앎이 없으면 어리석음만 더한다.'고 했습니다.

흔히 사람들은 부처님은 내게 아들딸도 낳게 해주고, 돈도 벌게 해주고, 남의 자식은 안 되는 취직 내 자식은 척척 시켜주고, 우리 남편 사업 잘 되고 돈 많이 벌어주는 분인 줄 믿는 사람들이 많습니다. 그러다가 만약 당신의 뜻대로 이루어지지 않으면 부처님을 먼저 원망합니다.

믿음은 있고 앎이 없으면 어리석음만 더하고, 앎은 있는데 믿음이 없으면 오만해지기가 쉽습니다.

업은 닦아야 되고 복은 지어야 됩니다. 우리가 복을 받기 위해서는 업을 닦아야 합니다. 나쁜 업은 비워지고 좋은 복은 담겨지게 하는 것이 바로 천도재입니다.

부지런히 수행하고 마음 닦아 성불해서 생사윤회를 벗어나야 합니다. 설사 우리가 자성을 증득하고 깨달아 성불해도 복이 있어야 많은 중생을 구제하고 제도할 수 있습니다. 업이 두터우면 빨리 깨닫기가 어려우니까 업을 닦아주고 복을 지읍시다.

전생 업은 천도재를 지내서 닦기 때문에 업 닦는 데는 천도재라는 수세미가 무슨 수세미보다 나쁜 업을 닦아내는 데는 최고라는 것을 말씀드리는 겁니다.

불자님들! 길이란 가다 보면 반드시 목적지가 나오게 되어 있습니다. 길은 사람이 가기 위해서 만들어졌습니다. 여러분들이 불교를 배우고 공부하는 것은 내가 나를 찾아가기 위한 이정표입니다. 그 이정표를 알았으면 가야만이 목적지가 나오지 이정표를 아무리 많이 알아도 안 가면 항상 그 자립니다.

불교는 닦아 실천해 나가는 종교이기 때문에 조상님들을 잘 천도해 드립시다. 외형적으로 보면 조상의 은혜에 보답하는 보은불사가 천도재 같지만 그것이 곧 나의 전생 업 닦는 것이고 내가 내 일을 하는 것입니다. 오늘 이야기를 마치도록 하겠습니다.

2. 49재와 천도재

흔히 사람이 죽었을 때 '돌아가셨다'고 합니다. 태어나기 이전으로 돌아간다고 해서 그런 표현을 씁니다. 왜 돌아가는 것일까요? 돌아왔기 때문에 반드시 돌아가는 것입니다. 그래서 생(生)은 사(死)의 근본이고, 사는 생의 근본입니다. 이렇게 돌아가고 나서부터 다시 돌아올 때까지를 중유(中有)라고 합니다.

중유에 머무는 동안, 선악 간의 지은 업을 구별하고 가려내어서 미래 생을 확정 짓게 됩니다. 극히 선한 자는 바로 극락으로 가고, 극히 악한 자는 바로 지옥으로 간다고 합니다. 그러나 이 세상에는 극선자(極善者)도 존재하지 아니하고 극악자(極惡者)도 존재하지 않습니다.

착하고 좋은 사람도 죄 안 지어본 사람 없고, 못 되고 악한 사람도 좋은 일 안 해본 사람 없습니다. 착하다고 생각했는데 어느 구석엔가 못된 면이 있고, 못되고 나쁜 사람이라고 멀리 했는데 그 사람에게도 착한 면이 더 많을 수도 있습니다. 이렇게 착한 면으로는 복도 지어놓았고 악한 면으로는 죄도 지어 놓습니다.

선악 간에 지은 업을 가려내어 미래 내생을 확정짓는 기간을 중유라고 합니다. 그렇다면 중유 기간이 얼마나 걸리느냐? 7·7은, 49일이 걸립니다. 왜 49일이 걸리느냐? 우리는 일생동안 이 육체를 가지고 선과 악, 그리고 선도 아니고 악도 아닌 무기(無記), 이 3종으로 한량없는 업을 짓습니다. 이때 항상 일곱 가지 기관을 움직이고 작용하면서, 좋은 일도 하고 나쁜 일도 하게 됩니다. 그러면 그 일곱 가지가 무엇이냐?

몸에는 다섯 가지 기관이 있습니다. 눈·귀·코·혀·몸, 이 다섯 가지가 좋은 일도 저지르고, 나쁜 일도 저지릅니다. 그런데 이 다섯 가지 오관을 가만히 놔두면 좋은 일을 할 줄도 모르고, 나쁜 일을 지을 줄도 모릅니다. 그래서 이것을 움직이고 부리면서 시키는 것이 있습니다. 그것이 '제6 의식(意識)', 즉 내 생각이 오관을 움직입니다. 눈에 가면 빛깔과 물질을 상대하고, 귀에 가면 소리, 코에 가면 냄새, 혀에 가면 맛, 몸에 가면 감촉을 느끼게 되어 있습니다.

이렇게 제6 의식이 오관을 작용할 때에 염정(染淨), 즉 깨끗하고 더러움, 좋고 나쁨을 분별해서 최종 결정권을 가집니다. 여기서 취하고 버리는 결정을 내려 업을 짓도록 하는 것이 있으니, 불교용어로는 '제7 말나식(末那識)'입니다. 이렇게 7식 작용에 의해서 선·악·무기로 업을 지어 놓으면, 이 업이 '제8 아뢰야식(阿賴耶識)'에 잠재됩니다. 그래서 과거에 했던 말이나 행동을 더듬어보면 기억이 되살아나게 되어 있습니다.
　중생들이 살다가 죽는다는 것은, 7식이 작용하다가 그 작용이 소멸되는 것을 말합니다. 7식 작용이 소멸되면 육체의 생명이 끝나는데, 제일 먼저 소멸되는 것이 여섯 번째의 의식입니다.

사람이 죽을 때에 의식이 혼미해졌다가 의식불명상태가 되었다가, 의식이 없어지면 죽었다고 합니다. 의식이 없어지니까 오관이 작용을 못하고, 오관이 작용을 못하니까 7식이 느낄 것이 없어져 소멸되는 것이고, 이것이 죽음입니다.
　남는 것은 제8 아뢰야식에 잠재되어 있는 업식(業識)입니다. 이 업식에 따라 숨 떨어지는 그날부터 7일까지는 눈으로 빛깔과 모양과 물질을 상대해서 지은 업에 대한 과보를 결정짓고, 8일부터 14일까지는 귀로 소리를 들어서 지은 업에 대한 과보를 결정짓고, 15일째부터 21일까지는 코로 냄새나 향기를 맡아서 지은 업에 대한 과보를 결정짓고,
　22일째부터 28일까지는 혀로 지은 업에 대한 과보를 결정짓

고, 29일째부터 35일까지는 몸으로 지은 업에 대한 과보를 결정 짓습니다.

36일째부터 42일째 되는 날에는 의식작용으로 지은 업에 대한 과보를 결정짓고, 이후 49일째 되는 날까지는 제7 말라식 작용에 의해 일생 동안 지은 선업·악업·무기업이 얼마나 되는가를 딱 가려내어, 그 업에 따라서 미래 생을 확정 짓습니다.

육체를 끌고 다니던 영체가, 그 육체가 지은 업을 가지고 육체 없이 과보를 받는 기간이 49일이 되는 것입니다.

49재는 왜 필요한가? 돌아가신 분을 위해서 할 수 있는 마지막 효도가 49재라는 말을 자주 합니다. 그런데 이 분들에게 49재가 필요한 이유가 무엇일까요?

돌아가신 부모님과 조상님들은 생전에 일곱 가지 식(識)의 작용으로 알게 모르게 지은 업이 많습니다. 그 업에 따라 내생이 결정됩니다. 결정되기 전에 돌이킬 수 있는 방법이 있습니다. 그 방법이 정성을 다한 49재이고, 온 마음으로 지내는 천도재입니다.

수행이 깊고 진리에 밝은 스님들을 청해서 부모님이 생전에 지은 악업의 잘못을 깨닫고 참회할 수 있도록 도와드리는 길입니다. 그러면 49일만 되면 모든 영가가 윤회전생을 하고 없는데, 왜 칠월 백중(우란분절) 때마다 천도재를 지내는지 의문이 생길 것입니다. 그 조상님들이 영혼으로 남아 있기 때문에 지내는 것이 아닙니다. 조상님들이 많은 복을 지었으면 삼계(三界) 28천 천상에 가서 태어나게 됩니다.

천도재를 지내게 되면 선업은 다시 한 번 7일마다 일깨워서 증명을 하고, 또 나쁜 업은 7일마다 하나하나 닦아줌으로써 나쁜 업장이 소멸되고 천상락을 더 오래 받고 복력이 수승하게 됩니다. 우리 조상님들 가운데 삼악도(지옥·아귀·축생)에 떨어진 분이 한 분도 없다고 누구도 보장할 수 없습니다.

또 우리 조상님들이 천상에 태어날 만큼 복락이 수승하지 못하고, 축생에 떨어질 만큼 업이 중하지 않으면 어디에 가서 태어날지 궁금하실 겁니다. 그런 분들은 인간 세상에 다시 돌아오게 됩니다.

이 땅에 다시 돌아올 때에는 인연이 중한 중생을 통해서 몸을 받게 되어 있습니다. 그러면 우리 조상님과 인연이 가장 가까운 사람이 누구입니까? 바로 우리 후손들입니다. 우리 부모님과 조상님들은 우리를 의지해서 다시 우리 자손으로 돌아옵니다.

그래서 불교를 깊이 공부하다 보면 조상은 우리의 전생이고, 우리는 조상의 후신입니다. 그러므로 우리가 천도재를 모시는 것은 외형적으로는 조상님의 은혜에 보답하기 위한 보은 불사 같지만, 내용적으로는 우리의 전생 업을 닦는 것입니다.

천도재를 잘 모시면 안 되던 일이 잘 풀리고 어렵던 일이 쉬워지는 경우가 있습니다. 그 이유는 바로 천도재를 지낸 조상이 바로 전생의 자신이 될 수 있기 때문입니다.

그리고 우리가 몸을 바꿀 때 인연 있는 중생을 의지해 몸을 바꾸려고 하지만, 낳아줄 사람이 없는 경우가 있습니다. 단산을 했거나 산아제한 등을 하면 낳아줄 사람이 없기 때문에 태어날 수가 없습니다. 그러면 알 수 없는 생면부지, 모르는 집에 가서 태어날 수도 있습니다. 그렇게 태어나도 결국엔 인연관계로 우리와 다시 만나게 됩니다.

우리 조상님이 남의 집 딸로 가서 있다가 며느리로 돌아오기도 하고, 남의 집 아들로 있다가 사위로 돌아오기도 합니다. 그래서 천도재를 모실 때에는 결혼을 한 사람들은 양쪽 집 조상을 다함께 모셔야 합니다. 아들딸이 결혼했으면 그쪽 집 사돈까지 다 해

주어야 합니다.

음력 7월 15일 백중은 우란분입니다. 우란분은 한문으로 번역하면 구도현(求倒懸)입니다. 팔만사천 지옥에서 거꾸로 매달려 한량없는 고통을 받는 영혼들을 다 구해서 제도하여 깨달음을 얻게 하는 날입니다.

왜 7월 보름날이 구도현이냐 하면, 부처님 당시에 목련 존자가 안거를 마친 스님들에게 공양을 올리고 재식을 베푼 공덕으로, 팔만사천 지옥 중에도 그 무서운 아비지옥에 떨어졌던 어머니를 구제하고 제도한 날이기 때문입니다. 또 7월 보름날은 여름 석 달 우기를 피해서 한 곳에 모여서 스님들이 부지런히 정진하다가 해제한 날이기도 합니다.

지옥에 있던 모든 중생들이 함께 제도받기 위해서 지옥문이 열리는 날이 7월 보름날입니다. 지옥에 떨어진 우리 조상님들이, 7식 작용에 의해 지은 업장을 하나하나 닦아서 구제받게 하는 것이 백중을 맞이해서 봉행하고 베푸는 천도재입니다.

백중을 기하여 한량없이 고통 받는 모든 중생들이 해탈하기를 기원합니다.

3. 해인사 영가천도법문

우리 중생들은 생사의 이치를 알지 못합니다. 그렇기 때문에 육체가 생겨나면 비로소 생이 시작되고 육체가 죽어지면 생이 끝나고 없어지는 줄로만 알고 있습니다. 그러나 진의를 알고 보면 우리가 '나'라고 믿고 있는 물질적인 이 몸뚱이는 원래 따지고 보면 본래 내가 가지고 있는 내 것이 아닙니다.

이 몸뚱이는 부모님께 얻어가지고 내가 쓰고 사용하고 생활하는 나의 몸뚱이지 몸뚱이 자체는 참 내가 아닙니다. 만약에 몸뚱이 자체가 참으로 나일 것 같으면 '몸 내', 몸을 그대로 나라고 해야 합니다.

고금동서를 막론하고 '몸 내'라고 하는 사람은 한 명도 없습니다. 우리는 '내 몸'이라고 합니다. '몸 내'라는 말과 '내 몸'이라는 말은 글자를 뒤엎어놓는 것 같지만 '몸 내'하면 몸 자체는 나이지만, '내 몸'이라는 것은 참 내가 따로 존재하면서 참 내가 가지고 쓰고 사용하고 생활하는 나의 몸뚱이지, 몸뚱이 자체는 참 내가 아니란 말입니다.

그런가하면 몸뚱이는 지수화풍 네 가지 물질적 요소로 이뤄진 유형색신입니다. 형상모양이 있는 물질로 이뤄진 몸뚱이입니다. 물질이 현상계에 있어서는 영원이라는 것이 존재하지 아니하고 생자는 필멸(必滅)하게 되어 있습니다.

온 자는 가는 것이 정상 이치이듯이, 만날 적에는 만나는 그 순간에 이미 벌써 헤어짐, 이별이 약속되어 있습니다. 한 물건이 만들어질 때에는 깨어지고 떨어짐이 이미 약속되어 있다는 말입니다.

한 몸뚱이가 태어나는 그 순간에 벌써 우리 육체는 죽음이라는 것이 정해져 있습니다. 그래서 물질이 현상계에 있어 그 물질의 강도에 따라 조금 더 오래 머무르거나 일찍이 깨어지는 그 차이지 영원이라는 것은 존재하지 않습니다. 이것이 물질의 현상계의 원리요, 철칙이요, 진리인 것입니다.

그러나 '참 나'는 나고 죽고 오고 가고 이뤄지고 깨어짐이 있는 물질로 이뤄진 물질적인 육체 이전에 나의 본래 모습입니다. 이것을 불교에서는 자성이다, 불성이다, 본래면목이다, 주인공이다 등등으로 부르고 있습니다.

육체와 함께 공존할 적에는 '내 마음이다', '정신이다'하지만, 육체를 이탈하면 이것을 '영혼이다', '귀신이다' 합니다. 그러면 우리가 살았다고 하는 것은 물질적인 육체와 정신적인 영체가 동시에 공존함으로써 살았다고 하는 것이고, 죽는다고 하는 것은 영육이 없어진, 즉 육체의 생명이 끝나는 순간입니다.

여러분들은 육체를 나로 믿고 생활하고 있지만, 육체 이것을 끌고 다니던 운전사, 즉 주인공이 없으면 아무런 쓸모없는 송장과 같습니다. 그래서 육체가 있고 영체가 없으면 '송장'이라고 하고, 영체가 있고 육체가 없으면 '귀신'이라고 합니다.

우리가 살았다고 하면 영육(靈肉)이 동시에 공존함으로써 살았다고 하는 것이고, 죽었다고 하는 것은 영육이 분리된 순간입니다. 그러나 이 마음이라고 하는 것은 모양이 없기 때문에 물질이 아닙니다. 물질이 아니기 때문에 본래 생도 없고 사도 없고 항상 여여한 것이 우리 본래의 자성입니다.

그런데 어떻게 우리 목전에 생사가 현존합니까? 우리 중생의 생각 자체가 생사로 인해 참 나를 잊어버리고 한평생을 살아가면서도 본래 자성은 망각한 채 몸뚱이에 집착하고 있기 때문입니다.

일생동안 자성은 뒤로한 채 참나 아닌 이 몸뚱이의 앞잡이가 되어 이 몸을 행복하게 해주는데 여념이 없습니다. 바로 이 육체를 따라 지은 업으로 인해 육도를 윤회 전생하는 것입니다. 업이 나고 죽음의 근본이 되고 윤회전생의 원인입니다.

업이란 말은 산스크리트어로 '카르마' 라고 합니다. 이 업은 작위(作爲) 업과 행위(行爲) 업으로 구분됩니다. 중생들이 한 생각 일으키는 마음은 선악의 원인이 됩니다. 못된 생각이 일어나는 순간은 죄 되는 순간이고, 그 한 생각이 좋은 것이면 복되는 순간입니다.

그러나 생각은 나쁜 생각 복된 생각이 따로 없는데, 이 생각을 마음속으로 결정지으면 작위 업이고, 마음으로 결정한 생각을 실천에 옮기면 행위 업이 되는 것입니다. 하고 있는 일 자체가 업 아닌 것은 하나도 없습니다. 소소영령 작용하는 일거수일투족 모든 행위 자체가 업 아닌 것이 없습니다.

일생동안 지은 업은 한량없습니다. 한량없는 업은 자신과 상대가 함께 도움이 되는 행위는 선업이고, 자신과 상대에 해를 미치는 것이 악업이고, 자신과 남에게 해도 득도 안 되는 업은 무기업입니다.

마음속으로 결정짓고 행동에 옮긴 업은 천겁 만겁이 지나도 없어지지 않고 반드시 돌려는데 선업은 선보로, 악업은 악보로 받습니다. 선업은 악보로 돌아오지 않고, 악업은 선보로 돌아오지 않습니다. 지금은 잘 살고 있지만 현재 선업을 짓지 않으면 다음 생에서의 복덕은 보장할 수 없습니다.

그런데 이런 질문을 하시는 분들이 많습니다. "어떤 사람은 못된 사람인데 지금 잘 살고 있고, 어떤 사람은 너무너무 착한 사람인데 저토록 가난하고 힘겹게 살고 있습니다. 과연 인과가 있기는 있는 것입니까?"

지금 이 생에서 어떤 업을 통해 먼저 과를 받을 것이라 생각하십니까? 당연히 지난 업의 과가 먼저 오고, 지금의 업에 대한 과는 후에 오는 것입니다. 지금은 잘 살고 있지만 현재 선업을 짓지 않으면 다음 생에서의 복덕은 그만큼 없습니다. 단순히 지금의 재물과 명예 성취에 따른 과를 말하는 것이 아닙니다.

지금 이 순간도 헛된 재물에 집착해 선업을 짓지 않는다면 다음 생의 복락을 보장할 수 없다는 말입니다. 이 업은 생유(生有)와 본유(本有), 그리고 사유(死有)와 중유(中有)에서도 사라지지 않습니다.

어머니 뱃속에 자리할 때인 입태(入胎), 세상에 나오기 전까지 뱃속에 있는 동안의 처태(處胎), 태어남을 이르는 출태(出胎), 세 가지를 한 마디로 말해 '생유(生有)'라 하고, 태어나서 일생을 사는 동안을 '본유(本有)'라 합니다.

한 평생 살다가 죽으면 '사유(死有)'라 하는데, 사유는 왜 존재하는가? 생유가 있었으므로 사유가 있는 것입니다. 태어나기 이전으로 돌아가는 것입니다. 또한 죽었으니 다시 살아 돌아옵니다. 이것이 윤회입니다.

그런데 죽어서 다시 이생으로 돌아올 때까지를 바로 '중유(中有)'라 합니다. 따라서 우리는 생유에서 본유로, 그리고 사유에서 중유를 통해 다시 생유로 돌아오는 것입니다. 생에서 사로 가면 돌아가신 것이지만 사에서 다시 생으로 오니 돌아오신 것입니다.

이 세상에는 아무리 선한 사람도 죄 안 지은 사람 없고, 아무리 못된 사람도 착한 일 한 번 안 해 본 사람은 없습니다. 사람은 누구나 안·이·비·설·신·의에 의해 선업도 악업도 함께 짓는 것입니다. 그렇게 지은 업은 죽어서 명부10대왕이 판결합니다.

안·이·비·설·신·의가 각각 지은 업은 각각의 명부왕으로부터 7

일간의 시일을 거쳐 판결을 받습니다. 마지막 49일째는 총체적인 판결을 내립니다. 판결을 받으면 인간으로 태어날 영은 다시 인연 있는 부모를 통해 새 몸을 받는 데, 이것이 중유에서 생유로 전환하는 것입니다. 초재를 시작으로 49재를 올리는 이유가 바로 여기에 있습니다.

자신의 부모가 모두 이 생에서 선업만 쌓았다고 자신 할 수 없습니다. 그렇다고 생을 떠난 영이 당장 선업을 지을 수도 없습니다. 행업은 천만겁이 지나도 없어지지 않는다고 했습니다. 그러므로 후손이 천도재를 통해 조상의 악업을 소멸시켜 주는 것입니다. 그럼 천도재는 한 번만 하지 왜 여러 번 합니까? 하는 분도 있습니다. 그만한 이유가 있습니다.

자기 조상이 49일 만에 판결이 나 중유를 마치고 생유로 전환할 수 있지만 명부8대왕부터 10대왕의 판결까지도 기다려야 할 영(靈)이 있습니다. 또한 삼악도에 떨어진 조상의 영도 있을 수 있습니다. 그 영들은 업이 너무 두터워서 그러한 것이니 후손인 입장에서 정성을 더 들인다고 보면 되겠습니다.

중유에서 생유로 탈바꿈할 때 사람은 인연 있는 국토와 인연 있는 부모의 몸에 의지해 태어납니다. 따라서 자신의 삶을 영위한 땅과 자신과 가장 가깝게 지냈던 사람과의 인연을 통해 생유합니다. 이러한 측면에서 보면 우리의 조상은 자신의 후손이며, 자신의 후손은 곧 우리의 조상이기도 합니다.

결국 조상을 위한 천도재가 아니라 우리가 조상으로 있을 때 지은 업을 지금 우리 자신이 푸는 것이 됩니다. 그런데 육체도 없는 영가를 위해 시식을 올리는가 하는 문제가 남습니다. 일단 중음신께 올린다는 의미가 있습니다. 그리고 더욱 중요한 것은 중유에서 생유로 전환하지 못하고 떠도는 영혼을 위한 의미도 있습니다. 무주고혼의 천도 의미가 있다는 말입니다.

사람이 명을 다하지 못한 상태에서 비명횡사한 사람은 남은 수명만큼 떠돌아다닐 수밖에 없습니다. 간혹 그러한 영은 몸과 정신이 허약한 사람에게 붙어 지내기도 합니다.

해인사와 같은 유서 깊은 산사에서 이렇게 영가천도를 할 때 그러한 영들이 많이 찾아옵니다. 천도재를 지낼 때 영가 법문을 하지 않습니까? 영가는 귀가 없기 때문에 들을 수 없습니다. 그러나 영적인 존재이기 때문에 소리는 듣지 못하나 그 뜻은 새길 수 있습니다. 따라서 영가 법문을 하는 당사자는 염불을 하되 그 뜻을 깊이 새겨가며 해야 합니다.

혹 영가 법문을 하시는 분이 염불 곡조에 너무 신경을 써 미처 그 뜻을 헤아리지 못하는 수도 있으므로 증명법사가 필요합니다. 증명법사는 영가법문의 뜻을 관해 전해야 합니다.

이 때 영가가 그 뜻을 새겨 생사에 집착하지 않으면 그 영가도 천도될 수 있는 것입니다. 천도재를 올린 불자는 전혀 생각하지도 못한 영가에게도 큰 복덕을 지은 것이고 그 선업은 후에 선과(善果)로 돌아옵니다.

이제 천도재의 의미를 아시겠습니까? 여기서 중요한 것은 천도재 자체가 아니라는 점에 유의하셔야 합니다.

천도재는 망자만을 위한 의식이 아닙니다. 자신과 관계가 있는 것입니다. 천도재만 해 놓고 내 인생 잘 될 거라고 아무 노력을 안 하면 소용없습니다.

천도재는 조상과 과거를 위한 것이 아니라 지금 이 순간과 다음 생을 위한 것임을 알아야 합니다. 내가 지금 선업을 짓지 아니하면 다음에 복덕이 없는 줄 안다면 어떻게 살아야 하겠습니까. 착하게 살겠다는 의식만으로는 모자랍니다. 선업 행을 지어야 합니다.

부처님 법에 의지해 수행하며 이 한평생을 살아간다면 다른 사람보다 훨씬 많은 선업을 지을 수 있을 것입니다. 자신의 마음을 정화하지 않고 어떻게 선업 행을 지어갈 수 있겠습니까?

천도재를 올리면서 지금의 자신을 돌아보아야 합니다.

4. 생전예수재

욕지전생사(欲知前生事)이면 금생수자시(今生受者是)요
욕지내생사(欲知來生事)이면 금생작자시(今生作者是)라 하더이다.

지금 우리들이 살아가는 삶을 보면 전생에 어떤 씨를 뿌려 어떻게 농사를 지었던가를 알 수 있고, 지금 살아가는 삶의 자세를 본다면 다음 생을 미루어 알 수 있습니다.

금년은 전국 사찰에서 윤 삼월을 맞이해 생전예수재를 많이 봉행하고 있습니다. 그래서 생전예수재에 대한 말씀을 드리려고 하는데, 원래 이름은 '생전예수생칠지재(生前豫修生七之齋)'라고도 하고, '생전예수생칠시왕지재(生前豫修生七十王之齋)'라고도 합니다.

그럼 먼저 '생전'이라는 말을 여러분들이 알아야 합니다. 그러면 우리가 살아가는데 왜 예수재가 필요한 것인지 이해가 되기 때문에 생전에 대한 말씀을 좀 드리려고 합니다.

생전이라는 말은 글자 그대로 '날 생(生)'자, '앞 전(前)'자, 나기 이전을 생전이라고 그래요. 그런데 우린 이미 태어났잖아요. 났으면 '생후(生後)'가 돼야 되는데 어떻게 해서 살아있는 동안을 살아생전이라고 하느냐?

우선 불교를 알지 못하면 이해가 안 되는 말 가운데 하나가 '생전'이라는 말입니다. 어째서 그러냐 하면 우리가 나라고 믿고 있는 '김 아무개', '박 아무개', '이 아무개' 이름이 붙어 있는 이 몸뚱이는 부모로 인연하여 태어났습니다.

우리가 '생전'이라는 말은 과거 전생에 내가 지어온 '업', 선악간의 선업은 '선보(善報)', 즉 좋은 결과의 과보로 나타나게 되어 있고, 나쁜 업은 나쁜 과보로 결과가 나타나게 되어 있습니다.

'생전예수'라는 말은 과거 전생에 내가 지어온 나의 본업이 현실의 과보로 나타나기 이전에 미리 닦아 없애자. '예수'라는 말은 '미리 예(豫)'자, '닦을 수(修)'자, 미리 닦자 그 말입니다. 앞으로 여러분은 오후 2시쯤 되면 집에 가 계실 겁니다. 그러면 지금 열한 시 좀 넘었으니까 두 시간 이후에 일어날 일들은 두 시간 이전이니까 두 시간 생전이 되는 겁니다.

또 여기 법회를 마치고 나서 공양을 할 겁니다. 공양을 마치고 나오다가 신발이 바뀔 수도 있습니다. 그러면 기분이 나쁠 겁니다. 그 기분 나쁠 일들이 한 시간 후에 일어나거나, 두 시간 이후에 일어날지도 모릅니다. 그러면 한 시간 후에 일어날 일은 한 시간 생전이고, 두 시간 후에 일어날 일은 두 시간 생전이고, 내일 나타날 일은 하루 생전이고, 한 달 후에 나타날 일은 한 달 생전이 되는 겁니다.

명년에 일어날 일은 아직 금년이기 때문에 한 해 생전입니다. 이렇게 내가 지어놓은 업이 죽는 그 순간까지 일어나고 있다는 말입니다. 그래서 생전예수재라는 말은 과거 전생에 지어온 나의 본업, 선업은 남김없이 염라대왕 업경대에 다 비추어져서 금생에 행복으로 다 반영이 되게 해 주시고, 과거 전생에 내가 지어온 나쁜 업은 현실 결과 과보로 나타나기 이전에 미리 닦자 이 말입니다.

그럼 어떻게 닦아야 하느냐? 생칠(生七)을 해야 됩니다. 살아서 일곱 칠을 해야 된다. 일곱 칠을 어떻게 누구에게 닦느냐! 시왕님께 해야 됩니다. 그래서 예수재는 생전예수재, '예수시왕생칠재(豫修十王生七齋)'라 합니다. 가장 알아듣기 쉽게 말하면, 내가 지어온 나쁜 업이 나쁜 결과로 나타나기 전에 미리 닦아 없애자. 그게 생전예수라는 겁니다.

우리가 과거 전생의 업은 내가 지어 왔지만 내가 모릅니다. 전생의 일이니까요! 우리는 과거 전생에 전부 빚을 지고 왔습니다.

그 지고 온 빚을 일어나기 이전에 닦아야 합니다. 예수재를 잘 지내고 나면 18종 횡액을 면한다고 했습니다. 18이라는 숫자가 불교에서는 굉장히 중요합니다.

예수재를 언제 지내야 일생동안 18종 횡액이 내 인생에 절대 안 나타나느냐? 18살 이전에 해야 됩니다. 만약 18세가 넘었더라도 조금이라도 젊을 때 해야 됩니다. 18세 이전과 이후가 뭐냐 하면 18세 이전은 미성년이고, 18세 이후는 성년입니다.

이 18이라는 숫자에 대해 말씀드리겠습니다. 우리 몸에는 근본적인 여섯 가지 기관이 있는데, 그걸 육근, 즉 안·이·비·설·신·의라 그럽니다. 안·이·비·설·신, 여기까지는 외오관이고 내적인 의식을 여섯 번째라 해서 '제육의식'이다 그럽니다. 이 여섯 가지 기관이 움직이고 작용하면서 좋은 일도 하고, 나쁜 업도 짓습니다.

어떻게 업을 짓느냐 하면, 바깥의 여섯 가지 경계를 통해서 짓습니다. 그 바깥에 나타나는 여섯 가지 경계를 '티끌 진(塵)'자 써서 '육진(六塵)'이다 그럽니다. 눈으로는 빛깔과 모양과 물질을 상대하게 되어 있습니다. 그건 색 그 다음에 귀로는 '소리 성(聲)', 코로는 '냄새 향(香)', 혀로는 '맛 미(味)', 몸으로는 '감각 촉(觸)', 뜻으로는 사량·분별·법, 육진이다 그럽니다.

육근이 육진을 상대해서 좋고 나쁘고를 구별해 선악간의 업을 짓는데, 느낌으로 좋고 나쁜 것을 압니다. 그건 '알 식(識)'자를 써서 '육식(六識)'이라고 합니다.

눈이 물질과 모양과 빛깔을 상대해 좋고 나쁜 것을 알아 선악간의 업을 짓는 것을 '안식(眼識)'이라고 하고, 귀가 들어 좋은 소리하면 헤헤거리고, 나쁜 소리하면 오만상을 찡그리며 성을 내고 다시는 안 보려고 합니다. 이렇게 귀로 들어서 선악 간을 느껴서 아는 것을 '이식(耳識)', 코로 느끼는 것을 '비식(鼻識)', 혀로 느끼는 '설식(舌識)', 몸으로 느끼는 '신식(身識)', 뜻으로 느끼는 것을 '의식(意識)', 이 여섯 가지가 6식(六識)입니다.

그러면 육근(六根)·육진(六塵)·육식(六識) 하면 3·6=18이죠. 이것을 불교에서는 18경이라고 합니다. 18경에 의해 가지고 업을 짓는데 이미 일으켜 가지고 행동으로 실천해서 지었을 때와 짓지 않았을 때를 합하면 36경이 됩니다. 거기서 과거·현재·미래 3세를 보태면 108이 됩니다. 그게 바로 우리가 말하는 108번뇌라는 겁니다.

108번뇌의 근본은 육근에서부터 시작이 되는데, 육근은 육진을 상대해 육식경계에 의해 가지고 선(善)·악(惡)·무기(無記) 3종으로 한량없는 업을 지어 과보를 받기 위해서 부모로 인연하여 이 몸 받아서 이 세상에 태어나는 겁니다. 그 업이 성숙되기까지는 얼마나 걸리느냐하면 18년이 걸립니다.

세계 각국에서 만 18세를 성년으로 보는 나라가 많습니다. 18세 이전을 미성년이라 하고 18세 이후는 성년이라 것을 지금은 법으로 명시되어 있습니다. 사실 불교를 공부하다 보면 이 세상 모든 것이 2600년 전에 부처님이 이미 하신 말씀이 지금 이 시대에도 맞다는 겁니다.

그래서 18세 이전은 내가 본업을 가지고 와서 그 본업이 성숙되고 있는 과정인데 이것을 '유업(遺業)'이라고 합니다. 유업은 내가 직접 짓지 않은 업인데 내 인생에 영향을 미칠 수 있는 업을 말합니다. 내가 직접 안 지었어도 부모님이 지은 업이 내 인생에 영향을 미친다는 겁니다.

우리는 생명의 원자를 '유전인자(遺傳因子)'라 그럽니다. 이 말은 과학적인 용언 줄 알고 있지만 실은 불교의 전문용업니다. 우리가 이 몸을 받아 태어나는 데는 세 명이 화합을 해야 한 생명이 탄생하게 됩니다. 아버지의 부정(父精)과 어머니의 모혈(母血)

과 나의 본업(本業)이 만나는 순간이 한 생명의 시작이 됩니다.

　유전인자! 그래서 내가 지어온 나의 본업으로 인해서 어머니 자궁 속에 수태되어 육체가 형성되어 세상에 태어나고, 유업에 의해서 내 본업이 익어지기까지는 18년이 걸립니다.
　업이 다 성숙되기 전에 나쁜 업을 솎아 내고 닦아 없애자는 것이 18세 이전에 하는 생전예수재라는 겁니다. 이것이 바로 전생 빚 갚는 건데, 18살 이전에 하는 예수재를 나는 어디다 비유를 하느냐 하면, 사과농사에 비유를 합니다.

　봄이 되면 사과 꽃이 흐드러지게 핍니다. 근데 그 꽃이 지고나면 그 자리 하나하나에 열매가 달립니다. 그런데 그 열매를 그대로 다 키우면 좋은 사과를 수확할 수 없습니다. 왜 없을까요?
　열매가 너무 많이 달리면 영양분이 분산이 되기 때문에 제대로 굵을 수가 없기 때문입니다. 그러니까 꽃이 지고 나면 사과를 솎아 줘야 됩니다.
　두 개가 붙어 있을 때는 보기 좋은 것, 잘 생긴 놈은 놔두고 못 생긴 것은 따 냅니다. 나쁜 과일로 갈 영양분을 잘 생긴 과일에게로 다 모아줘 굵게, 보기 좋게, 잘 익게 하기 위한 것이 사과 접과를 하는 목적입니다. 그래서 젊은 사람들의 생전예수재를 지내는 것을 인생 접과와 같다고 생각합니다. 나쁜 업은 다 솎아 내어 그로 인해 신경 써야 될 것을 좋은 에너지로 만들어 행복으로 가는 길을 만들어주는 것이 이 예수재입니다.
　오늘 생전예수재 법문에 동참해 주신 불자님들도 전생에 지은 업을 가려서 행복한 일만 있기를 바랍니다.

무비 스님

부산 범어사에서 여환(如幻)스님을 은사로 출가.
탄허스님의 법맥을 이은 대강백으로 통도사·범어사 강주.
조계종 승가대학원장, 조계종 교육원장을 역임하였다.
현재 범어사에 주석.
역·저서로 『금강경오가해』·『금강경 강의』·『화엄경 강의』·
『지장경 강의』·『법화경(상·하)』·
『임제록 강설』·『대승찬 강설』등, 다수가 있다.

1. 49재 영가천도법문

저 허공의 구름처럼 언제 어떻게 스러질지 모르는 게 인생입니다. 서산대사의 열반송에,

'우리 인간이 이 세상에 태어나는 것은
한 조각구름이 이는 것과 같고
저 세상으로 돌아가는 것은
한 조각구름이 정처 없이 사라져 가는 것'

과 같은 것이라고 하셨습니다. 그런데 육신의 입장에서 보면, 인생이 뜬 구름 같지만 마음의 눈을 뜨고 보면 그렇지 않습니다. 참 주인공은 홀로 역력히 드러나 있어 삶과 죽음에 따르지 않는 것입니다.

참 주인공은 일찍이 부모로부터 태어난 것도 아니요, 육신의 생명이 다했다고 참 생명까지 다한 것은 결코 아닙니다. 부처님께서는 바로 이러한 사실을 깨닫고, 각양각색의 방편설을 동원하며 중생들에게 삶의 참모습과 죽음의 실상을 일깨워 준 것입니다. 부처님의 깨달음의 동기(動機)가 생사 문제에 있었듯이 부처님 가르침의 내용은 생사의 실상(實相)을 밝히는데 있습니다.

인생을 살아가면서 인간의 실상을 제대로 파악하고 살아가는 것이 중요합니다. 이것은 가르침, 사상, 믿음으로써 해결될 수 있습니다. 부모가 자식을 인도하고 자식이 부모를 좋은 가르침으로 인도하는 것은 참으로 중요한 것입니다. 돌아가신 후 삶과 죽음의 실상에 입각해서 영혼을 천도해 드리는 것은 돌아가신 분들에 대한 가장 보람된 일입니다.

인생은 우리가 알고 있는 것처럼 취생몽사(醉生夢死)하고 있는

삶이 전부가 아닙니다. 이 몸을 끌고 다니는 참 주인공이 있습니다. 삶과 죽음을 초월하는, 나를 나이게 하는 참 생명이 있는데, 이것이 금일 영가의 진정한 참모습입니다.

본래 49재의 의미는 영가가 못 다한 복을 지어 드리고, 나아가 참으로 진정한 영가의 실상이 무엇인지 일깨워 드리고, 저승길에 풍요로운 마음의 양식을 준비해 드리는 데 있습니다.

우리들의 입장에서 보면 금일 영가를 보내는 마지막 시간이지만 영가의 입장에서 보면 비로소 새로운 인생을 시작하는 첫 문(門)입니다.

천도재를 지내면서 영가를 보낸다고 생각할 것이 아니라 새롭게 시작하는 참 생명의 실상을 깨닫고, 격려해 드리고, 환송해 드리는 의식이 되어야 할 것입니다. 가시는 분도, 보내는 분도 미련을 가지고 애착을 나타낸다면 영가의 다음 생에 결코 좋은 것이 못 됩니다.

천도재를 지내면서 부처님의 거룩한 가르침의 염불을 깊이 깨닫고, 참 생명의 실상과 나의 미래에 대한 계획을 세우고, 또한 금일 영가를 인(因)으로 해서 온갖 외로운 영혼들을 천도시켜 함께 왕생극락할 수 있도록 정성을 드리는 데 천도재의 의미가 있는 것입니다.

천도재를 드릴 때 영가를 위해서 흔히 『금강경』 독송을 해 드립니다. 모든 부처님의 가르침이 바로 이 『금강경』 도리에서 나온 까닭에 그 어떤 복보다 훌륭하고 소중한 복이기 때문입니다.

사구게에 보면, '무릇 형상이 있는 것은 모두 다 허망하나니, 만약 모든 형상을 형상이 아닌 것으로 보면 곧 여래를 보느니라. (凡所有相 皆是虛妄 若見諸相非相 卽見如來).'라고 하였습니다.

우리의 오관(五官, 눈·귀·코·혀·피부)으로 판단되는 모든 것들은 허망한 것이고 텅 빈 것이고 공(空)이며 무(無)라는 것입니다. 만약 실상대로 판단하는 안목이 있다면 곧 여래를 볼 것이라고 하였습니다.

부처님은 형상도 아니고 소리도 아닙니다. 위대했던 석가세존의 생애가 여래의 참모습도 아니며 49년간 설하신 위대한 법문도 부처님의 참모습이 아니라는 것입니다. 우리는 여태껏 남녀노소·사회적 지위·생활수준·교육수준 등, 외적인 조건을 가지고 나의 참모습이라고 인정하면서 살아왔습니다. 그러나 이것들만을 가지고는 우리 자신의 실상을 제대로 이해하지 못합니다.

재산을 관리할 때 모든 재산을 한 주머니 속에 다 넣는다면 그 주머니 하나를 잃어버리면 모든 재산은 끝입니다. 그러나 세상은 그렇지 않지요. 통장도 여러 개이고, 남에게 빌려주기도 하고, 형제자매끼리 나누어 갖기도 하고, 주식·채권·부동산 등, 재산을 분산시켜 놓습니다. 설령 한 부분이 손해를 보았다고 하더라도 재산 전체에 대해서는 큰 타격을 입지 않습니다.

이렇게 분산하는 것이 세상을 살아가는 이치입니다. 그런데 우리는 '나'라고 하는 가장 중요한 재산에 대해서는 육신이라는 그 조그마한 한 점에다 전부를 실어 놓았습니다. 육신이 소멸해버리면 모든 것이 없어지는 불행을 우리 스스로 자초하고 있는 것입니다. 그러나 참 나는 육신이 소멸할 때 하잘 것 없이 스러지듯이 그렇게 무너지는 존재가 아닙니다.

부모를 여의거나 형제자매·친지들을 잃어버리는 것도 애석하지만 진정으로 안타까워할 것은 나[自己]를 육신과 함께 잃어버리는 것입니다.

『금강경』에 '만약 육신으로써 나를 보려 하거나 음성으로 나를 찾으려 한다면 이 사람은 잘못된 길을 가는 것이다. 결코 여래는 볼 수 없으리라(若以色見我 以音聲求我 是人行邪道 不能見如來.)'고

하였습니다.

우리는 부처님을 생각할 때 석가모니 부처님만을 부처라 생각합니다. 또 어떤 이들은 법당에 모셔놓은 등상불(等像佛)을 부처라고 생각합니다. 그런데 부처님 스스로 "그것은 나의 참 모습이 아니다."라고 하셨습니다. 그것은 부처님 자신을 바로 알아달라고 하는 말씀이 아니라 참 주인공으로서의 우리 자신, 우리의 실상을 바로 알라고 하는 깨우침의 말씀입니다.

부처님 제자 중에 바카리 라는 비구가 있었습니다. 그의 소원은 늙고 병들어 죽게 될 즈음 마지막으로 부처님께 예배를 드리고 죽는 것이었습니다. 그는 어느 신도 집에서 마지막 순간을 맞게 되었는데, 그 신도에게 부탁하였습니다.

"죄송하지만, 부처님께서 부디 오셔서 나의 예배를 받아 달라는 말씀을 좀 전해 주십시오."

부처님께서 이 말을 듣고 그를 만나기 위해 신도 집으로 갔습니다. 바카리는 쓰러져가는 몸을 겨우 일으키면서 마지막으로 예배를 드리려고 했습니다. 그런데 부처님께서 만류하시면서 따뜻한 말로 위로를 하였습니다. "바카리여, 마지막으로 할 말이 있으면 하여라." 라고 하니, 바카리 비구가 또 다시 마지막으로 예배를 드리고 싶다고 하였습니다. 그 말에 부처님께서는

"비구여, 너도 지금 썩어가는 몸뚱이이고, 나 또한 이렇게 육신은 늙었다. 곧 너의 뒤를 따라갈 이 육신에 너의 그 죽어 가는 육신을 일으켜 예배한들 무슨 이익이 있겠는가?"

부처님께서는 다시 자애롭게 바카리에게 일러주셨습니다.

"부처라는 참 모습은 너의 육안으로 분별하는 모습이 아니다. 법(dharma)을 보는 자는 나를 보고, 나를 보는 자는 법을 본다."

이 말씀은 '자등명 법등명(自燈明 法燈明)'과 함께 자주 인용되

는 부처님의 말씀입니다. 정녕 영원히 꺼지지 않는 불생불멸의 존재가 여래입니다. 비단 석가모니 부처님만 여래가 아니라 금일 영가의 진정한 모습도 불생불멸의 참 생명체입니다. 또한 금일 영가를 천도해 드리기 위해 모인 여러분들도 불생불멸의 참 생명체입니다.

이것은 법이고 진리이고 참 나입니다. 법을 등불로 삼고, 참 나를 등불로 삼고, 법을 안식처로 삼고, 참 나를 안식처로 삼으라고 부처님께서 당부하셨습니다. 부처님께서는 항상 법을 의지하고 참 나에 의지할지언정 다른 것에 의지하지 말라고 말씀하셨습니다.

금일 영가께서 이 몸뚱이를 끌고 다니는 주인공에 눈을 뜨셔서 이러한 지혜의 양식, 마음의 양식을 충분히 준비하십시오. 그래서 영가께서 새롭게 시작하는 삶에 커다란 힘이 되고 보탬이 된다면 오늘 마련해 드리는 이 재의식(齋儀式)이 참으로 유익하고 보람될 것이라 믿습니다.

이 인연으로 모든 고혼(孤魂)들도 함께 득락(得樂)하시고, 또 천도를 드리는 청법 대중들께서도 함께 진아(眞我)에 눈을 떠서 참다운 삶을 열어가는 시간이 되었으면 하는 바램입니다.

2. ○○ 영가 천도법문

오늘은 ○○영가님께서 세상 인연을 다하고 일곱 번째 되는 49재일입니다. 불교에서는 숨이 끊어져 육신의 인연이 다한다 해서 세상 인연이 다하는 것이 아니라고 합니다. 돌아가시고 나서 7일이 일곱 번 돌아오는 49일이 지나야 비로소 영가의 모든 일들이 다 정리되어 그 인연이 다한다고 보고 있습니다.

영가께서 스스로 지혜의 눈을 뜨시고, 삶과 죽음의 진정한 의미를 깨닫고 자신의 갈 길을 환하게 보시고, 가고 싶은 곳, 극락으로 갈 수 있는 인연을 지어 드리기 위해 자손들이 이렇게 온 정성을 다하여 일곱 번째의 재(齋)를 지내는 것입니다. 오늘 49재의 주인공이신 ○○영가께서는 참으로 복이 많으신 분입니다.
세상에 수없이 많은 사람들이 살고 있지만 49재를 통해 법문을 듣고 진리의 실상을 깨달아 좋은 곳으로 천도되는 분은 드물기 때문입니다. 요즘엔 다행히도 불교 외에 다른 종교에서도 49재의 중요성을 깨닫고 우리 불교를 따라서 49재를 지낸다고 하니 그나마 다행스럽습니다.
세상에는 여러 가지 효도가 있습니다만, 가장 훌륭한 효도는 부모님께서 인생의 실상을 깨닫고, 삶과 죽음의 이치를 제대로 깨우칠 수 있도록 부처님의 가르침으로 인도해 주는 것입니다. 이것은 부모와 자식관계뿐만 아니라 형제자매, 이웃의 관계에서도 마찬가지입니다.

불법(佛法)으로 안내해서 그분들 스스로 이치에 눈을 뜰 수 있게 된다면 세상에서 가장 큰 공덕이 되고, 가장 은혜로운 일이 되는 것입니다. 설사 돌아가신 뒤라 하더라도 삶과 죽음의 실상을 바로 깨달으신 부처님의 가르침으로 그 영혼을 천도해 드릴 수 있다면 호화로운 장례식보다 훨씬 더 뛰어난 일입니다. 영가뿐만 아니라 재를 봉행하는 자손들에게도 더할 나위 없이 큰 공덕이 되는 것입니다.

우리 인간의 삶이 지수화풍 사대로 이루어진 육신의 삶뿐이라면 매장(埋葬)을 하든 화장을 하든 육신의 상태를 해결해 버리면 그만일 것입니다. 하지만 부처님께서는 육신을 끌고 다니는 주인공이 있다고 하셨습니다. 이 육신을 끌고 다니는 그 주인공의 원리대로 삶과 죽음의 문제를 해결하는 것이 바람직하다고 하셨습니다. 그래서『지장경』에서는 돌아가신 분에게 꼭 49재를 지내드리도록 권하고 있습니다.

49재를 지내는 동안 주옥같은 팔만대장경의 말씀을 다 담아서 영가를 천도하였습니다. 천도재 의식문의 염불을 보면 참으로 감동적입니다. 부처님의 수많은 가르침 중에서 영가의 지혜의 눈을 열어줄 수 있는, 가장 요긴한 가르침들만을 담아서 들려드리는 것이 천도재의 염불입니다. 또한 49재에는 영가를 위해서 소의경전(所依經典)인『금강경』독송을 해 드립니다.

『금강경』「제15분 지경공덕분(持經功德分, 경을 지니는 공덕」에 말씀하시기를,

"수보리야, 만약 어떤 선남자 선여인이 오전에 갠지스 강의 모래 수[恒河沙數]와 같이 많은 몸으로 보시하고, 낮에 또 갠지스 강의 모래 수와 같이 많은 몸으로 보시하며, 저녁에 또한 갠지스 강의 모래 수와 같이 많은 몸으로 보시해서, 이렇게 하기를 한량없는 백 천, 만 억 겁 동안 몸으로 보시하더라도, 만약 어떤 사람이 이 경전의 내용을 듣고 믿는 마음을 낸다면, 이 사람의 복은 앞의 보시의 복보다 훨씬 뛰어나느니라. 그런데 하물며 이 경전을 베껴 쓰고 출판하며, 받아 지니고 마음으로 읽고 외워서 널리 여러 사람들에게 설명하여 준다면 그 복덕은 더 말할 필요조

차 있겠느냐?"고 하셨습니다.

　이것은 결코 『금강경』을 공부하라고 하는 말씀이 아니라 이치가 그렇게 되어 있기 때문입니다.

　『금강경』의 사구게에는,
　'무릇 형상이 있는 것은 모두 다 허망하나니, 만약 모든 형상을 형상이 아닌 것으로 보면 곧 여래를 보느니라(凡所有相 皆是虛妄 若見諸相非相 卽見如來)'라는 구절이 있습니다.

　금일 영가께서는 이미 육신을 버리셨으니 이 육신의 허망함을 누구보다도 잘 아실 것입니다. 또 금강경 사구게를 한 가지 더 일러드리면, '마땅히 머무는 바 없이 그 마음을 낼지니라(應無所住 而生其心).'라는 구절이 있습니다. 이것은 6조 혜능 대사가 나무꾼이었을 적에 듣고 깨달음을 얻은 게송으로 유명합니다.

　'반드시 사물에 머물지 말고 마음을 낼 것이며, 소리와 냄새와 맛과 감촉과 그 외의 어떤 것에도 머물지 말고 마음을 낼지니라. 그래서 마땅히 머무는 바 없이 그 마음을 낼지니라(不應住色生心 不應住聲香味觸法生心 應無所住 而生其心).'

　사실 우리 마음의 본질은 어디에도 집착하지 않고, 어디에도 매이지 않고, 어디에도 걸리지 않게 되어 있습니다. 내 삶이 어떤 삶이든 간에 본래는 거기에 매여 있는 마음이 아닌 것입니다. 하지만 사람들이 거기에 매여 있기 때문에 마음의 원리를 제대로 알지 못하는 것입니다.

　'응무소주 이생기심(應無所住 而生其心)', 바로 이 구절에서 일자무식의 나무꾼이었던 혜능이, 불교가 뭔지 부처님이 뭔지 전혀 모르던 사람이 이 말을 듣고는 마음이 환하게 밝아졌습니다. 그것이 명심견성(明心見性)입니다. 명심견성이라는 말도 모르던 사람이 마음이 밝아지고 성품을 본 체험을 한 것입니다.

마음은 본래 육신에도 물질에도 소리에도 향기에도 감촉에도 머물지 않는 것이라는 사실을 깨달은 것입니다. 그 환희심을 도저히 견딜 수가 없어서, 도대체 누가 이런 말을 했는가를 알아보았습니다.

이상한 행색을 한 사람이 책을 읽고 있다가 혜능이 물으니, 금강경 구절이라고 대답을 해줍니다. 나무꾼이었던 혜능은 어머니를 두고 그 길로 출가를 합니다. 혜능은 5조 홍인스님을 찾아가서 선법을 전수 받아 6조가 됩니다.

'마땅히 머무는 바 없이 그 마음을 낼지니라(應無所住 而生其心).'는 이 구절이 6조 스님 덕분에 『금강경』에서 가장 유명한 구절이 되어 버렸습니다.

『금강경』의 한 구절만 제대로 알아들으면 6조 스님처럼 마음의 이치를 환히 깨닫게 된다는 것입니다. 방금 읽어드린 이 구절이 금일 영가에게 가장 큰 공덕이 되고, 우리가 『금강경』의 이치를 만 분의 일이라도 깨우치게 된다면 오늘 천도재를 지내드리는 큰 보람이 될 것입니다.

    태어남은 어디서 오며(生從何處來)
    죽음은 어디로 가는가(死向何處去)
    태어남은 한 조각구름이 일어남이요(生也一片浮雲起)
    죽음은 한 조각구름이 사라지는 것인데(死也一片浮雲滅)
    여기 한 물건이 항상 홀로 있어(獨有一物常獨露)
    담연히 생사를 따르지 않는다네(湛然不隨於生死).

형상 있는 것은 모두 허망합니다. 형상 너머의 진실한 모습을 이해한다면 그 때는 부처님을 제대로 볼 수 있습니다.

영가께서는 이제 더 이상 세상에 두고 온 인연에 미련을 두지 마십시오. 존재의 실상, 참 생명의 실상에 대해서 깊이 깨달으시고 지혜의 눈을 뜨셔야 합니다. 그렇게 해야만 오늘 천도재를 지내드리는 의미가 됩니다.

이제 남은 염불로 영가님의 지혜의 눈이 열리시기를 바랍니다.

유족들은 부디 아버님께 못 다한 효도를 어머님께 다하시기를 당부합니다.

금일 영가의 진정한 왕생극락을 빕니다.

3. 성ㅇㅇ영가 49재 법문

『지장경』에 의하면 사람이 살다가 돌아가신 뒤에, 반드시 49재를 지내라고 했습니다. 왜냐하면 우리 인간이, 이 육신만이 인간의 삶이 아니고, 어쩌면 육신보다도 천 배 만 배 더 소중한 육신의 주인공이 있어서, 그 주인공이 이생의 못 다한 여러 가지 인연들을 다 정리하고, 진정으로 이생을 다 떠나는 그런 기간이 7·7 49일이라고 했습니다.

오늘 성ㅇㅇ 영가님께서는 참으로 복이 많으셔서, 장수를 하시고 돌아가셨습니다. 사람이 90을 넘게 살고, 100을 바라본다고 하는 그 세월이란 참으로 희귀하고도 어려운 일입니다. 이것은 아마도 자손 되는 분들의 따뜻한 보살핌과 지극 정성한 효도가 아닐까 하는 그런 생각을 저 나름대로 합니다.
　금일 영가께서 참으로 부처님과의 지중한 인연이 있어서, 인생의 실상을 깨닫게 해 드리는, 그런 기회가 된 것입니다. 흔히 영가 천도를 위해서는 『금강경』을 독송을 합니다.
　스님들이 염불을 해드리는 것도 중요하지만, 유족 되시는 분들이 돌아가신 분을 위해서 아침저녁 경전을 독송해 드리는 것이 그 어떤 천도재 의식보다도 참으로 소중한 것이고, 그 정성에 의해서 영가께서는 천도를 받으실 수가 있는 것입니다.

영가에게 『금강경』을 독송해 이치를 깨우치게 하는 공덕은, 지구만한 금은보화로 많은 사람들을 위해서 보시하고 공양 올리는 것보다도 천 배 만 배의 복덕이 있다고 했습니다. 『금강경』에 보면,
　"수보리야, 어떻게 생각하느냐? 만약에 어떤 사람이 삼천대천세계에 금은보화로서 보시 할 것 같으면, 이 사람의 소득 복덕이

얼마나 많다고 생각하느냐?"

수보리가 말하기를, "매우 많습니다. 세존이시여."

부처님께서 말씀하시기를 "이 금강경을 전체를 다 읽거나, 아니면 사구게 만이라도 수지 독송하더라도 그 복이, 저 삼천대천 세계만한 금은보화로 다른 사람에게 보시한 그런 공덕보다도 훨씬 더 수승하다. 왜냐? 모든 부처님과 부처님의 그 높으신 깨달음이 개종차경출(皆從此經出)이라. 모두 다 이 경전에서 나왔기 때문이다. 이 경전의 이치에서 나왔기 때문에 그래서 이 경전의 공덕이 그와 같이 높은 것이다."

이렇게 금강경에서 몇 번을 반복해서 말씀하셨습니다.

그렇기 때문에 금일 영가를 위해서 『금강경』 사구게의 '범소유상(凡所有相) 개시허망(皆是虛妄) 약견제상비상(若見諸相非相)이면 즉견여래(卽見如來)'를 먼저 들려드리고, 또 좀 있다가 『금강경』을 독송해 드릴 겁니다.

위의 사구게는 제일 으뜸가는 사구게로, 우리가 염불을 할 때 가장 많이 합니다. 그러므로 유족들이 49일 동안 매일 『금강경』 한 편 이상씩은 읽어 드리는 게 좋습니다.

다시 부처님은 『금강경』에서

"여래는 여어자(如語者) 실어자(實語者) 불광어자(不狂語者) 불망어자(不妄語者)"라고, 나는 거짓말을 모르는 사람이다. 진실 된 이치만을 말하는 사람이다. 사실과 똑 같은 것만 말하는 사람이다. 속이는 말이라고 하는 것은 도대체 있을 수 없는 말이다. 사실 그렇지요. 부처님께서 무엇을 바라고 중생들에게 거짓말을 하겠습니까.

우리가 얼른 듣기에는 얼토당토 않는 그런 그 엄청난 비유이지만, 그런데 지혜의 눈을 뜬 사람이 보면, 중생들이 잘 믿지 않기 때문에 부처님께서 '여래는 참다운 것만 이야기 하는 사람이고, 사실대로 말하는 사람, 사실과 똑 같은 것만 이야기하는 사람[眞語者 實語者 如語者]'이라 한 것입니다.

금일 영가께서는 오늘 이렇게 49재를 맞으면서 다 깨달으셔서 잘 아실 것입니다. 이 육신이라고 하는 것이, 이 형상을 가지고 살아간다고 하는 것이 참으로 허망하다고 하는 사실[凡所有相 皆是虛妄]을 이미 다 깨달으셨을 것입니다. 그러니 우리가 이 형체를 버리기 이전에 이 형상이, 형상이 아니라고 하는 사실을 제대로 보고 산다면, 곧 부처님을 볼 것[若見諸相非相 卽見如來]이라고 했습니다.

부처님을 본다고 하는 것은, 곧 진리를 보는 것이요, 금일 영가의 참 생명을 보는 것입니다.

우리는 모든 형상과 모양에 사로잡혀 거기에 끄달려 형상이 아닌 것, 즉 보이지 않는 것은 인정하지 않으려고 합니다. 모든 삶의 기준을 형상에다 두고 살기 때문에 참 생명을 모릅니다. 그래서 『금강경』에서는 '제발 형상이라고 하는 그 집착에서 떠나라.', '형상에 끄달려 살지 말라.', '형상에 집착하다 보면 진정한 생명은 보지 못하게 되는 것이다.'고 합니다.

우리가 불상 모셔놓고 "부처님! 부처님!"하지만, 진짜 부처님이 뭔가? 형상에 끄달리고, 형상에 집착하면 진짜 부처님은 영원히 보지 못합니다. 설사 살아있는 부처님이 와 계신다 하더라도 그것은 진정한 부처님을 보지 못하는 것과 같습니다.

우리가 이 몸뚱이를 끌고 다니는 동안은 형상이라고 하는, 이 육체라고 하는 한계 속에서 어쩔 수 없이 구애 받고 살게 마련입니다. 그래서 부처님께서 "부디 이 형상 밖에 있는 그대들의 진실 생명에 눈을 뜨라."고 했습니다.

금일 영가께서도 부디 이런 부처님의 깊은 이치를 귀담아 들으시고, 이 순간 모든 인연, 모든 미련 다 잊어버리시고, 이제는 다음 생을 준비해야 할 새로운 출발선 상에 있다는 것을 명심하셔야 합니다.

그렇다면 지금까지의 모든 인연들, 그리고 온갖 형상에 끄달리던 그런 그 습관들은 다 떨쳐버리고, 참으로 자유자재한 주인공이 되어 참 생명으로의 새 출발을 하셔야 합니다. 그래야 어디에도 걸리지 아니하고, 내 인연 따라서 내 삶을 내가 당당하게 찾아가는 것입니다. 사람의 삶이라고 하는 것은, 일회적으로 끝나는 것이 아닙니다.

오늘 이렇게 모여 염불을 하고 명복을 빌어드리며 천도의식을 정성스럽게 해드리는 것도 금일 영가의 큰 복이라는 생각이 듭니다. 이러한 것이 모이고 모여서 영가의 다음 생에 큰 양식이 될 것입니다. 또 법사의 법문과 염불 소리에 지혜의 눈을 뜨셨다면 다음 생을 맞이하는데 참으로 밝은 생이 될 것입니다.

4. 영가천도 법문

  우리 인생이 육신이라는 한계 속에 사로잡히면 참으로 허망하고 억울합니다. 마치 큰 코끼리가 개미집을 밟는 것과 같은 것입니다. 코끼리는 발밑에 개미집이 깔렸는지 어쩐지, 전혀 느낌이 없다는 것입니다. 그럼에도 불구하고 개미집은 사정없이 무너져 내리고 마는 것이, 이 육신의 한계인 것이고 무상의 이치인 것입니다.

  그래서 부처님은 이 육신의 한계를 뛰어넘은 진정한 참 생명에 부디 눈을 뜨라고 했습니다. 그랬을 때 이 육신도 자유로움을 얻을 수 있고, 다음 생을 맞이할 때도 밝은 마음으로 맞이할 수 있다고 했습니다.

  『금강경』 사구게에 '약이색견아(若以色見我) 이음성구아(以音聲求我) 시인행사도(是人行邪道) 불능견여래(不能見如來)'라.

  '스스로 형상으로서 나를 보거나, 내가 설법을 이렇게 잘 한다고 해서 설법소리를 가지고 또 나라고 한다면 이 사람은 삿된 도를 행하는 것이다. 불법은 전혀 모르는 사람이다.
  불법은 형상에도 있는 것이 아니고, 소리에도 있는 것이 아니다. 형상이나 소리에 집착하고 그것이 나의 모든 것이라고 한다면, 이 사람은 삿된 도를 행하는 것이고, 영원히 여래를 보지 못할 것이다.'

  여래라고 하는 것은 모든 사람들의 참 생명인 것입니다. 모든 사람의 참 생명! 남의 생명은 그만 두고라도 자신의 진실한 생명을 보지 못한다는 것입니다.
  육신뿐이라고 생각하는 사람은 육신과 더불어 가버릴 것이고,

육신을 끌고 다니는 진정한 주인공이 있는 줄 아는 사람은 바로 그 주인공이 내 자신이 돼서 당당하게 삶을 펼쳐갈 것입니다. 그래서 천도재의 염불이라고 하는 것도 결국은 반복해서, 반복해서 이 육신의 허망함을 일깨워 드리는 것이고, 진실 생명의 영원함을 가르쳐드리는 것입니다.

생종하처래(生從何處來) 사향하처거(死向何處去).

우리가 태어남이라고 하는 것은, 도대체 어디로부터 오는가?
그리고 죽음이라고 하는 것은, 도대체 어디로 가는 것인가?

생야일편부운기(生也一片浮雲起) 사야일편부운멸(死也一片浮雲滅).

태어남이라고 하는 것은 한 조각구름이 일어나는 것과 같고, 죽음이라고 하는 것은 일어난 구름이 저 하늘 끝으로 사라져 가는 것과 다를 바 없다.

독일물상독로(獨一物常獨露) 담연불수어생사(湛然不隨於生死)라.

그 가운데 보이지 않고, 들리지 않고 만질 수 없고, 이름 붙일 수 없고, 그림 그릴 수 없고 하지만, 모든 것을 주재하는 참 생명 그 한 물건이 있어서 홀로 드러나서 생과 사에 전혀 구애받지 않구나.

그것을 주재하고 그것을 좌지우지하는 그런 참 생명이 있으니, 부디 거기에 눈을 뜨라는 내용입니다.
분명한 것은 몸뚱이가 여기 온 것이 아니지 않습니까? 가자고 하는 주인이 틀림없이 있었기 때문에, 오늘 이렇게 온 겁니다.

이 순간, 몸뚱이는 여기 앉아 있지만 그 주인이 딴 데 가버리면, 이 법사의 말을 한 마디도 알아듣지 못합니다. 무슨 소릴 하는지 전혀 알아듣지 못하는 것은, 몸뚱이만 앉아 있지 그 주인은 다른 데 가 있어서 그렇습니다.

　불교에서 기도나 참선을 열심히 하는 것은, 내 몸이 여기 앉아 있을 때는 몸과 마음이 하나가 되라는 것입니다. 오늘 천도재 의식을 정성스럽게 지낼 때도 마찬가집니다.

　마음은 다른데 가 있으면서, 몸만 법당에서 부처님의 명호를 부르고 보살의 명호를 부르는 예들이 얼마나 많습니까. 그래서 모든 경전에는 이 허망한 육신에 끄달리지 말고, 이 육신 너머에 진정한 나의 주인공인 참 생명이 있다는 사실에 눈을 뜨라고 했습니다.

　금일 영가께서도, 바로 이 이치를 아셔야 수승한 복을 받을 것이고, 천도재를 지내는 사람들도 진정한 의미와 보람이 있게 되는 것입니다.

　오늘 영가께서 부디 이러한 이치에 눈을 뜨시고, '아! 내가 부처님과 인연을 잘 맺었구나! 부처님의 인연이 아니었더라면 어찌 이러한 도리를, 이러한 사실을 알았겠는가?' 하는 그러한 깨우침이 있으시길 바랍니다.

　그리고 오늘 천도재를 올리는 분들과 여기에 동참하신 분들의 간절한 바람대로, 새로운 출발하시어 왕생극락 하시기를 기원 드립니다.

5. 윤○○영가 49재 법문

　오늘 화평 유인 윤○○영가님의 49재일입니다.
　부처님의 깨달음으로 우리 인생을 보면 육신의 생명이 다한 49일 전을 인생의 끝이라고 보지 않습니다.
　금생의 수많은 인연과 얽히고설킨 가족들의 관계와 세상과의 관계들 때문에 영혼이 다음 생으로 돌아가는 시간은 육신이 다한 때가 아닙니다. 바로 49재를 지냄으로 해서 그동안 못다 한 사연, 못다 한 인연들 다 거두고 마음과 영혼이 다음 생을 맞이하는 시간이라 합니다. 그래서 불교에서는 49재를 잘 모시기를 바랍니다.

　흔히 우리 동양에서는 효도를 지상 제일 과제로 삼고 살아갑니다. 효도에는 여러 가지가 있는데, 대개 살았을 때 잘 봉양해드리고 또 돌아가신 후에 세상 법대로 장례를 잘 치러드리면 그것은 보통 효도인 것이고, 살았을 때 부모의 뜻을 잘 따라주는 것, 그리고 돌아가신 후에도 부모의 이름을 빛나게 해주면 그것은 아주 큰 효도라 했습니다.

　우리가 이런 기회에 효도에 대한 문제 그리고 삶과 죽음에 대한 문제를 부처님의 가르침에 의해 생각해 보고 반성해보는 시간이 되리라 생각합니다. 그리고 보면 금일 영가는 부처님과 인연이 있어서 가시면서까지 우리에게 이러한 시간을 마련해준 큰 복을 지었다고 생각됩니다.
　진정한 효도는 부모님이 살았을 때, 내 체면 생각하지 말고 오로지 부모의 뜻을 잘 받드는 것입니다. 돌아가신 후 장례식을 거창하게 하고, 묘를 크게 만들고 비석을 세우는 것이 효도가 아닙니다. 돌아가신 뒤에도 삶과 죽음에 대한 올바른 가르침으로 그 영혼을 천도해 드릴 수 있다면 이것이야말로 참으로 훌륭한 효도인 것입니다.

수욕정이풍부지(樹欲靜而風不止) 자욕양이친부대(子欲養而親不待)라.

나무가 조용히 있고자 하지만 바람이 그치질 않고, 어버이를 오래 동안 봉양하고 싶지만 그 어버이는 기다려 주지 않는다.

사실 이럴 때 우리가 가장 많이 생각나고 가슴깊이 느끼는 것은 인생무상, 세상무상인 것입니다. 태어나서부터 지금 49재를 지내는 이 순간까지 금일 영가께서는 부단히 하나의 목표지점을 향해서 달려왔습니다. 그것이 바로 오늘 이 순간, 이 사실이 바로 금일 영가께서 달려오신 바로 그 목표 지점이라는 것입니다. 열반이라는 것이지요.
 금일 영가를 천도해 보내는 이 순간에도 우리는 열반이라고 하는 목표점을 향해서 열심히 달려가고 있습니다. 이것을 누가 부정하겠습니까?
 태어나서 철없을 때 동네 아이들과 희희낙락 즐기는 그 순간에도 쉼 없이 달려갔고, 성장해서 이리저리 세상사에 휘말린 그 순간에도 달려갔고, 자식들을 키우느라고 온갖 애를 쓰시면서 살아온 그 순간에도 열반이라고 하는 인생 최종의 목표지점을 향해서 부단히 달려왔습니다. 우리 모두가 피할 수 없는 인생의 실상인 것입니다.

오늘은 윤○○ 영가를 애도하고 천도해서 보내지만 다음 날은 우리 차례입니다. 누가 그걸 피하겠습니까? 나의 일이고 여러분들의 일입니다. 내 사진 내 위패가 언제쯤 저기에 올라가 있을지 그 누가 압니까? 이것이 인생의 실상이에요.

이런 이치를 한 번쯤 생각하게 하고 깨우쳐주고 그래서 우리의 삶을 바로잡고 보다 더 의미 있고 보람되게 살도록 가르쳐 주자고 오늘 영가께서는 부처님 앞에 많은 사람들을 초청했습니다.

금일 영가의 천도재는 단순히 자신이 부처님의 가피력을 입어서 천도되자고 하는 것만이 아니라 우리 모두에게도 깨우침을 주고자 하는 의미가 있습니다. 그랬을 때 금일 영가도 큰 복을 받고 진정 훌륭한 천도가 되는 것이지요.

인생의 원점은 공(空)입니다. 열반입니다. 공에서 출발해서 아무것도 없는 그 공을 향해서 우리는 싸우면서 때로는 울고 웃으면서 달려가고 있습니다. 그래서 결국은 목표지점인 공에 도착하고 맙니다.

부처님은 사문관(四門觀)이라 해서 사대문을 두루두루 나가서 장례식을 치르는 모습을 보고 신하에게 묻습니다.

"저것이 무슨 일이냐?"

"사람이 살다가 돌아가시게 되면 저런 의식을 치르고 지금 저 분은 무덤에 묻히는 길을 향해서 가고 있습니다."

"누구라도 저 철칙에서 벗어나는 길은 없느냐?"

"미안하지만 없습니다."

천하에 영명하신 싯다르타 태자가 죽는 그 이치를 몰라서 물었겠습니까? 신하들에게 그런 질문을 통해서 우리들에게 한 번 더 죽음에 대한 사실을 일깨워주고 깊이 인식하고 살자는 뜻에서 물은 것입니다.

선생님이 학생에게 묻는 것은 학생이 알고 있는 사실을 한 번 더 일깨워주고 가슴에 깊이 인식시켜 주기 위해서 묻는 것입니다. 그것이 인생의 실상인 이상 그러한 인생을 바르게 인식하고 살라는 것이지요. 바르게 인식한다는 것은 바르게 보는 것, 정관(正觀)이라고 하는 것입니다. 이것이 우리들의 현상적인 실상입니다.

49재 의식(儀式)에 돌아가신 분을 위해서 들려드리는 염불에 '생종하처래 사향하처거(生從何處來 死向何處去)'라는 말이 나옵니다.

우리 인생이라고 하는 것은 도대체 어디서 왔는가? 또 죽음이라고 하는 것은 어디로 가는 것인가?

'생야일편부운기 사야일편부운멸(生也一片浮雲起 死也一片浮雲滅)'이라.

태어남이라고 하는 것은 저 푸른 하늘에 난데없이 구름이 일어나는 것과 같고, 죽음이라고 하는 것은 그 일어난 구름이 정처없이 떠돌다가 어디론가 사라져버리는 것과 똑같은 이치인 것입니다. 가고 오고 태어나고 죽고 하는 것도 역시 구름이 일어났다 사라지는 이치입니다.

그런데 구름과 다른 점은 '독유일물상독로 담연불수어생사(獨有一物常獨露 湛然不隨於生死)'라.

홀로 거기에 진정한 참 생명, 한 물건이 있어서 생사거래를 따르지도 않고 태어나고 죽고 하는 것과 상관없이 진실 생명으로서 영원히 존재하는 것. 이것이 참주인공인 것이고 참 생명인 것입니다.

금일 영가께서도 바로 부처님의 가르침에 의해서 그 점을 인식하고 그 점을 깨달아야 합니다. 우리 몸은 태어나자마자 지금까지 끊임없이 죽음이라는 목표점을 향해 달려가면서 부단히 변화해 왔습니다. 그러나 변화하지 않는 하나의 존재가 있습니다.

가자 하면 가고, 오자 하면 오고 하는, 그야말로 자동차의 운전수와 같아서 내 육신이라고 하는 자동차를 마음대로 몰고 다니는 존재가 하나 있어요.

보이지도 않고 들리지도 않고 형상도 없고 만질래야 만져지지도 않고 그러면서도 나를 좌지우지 마음대로 부리고 있습니다. 웃게도 하고 울게도 하고. 이것이 금일 영가의 참 생명인 것입니다. 금일 영가의 참 주인공인 것입니다.

여기에 눈을 뜨자고 부처님께서도 왕위를 버리고 출가하셔서 6년 고행 끝에 바로 그러한 참 생명을 체득하셨습니다. 그 가르침에 의해서 참 생명의 이치를 들려드리자고 49재 의식을 마련해서 가시는 분에게, 또는 살아있을 때 이러한 이치의 깊은 깨달음을 얻어서 영원한 참 생명을 누리고 살라는 의미에서 천도재 의식이 마련된 것입니다.

그것은 이미 있는 법도이고 본래 있는 행복인 것입니다. 누가 만들어서 생긴 것도 아니요, 복을 많이 짓는다고 생긴 것도 아닙니다. 복을 많이 지어서 생긴 복은 불과 몇 푼어치 안 되거든요. 그러나 우리가 본래 가지고 있는 무한한 능력 그것은 누구나 평등하고 누구에게나 똑같은 무궁무진한 능력과 복덕과 자비와 지혜를 갖추고 있다는 사실입니다.

이것을 잘 계발해서 쓴 사람들은 불보살이요, 그것을 인식하지 못하고 취생몽사(醉生夢死)하며 살아가는 것이 바로 우리 미혹한 중생인 것입니다.

세상에는 이런 이치가 있고 우리 인생에는 이러한 위대한 이치가 있음에도 불구하고 현상에 그만 눈이 어둡고 세속적인 가치관에 빠져서 더 이상 더 나은 삶과 더 나은 이치를 찾으려고 하지 않는데 문제가 있는 것입니다.

거기서만 벗어나면, 진정 구름에서 벗어나면 저 푸른 창공이 한없이 펼쳐져 있는 것과 같습니다. 우리들 삶의 세계도 우리들 인생도 어떤 작은 것에 갇혀 있고 얽매여 있는 것이 아니라, 무한히 넓고 자유로운 삶을 누릴 수 있는 길이 우리 개개인에게 다 갖추어져 있다는 것입니다.

당당대도(堂堂大道)라. 당당한 큰 길이라고 합니다.

대웅전 앞에 주련이 '마하대법왕(摩訶大法王)'이라고 되어 있습니다. 크고 위대한 큰 진리의 왕이다. 본래 검거나 흰 것도 아니요, 본래 누렇거나 푸른 것도 아니다. 그런데 곳에 따라서 상황 따라서 희게도 되고 누렇게도 되고 검게도 되고 푸르게도 되고 온갖 색깔과 온갖 인생을 연출하면서 사는 것이 우리들 삶입니다.

다만 그 현상에만 끄달리지 않고 현상에만 미혹되지 않는다면 정말 그 자유자재한 큰 생명을 누릴 수 있습니다. 그래서 돌아가신 분에게 이제라도 현상에 눈이 어둡지 말고 실상에 눈을 뜨라고 『금강경』을 독경해 드립니다.

『금강경』을 다 설명해 드리지는 못합니다만 대표적인 가르침으로서 사구게를 듭니다. 가장 대표적인 가르침이고 『금강경』 전체의 뜻을 압축한 내용이지요.

'범소유상 개시허망 약견제상비상 즉견여래(凡所有相 皆是虛妄 若見諸相非相 卽見如來)'라,

네 개의 구절인데, 무릇 형상 있는 것은 전부 허망하다. 끊임없이 변해 가니까. 우리 육신을 비롯해서 이 세상에 눈에 보이는 모든 것, 우리의 모든 감정들, 인식 능력들, 이 모든 것은 전부 허망한 것이다. 마치 구름이 시시각각 바람에 따라서 변해가는 것과 같다.

만약 모든 형상 있는 것에서 그 형상 아닌 이치를 꿰뚫어 볼 수 있다면 그야말로 우리 인생의 실다운 모습을 보고 또 눈앞에 펼쳐져 있는 모든 존재에 대해서 그 실재적인 모습을 꿰뚫어 볼 수 있다면, 그 때 비로소 여래를 볼 수 있을 것이다. 부처님을 볼 수 있을 것이다 했습니다.

부처님은 형상도 아니요, 저 나무나 돌로 깎아 둔 불상은 더욱 아니고 역사적인 석가모니 부처님도 아니고, 그야말로 그 모든 것의 참 생명이고 그 모든 것의 주인공인 그런 존재입니다. 바로 거기에 눈을 떴을 때 비로소 부처님을 보는 것이지, 그 전에는 역사적인 부처님이 위대하다, 무슨 석굴암 불상이 위대하다, 어떤 법당에 어떤 부처님이 어떻게 영험이 있다 없다 하는 것은 전부 허깨비 노릇이고 환상입니다.

거기에 우리가 끄달리고 미혹해서 그냥 그림자 노릇만 하는 것이지 실재의 그 참 생명의 자유자재한 맛은 조금도 보지 못한다고 하는 것입니다.

이제 금일 영가께서는 스스로 열반을 체험하셨습니다. 모든 존재가 다 사라진 것을 체험하셨습니다. 이제 자녀들이 아무리 있은들, 당신이 쌓아 놓은 업적이 얼마나 있은들, 자녀들을 키우면서 얼마나 공을 세웠던들 이제 무슨 의미가 있습니까?

이제 아무것도 아닙니다. 그 아무것도 아니라는 사실을 깊이깊이 깨달으셨을 것입니다. 그랬으면 이제 당신의 참 생명에 대해서 눈을 뜨셨을 줄 믿습니다.

바로 이러한 가르침을 드리고자 천도재라는 의식이 있게 된 것이고 이 계기를 통해서 금일 영가에게 마음의 눈과 당신의 참 생명에 눈을 뜨게 해드리는 것입니다. 따라서 천도재를 지내드리는 우리 모두에게 인생의 무상함을 깨닫고 나아가서 우리들의 참 생명에 눈을 뜨게 해주는 계기가 되는 것입니다.

우리가 천도재를 지내는 것은 비단 금일 영가에게만 복이 되는 것이 아니고 오히려 천도재를 지내 드리는 우리 모두에게 더 큰 복이 될 수 있습니다.

우리가 이런 기회를 통해서 인생의 참 의미를 깊이 깨닫는다면 그 공덕이 얼마나 크겠습니까? 그 큰 공덕이 결국은 윤ㅇㅇ영가에게로 돌아가서 다음 생을 맞이할 때는 참으로 풍요롭고 넉넉한 삶으로 새롭게 출발하게 될 것입니다.

부디 부처님 인연 소중히 생각하셔서 염불 소리에 귀를 기울이시고 저의 부족하나마 이 말씀을 열쇠로 삼아서 모든 가르침을 하나하나 열고 풀어 가신다면 그야말로 감로의 법문이 되리라고 믿습니다.

부디 이 인연 이 공덕으로 극락왕생하시기를 바랍니다.

종범(宗梵) 스님

충남 공주 출생(1946~)
중앙승가대학교 총장 역임.

1. 석담거사 이건희 영가 법문(초재)

금일 초재이신, 경주후인 이공 건희영가
지심제청 지심제수(至心諦廳 至心諦受)

백회괴산(百骸潰散) 귀화귀풍(歸火歸風)이나
일물장령(一物長靈) 개천개지(蓋天蓋地)로다.

온몸은 흩어져서 화풍으로 돌아가나
한 물건은 길이 신령해서 하늘땅을 덮음이여.
나무아미타불~

　재를 모신다고 수고들 많이 하십니다. 재는 극락세계 가시라고 하는 일인데, 극락세계에 어떻게 가느냐. 날 생자[生], 몸 신자[身], 태어날 몸이 있고, 깨달을 각자[覺], 몸 신자[身], 깨닫는 몸이 있는데, 태어날 몸은, 몸은 태(胎)로부터 태어나는데, 깨닫는 몸은 새로 태어나는 게 아니라 마음으로 태어납니다. 태없이 태어나는 몸이 각신(覺身)인데, 그래서 어떻게 가르치느냐.
　백해(百骸), 백 백, 몸 해자, 몸에는 여러 가지 부분 요소가 있는데, 여러 가지 몸이 괴산(潰散)입니다. 흩어질 괴자, 흩어질 산자. 이 몸이, 태어난 몸은 다 없어집니다. 생신(生身), 생신은 다 없어집니다.
　이 몸이 태어나기 전부터 있던 몸, 이 몸이 태어났을 때도 있던 몸, 이 몸이 흩어진 다음에도 있던 몸인데, 그 몸을 영신(靈身)이라고 그러고, 묘한 몸이라고 해서 묘체(妙體)라고 그럽니다. 그것은 하나의 신령스럽고 밝다. 그래서 일령(一靈)이라고 합니다.
　한 물건 신령스러운 것은 길이길이 신령스러워서 하늘도 꽉 차고, 땅도 꽉 찬다. 그래서 그 영신이 아는 것을 영각(靈覺)이라고 합니다. 또 생신이 아는 것을 생각이라고 합니다.

우리는 생각을 가지고 사는데, 평생 이 태어난 몸에만 의지해서 살기 때문에 생각, 영신은 영각이다. 신령스럽게 알아요. 신령스럽게 아는 영신, 영각이 머무는 곳이 극락세계입니다.

생신, 생각이 머무는 곳을 사바세계라고 하는데, 사바세계는 특징이 고통과 즐거움이 늘 함께 있습니다. 고통 없이 영원하리라고 생각이 들 때도 있는데 그것은 잠시 욕심이고, 이 사바세계는 생신, 생각이 머무는 곳이라 고통이 있으면 즐거움이 있고, 즐거움이 있으면 고통이 있습니다. 그러나 극락세계는 그렇지 않습니다.

무구정토(無后淨土)　　실상상주(實相常住)
화장찰해(華藏刹海)　　극락세계(極樂世界)는
수광무량(壽光無量) 하고　복덕구족(福德具足) 하고
수수원성(隨須圓成) 하니　안락무궁(安樂無窮)이로다.

청정한 정토 실상이 항상 하는
화장찰해의 극락세계는
수명과 광명이 무량하고 복덕이 구족하고
구함을 따라 원만히 이루니 안락이 끝이 없도다.
나무아미타불!

이 신령스러운 몸, 신령스럽게 아는 지혜가 머무는 곳은 무구정토(無后淨土)라. 없을 무, 더러울 구자인데, 더러운 것이 하나도 없고 그냥 청정국토입니다. 실상상주(實相常住), 진실상이 항상 머문다는 뜻입니다. 화장찰해(華藏刹海)라, 화장이라는 것은 꽃 화자, 감출 장자인데, 꽃은 공덕이고, 감출 장자는 무진장이란 말입니다. 공덕이 무진장 한 곳이 극락세계입니다. 그리고 찰해 라는 것은 세계라는 찰자, 바다 해자인데, 이 무진장한 공덕이 많고도 많다. 이게 화장찰해라는 겁니다.

그 세계가 극락세계인데, 그럼 극락세계는 뭐냐? 고통이 있으면 즐거움이 있고 그게 아니고, 무고유락(無苦有樂)이라, 고통은 없고 즐거움만 있다는 겁니다. 그걸 조금 자세히 말해본다면, 수광(壽光)이 무량(無量)하고, 이 신령스러운 몸, 신령스러운 마음은 수명과 광명이라는 겁니다.

수명이 무량하면 죽음이 없고, 광명이 무량하면 어두움이 없다. 그래서 수명과 광명이 한량이 없고. 복덕이 구족하고, 복덕은 장애가 없고 여러 가지 선공덕(仙功德)을 복덕이라고 합니다. 무장애(無障礙) 선공덕, 복이 없는 사람은 장애가 많습니다. 그러나 복이 있으면 장애가 없습니다.

선공덕은 여러 가지를 이룰 수 있는 능력, 이 복덕이 다 갖추어진 세계가 극락세계고, 수수원성(隨須圓成)이라. 따를 수, 요구할 수, 필수라는 수자인데, 수수, 바라는 바 따라서, 바라는 대로, 바라는 희망에 따라서, 희망대로, 둥글 원, 이룰 성, 원만하게 다 이루어지는 데가 극락세계다 그 말입니다. 수수원성이라, 그러니 안락이 무궁합니다. 사바세계는 편안해도 즐겁지가 않습니다.

오래 쉬라고 하면 불안해서 못 쉽니다. 그런데 극락세계는 편안하고 즐겁습니다. 편안할 안자, 즐거울 락자 입니다. 그 편안하고 즐거움이 끝이 없다, 무궁하다, 그걸 극락세계라고 합니다. 수광이 무량하고 복덕이 구족하고 수수원성하니, 희망하는 대로 원만히 이루어지니, 안락무궁이라, 편안하고 즐거움이 끝이 없다는 말입니다.

몽식주몽(夢識住夢)하고 의식주경(意識住境) 하고
영식무주(靈識無住)하니 적적광명(寂寂光明)이로다

몽식은 꿈에 머물고 의식은 세간에 머무나
영식은 머무는 데 없으니 자취 없는 광명이로다.
나무아미타불!

사람에게 꿈꿀 때 느끼는 걸 꿈 몽(夢)자, 인식할 식(識)자, 몽식(夢識)이라고 합니다. 평상시에 느끼는 것을 생각 의(意)자, 인식할 식(識)자, 의식(意識)이라고 합니다. 꿈꾸면 몽식이고 꿈 깨면 의식입니다. 그런데 이 꿈의 인식은 꿈에만 머뭅니다. 아무리 좋은 꿈을 꿔도 꿈 깨면 안 머뭅니다. 그게 몽식인데, 그런데 의식은 세 가지만 머뭅니다.

세 가지라는 것은 우리 몸하고, 사람하고, 물질하고 이렇게 세 가집니다 '저 사람 뭔 생각하는지 모르겠다.' 알 필요도 없어요. 몸 생각 아니면, 사람 생각 아니면, 물질 생각하든지, 고향 생각을 한다든지, 친구 생각을 한다든지, 몸 관리 생각을 한다든지,⋯ 뻔한 겁니다. 궁금할 거 하나도 없습니다. 그게 의식이 머무는 세계인데, 그걸 몸과 사람과 물질을 통틀어서 불교에서는 경계 경(境)자를 써서, '경(境)'이라고 합니다.

근데 의식은 항상 몸 아니면 사람, 물질, 몸, 사람, 물질로 돌아다녀 밖에만 있습니다. 늘, 늘 의식은 밖에만 돌아다닙니다. 그런데 이 몸과 의식이 있기 전부터 있는 그걸 영식(靈識)이라고도 하고, 영각이라고도 하는데, 영식·영각, 신령스럽게 아는 것, 그건 이 몸이 있기 전부터 있어서 본래면목이라고도 하고, 또 무주진인(無位眞人)이라고도 합니다.

머묾이 없는 참사람이라고, 이거는 태어난 사람이고, 색인이고, 이 몸 나기 전부터 있던 참사람이 있습니다. 그게 영각인데, 그 영식, 영각, 그 참사람은 머무는 데가 없습니다.

무주(無住)라. 몸에도 안 머물고, 사람에도 안 머물고, 물질에도 안 머물고. 과거에도 안 머물고, 현재에도 안 머물고, 미래에도 안 머물고 해서 무주라고 합니다. 과거 현재 미래의 지배를 안 받고, 몸과 사람과 물질의 지배를 안 받습니다. 그래서 이걸 해탈(解脫)이라고 하고, 고요하다고 해서 열반(涅槃)이라고 하고, 또 자재(自在)라고 합니다.

지배를 안 받는다고 해서 자재, 해탈도 머묾이 없는 무주고, 열반도 머묾이 없는 무주고, 자재도 머묾이 없는 무주란 말입니다. 그래서 이 무주는 신령스런 몸, 신령스런 마음, 영식·영각인데, 적적광명(寂寂光明)이라 자취가 없답니다. 고요할 적(寂)자, 고요할 적(寂)자, 적적, 그런데 항상 빛난다. 광명입니다.

이 적적광명 영식 영각이 극락세계 가고, 극락세계 가는데 수량이 무량하고 복덕이 구족하고, 화장찰해 극락세계에서 안락을 수용하는 것이 그게 극락 가는 도리고, 그렇게 해드리기 위해서 지금 이렇게 정성을 다하시는 것입니다.

오늘 법문 다 마쳤습니다.

2. 석담거사 이건희 영가 법문(3재)

금일 도량 세연지고 삼칠지신 천혼감도재자
신원적 경주후인 이공 건희영가이시여
지심제청 지심제수(至心諦聽 至心諦受)

화장세계(華藏世界)　연화정토(蓮華淨土)
안양극락(安養極樂)　종하출래(從何出來)오

화장세계여 연화정토여
안양극락이여 어디서 왔는가?
나무아미타불!

　재를 모시고 공력(功力)이 많으십니다. 공을 들이는 힘이 많다는 공 공(功)자, 힘 력(力)자. 공력이 많으시다. 그런 말씀을 드립니다.

　첫 번째 법문이 뭐냐 하면, 화장세계(華藏世界), 꽃 화자, 창고 장자인데, 꽃은 공덕이란 뜻입니다. 공덕이 많은 세계, 연화정토(蓮華淨土)는 나쁜 것이 하나도 없는 세계란 뜻입니다. 연화도 깨끗하고 정토도 깨끗하고, 안양극락(安養極樂), 편안할 안(安)자, 기를 양(養)자인데, 여기서 기를 양자는 즐거울 락자와 똑같은 뜻입니다.
　안양은 안락이다, 편안하고 즐거움만 있다, 극락이다, 고통은 하나도 없고 즐거움만 있다, 그러면 이 세계가 어디서 왔느냐? 이 세계를 누가 만들었고, 지금 어디 있고, 어디서 왔는가. 종하출래(從何出來)오, 어디서부터 시작해서 나왔나 그런 말씀입니다.

처음에 한 얘기는 오늘 삼재인데, 날짜로 보면 삼칠입니다. 7번이 세 번 들었다는 겁니다. 언제가 삼칠이냐?

세연(世緣)이 지고, 세상 인연이 다함으로, 세상 인연이라는 것은 숨 쉬고 맥박이 뛰고 생각하고, 수명과 체온과 의식이 있는 세상 인연인데, 이것이 다한 것을 세연이 다했다고 하는 것입니다. 세연이 다하고 삼칠지신이라, 날짜를 말할 때 생신이라고 하는 것처럼, 스무하루 되는 날, 극락세계 가시라고 하는데, 극락세계는 대체 어디서 왔나 그 얘기입니다.

원성무상최정각(圓成無上最正覺) 정각공덕대지출(正覺功德大智出)
일체세간종종상(一切世間種種相) 해인삼매소현물(海印三昧所現物)
이로다.

무상 최정각을 원성하여 정각공덕으로 대지출하니
일체세간의 종종상이 해인삼매에서 나타났다.
나무아미타불!

극락세계는 불국토입니다. 부처님이 계신 국토를 불국토라고 합니다. 불국사(佛國寺)라는 것도 다 극락세계를 말하는 겁니다. 화장사(華藏寺)라는 것도 극락세계를 말하고, 극락암(極樂庵), 안양암(安養庵), 안양사(安養寺)도 다 극락세계를 말하는데, 불국토, 즉 부처님에 계시는 곳이란 말입니다.

그럼 '부처님이 어떻게 해서 극락세계에 계시게 되나?' 그 의미인데, 원성무상최정각(圓成無上最正覺)하야, 무상은 가장 높다는 말이고, 최정각은 제일로 바른 깨달음입니다. 원성(圓成), 둥글 원자, 이룰 성자, 즉 원만히 성취하니 거기서 뭐가 나왔나 하면, 정각공덕대지출(正覺功德大智出), 정각공덕으로 대지출이라. 바르게 깨달은 공덕으로 큰 대자, 지혜 지자, 큰 지혜가 나왔다 이 말입니다.
　지혜는 뭔가? 신령 령자, 알 지자, 신령스럽게 알고, 상지(常知), 항상 상자, 알 지자, 항상 알고, 신광신통(神光神通), 신비로울 신자, 빛 광자, 신비로운 광에, 신비로울 신자, 통할 통자, 신비로운 신통이다. 이걸 지혜라고 합니다.

　영지상지(靈知常知)는 신광신통을 깨닫기 전에는 의식인데, 의식은 대경인지하고, 자기 대상에 있는 경계와 형상들은 인식하게 하고, 사량 분별하고, 생각하고 헤아리고, 시비성향을 분별하고, 그게 의식입니다.
　이 의식이 편안해지고, 조용해지고 맑아지고 맑아지는 게 삼매입니다. 그런 삼매의 관문을 닫고 닫고 그 기점에 이르르면 그 의식은 없어지고 지혜광명이 출현하는데 그걸 깨달음이라고 합니다. 그래서 깨달음이라는 것은 의식이 지혜로 바뀌는 것입니다. 그것을 전식성지(轉識成智)라고 합니다. 식을 전환시켜서 지혜를 성취시킨다는 말입니다.
　그러면 이 지혜가 나타나면 뭘 아느냐? 일체 만법이 오직 마음에 있다는 걸 알게 됩니다. 그래서 깨달음이라는 것은 모든 물건이 자기 마음이라는 것을 알면 깨달은 거고, 자기 마음과 상관없이 '모든 물건이 있다.' 라고 하면 생각인 겁니다.
　지혜라는 것은 제법(諸法)이 유심(唯心)이라. 오직 마음이라는 걸 아는 게 지혜고, 모든 형상법이 대상으로 인식이 되고, 그 대상에 대해서 생각하고, 불편하면 그건 의식이다 이겁니다. 그래서 뭐가 깨달음이냐? 오직 마음밖에 없다는 것을 깨달은 것입니다. 도대체 무슨 말인지 불가사의할 겁니다.
　마음은 항상 있는 건데 모를 뿐입니다. 그럼 뭐가 마음이냐? 전부가 마음입니다. 책상을 볼 때도 그냥 책상으로만 보면 의식인데, 이 책상을 보는 마음이 있습니다. 그런데 보는 마음은 잊어버리고 책상만 쫓아가는 겁니다. 이걸 의식의 분별이라고 합니다. 그런데 이 의식은 생멸이라는 겁니다. 났다 죽었다, 났다 죽었다, 그런데 생기는 생각은 아는데, 사라지는 생각은 모릅니다. 이 생각이 생기기만 하는 게 아니고 사라지거든요.

생각이 생길 땐 알지만, 그런데 사라질 땐 모릅니다. 그래서 맨날 나고 죽고 나고 죽고 이 의식인데, 이걸 세간(世間)이라고 합니다. 극락은 세간이 아니라 극락인데, 극락은 생각에서 오는 것이 아니라 지혜에서 옵니다. 그게 극락세계입니다. 글자도 마음이 있어 이걸 신령스럽게 알고[靈知], 항상 압니다.
아는 작용이 일어나도 그대로 지혜고, 안 일어나도 지혜입니다. 불생불멸 불구부정 부증불감(不生不滅 不垢不淨 不增不減), 이렇게 됩니다. 그게 반야인데, 반야 지혜라고 합니다. (물 컵을 가리키며) 이것도 그릇인데, 이걸 잡으면 잡는 마음이 여기에 있는 겁니다. 그리고 이걸 보는 마음이 있습니다. 이게 통째로 마음입니다. 그런데 그릇인 줄만 알지, 마음이 있는 걸 모르는 걸 생각이라고 합니다. 그래서 삶과 죽음을 느끼는데, 삶과 죽음만 알고 삶과 죽음을 느끼는 영지상지(靈知常知), 신광신통(神光神通) 그게 극락세계입니다.

아는 마음은 극락세계고, 그 느끼는 대상을 쫓아가는 의식이 있다는 것을 석가모니는 그것을 알았습니다. 의식으로 분별하면 생로병사고, 그 아는 마음에서 자유자재하면 극락세계입니다. 아주 간단합니다. 그래서 지혜로 살면 극락세계인데, 생각으로 살면 생로병사입니다.
그러니까 자녀분들이나 부인, 온 가족이 공력을 많이 키우면서 극락세계로 보내는 걸 천도(薦度)라고 그러는데, 불교는 천도지 추모(追慕)가 아닙니다. 유가(儒家)에선 추모를 합니다. 추모는 뭐냐? 보이지는 않지만 살아계실 때 그대로 의식을 대접하고 하는 겁니다. 그게 추모고 불교에선 천도입니다.

그럼 천도란 뭐냐?

'생로병사 의식의 세계에서 극락세계 지혜의 세계로 잘 가십시오.' 이게 극락왕생입니다. 그래서 천도는 극락왕생이고, 일반제사는 생전추모입니다. 생전의 모습을 다 추모해서 추모하는 기간에는 고금(古今)이 상봉(相逢)이라, 살아계실 때 그 부모하고 살아있는 후손하고 상봉하는 것을 제사라고 합니다.

고금상봉, 그래서 제사 지낼 때는 그대로 평소처럼 하는데, 그 순간만큼은 고금이 상봉하는 겁니다. 그러면 '생로병사 의식세계에서 극락세계 지혜세계로 잘 가십시오.' 이게 문화의 차이점입니다. 그래서 지혜가 되면, 지혜는 생각을 일으켜서 되는 것도 아니고, 안 일으켜서 안 되는 것도 아닙니다. 그 지혜가 항상 선정에 들어있고, 항상 광명을 일으키는 이걸 '해인삼매(海印三昧)'라고 합니다.

해인(海印)이란 바다 해자, 도장 인자인데, 바다가 일부러 하늘에 있는 모양들을 담으려고 해서 그림자가 비치는 게 아니라, 저절로 바다에는 온갖 그림자가 다 비치는 겁니다. 백지에 도장 찍는 거와 같이 나타난다는 그 말입니다.

하얀 종이에 도장 찍으면 종이는 안 보이고 도장만 보입니다. 바다에 하늘에 있는 온갖 모양들이 다 비치면 바닷물은 안 보이고 모양만 보인다 이 말입니다. 모양 하나하나 다 바닷물인겁니다. 이렇게 바닷물 속에는 온갖 그림자가 다 있을 거 아닙니까.

거기 바다 속에 별이 있다고 건지러 들어갔다면 고생만 하지 아무 소득이 없습니다. 왜냐하면 물속에 비친 별들이 바닷물이기 때문입니다. 그래서 눈에 보이고 귀에 들리는 게 바다의 그림자와 같아서 오직 보고 듣는 마음뿐이고, 보여지고 들려지는 것 자체가 없다, 그걸 해인삼매라고 합니다.

바다가 일부러 그림자를 드러내려고 애쓴 것도 아니고, 안 드러내려고 피한 것도 아니고, 그냥 저절로 그대로 일 뿐입니다. 하늘에 있는 별이 바닷물 속으로 떨어진 것도 아니고, 바닷물이 하늘로 기어 올라가지도 않았습니다. 별이 솟아 올라간 것도 아니고, 떨어져 빠진 것도 아닌데, 그냥 환히 비친단 말입니다.
 그런데 언뜻 보면 바다 속에 해와 달과 별들이 다 있는 것처럼 보이는데, 그건 사실은 물이지 거기엔 아무것도 없다는 것입니다. 그냥 생각으로 보면 나무는 나무대로 따로 있고, 흙은 흙대로 따로 있는 것처럼 느꼈는데, 전부 지혜광명 속에 한갓 그림자처럼 비춰질 뿐이고 쫓아가면 색즉시공(色卽是空) 다 수상행식(受想行識) 역부여시(亦復如是)입니다.

일어나고 사라지는 생각도 마찬가지입니다. 그럼 뭐냐? 오직 지혜광명에는 신비롭게 밝고 항상 밝고 신비롭게 빛나고 신비롭게 통하는 것이 있을 뿐입니다. 이게 극락세계고 이게 깨달은 세계입니다. 그래서 일체세간종종상(一切世間種種相)이, 세간의 가지가지 모든 모양이 해인삼매소현물(海印三昧所現物)이라. 해인삼매에 나타나는 물건이라는 말입니다. 이래서 불교가 어렵다고 하고, 뭔가 들어보면 알 듯도 한데 돌아서면 모른다고 하는데 그건 사실입니다. 왜냐하면 생각으로 해왔기 때문에 그렇습니다.
 그래서 이 극락세계 체험을 하려면 생각을 거둬야 합니다. 섭심(攝心)이라, 거둘 섭, 마음 심. 경계를 인지하고 분별하는 생각을 가만히 관찰하고 있으면 순간이라도 생각에서 지혜로 가는 순간체험이라도 할 수 있습니다. 그 극락세계를 체험하는 것, 생각으로는 안 되고 생각을 가둬서 지혜로 일순간이라도 들어가게 되면 그때 극락세계를 살아서 체험하는 것, 그게 극락체험 훈련입니다. 근데 왜 안 되느냐. 밖의 것을 분별해서 안 되고, 조금 하다 보면 잠이 들어서 안 됩니다.

이 두 가진 안 됩니다. 잠도 들지 말고 밖의 물건도 쫓아가지 말고, 이것을 보관삼매(普觀三昧)라고 합니다. 넓게 보는 삼매에 들면 색즉시공 공즉시색(色卽是空 空卽是色)에 극락광명이 나타난 걸 체험할 수 있습니다.

　　무상무공무불공(無相無空無不空)　　무거무래역무주(無去無來亦無住)
　　수수즉성무불성(隨須卽成無不成)　　법계장엄보변만(法界莊嚴普遍滿)
이로다.

　무상무공하고 무불공하며, 무거무래하고 무주하니
　구하는 대로 이루어서 법계 장엄 끝이 없다.
　나무아미타불!

이 생각에서 지혜광명을 들어가 보면 지혜광명으로 보이는 세계가 일체형상이 형상이 아닙니다. 무상(無相), 형상은 생각이 만들어 낸 사량 분별입니다. 형상(形相), 그러면 형상 없는 게 따로 있느냐? 따로 있는 걸 공(空)이라고 하는데, 따로 있는 게 없습니다. 무상무공입니다. 또 공한 게 없느냐? 있느냐? 공한 것도 없습니다.

이게 첫 번째 맞이하는 지혜의 경계입니다. 무상무공무불공(無相無空無不空), 여기에 생각은 끼어들지 못합니다. 생각은 살아있는 공이고, 또 공은 어떻다? 분별인데 무상무공무불공, 상도 없고 공도 없고 공 아닌 것도 없다. 이게 지혜가 맞이하는 세계입니다. 이게 극락의 텃밭인 겁니다.

상이 상대로 정해져 있으면 극락이 나올 수가 없습니다. 상이 상이 아닐 때 극락일 수 있는 겁니다. 무거무래역무주(無去無來亦

無住)라, 극락세계는 어디로 가는 게 아닙니다. 또 어디서 오는 것도 아닙니다. 머무는 게 아니라는 겁니다. 무상무공무불공 무거무래역무주입니다.

　요즘 사람들 한문 안 배우는데, 법문을 한문으로 하냐고 원성이 자자합니다. 근데 왜 그러냐? 이렇게 가닥을 치지 않고 우리말로만 하면 싱거워서 이게 했는지 안 했는지, 사람은 있는데 이름 없는 것과 같아서 양이 안 차서 그럽니다.

　가는 것도 없고, 오는 것도 없고, 머무는 것도 없다는 '무거무래역무주'를 말하지 않으면 싱거운 일입니다. 그것도 한자가 이미 우리 글자가 돼버렸습니다.

　한자는 외국 글자가 아닙니다. 우리 글자가 돼버린 겁니다. 그게 지혜의 세계입니다. 근데 그것만 있는 게 아니라 깨달음이라는 것은 원력과 신통이 있는 겁니다.

　그런 지혜의 세계를 맞이하는 순간에 뭔 생각이 또 나오느냐 하면, '아, 이런 극락세계가 이렇게 뚜렷한데 이걸 모르고 낮이나 밤이나 고뇌에 시달리는 중생은 얼마나 괴로울까?' 이런 자부심이 나옵니다. 이런 중생을 극락세계로 인도해야겠다는 원력심이 나옵니다. 이걸 비원(悲願)이라고 합니다. 정각비원(正覺悲願), 바르게 깨달으면 자비와 원력이 저절로 나옵니다. 해인삼매처럼.

　정신이 건강하다는 것은, 좋은 일 하려고 마음이 생기는 게 건강한 겁니다. 남을 어떻게 해야 되겠다는 것은 건강한 게 아닙니다. 비원이 있을 때 건강한 정신인 겁니다. 자비와 원력, 원력은 이루려고 하는, 원하는 힘입니다.

　자비는 고통에 시달리는 사람을 자기화 시키는 겁니다. 부처님의 비원, 어떻게 되느냐? 법계장엄보변만(法界莊嚴普遍滿)이라, 법계를 공덕으로, 장엄이란 온갖 걸 꾸미는 게 장엄이라고 합니다.

중생들이 다 극락세계로 오를 때 공덕으로 온 법계를 장엄하게 되는데, 그래서 극락에는 없는 게 없습니다.

보변만이라, 편(遍)자를 불교 한자로는 변으로 읽습니다. 보편이라고 안 하고 보변(普遍)이라고 합니다. 참 희안하게도 불교 한자의 음이 일반 한자와 음이 다른 게 많습니다. 도장(道場), 장(場)자가 장소 장자인데, 불교 한자에서는 도량으로 읽습니다.

태권도를 가면 '도장(道場)'이라고 읽는데, 절에서는 '도량'입니다. 이렇게 발음이 다른 것이 상당히 많습니다. 아무것도 아닌데 그거 모르면 '저 사람 불교 모른다.'고 쉽게 딱지를 붙입니다.

보변만이라, 보(普)자는 끝도 없이, 변(遍)자는 한계도 없이, 만(滿)자는 가득하다, 충만하다. 보변충만을 보변만이라고 합니다. 극락세계는 그렇대요. 온갖 공덕장엄이 보변충만합니다. 그게 전부 불국토다, 그래서 그 지혜광명은 끝이 없어서 아미타불이라고 하는 겁니다. 그래서 아미타불은 석가모니처럼 부모가 없습니다. 그거 묻는 사람은 별로 없더라고요.

석가모니 아버지는 정반왕이고 어머니는 마야부인인데, 아미타불의 아버지는 누구고, 어머니는 누구냐? 묻는 사람이 없었습니다. 이상하다. 석가모니는 능인(能人) 능할 능(能)자, 사람 인(人)자. 이렇게 무상정각을 이루는 일을 성취했다고 해서 성취한 사람을 능인이라고 합니다. 가능할 수 있는 일을 현실로 만들었다고 해서 능인입니다. 그런데 아미타불은 능인이 아닙니다. 그럼 뭐냐?

석가모니가 깨달은 지혜광명의 무량수를 아미타라고 합니다. 그러면 우리가 나무아미타불이라고 하면 돌아간다는 이야긴데, 아미타불의 세계로 돌아간다, 생로병사의 의식세계에서 지혜광명의 극락세계로 간다는 말입니다.

입으로 말을 하고 생각으로 원을 세우는 순간에 이미 갔는데, 구칭의념(口稱意念)이라고, 입으로 칭송을 하고 생각으로 염원을 하는 순간에 이미 가 버렸습니다. 이 생각이 의심하고 부정하니까 갔어도 간 걸 전혀 못 느끼는 겁니다. 나무아미타불을 한 번 입으로 칭송을 하고, 한 번 마음 생각하면 이미 간 거나 마찬가집니다.

무거무래역무주(無去無來亦無住) 무상무공무불공(無相無空無不空) 이 세계에서 벌써 갔는데 못 느끼니까 "극락세계는 정말 있을까요? 어떡하면 가는데요?" 전부 생각으로 사량 분별해서 극락을 자꾸 막는 말입니다, 그럼 어떡해요. 그런 생각 안 날 때까지 닦을 수밖에 방법이 없습니다.

일념공덕으로 왕생극락이라. 한 번 생각하는 공덕으로 극락왕생하는 건데, 생각이 인정을 하지 못하고, 생각이 만족을 하지 못하니까 해도 해도 불안합니다. 극락이란 그런 겁니다.

여래보현신(如來普現身) 변입어세간(遍入於世間)
수중생락욕(隨衆生樂欲) 현시신통력(顯示神通力)이로다.

여래가 널리 몸을 나타내어 빠짐없이 세간에 들어서
중생의 욕락을 따라 신통력을 나타내도다.
나무아미타불!

— 『화엄경』 여래현상품

일념왕생(一念往生)이라, 나무아미타불. 이미 갔습니다. 그런데 우리 생각은 아직 가지 못했습니다. 세계는 갔는데, 그래서 부처님이 '모든 것은 마음뿐이다' 라는 것을 알고 이 물질이라는 것은 무상무공무불공 무거무래역무주라, 그러나 이것을 일체중생들은 모르니까 자비원력으로 중생을 인도 하겠다 하는 겁니다. 무엇으로 인도하느냐? 신통으로 인도하는데 자비원력 신통자재, 이게 불교용어입니다.

신통자재란 뭐냐 하면, 생각으로 보면 육법세계와 불법세계, 과거·미래·현재가 있는데, 지혜로 보면 신통이라는 것은 이 순간에 현재도 되고 미래도 되고 과거도 되는 겁니다.

생각은 과거는 과거 따로, 현재는 현재 따로, 미래는 미래 따로. 지혜로 보면 이것저것이 전혀 다르지 않습니다. 무거무래역무주, 그래서 신통은 이곳을 떠나지 않고 저곳에 갑니다. 그걸 신통이라고 합니다. 요새 문명의 발달로 교통수단을 계속 고속화시키려고 애를 쓰는데, 신통으로 보면 답답합니다. 여기서 안 떠나고 저기 가는 것을 배워야 합니다.

불이차방(不離此方)하고 즉도피방(卽到皮方)이라. 이곳을 떠나지 않고 바로 저곳에 도달하는 것을 신통이라고 합니다. 그래서 부처님이 가만히 앉아 계시지만, 신통으로 여래보현신(如來普現身), 여래가 널리 몸을 나타내어 변입어세간(遍入於世間)이라, 세간에 두룻이 다 들어간다 이 말입니다.

『화엄경』 여래출현품 법문인데, 그래서 수중생락욕(隨衆生樂欲)하야, 즉 중생이 즐거워하고 욕심내는 것을 따라서 현시신통력(顯示神通力)이라. 나타낼 현, 보일 시, 신통력을 나타내 보인다. 이것이 부처님의 자비원력이고, 신통자재입니다. 그리로 가시면 되는데, 어떻게 가느냐? 신통력으로 가시는데, 오직 생각을 믿는 사람들이 인정을 못하는 것뿐입니다.

우리가 극락 속에 살고 있는데, 그런데 생각도 극락을 알지 못하고 믿지를 못합니다. 여기를 안 떠나고 가고자 하는데 바로 갑니다. 중생이 볼 때는 '석가모니가 뭐 하늘에서 내려왔다', '룸비니동산에서 태어났다', '쿠시라 성에서 돌아가셨다', 이건 생각으로 보는 겁니다. 그럼 신통은 어떻게 보느냐? 하늘에서 내려오기 전에, 하늘을 떠나기 전에 여기에 도착한 겁니다. 그리고 태어나기 전에 벌써 열반에 든 거고, 열반에 든 상태로 태어난 거고, 이것이 신통입니다.

지난 번 보다 법문시간이 길어지는 것 같은데, 생각으로 보면 시간이 길고 짧은데, 지혜로 보면 시간의 길고 짧은 게 없습니다. 무량겁이 일(一) 찰나, 그게 지혜의 시간이고, 일 찰나가 무량겁입니다.

한 마디만 더하고 오늘 법문을 마치겠습니다. 법에서 어떻게 가르치느냐 하면, 오대(五代)를 중심으로 삼세(三世)를 나눕니다.

오대삼세, 자기가 있고, 자기 위에 부모가 있고, 부모 위에 조부모가 있고, 또 자기가 있고, 자기 밑에 자녀가 있고, 자녀 밑에 손(孫)자녀가 있는데, 이게 오대입니다.

근데 나로 보면 나는 현재고, 부모는 과거고, 조부모는 과거의 과거가 되는 겁니다. 또 나는 현재고, 자녀는 미래고, 손 자녀는 미래의 미래가 되는 겁니다. 그런데 부모가 볼 때는 내가 미래가 되고, 내가 볼 때는 부모가 과거가 되고, 자녀가 볼 때는 내가 과거가 되는 겁니다. 손 자녀가 볼 때는 나는 과거의 과거가 돼 버려서, 그래서 과거·현재·미래는 정해진 게 아닙니다. 무거무래 역무주여, 그래서 극락자재하게 되는 겁니다.

공력을 이렇게 잘 쓰시니 영가께서 극락왕생하시는 것은 틀림이 없습니다. 그렇게 잘 믿으시면 그것이 무량공덕이 되는 겁니다. 오늘 법문 마치겠습니다.

3. 석담거사 이건희 영가 법문(5재)

경자년 10월 14일, 금일 도량 세연지고
오칠지신 천혼감도재자
지심제청 지심제수(至心諦廳 至心諦受)

일체제법성(一切諸法性)이 무생역무멸(無生亦無滅)이여
기재대도사(奇哉大導師) 자각능각타(自覺能覺他)로다
나무아미타불!

— 『화엄경』 수미정상게품

불교에서 가르치는 내용이 '해탈', '열반', '극락'입니다. 해탈은 '삶과 죽음이 속박에서 다 벗어났다' 이런 뜻이고, 열반은 '삶과 죽음이 없다, 생멸이 아니라 적멸이다' 이런 말입니다. 극락은 '고통은 없다, 즐거움뿐이다.' 이게 극락입니다.

그럼 해탈, 열반, 극락 이런 것이 어떻게 해서 생겼나 하면, 보리(菩提), 즉 깨달음으로 생긴 것입니다. 보리의 해탈이고, 보리의 열반이고, 보리의 극락이란 말입니다.

무생역무멸(無生亦無滅), 생겨나는 것도 없고, 사라지는 것도 없습니다. 법성(法性)은, 성품 성자, 생겨나는 것도 없고, 사라지는 것도 없습니다. 기재(奇哉)라. 신기하다, 기재대도사께서 부처님께서 그걸 자각하시고 스스로 깨달으시어 능각타(能覺他)하셨다. 능히, 능(能)자는 '한다' 라는 뜻인데, 다른 이를 깨우치셨다. 그래서 법상(法相)은 유생유멸(有生有滅)이고, 또 법성(法性)은 무생무멸(無生無滅)이라.

삼세제불(三世諸佛) 성최정각(成最正覺)
불신충만(佛身充滿) 십방법계(十方法界)

각지보조(覺智普照)　　상방광명(常放光明)
　　장엄찰해(莊嚴刹海)　　중중무진(重重無盡)

그 생기고 사라짐이 없는 법성을 깨달으신 것을 보리라고 합니다. 그 보리가 최상정각(最上正覺), 가장 높은 바른 깨달음이라고 해서 '아뇩다라삼먁삼보리'라고 합니다. 즉 최상정각이란 말은 '아뇩다라삼먁삼보리'라는 말입니다. 그 보리는 그냥 해탈이 아니라 해탈을 아는 지혜가 있습니다. 그걸 정각대지(正覺大智)라고 합니다. 바르게 깨달은 큰 지혜, 열반을 아는 지혜가 있습니다. 또 극락을 아는 지혜가 있는데, 그것을 정각대지라고 합니다. 그래서 해탈도 알고, 열반도 알고, 극락도 안다고 해서 정각대지인 겁니다.

　　여여법성(如如法性)　　청정법신(淸淨法身)
　　각지보조(覺智普照)　　원만보신(圓滿報身)
　　원력화현(願力化現)　　백억화현(百億化身)

그래서 부처님이 표현을 할 때, 양쪽 손을 이렇게 맞잡고 계시는데 이게 뭐냐? 양쪽 손을 맞잡는 의미는 여여법성(如如法性), 즉 여여하다는 뜻입니다. 이 우주가 생기기 전이나, 이 우주가 생긴 중간이나, 우주가 사라진 다음에나 그냥 같다는 말입니다. 그걸 법성이라고 했습니다. 그러면 정각대지는 여여법성을 알고, 세간 생멸도 알고 양쪽을 다 살핀다고 해서, 깨달은 지혜를 나타냅니다.

　두 손을 맞잡고 있는 그 의미를 여여법성(如如法性) 청정법신(淸淨法身)이라고 합니다. 청정이란 '그것뿐이다', '섞인 게 없다.'는 것을 말합니다.

　손을 이렇게 펴는 것을 각지보조(覺智普照), 각지가 보조라. 정각 지혜가, 즉 깨달은 지혜가 널리 비추어서 비추지 않는 곳이 없습니다. 그런데 그것은 깨달은 보답으로 이루어졌기 때문에 원만보신(圓滿報身)이라고 합니다.

깨달은 보답은 깨닫기 전에는 그걸 모릅니다. 원만이란 모자람이 없는, 보답으로 얻은 몸을 말합니다. 이것이 정각지혜입니다. 각지보조(覺智普照), 원만보신불(圓滿報身佛), 여여법성(如如法性), 청정법신불(淸淨法身佛), 양쪽으로 이렇게 다 보신불입니다.

그 다음에, 이렇게 손을 올린 모습이 있는데, 이것은 두려움이 없는 걸 보이는 모습이라고 '시무외(示無畏), 무외(無畏)를 보인다.'고 하는 겁니다. 그건 뭐냐 하면, '고통이 없다', 즉 무고(無苦)라는 말입니다. '깨달음의 세계에는 고통이 없다', '나에겐 아무 고통이 없다' 라는 뜻을 의미합니다.

그리고 한 손을 올리는 게 있는데, 유락(有樂)이라. 즐거움이 가득하다, 무고유락(無苦有樂), '고통은 없고, 즐거움은 가득하다.'라는 것을 보이는 겁니다. 고통이 없다[無苦], 두려움이 없다. 이렇게 위로 손을 올리는 것은 유락(有樂), 즐거움이 가득하다는 뜻입니다.

여원(與願), '원하는 대로 다 준다.' 이것은 뭘로 이루어지냐 하면 깨달음을 통해서 이루어집니다. 깨달음을 통해서 지혜가 이루어지고, 그 지혜로 해탈이 이루어지고, 열반이 이루어지고, 극락이 이루어집니다.

그런데 처음부터 이렇게 되는 게 아닙니다. 처음에는 손을 무릎에 얹고, 손가락이 땅에 닿을 정도로 누르는 모습이 있는데, 그것은 깨닫기 전 모습입니다. 깨닫기 전에는 형상에 자꾸 쫓아가서 욕망을 채우려고 하는 의식이나 관습이 있습니다.

형상을 추종해서 욕망을 충족시키려고 하는 의식이나 관습을 마군(魔軍)이라고 합니다. 마(魔)는 형상 추종, 욕망 충족을 말합니다. 그런데 이것은 불가능합니다. 왜냐하면 형상은 사라지고 욕망은 채우면 또 채워야 하기 때문에 안 채워집니다. 그래서 전도몽상(顚倒夢想)이라, 꿈과 형상은 아무리 쫓아가 봐도 사라져버립니다. 무상하기 때문에 그렇습니다.

그러니까 안 됩니다. 뭔가 채우면 채우는 동시에 딴 욕망이 또 생겨서 욕망은 영원히 충족하는 것이 불가능하기 때문입니다. 그런데 태어나면서 습관적으로 형상 추종, 욕망 충족을 위해 노력을 하게 됩니다. 그걸로 온갖 고통이 생기는데, 그걸 항복시키는 그게 항마인(降魔印)입니다.

'마(魔)'라는 건 영원하지 않은 걸 영원하다고 생각하고 쫓아가는 건데, 그걸 눌러버립니다. 무릎 위에다 손을 딱 놓고 누르는 겁니다. 그리고 한 손은 올립니다. 그것도 무릎 위에 얹은 상태로 올립니다. 그것은 성취 소원, 즉 원하는 바를 성취한다는 그 표시입니다.

군마항복(君魔降伏), 마군은 항복시키고, 원하는 바를 성취시킨다는 뜻입니다. 그래서 깨달음을 이루면 아무 고통이 없다[無苦], 즐거움은 있다[有樂], 그렇게 되는 겁니다. 보리 하나로 모든 게 다 이루어지는 겁니다. 보리 하나로 깨달음을 이루는 겁니다.

왜 그러냐하면, 이 세상에는 영전세계(靈前世界)와 영후세계(靈後世界)가 있는데, 한 생각 일으킨 뒤의 세계가 세간거리입니다.

생멸삼세(生滅三世), 나고 죽고, 과거·현재·미래가 있습니다. 생멸삼세는 한 생각 일어난 뒤의 일이라고 해서 영후세계라고 합니다. 또 무생무멸 여여법성세계는 한 생각 일으키기 전의 세계라고 해서 영전세계라고 합니다. 영전세계가 극락세계입니다.

영후세계는 생멸세계입니다. 그런데 생각들이 많은데, 이게 다 여여법성인데, 한 생각을 일으켜서 '좋다', '나쁘다.' 라는 분별을 일으키게 됩니다. 거기서부터 세간법이 펼쳐지게 되는 겁니다. 영후세계, 그래서 이 우주만상에 '좋다', '나쁘다.'라고 하는 애증, 싫어하고 좋아하는 애증이 생겨납니다.

생각을 일으키는 것을 '물들 염(染)자', '들어갈 입(入)자', 염입(染入)이라고 합니다. 애증을 안 일으키면 극락세계입니다. 근데 좋고 나쁘다는 생각을 일으키면 그게 생멸세간이 되는 겁니다. 한 생각이 이 허망한 현상세계에 애증심으로 물들어서 거기에 빠지거나 몰입하면 거기서부터 고통이 오는 겁니다. 이것을 곧 염입이라고 합니다.

근데 한 생각을 딱 거두어서 한 생각 이전으로 들어가면 그게 여여법성입니다. 생각에서 생각 이전으로 들어가는 것을 '증입(證入)'이라고 합니다.

세간 법으로 물드는 걸 '염입'이라고 하고, 불생불멸 법성법으로 깨달아 들어가는 걸 '증입'이라고 하는데, 그 염전일법(念前一法), 즉 한 생각 이전의 한 법, 그게 분명합니다.

찰나(刹那), 찰라 왕생이라. 극락세계는 뭐 수속 밟고 교통 준비해서 가는 게 아니라 한 생각이 불생불멸 법성세계로 증득해 들어가면 그게 극락세계입니다.

생로병사 희로애락이 왜 생기느냐? 한 생각이 허망한 형상세계에 애증심을 일으켜서 물들면 그게 생로병사가 되는 겁니다. 그래서 염입이냐 증입이냐 하는 겁니다.

마음이 형상에 물들면 생멸이고, 마음이 한 생각 이전으로 증득해 들어가면 극락입니다. 그 세계로 모셔다 드리는 게 이 재를 지내는 목적입니다. 아주 간단합니다. 그래서 항상 '염전일도(念前一道)', 한 생각 이전의 한 도입니다.

이걸 보려고 하면, 막대기 주장자가 나오는데, 책도 보이고, 염전일도, 한 생각 좋아하고 싫어하는 마음을 일으키기 이전에 한 도 없습니다. 이것이 부처님이 깨달은 법성이고, 이걸 염전일도로, 그걸 '성전일구(聲前一句)'라고 합니다. 한 소리 내기 전 한 구절이라는 말입니다.

소리가 나오면 염(染)의 세계일 수밖에 없습니다. '좋다 나쁘다', '있다 없다', 이것이 전부 한 생각 이후의 세계라는 겁니다. 그래서 한 생각 일으키기 이전에 한 구절이 있는데, 그 구절은 증득해 들어갈 수밖에 없다고 해서, 그래서 증입(證入)이라고 합니다.

한 생각이 일어나면 세간법이고, 한 생각 이전으로 들어가면 법성법입니다. 즉 법의 본성입니다. 근데 법성도 훤히 알고 세간도 훤히 알아서, 원만보신은 양쪽으로 손을 펼치고 계시는 겁니다. 세간법도 알고 법성법도 안다는 뜻입니다.

아주 간단합니다. 순간 극락 체험 얼마든지 할 수 있습니다. 순간 극락 체험은 한 생각을 하면서 단 1초만이라도 한 생각 이전으로 돌아가면 거기가 극락세계라는 겁니다. 그런데 한 생각 이후로 펼쳐져서 물 흐르듯이 그냥 자재하게, 좋아하지도 말고 싫어하지도 말고, 오면 받아들이고 가면 내버려둡니다. 그럼 해탈인 것입니다.

부처님이 깨닫고 나서 자재(自在)라는 게 그런 겁니다. 자재는 형상세계에 애증과 속박을 받질 않습니다. 그럼 그게 해탈입니다. 마음이 복잡하고 그러면 어떻게 해결하나? 한 생각 이전으로 들어가야만 마음이 환해지고 편안해집니다. 그 생각을 바꾸기 위해서 딴 생각을 한다든지 하면, 생각만 바뀌었을 뿐이지 근본적으로 편안하고 환한 건 없습니다.

혼자 있을 때, 좀 따분하고 지루하고 답답하다 이런 게 마군입니다. 따분하게 느끼는 생각, 답답하게 느끼는 생각, 젊은이들이 흔히 많이 쓰는 "별로야, 별로." "뻥이야, 뻥", 그 생각 때문에 다른 일을 또 벌이고, 그 벌림의 결과로 고통이 오는 겁니다. 그럼 어떻게 되느냐?

지루하고 따분하고 답답한 마음을 다 거둬들여서, '생각이라는 게 뭔가?' 하고 돌아보면 아무것도 없습니다, 생각은 구름과 같아서 실체가 없고, 자세히 보면 허공뿐입니다. 그래서 구름에서 허공으로 들어가는 것이 한 생각이 한 생각 이전으로 들어가는 겁니다.

아무것도 없으면서 초롱초롱하고, 이걸 '적지(寂知)'라고 합니다. 고요 적자, 알 지자. 초롱초롱하게 알지만 아무것도 없습니다. 아무것도 없는 게 여여법성(如如法性)입니다. 초롱초롱 아는 게 모든 걸 살피는, 생멸을 아는 그런 지혜인데, 이걸 '처지비처지(處智非處智)', 곳 처자, '처를 아는 지혜'다 라고 해서 처지(處智)라고 합니다.

법성을 아는 지혜를 비처지(非處智), 처와 아닌 걸 아는 지혜라고 해서 아닐 비자, 곳 처자를 써서 비처지(非處智)라고 합니다. 이 비처지는 적멸, 실상, 여여 그것뿐입니다. 여기엔 시간도 범접할 수가 없고, 물건도 범접할 수가 없고, 생각도 범접할 수가 없어서, 시간도 없고, 물건도 없고, 생각도 없는 성전일구입니다.

한 말소리 이전의 한 말, 염전일도, 한 생각 일으키기 이전의 한 도, 그걸 살피는 게 비처지입니다. 처가 처 아님을 살피는 게 비처지, 또 염세계 세간법, 일체 세간법을 다 살피는 게 처지라고 했습니다.

그러면 부처님이 깨달은 방법은 뭐냐? 『능엄경』 제 6권에 보면 그런 말씀이 있는데,

정극광통달(淨極光通達)하면 적조함허공(寂照含虛空)이니라
각래관세간(却來觀世間)하니 유여몽중사(猶如夢中事)로다.

『반야심경』에 보면 '보리살타(菩提薩埵)'는 보살을 말합니다. '의반야바라밀다(依般若波羅蜜多)', 반야바라밀다에 의지하기 때문에 '구경열반(究竟涅槃)'하고, 가장 깊은 열반에 들었고, 삼세제불(三世諸佛)도, 과거·현재·미래의 모든 깨달은 분들도 반야바라밀다에 의지해서 '득(得) 아뇩다라삼먁삼보리(阿耨多羅三藐三菩提)'라, 아뇩다라삼먁삼보리를 얻었다. 즉 반야바라밀이이라는 겁니다.
보리살타도 보살이 되는 이유도 반야바라밀다에 의지하기 때문에 보살이 되고, 삼세제불도 반야바라밀다에 의지하기 때문에 삼세제불이 된다 이겁니다. 그럼 '반야바라밀다'는 뭐냐?

바라밀이라고 하는 것은 반야의 공덕을 이야기 하는 거고, 피안이라는 것은, 한 생각 저쪽 세계, 그쪽으로 간다는 말입니다. 반야바라밀다가 한 생각 저쪽 세계로 간다는 것은, 세간법에서 법성법으로 간다 이 말입니다. 그래서 도피안, 피안에 도달한다는 말입니다.
그럼 뭘로 도달하느냐? 반야로 도달한다는 뜻입니다. 반야는 뭐냐? 관조(觀照)예요. 볼 관자, 볼 조자. 조명이라는 조자가 있는데, 본다는 겁니다. 뭘 보느냐? 물건도 보고, 내 몸도 보고, 내 생각도 보는데, 물질과 자기 몸과 생각을 그냥 보는 겁니다. 그리고 생각을 일으키질 않습니다. 그걸 관조라 하고, 보기만 하지 생각을 안 일으킨다는 이것이 반야입니다.

전부 이 관조 반야에 의해서 보살도 되고 삼세제불도 됩니다. 싯다르타의 부모는 마야 부인과 정반왕이지만, 석가모니는 반야가 불모(佛母)입니다. 반야가 부처님의 부모라는 말입니다.

부처님은 반야에 의해서 태어나지, 자기를 낳아준 어머니에 의해서 태어나는 게 아니고, 자기를 낳아준 아버지에 의해서 태어나는 게 아닙니다. 삼세제불은 다 반야바라밀다에 의지해서 아뇩다라샴막샴보리를 얻었다는 말입니다.

관조는 생각은 멈추고 보기만 한다는 뜻입니다. 굳이 생각을 멈출 필요도 없이 그냥 보면 됩니다. 멈추려고 하는 것도 생각이기 때문입니다. 생각 속에서 살고 있기 때문에 생각을 멈추라는 것을 강조하는데, 보면 생각을 멈춰지게 됩니다.

'저게 뭔가?' 하고, 동서남북 생각을 일으키면 못 보게 됩니다. 여행하는 곳에서 재밌는 일이 있는데, "야, 좋다!" 그러면 못 보는 겁니다. 그냥 봐야 보이는 겁니다. "야! 좋네." 그러거나 "어제와 똑같네." 그러면 하나도 못 보고 가는 겁니다. 그냥 보기만 해야 보이지, '아름답네, 최고네,' 이건 전부 생각으로 그 광경을 뒤덮어서 안 보이는 겁니다.

생각을 일으키지 않고 그냥 보기만 하면 보는 순간에 생각은 이미 그쳤습니다. 그러면 그 보여지는 물질이 생각을 일으키기 전에 보는 '염전일법(念前一法)'입니다. 내 몸도 염전일법이고, 내 생각도 염전일법이고, 그게 극락세계입니다.

'염전일법으로 돌아가거나 염전일법으로 들어가는 것을 증득해 들어간다고 해서 증입(證入)이라고 합니다. 보이고, 몸으로 느끼고, 생각으로 빠지고 하는 것은 물들어 간다고 해서 염입(染入)이라고 합니다. 물들어 들어가서 생로병사가 있는 겁니다. 그것을 증득해 들어가는 것이 극락세계입니다.

생각을 멈추고 보고 또 보고 하면, 생각에 찌들어 살던 물든 생각이 맑아지고 맑아지고 맑아져서, 맑아진 게 극에 달하게 됩니다. 이걸 '정극(淨極)'이라고 합니다. 깨끗할 정(淨)자에 극치라는 극(極)자. 정극을 하면 어떻게 되느냐? 광통달(光通達)이라. 지혜의 빛이 확 밝다는 겁니다. 통달이란 밝을 통, 밝을 달 그런 뜻인데, 그 순간을 '대웅(大雄)'이라고 합니다. 대웅은 크게 웅장하다는 뜻입니다.

생각에 묻혀있던 지혜가 생각이 맑아짐으로 인해서 확 드러나 하늘과 땅을 뒤덮었다. 크게 웅장하다는 말은 대광명이라고도 하는데, 절에 가면 대웅전, 대광명전, 극락전도 거기서 나온 겁니다. 들어오는 문을 해탈문이라고 하듯이, 다 똑같은 말입니다. 깨달음의 세계를 말합니다. 생각이 고요하고 고요해서 마지막에 지혜에 들어가서 확 밝아질 때, '웅장하다', '대웅이다'라고 하는 겁니다. 그럼 어떻게 되느냐?

'적조(寂照)가 함허공(寂照含虛空)'이라. 고요히 비추는 지혜가 온 허공을 다 삼켜버린다는 말입니다. 삼킬 함(含)자는 허공을 다 삼켜버리니 끝이 없다. 각래관세간(却來觀世間), 그런 상태로 죽고 사는 세간법을 다시 보니, 유여몽중사(猶如夢中事)라, 마치 꿈속의 일과 같더라.

꿈속에서는 아주 분명한데, 꿈이란 건 깨고 나면 아무것도 없습니다. 어떤 사람은 꿈 해몽을 한다는 말을 하는데, 다 헛것입니다. 한참 꿈속에서는 꿈인 줄 모릅니다. 꿈은 이미 없어졌는데, 없어진 걸 해석해서 뭐 할 거냐. 그러니까 천 가지 만 가지 많은 길이 있지만, 원칙은 딱 하나입니다. 관조, 생각을 멈추고 보는 것입니다.

맑히는 방법은 뭐냐? '그냥 본다.'입니다. 불모, 즉 부처님의 어머닙니다. 그렇게 하기 위해서 어머니만 있어서 되는 게 아니고 아버지도 있어야 하는데, 아버지를 방편이라고 합니다.

공덕도 짓고, 여러 가지 몸에 좋은 일도 하고, 온갖 좋아지는 인연을 만드는 것이 방편입니다. 극락세계는 온갖 공덕의 아버지와 조용한 생각의 어머니가 만나서 극락세계로 가는 것입니다.

공덕과 정심(淨心)으로, 깨끗한 마음과 공덕의 방편으로 말입니다. 계속 자극을 받고 장애가 생겨서 방편의 아버지가 없으면 생각이 맑아지질 않습니다.

아이가 태어날 때는 아버지의 도움이 꼭 필요합니다. 그런데 아버지가 애를 낳는 것이 아니라 어머니가 낳습니다. 어머니는 깨끗한 마음인데, 염심이 아니라 모든 마음이 정심입니다. 그러면 어떻게 되느냐? 항상 부처님은 '각지가 보조라[覺智普照]', 깨달은 지혜가 널리 비추니까 선정에 들고, 선정에서 나오고 그런 게 없습니다. 항상 그대로입니다. '상정제불(常定諸佛)'이라고, 항상 정에 든 부처님이라는 말입니다.

범부들은 늘 마음이 산란하기 때문에 정에 드는, 입정(入定)을 해야 됩니다. 범부는 입정이 있지만, 제불은 입정이 없습니다. 상정(常定)이라, 항상 선정에 있는 겁니다. 왜냐하면 물질을 보거나, 생각이 떠오르거나, 자기 몸이 생로병사를 느끼거나, 거기에 대한 애증 분별이 없습니다. 이런 분별없는 게 선정입니다. 선(禪)이나 정(定)이나 같은 말입니다.

선이라는 말은 인도 말인데, 한자로 표현하면 정이라고 합니다. 선과 정은 다른 말이 아니라 같은 말이라는 뜻입니다. 같은 말이라는 것이 뭐냐? 자기 생각이 떠올라도 절대 거기 물들어 가지 않습니다.

물질을 봐도 물들어 가지 않고. 자기 몸을 봐도 물들어 가지 않습니다. 그럼 물들어 들어가면 어떻게 되느냐? '몸이 건강 할 수 있겠나?', '잘 될 수 있을까?'…하는, 몸에 따르는 걱정인데, 그건 물들어 들어갔기 때문에 그렇습니다.

사람에 물들면 사람 걱정하고, 물질에 물들면 물질 걱정하고. 몸 걱정, 물질 걱정, 사람 걱정…, 이게 범부의 번뇌 망상이라는 겁니다. 평소에 산란했던 마음을 다 가라앉히고 정에 듭시다.
 죽비를 딱! 딱! 딱! 치는 게, 입정에 안 들면 생각을 멈추는 기회를 조금이라도 잡을 수 없으니까 그렇게 하는 겁니다. 밝은 지혜를 가진, 깨달은 사람이라고 항상 생각이 안 일어나는 게 아닙니다. 생각이 일어나긴 나는데, 그러나 자기가 자기 생각에 딸려가지를 않습니다.

 우리 인간의 생각은 좋은 생각이 기억되는 게 아니고, 나쁜 생각만 기억이 됩니다. 그래서 과거 생각하면 99%가 기분 나쁜 생각입니다. 근데 깨달은 분들은 좋은 생각이 떠오르거나 나쁜 생각이 떠올라도 거기에 물들어 들어가지를 않습니다. 그래서 떠올랐던 생각이 금방 없어집니다. 거기에 물들어 가면 기분 나쁜 생각이 한참 갑니다. 그런데 인간의 기억은 대부분 나쁜 것이 차지하고 있기 때문에, 기억을 자꾸 떠올려서 좋을 수가 없습니다.
 사람 생각 속에는 많은 기억이 들어있는데, 그 기억 속에는 나쁜 게 90%, 좋은 게 10% 밖에 안 됩니다. 나쁜 걸 쫓아가면 안 되는데, 계속 그걸 쫓아가면서 삽니다. 그런 생각은 공허하고 공허합니다.

 염정(念定), 생각을 보려고 하는데, 지발(智發), 지혜는 일어난다. 염정지발하는 걸 깨달음이라고 합니다. 생각을 보려고 하는데, 지혜를 일으켜 출발한다는 말도 됩니다. 그게 대웅이고 대광명입니다. 그게 원만보신, 지혜의 몸입니다.
 순간 극락 체험 같은 거 아주 중요합니다. 단 1초만이라도 생각을 멈추고 있으면, 1초 극락이 되는 겁니다. 1분이 되면 입문 경지에 들어가고, 5분 지나면 고수에 속합니다. 생각이 얼마나 복잡하고 활동적인지, 그럼 10분간 생각을 멈춘 상태에서 관찰하게 되면 대단히 상근기에 속한 사람입니다. 1시간을 할 수 있다면 아주 대단한 겁니다.

근데 처음에는 30초가 안 됩니다. 절대 안 됩니다. 10초도 안 됩니다. 10초 극락 체험, 30초 극락 체험, 1분 극락 체험 …, 이 거 엄청난 겁니다. 그러니까 그런 관조 수행이 잘 될 수 있도록 방편 공덕, 방편 공덕이 아버지가 되고 관조 정신이 어머니가 돼서 아뇩다라삼먁삼보리를 성취합니다. 그것이 보리라는 겁니다. 그럼 어떻게 되느냐?

일체제불찰(一切諸佛刹)　　장엄실원만(莊嚴悉圓滿)
염념보리심(念念菩提心)　　처처안락국(處處安樂國)

일체제불찰(一切諸佛刹), 『화엄경』 「보살문명품」에 나오는 말씀입니다. 깨달은 분들이 보신 모든 세계는 전부 극락세계이기 때문에 일체의 모든 부처님의 나라가 장엄실원만(莊嚴悉圓滿)이라. 없는 거 없이 원만하고 가득하다는 말입니다. 그러면 어떻게 되느냐? 염념보리심(念念菩提心)이면, 생각 생각이 보리의 마음으로 돌아가면, 처처안락국(處處安樂國)이라, 곳곳이 다 극락세계라는 겁니다.

이 법문은 경전에 있는 말씀이지만, 제사 지낼 때마다 항상 하는 말입니다. 보리심 반대는 뭐냐 하면 생멸심입니다. 생멸심이란 뭐냐 하면 물들어서 살아가는 겁니다. 그런데 이렇게 공력을 많이 일으켜서 재를 지내고, 축원을 하고 이런 것이 다 공덕입니다. 이게 아버지가 되는 겁니다.

그리고 한 순간이라도 나무아미타불! 나무아미타불! 하거나, 한 순간이라도 선정에 들어 생각을 멈추고 바라보면 그게 어머니입니다. 정신증유로, 깨끗한 마음을 증득해 들어가는 노력으로 극락왕생을 하는 겁니다. 오늘 법문을 마치겠습니다.

4. 석담거사 이건희 영가 법문(백일재)

2021년 2월 1일(경자년 12월 20일),
금일 금시 세연지고 백일재 소청 천혼재자
신원적 경주후인 석담 이공 건희영가
지심제청 지심제수(至心諦廳 至心諦受)

제행무상(諸行無常)　시생멸법(是生滅法)
생멸멸이(生滅滅已)　적멸위락(寂滅爲樂)

제행이 무상하니 시는 생멸법이로다
생멸이 멸이하면 적멸이 위락이로다.
나무아미타불!

― 『열반경』 성행품(聖行品)

『열반경』 성행품(聖行品)에서, 제행이 무상하니, 제법이 삼세를 흐르면서 항상 하는 것이 없으니, 시는 생멸법(是生滅法)이다. 이것은 나고 죽는 법이다. 생멸이 멸이(生滅滅已)하면, 나고 죽는 법이 없어지면, 적멸이 위락(寂滅爲樂)이라, 나고 죽음이 없는 그 법, 적멸법이 즐거움이 된다.

『열반경』에서 하신 말씀입니다. 생멸과 적멸, 생멸은 생로병사고 적멸은 불생불멸인데, 생로병사가 없어지면 불생불멸이 즐거움이 된다는 말씀입니다.

생로병사 생멸법이 어떻게 하면 없어지는가? 생멸이라고 하는 것은 '견상(見相)', 볼 견자, 형상 상자입니다. 견상하면 생멸이고, 볼 관자, 성품 성자, 관성(觀性)하면 적멸이다. 견상의 생멸이요, 관성의 적멸이다. 왜 그러냐? 상에는 집상(執相), 모일 집자, 상이라는 상자, 즉 집상이 있고 자상(自相)이 있는데, 일체중생이 태어나서 평생 보고 듣는 것이 모여서 이루어진 상밖에 볼 수 없으니 전부가 집상입니다.

모여서 이루어져 있는 일체 사물의 자체 모습, 즉 자상(自相), 그것은 생멸이 아니고 적멸이다. 그것은 불생불멸입니다. 하늘과 땅도 전부 모여서 이루어진 것이고, 생로병사도 전부 모여서 이루어진 것이고, 흥망성쇠도 다 모여서 이루어진 것인데, 모이기 전의 자상(자기 모습), 모인 후에 자상은 적멸이라는 겁니다.

근데 본분은 견상에 주상(住相)을 하고, 모여서 이루어진 집상을 보고 거기에 머무는 것을 주상이라고 합니다. 그래서 제법이 생멸이 되고, 삼세제불은 어상(於相)에 관성(觀性)이라, 모든 집상에서 자체 자성 자상을 본다는 겁니다. 상에서 상을 보는 게 아니라 상에서 성(性)을 본다 이거지요. 그래서 해탈자재(解脫自在)가 됩니다. 그 해탈자재가 극락세계입니다.

하늘을 봐도 하늘의 모양을 보는 게 아니라, 즉 견상(見相)을 하는 게 아니라 하늘의 자체상을 본다. 관성을 한다는 겁니다. 상에서 성(性)을 본다는 것은 어상(於相)인데, 어조사 어자를 씁니다. 일체 상에서 관성을 하면 해탈자재가 되고, 견상에 주상을 하면, 상을 보고 상에 머물면 생로병사가 됩니다. 그래서 상(相)에서 성(性)을 보면 생로병사가 없어집니다. 그게 생멸이 없어지면 하는 이 말입니다.

언제 나의 생사가 끝나나, 어상에 관성을 하면, 상에서 사물의 자성을 보면 자성은 자상인데 없어집니다. 생멸은 없습니다. 얼음에서 물을 보는 순간에 얼음은 없는 겁니다. 그래서 얼음에 자재하는 겁니다.

얼음이 얼든지 안 얼든지, 물에 돌아가서 자재하니까 아무 속박과 고뇌가 없다 이겁니다. 속박과 고뇌 없는 적멸세계를 불생불멸 극락세계라고 한다 이 말입니다.

세간종종사(世間種種事)가 여로역여전(如露亦如電)이니
조견여여상(照見如如相) 하면 돈성원성인(頓成圓成人)이로다.

일체함영류(一切咸靈類)가 법성총지신(法性摠持身)이니
무구원정광(無垢圓淨光)이 임조상무흔(任照常無痕)이로다.
나무아미타불!

형상이 생기고 형상이 사라지는 것이 세간인데, 세간의 온갖 일들이 여로역여전(如露亦如電)이라. 이슬과 같고 번개와 같아 금방 생겨났다 금방 사라진다, 그 말씀입니다. 거기서 집상, 생멸, 이런 거 말고 여여상, 자상, 자성, 그 여여상을 조견(照見如如相)이라 보면, 돈성원성인(頓成圓成人)이라. 원만히 이루어지는 극락세계 자재인을 바로 이룬다는 말입니다. 돈성이란 지체 없이 바로 이룬다는 말입니다.

일체함영류(一切咸靈類)가 일체중생이 법성총지신(法性摠持身)이라. 일체법에 자성이 모든 걸 다 포함하고 있는 그런 총지의 몸이다. 무구원정광(無垢圓淨光)은 아무것도 섞인 게 없는 자상광명, 만법자성의 광명이 임조(任照)라. 바다에 그림자가 비추듯이 임의로 비친다. 애써서 비추는 게 아니라 저절로 항상 비춘다. 그런데 아무 흠집도 없다. 그런 뜻입니다.

이 말은 내가 언어 속에서 하는 말이 전부가 의식분별의 작용입니다. 태어났다고 하지마는 자상에는 태어난 게 없으니, 생일잔치를 하는 것도 다 우스운 일입니다. 태어난 게 없는데 무슨 생일잔치를 그렇게 합니까. 우리나라에서 생일잔치를 다 안 한다면 아마 대한민국 산업경제에 영향이 갈 텐데, 설마 그렇게는 안 하겠지요. 사람이 죽는다는 것도 전부 집상분별입니다. 상에 집착하는 분별입니다. 허공에는 죽음이 없거든요. 처음이니 끝이니 구경(究竟)이니 전부가 생각으로 하는 거지 만법자성에는 처음이 없습니다.

 내가 태어난 날이 절대 처음이 아니고, 내가 죽는 날이 절대로 마지막이 아닙니다. 헤어지면서 '마지막으로' 하지만, 그 순간이 마지막이 아닙니다. 생각으로 마지막이라고 하는 겁니다.

 극락세계는 그런 겁니다. 처음이 처음이 아니고, 마지막이 마지막이 아니고, 난 것이 난 것이 아니고 죽는 것이 죽는 것이 아니라는 겁니다. 그게 적멸, 곧 상락(常樂)입니다. 생사 없이 항상 즐겁다는 상락 그게 늘 같다는 여여 자성입니다. 자성, 여여자성이 적멸상락이라, 생사 없이 항상 즐겁다는 그 세계로 가시라는 말입니다.

 세간종종사(世間種種事)는 이슬과 같고 번개와 같아서 거기에 머물 데가 못 됩니다. 10년 머물다 사라지고, 20년 머물다 사라지고, 100년 머물다 사라집니다. 100년도 순간이니까 금방 사라집니다. 그러니까 적멸상락 극락세계로 잘 가십시오.

 세상에 미련이 많아서 못 가면 할 수 없고, 본인이 안 가는 것 또한 어쩔 수 없습니다. 세상 경험을 크게 한 사람일수록 세상의 진실을 알고, 세상에 매이지 않습니다.

  진성자상(眞性自相) 실상광명(實相光明)이
  무고유락(無苦有樂)하니 명위극락(名爲極樂)이로다.
  나무아미타불!

 진성자상(眞性自相)은 허공과 같은 것도 있고, 상락아정(常樂我

淨)도 있습니다. 이 두 가지가 겸해서, 그런데 이건 깨닫기 전에는 모릅니다. 허공은 불생불멸은 맞는데 항상 즐거운 상락아정이 없습니다. 모여서 태어난 자아가 아닌 자체아(自體我), 집생아(執生我)가 아닙니다. 그래서 자성이라고 하는 것은 불생불멸과 상락아정이 겸해있는 거라, 깨닫기 전에는 도저히 알 수 없는 겁니다. 그래서 비유로 허공을 들지만, 허공은 상락아정을 거기서 표현할 수가 없거든요.

상락아정을 얘기하다 보면 허공을 설명할 수가 없습니다. 극락세계는 태허공과 같은 불생불멸과 늘 희로애락과 같은 상락아정이 겸해 있습니다. 그걸 부처 불(佛)자, 성품 성(性)자를 써서 불성(佛性)이라고 합니다.

그럼 진성자상(眞性自相)의 실상광명(實相光明)이 무고유락(無苦有樂)하니, 고통은 없고 즐거움만 있으니, 명위극락(名爲極樂)이라, 이름을 극락이라 했습니다.

불생불멸(不生不滅)이며 수광(壽光)이 무량(無量)
상락아정(常樂我淨)이니 극락세계(極樂世界)로다.
나무아미타불!

극락세계는 나는 일도 없고 죽는 일도 없고, 무량수 무량광이라. 수명이 한량이 없고 광명이 한량이 없어서, 수광이 무량하다. 불생불멸이며 수광이 무량하며(不生不滅 壽光無量) 상락아정(常樂我淨)이니, 항상 즐겁고 자성청정이니 극락세계다.

원성원명(圓成圓明)이니 상락현통(常樂玄通) 하니
극락세계(極樂世界)의 상생상용(常生常用)이로다.

극락세계는 둥글 원자, 이룰 성자, 원성(圓成)세계다. 생겼다 사라지는 성주괴공(成住壞空), 괴공이 없다 그겁니다. 무너지고 없어지는 괴공이 없이 원만히 이루어진 것[圓成]인데, 그것을 무량수라고 한다 이 말입니다.

무량수는 한량없는 수명입니다. 원성, 무량수. 원성이란 말은 불교가 들어오면서 처음으로 통용된 말이고, 불교가 들어오기 전에는 제일 크게 말한 게 '대기만성(大器晚成)'이란 말이 있습니다.

노자『도덕경』에 '큰 그릇은 만성'이라 했습니다. 근데 그이 말을 유교식으로 새겨서 '큰 그릇은 늦게 이루어진다.', 그건 잘 못 새긴 겁니다. 큰 그릇은 이루어진 모습이 안 보인다는 말입니다. 자연현상처럼, 저녁이 되면 깜깜해서 아무것도 보이지 않습니다. 이루어진 것이 안 보이는 게 만성이라는 것입니다.

자연은 인위적으로 만든 것이 보이지 않거든요. 만든 게 보이는 건 사라집니다. 만든 게 안 보이는 건 안 사라집니다. 이루어진 것이 안 보이는 것이야말로 진짜 큰 그릇이다. 이걸 노자라는 사람이 불교 들어오기 전에 얘길 했습니다.

불교는 그릇이 안 보이는 게 아니라 원성입니다. '원만히 이루어져서 수명이 끝이 없다'는 것을 원성 또는 원명(圓明)이라 합니다. '광명이 끝이 없다'를 원성원명입니다. 근데 인간이 태어나면서 햇빛광명도 보고 달빛광명도 보지만, 이 원명광명은 못 봅니다. 그런데 이 무량광을 깨닫고 나면 일체 광명이 '원명광명'이라고 합니다. 곧 원광인 것입니다.

그래서 어떤 큰스님한테 가서

"이 세상에는 햇빛[日光]이 있고, 달빛[月光]이 있고, 별빛[星光]이 있고, 등불 빛[燈光]이 있는데, 도대체 이 원명원광은 어디 있습니까?"라고 물으니까, "일월성등(日月星燈)광명이 모두가 원명원광이다." 이렇게 했습니다. 이것이 깨달은 사람하고 못 깨달은 사람의 차이점입니다.

깨달은 사람은 모든 게 다 깨달음이고, 일체가 극락세계입니다. 햇빛도 원광원명이요, 달빛도 원광원명이요, 별빛·등불 빛이 다 원광원명입니다.

그러니까 생각으로 분별을 하면 햇빛이라고만 알지 무량광이란 걸 모릅니다. 그래서 그걸 불교학회에 가면 깨달음과 못 깨달음의 차이점이 뭐냐는 걸 학술적으로 토론을 하는데, 깨달은 사람은 저 햇빛이 무량광이란 걸 알고 햇빛을 보고, 못 깨달은 사람은 무량광이란 걸 모르고 그냥 햇빛으로만 알고 햇빛을 보는 거다, 겨우 여기까지 토론을 합니다.

그걸 어떤 수학자는 뭐라고 설명하느냐 하면 '못 깨달은 사람은 0도에 머물러 있는 거고, 깨달은 사람은 360도에 머물러 있는 거다.'해서, 깨닫고 못 깨닫고의 차이는 0도와 360도 차이라는 겁니다. 재밌는 말입니다.

그런데 문제는 0도가 뭐고 360도가 뭔지는 조견(照見)을 해야 보입니다. 딱 비춰보면 보입니다. 생각으로는 안 보입니다. 그래서 원성원명이요, 상락(常樂)이요, 현통(玄通), 통함이 없이 다 통한다는 말입니다.

현통은 '하늘 천', '땅 지', '검을 현', '누를 황' 할 때 검을 현 자와 통할 통자인데, 다 통한다는 뜻입니다. 상락현통이라, 원성원명 상락현통, 극락세계의 상생상용(極樂世界 常生常用)이다, 항상 하는 것이다. 항상 하는 것이고 항상 쓰는 것이다.

금일 금시 세연지고 백일재
신원적 경주후인 이공 건희영가

지심제청 지심제수(至心諦廳 至心諦受)
원아림욕명종시(願我臨欲命終時) 진여일절제장애(盡除一切諸障碍)

면견피불아미타(面見彼佛阿彌陀)하야   즉득왕생안락찰(卽得往生安樂刹)하소서.

나무아미타불!

— 『보현행원품(普賢行願品)』

극락세계가 멀리 있는 것이 아니고 만법에 자성자상을 보면 그게 여여실상 극락세계니, 면견아미타불(面見彼佛阿彌陀)이라. 아미타불이 무량수 무량광, 구족대지혜 아미타불인데, 바로 눈앞에서 아미타불을 보시고 즉득왕생안락찰(卽得往生安樂刹)하소서. 안락찰에, 편안하고 즐거운 극락세계에 바로 왕생하십시오. 그런 법문이었습니다.

이 영가를 극락세계 왕생토록 하시기 위해서 재주(齋主)분들께서 공력과 공덕의 보은이 많으셨습니다. 이 인연으로 오늘의 영가께서 극락왕생하십니다. 축하드립니다.

원행 스님

전북 김제 출생(1953~)
현 대한불교조계종 총무원장

석담거사 이건희 영가 법문(49재)

 오늘은 신원적 경주후인 석담 이건희 대인 영가의 사십구재가 되는 날입니다. 신원적 경주후인 이공 건희 대인 영가께서는 후손들의 지극한 정성과 인로왕보살인 금강대법사 계호 주지스님을 비롯한 진관사 대중들의 지극한 염불공덕으로 오늘 이고득락(離苦得樂)을 해야 하는 날입니다.
 천지는 성주괴공(成住壞空)을 하고 인간은 생로병사를 하며, 마음은 생주이멸(生住異滅)한다고 했습니다.

 경주후인 이공 석담 건희 대인 영가는 오늘 49일을 맞이해서 다음 몸을 받으셔야 됩니다. 일초직입여래지(一超直入如來地)에서 성불을 하시든지, 천상락을 누리시든지, 아미타불 부처님의 본원력으로 상품상생(上品上生)을 하시든지, 아니면 원력에 따라 사바세상에 다시 오셔서 중생들을 널리 제도하셔도 됩니다. 그러나 어디에 계시든 대한민국과 삼성에게 큰 빛이 되어주시고, 후손들 가족 모두에게 건강과 평안을 베풀어 주시기를 기원 드립니다. 아직 미진함이 있다고 한다면 다시 법사가 염불법문을 청하겠습니다.

 생종하처래(生從何處來) 사향하처거(死向何處去)요
 생야일편부운기(生也一片浮雲起)요   사야일편부운멸(死也一片浮雲滅)이라.

 부운자체본무실(浮雲自體本無實)하니 생사거래역여연(生死去來亦如然)이로다
 독유일물상독로(獨有一物常獨露)해서 담연불수어생사(湛然不隨於生死)라.

어디로부터 와서 이 세상에 태어났으며
몸을 바꾸어 어디를 향해서 가는가?
태어난다는 것은 한 조각 뜬구름이 일어나는 것과 같고
몸을 바꾼다는 것은 한 조각 뜬구름이 사라지는 것과 같다.

한 조각 뜬구름은 원래 자체가 없으니
생사거래도 또한 그와 같다.
그러나 한 물건이 항상 홀로 드러나 있어서
생사거래에 떨어지지 않는다. 했습니다.

석담 건희 대인 영가이시여!
이 한 물건이 무엇입니까?
옛 선사가 말씀하셨습니다.
"김제 만경들[野]에 송아지가 벼를 먹었는데, 김해 장유 들[野]의 망아지가 배탈이 났다. 의원한테 물으니, 평택 안성 들[野]의 염소다리에 뜸을 뜨라" 하더라.

선하백이 묻는다면
남산에 운기하니 북산하우[南山雲起北山下雨]로다.

'남산에 구름 이니 북쪽 산에서 비가 오더라' 하였습니다.

내무일물래(來無一物來)요 거역공수거(去亦空手去)라
만반장불거(萬般將不去)요 유유업수신(唯有業隨身)이로다.
나무아미타불~

'올 때 한 물건도 가져오지 않았고, 갈 때 또한 빈손으로 갑니다.

만 가지 천 가지 가져 갈 수 없지만, 오직 자신이 지은 업만 따라갈 뿐이다.'

오늘은 용산구 이태원동에 거주하시는 백련성 홍라희 여사님, 행효자 이재용 거사님 … 등, 가족들의 정성어린 공덕으로 신원적 경주후인 석담 이공 건희 영가가 마지막 49재를 통해서 모든 가족과 인사를 나누고 다음 몸을 받는 청명한 자리입니다.

오늘 이 자리에 염불을 해주시기 위해서 우리 조계종의 큰스님과 또 여러 스님들께서 자리를 함께 해주셨습니다. 우리 모든 불자는 무상과 무소유를 깨달아서 삼보를 호지하고 참선·간경·염불, 외호불사·복지·포교 등에 전념하시고, 삼법인과 사성제, 팔정도를 닦아서 대승보살도인 보살행을 행하시길 바랍니다.

성불하시기 바랍니다.

영가천도법문 2

엮은이 / 釋性愚
펴낸이 / 金映希
펴낸곳 / 도서출판 토방
2021년 7월 1일 초판 1쇄 발행
등록 91. 2. 20 제6-514호

02820
서울특별시 성북구 북악산로 746. 101-1303
전화 (02)766 - 2500, 팩시밀리 (02)747 - 9600
이메일 / tobang2003@hanmail.net
ⓒ석성우, 2021

ISBN 979-11-86857-13-7 03220